# はしがき

　本書は実践共同体という，組織内外の学習を促進する「学習のためのコミュニティ」にかんする本である。他の本では「実践コミュニティ」「コミュニティ・オブ・プラクティス」といった呼び方をされることもあるが，本書では一番文字数が少ないこともあり，実践共同体という呼び方を用いている。実践共同体とは，具体的には，組織の中や外，企業間，地域に構築される，学習を主目的とした集まり，ミーティング，勉強会・研究会などであり，またそれらにつながる交流会やイベント，大学でいえばサークルなども含まれる。そういうコミュニティに所属している人もそうでない人も，おおよそこういうものであろうというイメージをもってから読み進めてほしい。

　「自分は一人でも学べる」「学習は個人でやるものだ」という考えをもっている人も，実はその過程ではさまざまな人々との相互作用がおこなわれていることに気づく。ちょっとしたアドバイスに始まり，コーチングやメンタリング，議論や討論などにより，学習は深められる。効果的な学習にはそのような他者との相互作用の場所が必要であり，実践共同体に所属することはそのような場所を求め，手に入れることを意味する。

　「そのような学習は職場で，仕事の中でいつもやっている」という考えをもっている人もいるであろう。確かにその通りであるが，日々忙しく働く中で，仕事の中で得られた経験を省察し（振り返って学習し），自分なりの学びを深める場所も必要なのではないだろうか。本書では実践共同体は企業組織や職場とは別の場所であると考えるが，それは職場での学びと相反する存在ではない。実践共同体は職場・家庭につづく「第3の場所」であり，仕事での学びを促進・補完する場所なのである。

　少し具体的に考えてみよう。みなさんの日々の生活の中で，職場（学生の人は学校）と家庭以外の「居場所」のようなところはあるだろうか。社会人でいえば行きつけの居酒屋やスナック，月一の同期の集まり，社外で参加する読書会，ママ友とのランチ会，休日参加する草野球チームやサッカーチーム，趣味の茶道教室やスポーツジム，周囲に内緒で参加している鉄道オタクの活動やアイドルファンの集いなどである。それらは純粋に楽しみやリラックスのために集まる第3の居場所，「サードプレイス」であるが，そこにいる仲間との会話から，生活や趣味，および人生に対する貴重な情報・知識や知見が得られるこ

とがある。学生においてもたとえばわたしの職場である関西学院大学の学生は実に多くの「第3の居場所」をもっている。学内サークルやインカレサークル，部活動，各種団体，アルバイト先，中高の友達の集まり，地域コミュニティ，そしてゼミナールなどである。それらの第3の居場所，「サードプレイス」での活動に携わることで，彼らは今しかできない貴重な経験をし，楽しさや充実感とともに，人生に対する学びを得て成長していく。実践共同体はこのような第3の居場所としての性格を多分にもち，それを知識や能力の学びにいかす「学習のためのコミュニティ」である。

なぜ仕事における学び（おそらくは他の学びも）において実践共同体が求められているのであろうか。それはまずシンプルに，「他者とともに学ぶとやる気も出るし楽しい」ということがある。学習活動はときに人に忍耐や苦労を強いるものでもある。しかしそのような苦労も友人や仲間とともにすることで幾分かはやわらぎ，ときには楽しさとやりがいをもっておこなうことも可能である。実践共同体はそのシンプルな考え方を学術的に追究している研究である。そしてもう1つ，これも単純であるが，「学びあって助け合うことの重要性」である。教えあい学びあうことは，仕事や職場に助けあいの実践および精神を生み出す。しかし現代の仕事や職場においてこれが十分におこなえているであろうか。職場に人を育てる余裕がない，うまく教えられる人は忙しいため教えることが上手でない人が新人の面倒をみている，そもそも新人を育てる意識がなくほったらかしにしている，といったことが起きていないだろうか。また教えられる側にも教えられるのを待っている，わからないことがあっても聞けない，あるいは自分で何とかするしかない状況にないだろうか。人を育てる・育てられるという関係が希薄な仕事や職場に，どうして生産的な協働ができるだろうか。実践共同体は組織の内外に構築し，知識や能力を教えあい学びあう場所である。実践共同体が「共同体」であるのは，このような理由による。

本書では実践共同体について，関連分野の研究を含めた広範な文献検討をおこない，実践共同体の概念整理と，学習メカニズムと学習スタイル，機能と成果，運用方法を含めた分析モデルについて考察する。その上で技能者の認定制度，陶磁器産地，教育サービス企業，介護施設という4つの事例研究をおこない，実践共同体の学習についての考察をさらに深めていく。本書を通じて仕事や職場に濃密な学習の場所が生まれ，やる気と楽しさをもった学習活動が促進

され，なおかつ学びあって助けあう居場所ができるようになれば，それは筆者にとって望外の喜びである。なお本書におけるありうべき誤謬はすべて筆者の責めに帰するものである。

本書に含まれる研究に際しては，JSPS 科学研究費補助金：若手研究（B）23730394，基盤研究（C）25380492，基盤研究（C）16K03836 の助成を受けた。あわせて本書の出版には，JSPS 科学研究費補助金：研究成果公開促進費 18HP5166 の助成を受けた。

＊＊＊

本書の出版に際しては，多くの人に支えられてきた。自分一人では本書をまとめるどころか，そのもとになる研究も満足にできなかったであろう。お世話になった方々をお一人お一人あげて御礼の言葉を述べていくと，膨大なページ数を要してまた本書の出版が遅れてしまうので，ここでは一部の方々をあげるにとどめる。

まず大学院時代の恩師，神戸大学名誉教授の加護野忠男先生に感謝申し上げたい。先生の丁寧なご指導がなければ，わたしは研究どころかそもそも研究者になれていない。何もわかってない愛媛からの院生志望の学生を先生は快く受け入れ，なんとか研究の道をよちよち歩きができるまでに育ててくださった。加護野研究室というすばらしい実践共同体に所属することができたことは，わたしの人生そのものを大きく変えてくれた。深く感謝するととともに，この 2 冊目の単著がその御恩に幾分でも報いることができるものになっていることを願わずにはいられない。

北居明先生（甲南大学），鈴木竜太先生（神戸大学），上野山達哉先生（大阪府立大学）には，月例の研究会において本書の研究のみならず，研究の方向性や方法，研究者としての姿勢に至るまで，数多くの助言をいただいた。住み慣れた福岡から意を決して関西に移り住んだのは，ひとえに先生方のような方々との学びの場所に所属したかったからである。日頃からご迷惑ばかりおかけしているが，この場をもって大きな感謝を伝えたい。

加護野ゼミ出身の諸先生方にも，学会やゼミコンファレンス等で有益なコメントやアドバイスをいただいた。本書にはその内容も反映されている。特に山田幸三先生（上智大学）には研究を著書につなげる重要性を教えていただき，また井上達彦先生（早稲田大学）には貴重なリサーチサイトをご紹介いただいた。感謝申し上げたい。

関西学院大学商学部の先生方にもこの場を借りて感謝申し上げたい。いつまでたっても落ち着かないわたしをいつでも温かいまなざしで見守り，すばらしい環境を与えてくださっている。商学部という実践共同体があってはじめて本書は出版できている。特に経営コースの先生方（ご退官された先生を含む），深山明先生，海道ノブチカ先生，榊原茂樹先生，瀬見博先生，渡辺敏雄先生，山口隆之先生，木山実先生，月岡靖智先生，浦野充洋先生，森谷周一先生に深く感謝を申し上げる。あわせて本書の研究の一部は，わたしが北九州市立大学経済学部に所属していた頃のものも含まれている。同大学の先生方にも御礼を申し上げる。

　本書の執筆は，リサーチサイトでお会いしたみなさまのご協力なしにはなしえなかった。自治体マイスターおよび担当者のみなさま，陶磁器産地の窯元・作家のみなさま，公文教育研究会の指導者と社員のみなさま，介護施設のスタッフと学習療法センターのスタッフのみなさま，その他調査でお世話になったみなさま，総勢100名をゆうに上回るインタビュイーの方々の貴重なお話が，本書の原動力になっている。お一人お一人に直接御礼を申し上げたい気持ちでいっぱいである。深く感謝申し上げたい。

　関西学院大学商学部松本ゼミのゼミ生，および卒業生のみなさんにも，この場を借りて御礼をいいたい。研究で苦労しているときもそんな空気をまったく忖度せず，いつも元気な姿をみせてくれていることは励みにもなった。自分のゼミという実践共同体を楽しく実りある，おもしろくてためになるゼミにすることは，わたしの生きる意味の1つである。みなさんの輪の中にいつもわたしがいることをたまには思い出してほしい。

　また，出版の機会を与えていただいた白桃書房と，常に丁寧にサポートしていただいた白桃書房の平千枝子氏に感謝申し上げたい。

　最後に本書の出版を宇和島の父・直幸と母・美津代に伝えるとともに，妻・有紀子に本書を捧げたい。あなたがいるからわたしは生きていられる。

聖夜近づく上ヶ原にて

松本雄一

# 目　次

はしがき

## 序　章　問題の背景とリサーチ・クエスチョン —— 001

はじめに

1 │ 問題の背景：なぜ実践共同体なのか …………………… 001
　(1) OJT・Off-JT と実践共同体　002
　(2) 組織学習と実践共同体　003
　(3) ナレッジ・マネジメントと実践共同体　004
　(4) 学習の「第3の場所」としての実践共同体　005
　(5) 実践共同体概念の探求に向けて　007

2 │ 本書の構成 …………………………………………………… 008

### 第Ⅰ部　実践共同体概念についての考察

## 第1章　実践共同体概念についての4つの主要研究 —— 011

はじめに

1 │ Lave and Wenger（1991）における実践共同体 …………… 012

2 │ Brown and Duguid（1991）における実践共同体 ………… 016

3 │ Wenger（1998）における実践共同体 ……………………… 021
　(1) Wenger（1998）における実践　022
　(2) Wenger（1998）におけるアイデンティティ　027
　(3) Wenger（1998）における組織と実践共同体　029

4 │ Wenger, McDermott and Snyder（2002）の研究 ……… 030

5 │ 主要4研究の共通点・相違点 ……………………………… 037

6 | 考　察：実践共同体概念の統合可能性 ─────────── 039

　　(1)　4つの問題意識の検討　040
　　(2)　実践共同体にとって重要な要素の検討　042

　　おわりに

## 第2章　実践共同体の先行研究 ─────────── 047

　　はじめに

1 | 実践共同体概念について考察した研究 ─────────── 048

　　(1)　実践共同体の定義　048
　　(2)　実践共同体の構成要素と特性　048

2 | 実践共同体の研究方法と調査対象 ─────────── 052

3 | 実践共同体の機能と成果 ─────────── 053

　　(1)　知識共有　054
　　(2)　学習促進　055
　　(3)　境界横断（越境）　056
　　(4)　価値観・文化・パースペクティブの変容　057
　　(5)　キャリア形成　057
　　(6)　その他の成果　058

4 | 実践共同体の構築とマネジメント ─────────── 059

　　(1)　実践共同体の構築　059
　　(2)　コーディネーターのリーダーシップ　060
　　(3)　コーディネーターによるマネジメント　061
　　(4)　成員のモティベーション向上　061
　　(5)　信頼関係の醸成　062
　　(6)　組織のサポート　062

5 | 実践共同体研究への批判 ─────────── 063

6 | 経営学における実践共同体研究からの考察 ─────────── 065

　　(1)　主要4研究との比較　065
　　(2)　実践共同体の概念，特性，機能と成果，マネジメント　066

おわりに

# 第3章　実践共同体の関連研究 ——————— 071

はじめに

## 1 | コミュニティ，サードプレイス，ラーニング・コミュニティ … 071

 (1)　はじめに　071
 (2)　コミュニティの定義　072
 (3)　コミュニティ概念の変遷　073
 (4)　コミュニティ研究の検討　075
 (5)　Oldenburg（1989）の「サードプレイス」論　080
 (6)　「ラーニング・コミュニティ」と実践共同体　082
 (7)　プロフェッショナル・ラーニング・コミュニティ　085
 (8)　小　括　087

## 2 | 「学習する組織」 …………………………………………………… 088

 (1)　はじめに　088
 (2)　「学習する組織」論と組織学習論，そして実践共同体の関係　089
 (3)　「学習する組織」論の検討　092
 (4)　「学習する組織」論と実践共同体　095
 (5)　小　括　100

## 3 | 活動理論・拡張的学習論 ………………………………………… 101

 (1)　はじめに　101
 (2)　Engeström（1987）における活動理論と拡張的学習　101
 (3)　Engeström（1996）における垂直的発達と水平的発達　108
 (4)　Engeström, Engeström and Kärkkäinen（1995），
   エンゲストローム（2008）の境界横断概念　109
 (5)　Engeström（2008）のノットワーキングと野火的活動　110
 (6)　考　察　112
 (7)　小　括　115

## 4 | 成人学習論 ………………………………………………………… 116

 (1)　はじめに　116
 (2)　成人学習論・成人教育論と実践共同体　116
 (3)　成人学習論の研究　117
 (4)　考　察　123

(5) 小　括　128

## 5 ｜ 生涯学習論　129

　(1) はじめに　129
　(2) 生涯学習論の研究　129
　(3) 考　察　134
　(4) 小　括　138

　おわりに

# 第4章　先行研究の検討のまとめ　141

## 1 ｜ 発見事実のまとめ　141

　(1) 第1章の発見事実のまとめ　141
　(2) 第2章の発見事実のまとめ　142
　(3) 第3章の発見事実のまとめ　142

## 2 ｜ 先行研究の検討からの総合的考察　144

　(1) 実践共同体の学習メカニズムと学習スタイル　144
　(2) 実践共同体の「コミュニティ」としての特性　147
　(3) 実践共同体における低次学習と高次学習の達成　148
　(4) 実践共同体の特性，機能と成果，マネジメント　149

## 3 ｜ 事例研究に向けての問題意識　151

---

### 第Ⅱ部　実践共同体の事例研究

---

# 第5章　「自治体マイスター制度」における実践共同体　157

　はじめに

## 1 ｜ 自治体マイスター制度　157

　(1) マイスター制度とは　157
　(2) 企業マイスター制度と自治体マイスター制度　158
　(3) 自治体マイスター制度と実践共同体　159

| 2 | 調査方法 ······················································ 160
| 3 | 調査結果 ······················································ 161

 (1) 自治体マイスター制度の設立趣旨・目的 161
 (2) 制度の特徴 162
 (3) 認定プロセス 163
 (4) 認定後の活動：地域貢献 164
 (5) 認定後の活動：技能伝承活動 166
 (6) 制度の不活性化とその要因 166

| 4 | 自治体マイスター制度の活性化事例 ·············· 168

 (1) 東京マイスター 168
 (2) 神戸マイスター 169
 (3) 北九州マイスター：企業技能者向けの技能伝承活動 170
 (4) 北九州マイスター：若手技能者育成の技能伝承活動 174
 (5) にいがた県央マイスターの技能講習会 177

| 5 | 考　察 ························································· 180

 (1) 実践共同体としての自治体マイスター制度 180
 (2) 実践共同体のコーディネーター 182
 (3) 技能形成を進める実践共同体のあり方 182

 おわりに

## 第6章　陶磁器産地における実践共同体 ─── 185

 はじめに

| 1 | 産地における実践共同体 ································ 185

 (1) 産業集積研究と実践共同体 185
 (2) 陶磁器産地と実践共同体 187

| 2 | 調査方法 ······················································ 188
| 3 | 事例研究：陶磁器産地の作陶作業と人材育成 ··· 189

 (1) 陶磁器の様式・モチーフとデザイン 189
 (2) 職人の育成 190
 (3) 作家の成長 191

4 | 事例研究：陶磁器産地 A 地区 …………………………………… 193

 (1) 陶磁器産地 A 地区　193
 (2) 実践共同体の萌芽時期：道具を中心に形成された実践共同体　193
 (3) 実践共同体の変遷と衰退　194
 (4) 実践共同体の復活，再活性化　195

5 | 事例研究：陶磁器産地 B 地区 …………………………………… 196

 (1) 陶磁器産地 B 地区　196
 (2) 実践共同体の「機能分担」　196

6 | 考　察 …………………………………………………………………… 198

 (1) A 地区・B 地区の実践共同体の比較　198
 (2) 陶磁器産地 A 地区　199
 (3) 陶磁器産地 B 地区　201
 (4) 地域コミュニティと実践共同体　202

 おわりに

## 第 7 章　教育サービス会社における実践共同体 ―― 203

 はじめに

1 | 実践共同体における学習スタイル ……………………………… 203
2 | 調査方法 ………………………………………………………………… 206

 (1) 調査対象の選定　206
 (2) 調査方法　207

3 | 事例紹介 ………………………………………………………………… 208

 (1) 公文の概要　208
 (2) 公文の指導者サポート　210
 (3) 優れた成果の源泉としての指導者の実践共同体における学習　211

4 | 事例研究：公文の指導者の実践共同体 ………………………… 212

 (1) 指導者が自発的に構築する「ゼミ・自主研」　212
 (2) 公文によってコーディネートされる「小集団ゼミ」　214
 (3) 熟達した指導者による「メンターゼミ」　216

(4)　全国レベルの「指導者研究大会」　219

5 | 考　察  220

　　(1)　実践共同体の類型と学習スタイル　220
　　(2)　重層型実践共同体間の相互作用　223

　　おわりに

## 第8章　介護施設における「学習療法」普及の実践共同体 ── 225

　　はじめに

1 | 介護施設における人材育成  225

2 | 調査方法  227

　　(1)　調査対象　227
　　(2)　インタビュー調査　227
　　(3)　観察調査　228

3 | 事例：介護施設における学習療法導入による組織活性化  228

　　(1)　学習療法とは　228
　　(2)　学習療法導入と実践共同体　229
　　(3)　実践共同体の学習活動活性化のための工夫　230
　　(4)　職員の学習療法の技能の向上　231
　　(5)　職員の介護技能の向上　231
　　(6)　施設間交流の促進　234
　　(7)　実践共同体による学習動機の向上・発展　236

4 | 考　察  238

　　(1)　非規範的視点の獲得につながる実践共同体の実践　238
　　(2)　実践共同体のもたらす組織活性化の影響　240
　　(3)　実践共同体における「二次的意義」の獲得　240
　　(4)　実践共同体の形態・構造・学習スタイルと学習意欲の発展　241
　　(5)　包摂的な上位の実践共同体構築の意義　243

　　おわりに

## 終　章　考察と理論的・実践的含意の提示 ── 245

はじめに

### 1 事例研究の発見事実の整理 …………………………………… 245

### 2 事例研究からの考察 ……………………………………………… 247

(1) 実践共同体概念の拡張：2 種類の実践共同体　247
(2) 実践共同体の学習スタイル　250
(3) 実践共同体で実現する成果・学習成果　251
(4) 実践共同体のマネジメント　253
(5) 事例分類からの示唆　255
(6) 副次的な共同体と地域コミュニティの役割　257
(7) 実践共同体と境界横断（越境）　259
(8) 実践共同体における「二次的意義」の生成　260
(9) 実践共同体の重層的構造　261
(10) 実践共同体の「居心地の良さ」への注目　263

### 3 理論的・実践的含意の提示 …………………………………… 265

(1) 理論的含意　265
(2) 実践的含意　267

### 4 提　言 ……………………………………………………………… 268

(1) 組織における学習を促進したい企業　268
(2) 実践共同体による学習を始めたい個人　269
(3) すでに実践共同体において学習しているが，活性化に苦労している個人　270
(4) 地域の実践共同体に参加したい個人　270
(5) 実践共同体による学習を始めたい大学生　271

おわりに

参考文献
索　引

序章 **問題の背景と
リサーチ・クエスチョン**

### はじめに

　本書では，実践共同体（communities of practice）による学習について探究する。実践共同体とはその成員の学習を促進するため，あるいは知識を共有・創造するため，あるいは組織の境界を越えて人々と相互作用するために，企業内外で一定のテーマのもとに構築される共同体であり，一言でいえば「学習のためのコミュニティ」である。企業における（あるいは企業以外の組織でも）学習を促進するためには，学習のコミュニティである実践共同体を社内外に構築し，それを基盤にした学習活動を実践していくことが重要である。これが本書の基本的な前提となる。

　実践共同体研究は認知心理学における状況的認知の研究をその端緒とし，やがて組織論，あるいはナレッジ・マネジメントの分野において実践されてきた。しかしまだその蓄積および考察は十分とはいえない。本書では実践共同体研究およびその関連分野の研究をレビューし，また複数の事例研究を実施することで，実践共同体による学習の意義や方法について探索的に考察していくことにする。

　本書のリサーチ・クエスチョンは，

> 「実践共同体における学習とはどのようなもので，どのように進めればよいのか」

であり，それを探究することが本書の目的である。

## 1 │ 問題の背景：なぜ実践共同体なのか

　ここでは本書でなぜ実践共同体を取り上げるのかについて説明する。問題の背景と実践共同体を研究する意義について，OJT・Off-JT，組織学習，ナレッ

ジ・マネジメント、および組織における「学習のミスマッチ」という観点から考えてみよう。

### (1) OJT・Off-JT と実践共同体

実践共同体研究は、特に経営学の分野では十分に進んでいるとはいえない。その主な理由は、1つには後述の通り実践共同体の概念定義が主要研究ごとに異なる部分があること、もう1つはそもそもなぜ実践共同体で学習することが重要なのかという点がはっきりしないということである。後者を考えるにあたっては、経営学における学習がどのように考えられてきたかを振り返る必要がある。

元来教育学や心理学においては、学習は子どもを対象に、個人レベルで考えられるのが通常であった。成人以上の学習については成人学習、および生涯学習における研究の蓄積を待たなければならなかったし、個人を超えた集団レベルの学習は、協調学習研究や状況的認知研究の発展によって扱われるようになっている。しかし経営学においては個人がどのように組織の中で学習するかについての方法論は、根本的には OJT (on-the-job training：職場内訓練) と Off-JT (off-the-job training：研修) の二分法から大きく進化してはいない (中原、2012)。組織における人は自己啓発とあわせて、「仕事をしながら学ぶ」「研修で学ぶ」「自分で学ぶ」のどれかで学習することを求められている。OJT の有効性 (寺澤、2005) や、OJT と Off-JT の組み合わせの効果 (小池、1999) などが主張される一方で、両者の分断や個人の孤立といった限界も指摘されている (中原、2012)。人材育成においては、決して個人を自己責任の名の下に孤立させてはならない。そこから OJT に限らず経験学習の方法を整備したり (松尾、2012)、学習資源としての職場の有効性を提唱したり (中原、2010) といった形で、個人の熟達を支援する研究が近年広がりをみせている (金井・楠見、2012)。

本書で考察する実践共同体による学習は、従来の OJT と Off-JT の二分法に再考を迫るものであるが、決して排他的なものではない。実践共同体は仕事の場でも研修の場でもない、学習の「第3の場所 (the third place)」(Oldenburg, 1989) である。また後述の通り組織学習・個人学習のそれぞれに対しても排他的ではない。実践共同体は両者を促進する補完的な存在である。その意味で実践共同体の学習は組織における学習のオルタナティブの1つである。しかし OJT や Off-JT でできることを実践共同体でする必要はない。実践共同体には

それ特有の学習活動が可能だと考えられる。

　OJT の方法論は特に学習者側の立場からより精緻化されなければならないが，もし個人の学習者が不十分な指導下に置かれた場合，取るべき有効な手段の１つは「同じような問題意識をもった人たちとともに，みんなで学ぶ」ではないであろうか。本書で考察する実践共同体の理論は OJT・Off-JT・自己啓発の枠組みに置き換わるものではなく，それらをより実践的に駆動させる原動力になる。そして学習者たちを結びつけ，相互に内省を促進し，より実践的で深みのある学習を実現させる可能性をもつ理論であると考える。

### (2) 組織学習と実践共同体

　心理学・教育学における個人レベルの学習研究の代わりに，経営学においては組織レベルでの学習，つまり組織学習（organizational learning）の研究が盛んに行われた[1]。組織学習は，企業や組織の長期的な適応のために組織の行動を変革することである（Fiol and Lyles, 1985）が，学習主体を組織とする組織学習論は，個々の組織成員の学習のあり方に対してあまり関心を払ってこなかった（安藤，2001）。松本（2003）は組織学習の研究をレビューし，それらは組織における行動の「適応」を学習の結果としてとらえその適応プロセスをみることで組織における学習を研究しようとする立場から，Argyris and Schön（1974, 1978）による組織のもつ「行為の理論」の構築ととらえる研究を経て，組織における知識の獲得，形成，共有といったプロセスを組織学習として位置づけた研究へと発展していったと整理した。しかし，学習主体を組織とする研究のアプローチは，戦略論やマネジメント論との強い親和性を付与した反面，個人レベルでの学習に関する研究の発展を抑制する結果となった。個人レベルの学習は，組織の知識のプールを増やすものとしてとらえられ，その個人の学習は OJT を基盤にしている[2]。組織学習の研究が個人レベルの学習の研究を促進するという相乗効果が起こることはなく，それどころか個人の学習の必要性の議論をますます曖昧にしてしまう結果になっているといえる。

　このように組織学習の研究は個人レベルの学習の方法論およびその促進にはあまり寄与してこなかったといえる。個人の自律的な学習，キャリアデザインへの志向とともに個人の学習へのニーズも高まっており（松本，2013b），近

---

1　組織学習の研究については，安藤（2001）に詳しい。
2　伊丹・加護野（2003）もこの立場を取っているが，彼らは「学習活動の主体はあくまで個人である」（p.435）として，個人学習の重要性を主張している。

年の熟達研究の進展（たとえば金井・楠見，2012）にはそのような背景があるといえる。繰り返しになるが，組織学習も個人の知識というベースをおろそかにしては機能しない。そのための施策として，実践共同体の理論は大きな役割を果たすことができるのである。

　このようにみていくと，個人レベルの学習と組織学習の研究にはある種の断絶があるといえる。個人の成長のためにも，また組織学習の原動力としての個人の知識のプール増大のためにも，個人レベルの学習を促進する必要がある。しかしOJTや個人の自主的な学習に過度に期待するのは，前述の通り自己責任論を助長してしまう危険性がある。そこで，個人レベルの学習をうまく促進するように働きかける必要がある。その主体となりうる存在は2つ，すなわち公式組織と実践共同体である。公式組織が個人レベルの学習促進にかんするすべての側面を担いうるのであれば，実践共同体の議論は必要ないかもしれない。しかし実践共同体は公式組織では果たすことが困難な役割を果たすことができると考える。そこに実践共同体の研究を進める1つの意義があるのである。

### (3) ナレッジ・マネジメントと実践共同体

　他方で知識獲得の組織学習から派生し，組織内の知識をマネジメントすることで戦略的競争優位につなげる活動，ナレッジ・マネジメント（knowledge management）もまた，Nonaka and Takeuchi（1995）の知識創造理論を端緒として研究が発展していった。Wenger, McDermott and Snyder（2002）はナレッジ・マネジメント研究について考察し，ナレッジ・マネジメント研究には3つの大きな研究のムーブメントがあったとしている。まず第1の波がIT技術を活用した知識共有活動であり，第2の波が行動・文化・暗黙知に着目した理論的な活動である。しかしこれらいずれのムーブメントも終息してしまった。その理由としては，いずれも知識共有という活動に過度な力点が置かれ，結果的に個人の知識をどのように増やしていくかという問題には光が当てられなかったこと，そして知識の担い手である個人の学習促進という問題をよく議論しなかったことがあげられる。Nonaka and Takeuchi（1995）の組織的知識創造の枠組みでいえば，どのように知識を創造するか，そしてその前提として個人の知識獲得・学習をどのように促進するかではなく，創造した知識をどのように共有するかという問題が主に取り扱われたといえよう。加えて知識共有の取り組みも，佐々木（1995）の指摘する暗黙知を言語で表現することの困

難さを示す「詳記不能性（unspecifiability）」と，優れたスキルや知識を他人と共有するよりもそれを私有化することで自らの成果を向上させた方が得であるとする「専有可能性（appropriability）」の，2つのジレンマ，および環境の変化によって古びた知識の「更新困難性」によって困難に直面することになる。ここから知識のマネジメントには，知識の担い手である個人の学習を促進するとともに，お互いの知識を自然に共有し，その人々に体化させる形で保管し，相互作用によって深めることで自然に更新されていくような，「知識の保管場所」としての安定的な基盤をつくり出す必要があるといえる。それゆえにWenger et al.（2002）は実践共同体を基盤にしたナレッジ・マネジメントを第3の波として，知識を経営に活かす対策を提示しているのである。実践共同体について考察することは，企業において知識をどのように活用するかという問題についても，多くの示唆をもたらすことにつながる。

### (4) 学習の「第3の場所」としての実践共同体

本書において実践共同体を議論するにあたり，まず確認しておきたいことは，実践共同体は個人にとっても，企業や組織にとっても，学習の「第3の場所」であることである。個人にとっての問題意識をよりよく説明することに資する，組織における課題は「学習のミスマッチ」である。Schein（1978）の調和過程でも個人の意向と組織の問題とがすりあわされる形で教育訓練がおこなわれる重要性が指摘されているし，次章でみていくLave and Wenger（1991）でも現場における教育・学習，2つのカリキュラムのすりあわせについて述べられている。ところが個人の自発的な学習活動が推奨されるに伴い，すりあわされない部分が出てくる。これが学習のミスマッチである。具体的に図0-1ベン図を用いて説明する。これは①組織が学ばせたいこと，②個人が学びたいこと，③実践共同体で学べること，の重なりを示したものである。これら3つの円がぴったり重なり合っている状態が学習にとって理想的な環境である。①組織が学ばせたいことと②個人が学びたいことの関係を考えてみると，これも2つの円がぴったり重なっていれば（下図重なりC＋D），個人は組織の支援も得ながら学びたいことが学べる理想的な状態であるが，実際は組織で学ぶことができないという内容のミスマッチ，個人が学びたい内容に組織が関心をもたないという関心のミスマッチ，組織が指導する知識や力量をもっていないという指導のミスマッチ，一緒に学ぶ仲間がいないという仲間のミスマッチ，個人が学びたいのに組織では学べないという意欲のミスマッチなどが生じること

が考えられる。これらのミスマッチを解消する方法としては，1つには重なり合う部分を研修やキャリアデザインなどで大きくすることが考えられるが，もう1つの方法は，実践共同体を構築することで，③実践共同体で学べることの円を追加し，重なり合う部分を増やす（図0-1重なりA，B，D）ことである。そして図0-1では実践共同体は1つだが，同様の実践共同体に複数所属することで，重なり合う部分はもっと多くすることもできるのである。

　他方で企業や組織にとっては2つの意味がある。第1に，「個人と組織の間」である。実践共同体は「個人で学ぶ」「組織で学ぶ」につづく「共同体で学ぶ」という選択肢を提供する。個人で学ぶことは自分の学びたいことを自分のペースで学べる反面，刺激しあい学びあうという相互作用がなく，学習する動機を維持するのも困難である。他方，組織で学ぶことは組織成員同士の相互作用によって効率よく学ぶことができ，形式知以外の暗黙的な知識（組織文化や慣習など）も学ぶことができる反面，仕事に関係あることしか学べず，その時間も隙間の時間に限られる。実践共同体での学習は両者の中間に位置し，集団で学ぶ相互作用をもとに，共通の関心事について自律的に学習を深めることができるという意味で，両者のメリットを享受することができるのである。

　第2に「OJTとOff-JTの間」である。実践共同体は「仕事をしながら学ぶ」「座学で学ぶ」につづく「共同体で学ぶ」という選択肢を提示する。OJTは仕事に必要な知識や技能を経験をもとに低コストで学ぶことができる反面，経験

**図0-1** ｜ 組織・個人・実践共同体の学びにおける3つの輪モデル

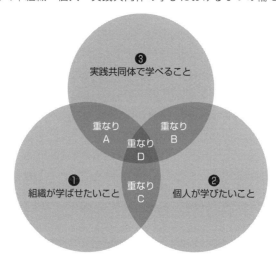

を省察して学びを深めるのは困難である。Off-JT は座学で効率よく知識を修得でき，集団での相互作用も期待できる反面，経験に基づいた学びは難しい。実践共同体での学習はここでも両者の中間に位置し，実践共同体での実践をもとに集団で学びを深め，そこから得た知識をすぐに仕事に応用することができるという意味で，両者のメリットを享受することができるのである。

実践共同体について理解する際は，このオルタナティブな性質を踏まえる必要がある。そして繰り返しになるが，実践共同体での学習は，決して他の学習方法を否定するものではなく，排他的ではない。むしろ個人学習と組織学習，OJT と Off-JT での学びを促進することができる上，両者の中間に位置することで，連結を果たすこともできると考えている。実践共同体を「第 3 の場所」と考えるのはその意味からでもある。

**(5) 実践共同体概念の探求に向けて**

次項で説明するように本書では，実践共同体概念をさまざまな観点から探求していく。その前に実践共同体の定義を示す。次章で触れる Wenger et al. (2002) は，実践共同体について，「あるテーマにかんする関心や問題，熱意などを共有し，その分野の知識や技能を，持続的な相互交流を通じて深めていく人々の集団」であると定義している[3]。この定義は少なくとも経営学の実践共同体研究の中ではよく引用される定義である。したがって本書でも実践共同

図 0-2 ｜ 学習の「第 3 の場所」としての実践共同体

---

3　Wenger et al.（2002：邦訳［2002］），33 ページ。

体概念の探求において，この定義を用いて考察していく[4]。本書を読み進める際には「学習のためのコミュニティ」という大まかなイメージをもっておくとよいと思われる。

## 2 本書の構成

本書は大きく2部構成になっている。第Ⅰ部は先行研究の検討，第Ⅱ部は事例研究である。第Ⅰ部・第Ⅱ部の詳細な内容は各部の最初に示す。

第Ⅰ部では先行研究の検討として，実践共同体研究とその関連研究をレビューしていく。実践共同体概念を深く理解するためには，「4つの主要な研究」を基盤として理解する必要がある。本書ではまず，4つの主要な研究をレビューした上で，実践共同体概念の基本的前提を整理する。次に経営学における実践共同体研究について幅広くレビューし，実践共同体がどのように研究されてきたか，今後どのように研究すべきかについて検討する。そして実践共同体に有益な知見をもたらすと考えられる，関連分野の研究をレビューした上で，本書における実践共同体概念について整理した結果を提示したい。

第Ⅱ部は事例研究となっている。本書では4つの事例研究を通じて，実際に実践共同体がどのように構築され，そこにおける学習がどのようにおこなわれているか，学習を促進する実践共同体のマネジメントとはどのようなものかについて検討する。その上で終章においては，先行研究と事例研究から得られた発見事実をもとに考察を加え，理論的・実践的含意を提示する。

---

4 実践共同体は「実践コミュニティ」「コミュニティ・オブ・プラクティス」という表記もあるが，本書では「実践共同体」を用い，また推奨する。文字数が少ないからである。図表の中では必要に応じて「CoP（CoPs）」という略称を用いることがある。これらはすべて同義である。

# 第Ⅰ部

# 実践共同体概念についての考察

　第Ⅰ部は先行研究の検討を通じて，実践共同体概念がどのようなものかについて考察する。実践共同体概念の理解なくして，その有効な利用は困難である。本書では実践共同体研究のみならず，関連する分野の研究をみていくことで，実践共同体概念の理解を進めていく。

　まず第1章においては，実践共同体研究についての代表的な4つの研究を詳細にレビューすることで，実践共同体を組織における学習に用いるにあたっての基本的な前提を議論する。実践共同体研究には，のちの研究の源流になっている4つの主要研究がある。しかしその研究間で，実践共同体についての概念は必ずしも一致していない。第1章ではこれらの研究をレビューすることで，実践共同体概念の「統一見解」のようなものを構築したい。

　つづく第2章では，経営学の研究を中心にした実践共同体研究をレビューする。実践共同体は経営学の分野においてさまざまな形で研究されてきた。その流れを整理することで，実践共同体研究をどのように進めていくかについて，分析モデルを探索する。

第3章は,実践共同体の理解を進め,研究に厚みを加えるため,関連分野の研究をみていく。まず第1節では,コミュニティ研究[1]をはじめとした類似の概念を取り扱う研究についてみていく。実践共同体は「共同体」である。しかしコミュニティ概念はその定義も難しいほど多岐にわたっている。コミュニティ研究の主要なものを概観していくことによって,実践共同体はなぜ「共同体」なのかについて考えるヒントを得たい。第2節では組織学習研究の一部である「学習する組織」の主要な研究,および「二重編み組織」についての理論をみていくことで,その差異について理解する。第3節では,活動理論・拡張的学習論について検討する。活動理論・拡張的学習論は実践共同体研究と親和性が高い研究である。そこから実践共同体研究に有効な示唆を抽出する。第4節では成人学習論について検討する。組織における学習の1つとして扱う実践共同体研究は,成人の学習を促進する構造ということもできる。成人学習論研究をレビューすることでそのような学習の本質に近づき,実践共同体における学習を考える材料を得たい。第5節は生涯学習論について主要な研究をみていく。実践共同体は生涯学習の舞台に用いられることもある。このような研究をみていくことで,実践共同体に必要な要因について理解する。

　最後に第4章では,以上の文献レビューを踏まえて,実践共同体概念についてわかったことを整理する。その上で実践共同体研究の分析モデルを提示したい。

---

1　本書では実践共同体と区別するため,カタカナで「コミュニティ」と表記するときは,基本的にコミュニティ研究におけるコミュニティ概念を指す。

# 第1章　実践共同体概念についての4つの主要研究[1]

## はじめに

　本章では，実践共同体概念について，4つの主要な研究をレビューする。組織論における人材育成や技能伝承の研究においてまだ研究が進んでいない最大の要因は，実践共同体概念自体に複数の考え方が存在するからである。それは同概念を最初に提唱した Lave and Wenger（1991）に基づいたものと，それをより発展させた Wenger（1998）に基づいたもの，組織論において最初に実践共同体概念を提唱した Brown and Duguid（1991）に基づいたもの，そしてよりナレッジ・マネジメント研究への接近をなした Wenger, McDermott and Snyder（2002）に基づいたもの，の4つの考え方である。4つの研究では，実践共同体の概念およびその目的に違いがあると考えられるが，現在実践共同体の概念はそれらが混在したものとして理解されている。この4つの研究において実践共同体はどのようなものとしてとらえられ，どのような違いがあるのかを議論すること，そしてそこから技能研究において用いるべき概念の形について整理すること，それが本章の目的である。それが実践共同体研究を拡大する上で，最重要のテーマであると考える。以下本書ではこれら4つの研究を「主要4研究」と呼称する。

　本章で実践共同体の概念を検討する上で，複数の研究の間に存在する差異に起因する，具体的な問題意識を3つ規定したい。まず1つは「何が実践共同体の要件なのか」である。たとえば主たる目的も，知識・技能の生成・伝承（Lave and Wenger, 1991），実践の立場から仕事・学習をとらえなおしイノベーションにつなげること（Brown and Duguid, 1991），意味生成・学習・アイデ

---

[1]　本章は，松本（2012a, 2013b, 2017b）の内容に加筆修正したものである。詳細なレビューの内容についてはそちらを参照。

ンティティの構築（Wenger, 1998），知識創造・保持・共有（Wenger et al., 2002）のように，4研究間で異なっている。実践共同体の主たる要素とは何なのかを明らかにする。2つめは「実践共同体の目的」である。実践共同体は何を目的とするのか，それについては主要4研究の中でも意見が分かれるところがある。その整理が必要である。3つめは「実践共同体と公式組織の関係」である。そもそも両者は同一のものなのか，公式組織に実践共同体が含まれるのか，はたまた別の存在なのか。この点はいわゆる「二重編み組織」（松本，2012b）の問題を考える上でも重要なポイントである。そして4つめは「実践共同体はつくれるのか」である。Wenger et al.（2002）では実践共同体を組織内に「育成する」，つくることを主眼に置いているが，他の研究では実践共同体は社会に埋め込まれている（Lave and Wenger, 1991），共存している（Wenger, 1998），あるいは既存の組織に実践共同体を「みいだす」，実践共同体と「みなす」（Brown and Duguid, 1991）立場をとっている。しかし特に組織論の研究では，つくれるという立場は施策上有用性をもっていることも確かである。複数の研究間の概念を統合することで，その可能性を考えていきたい。

以上のような問題意識をもとに，これより実践共同体の主要4研究について1つずつ検討していく。

## 1 ｜ Lave and Wenger（1991）における実践共同体

実践共同体の概念はLave and Wenger（1991）において提唱されている。以下ではこの研究について，実践共同体概念に関わるところを中心に検討する。

Lave and Wenger（1991）では，学習者が正統的周辺参加（legitimate peripheral participation）という学習の枠組みの中で参加を深めていく共同体として，実践共同体があげられている。つまり新参者が実践共同体の一部に加わっていくプロセスとしての正統的周辺参加ということである[2]。

Lave and Wenger（1991）は徒弟制の人類学的事例から，学校のような教育形態を経ていない徒弟が一人前の技能を身につけている背景には，どのような学習形態があるのかという問題意識をもつに至る。そして状況的認知研究における状況的学習（situated learning）の考え方と，歴史的・文化的に特有の状

---

2　Lave and Wenger（1991：邦訳［1993］），1-2ページ。

況と不可分の関係にある徒弟制，そして現場の学習（learning in situ）や為すことによる学習（learning by doing）の考え方との結びつきを包括的にとらえる定式化の結果として，正統的周辺参加の概念は提唱されている。それによって学校での学びと徒弟制のような仕事の中での学びとの関係性を解き明かそうとしたのである[3]。すなわち，学習者が否応なく実践共同体に参加し，知識や技能の修得をするには，新参者が実践共同体へ社会文化的実践を通じて十全的参加（full participation）を果たすことが必要であるとする[4]，正統的周辺参加の考え方を提唱する。彼らは，学習は社会的実践と一体となった存在であり，実践と切り離すべきものではないと主張しているが，この「実践と不可分な知識や技能」という考え方は，次にふれる Brown and Duguid（1991）も同じである。

　Lave and Wenger（1991）は，「正統的周辺参加」および「十全的参加」の用語を詳しく説明する中で，実践共同体の概念に重要な示唆をもたらしている。学習者がその「正統性」（実践共同体内での活動や実践を許されているということ）から「非正統的」ということはありえないという指摘に加えて，実践共同体に対して「中心的参加」というものは存在しないとする。ここには実践共同体への参加の到達点を直線的に進む技能習得に帰着させないこと，実践共同体には単一の核や中心があるわけではなく，共同体に個人の居場所に関しての中心があるわけでもないことを意味しているのである[5]。実践共同体における学習というのは，周辺，新参者が共同体への活動に対して「それほど重きを置いているように見られない」という関係から，社会的実践を通じて参加を深めていく，それも直線的なものではなく，実践によってその参加はその都度意味づけられ，変わりつづける。「変わりつづける参加の位置と見方こそが，行為者の学習の軌道（trajectories）であり，発達するアイデンティティであり，また成員性の形態でもある」[6]という記述は，その相互構成的な学習者の位置を意味しているものであるが，ここから実践共同体は組織と同一と考えるのは適切ではないこと，しかし仕事の現場である組織とは切り離せないものであると考えることができる。そしてそこにおける実践によって「変わりつづける参加の位置と見方」[7]という部分を重要視しなくてはならないであろう。す

---

3　Lave and Wenger（1991：邦訳［1993］），3-5ページ。
4　Lave and Wenger（1991：邦訳［1993］），1ページ。
5　Lave and Wenger（1991：邦訳［1993］），10-12ページ。
6　Lave and Wenger（1991：邦訳［1993］），11ページ。
7　Lave and Wenger（1991：邦訳［1993］），11ページ（傍点省略）。

なわち組織における権限関係や協働関係がそのまま実践共同体にももち込まれることもあるかもしれないが，それは実践を通じて変わりうるものであるということである。正統的周辺性については「権力関係を含んだ社会構造に関係している複雑な概念」であるとしている。それは共同体の一員としては（一員でない人と比較して）周辺性は権力を行使する位置にあるが，すでに十全的参加を果たしている人からすると権力を行使できない位置にあるという。共同体の中の関係性もまた実践によって構築されるものである。そしてそれ以上にLave and Wenger（1991）は，正統的周辺性は「関連する共同体の結節点」であるとしている。これはWenger（1998）で詳しく整理されるところであるが，正統的周辺性が実践共同体間の結合と相互交流を喚起するとともに阻止もする，としている。のちの研究でとりあげられる実践共同体同士の相互作用はすでに萌芽的な議論がなされているといえる[8]。

　もう1つ重要な指摘といえるのが「非公式の実践共同体」である。Wenger（1990）は先に，学習された内容は実践共同体によって一義的な意味を付与されるだけではなく，多様に定義されるものであるとしている。それはたとえば，仕事場においては公式に規定された実践共同体に対して，作業員たちの個人的な人間関係の中で仕事の意味やうまいやり方を発展させていくような実践共同体が存在するし[9]，大学生においてはクラスや履修方法など大学によって公式に規定された実践共同体に対して，学生のもつ人間関係やネットワークという（実践）共同体が存在するということである。それぞれ後者の共同体は，前者の公式な（official）実践共同体に対して，「隙間に生じる実践共同体（interstitial communities of practice）」といわれる。このようにLave and Wenger（1991）は，実践共同体の重層的な（multilayered）特性を指摘しているが，これはいわゆる「二重編み組織（double-knit organization：Wenger et al., 2002）」というよりはインフォーマルな共同体の方に近いであろう。正統的周辺参加においては社会的実践に深く携わっている企業組織の方がむしろ実践共同体に近いということになる。しかし非公式の（実践）共同体と重層的な考え方は，その後の経営学の分野における研究にも大きな示唆をもたらす。

　Lave and Wenger（1991）は，「学習を実践共同体への参加の度合の増加とみることは，世界に働きかけている全人格を問題にすることである」として，仕事面だけでなく人生全体を含めたキャリアを視野に入れていることがうかが

---

8　Lave and Wenger（1991：邦訳［1993］），11ページ。
9　Lave and Wenger（1991：邦訳［1993］），113-114ページ（訳者注第1章［10］）。

える。このような実践共同体の考え方は、仕事における熟達を含む、全人格の成長を考える概念である。さらに正統的周辺参加が実践における知性的技能の熟練のアイデンティティの発達と、実践共同体の再生産と変容との両方に関連していると主張する。これは変化する人格と変化する実践共同体の2つを生み出すことに内在する共通のプロセスについての主張であるとする[10]。

　またLave and Wenger（1991）は、熟練というものが親方の中にあるわけではなく、親方がその一部になっている実践共同体の組織の中にあるとして[11]、実践共同体は知識や技能を保持する機能をもっていることを指摘する。そして、実践共同体の中の学習資源（learning resources）を学習者の視点からみた日常実践における学習資源の配置として、「学習のカリキュラム」という概念を提示し、新参者を教育する立場からの「教育のカリキュラム」と区別する必要性を説く。そして学習のカリキュラムは本質的に状況に埋め込まれているとし、実践共同体における相互構成的な学習の考え方を確認した上で[12]、改めて共同体（community）の概念を2つの点で考察している。まず共同体の成員は、「異なる関心を寄せ、活動に多様な貢献をし、様々な考えを持っていると考えられる。私たちの見解では、多層的レベル（multiple levels）での参加が実践共同体の成員性には必然的に伴っているとする」[13]として、当初から多重成員性（multimembership）の可能性が指摘されているのである。そしてもう1つ共同体について、「共同体ということばは必ずしも同じ場所にいることを意味しないし、明確に定義される、これとはっきりわかるグループを意味してもいない。あるいは社会的に識別される境界があるわけでもない。それは参加者が自分たちが何をしているか、またそれが自分たちの生活と共同体にとってどういう意味があるかについての共通理解がある活動システムへの参加を意味している」[14]として、相互構成的に意味や境界が決められるという、Wenger（1998）での主張の萌芽がうかがえる。そのことをより明確に示したのが、知識のありかについての考察の部分での言及、すなわち「実践共同体というのは人と活動と世界の間の時間を通しての関係の集合であり、またそれに接したり重なり合ったりしている他の共同体との関係をもっている」というものである。「関係の集合」「他の共同体との関係」という言葉は、これまでLave and

---

10　Lave and Wenger（1991：邦訳［1993］），32-33ページ。
11　Lave and Wenger（1991：邦訳［1993］），75ページ。
12　Lave and Wenger（1991：邦訳［1993］），78-80ページ。
13　Lave and Wenger（1991：邦訳［1993］），80ページ。
14　Lave and Wenger（1991：邦訳［1993］），80ページ。

Wenger（1991）が述べてきた実践共同体の社会構成主義的な意味合いをはっきりと打ち出しているものであるといえる。

そしてLave and Wenger（1991）は，「実践共同体というのは人と活動と世界の間の時間を通しての関係の集合であり，またそれに接したり重なり合ったりしている他の共同体との関係を持っている」[15]と指摘している。大まかではあるが実践共同体について直接説明している箇所がこの部分である。実践共同体を関係の集合ととらえるこの立場は，先述の共通理解をもつという部分とも符合する。そしてこのような関係の中で，実践共同体の一部に「なる」ということに価値をみいだしながら，実践共同体に参加を深めていくことを通して，技能の獲得と成員のアイデンティティの発達を達成していくことが，正統的周辺参加の基本的な考え方である。

Lave and Wenger（1991）は正統的周辺参加についての研究であるが，その参加する対象（および学習の行われる場所）としての実践共同体も同様に重要である。明確に実践共同体を定義している箇所は少ないものの，その特徴はさまざまにあげられている。実践共同体は「関係の集合」であり，他の共同体と相互に関連して重層的な構造をなしていることが指摘されていた。その重層的な相互交流と実践を通じて，学習や意味，共同体の境界を生み出していくのである。そして重要なポイントとして，Lave and Wenger（1991）ではまだ，労働という社会文化的実践に携わるものはすべて実践共同体であると位置づけており，実践共同体は構築するというよりは自然にあるものをみいだす，という立場である。

## 2 | Brown and Duguid（1991）における実践共同体

Brown and Duguid（1991）は，*Organization Science*誌に掲載された実践共同体研究であり，経営学における実践共同体に対する影響力は大きい。実践共同体についてはLave and Wenger（1991）の影響を受けながら，他の研究も用いて，組織論の研究として大きな示唆をもたらしている。

Brown and Duguid（1991）における実践共同体の概念は，仕事（working）と学習（learning），そしてイノベーション（innovation）の相互関連性・相互補完性を高める触媒的な存在として位置づけられている。彼らは，三者は本来

---

15 Lave and Wenger（1991：邦訳［1993］），81ページ。

密接に関係していなくてはならないにもかかわらず，相互にコンフリクトが起きているとし，その要因を現場の教訓や知識と実践との間の乖離に求める[16]。実際の現場の仕事のやり方を過度に抽象化した「抽象的知識（abstract knowledge）」においては，細部は捨象されているにもかかわらずその獲得が重視され，現場での実践は軽視されていると彼らは論じる。そして実践を仕事の理解の中心に置くことで，それは正しく理解されるとしているのである[17]。つづいて学習については，伝統的な学習理論は学習者と仕事をする人を分けてしまう傾向にあり，知識と実践を分断する立場は理論的にも実践的にも健全ではないとしている。その上で仕事の中の学習を理論化するには，実践を通じた学習の理論を創り出す必要があるとしている。あとで述べるように学習における実践共同体の考え方は Lave and Wenger（1991）を下敷きにしており，両者の立場は一致しているといえる。そしてイノベーションについては，仕事とイノベーションの橋渡しをする存在としての学習を考える，という立場をとっている。メンバーシップと環境の変化に対する継続的な適応，実践共同体の発展がイノベーションに重要な視点をもたらすという考え方を進めていく[18]。

その上で Brown and Duguid（1991）は，仕事における Orr（1990, 1996）の研究，学習における Lave and Wenger（1991），そしてイノベーションにおける Daft and Weick（1984）の研究を援用し，実践共同体がそれらにどういうインパクトをもたらすかについて，考察を進めていった。

まず1つめの仕事についてである。Brown and Duguid（1991）が注目したのは，Orr（1990, 1996）のコピー機修理技術者の研究である。この共同体の記憶（community memory），すなわち「共同体の全員，あるいはほとんどの技術者のメンバーに共有され常識となっているような知識の実用的なセット」[19]がサービス産業にとって重要であることを示した研究をもとに，Brown and Duguid（1991）は議論を展開していく。彼らはコピー機の修理には，抽象的説明で構成されたマニュアルを用いて指示的アプローチと事前に決められたルートをたどって修理するという方法がとられているが，指示的アプローチの不適切さが技術者の仕事をより複雑にし，即興的スキルへの需要を高めているとする。表面的には抽象的でシンプルな記述になっても，実際の仕事はより即

---

16　Brown and Duguid（1991），p.40.
17　Brown and Duguid（1991），p.41.
18　Brown and Duguid（1991），pp.40-41.
19　Orr（1990），p.169.

興的で複雑になっており、現場の技術者は組織によって定められた規範的仕事（canonical work）と、現場の実践によって即興的に生み出される非規範的仕事（noncanonical work）の溝を埋めながら、ジレンマをかかえつつ仕事をしているとしているのである[20]。これは決して指示的アプローチに逆らって現場が仕事をしているということではなく、現場の創意工夫の重要性を指摘している。

　そしてBrown and Duguid（1991）は、Orr（1990, 1996）の参加観察による現場の技術者の事例を検討しながら、非規範的な仕事として対話による症状の特定や修理を紹介している。そこから、仕事実践の中心的特徴として、「語り」「協働」「社会構成」の3つをあげている。まず語りには、故障した機械の状態を診断するのを助けることと、蓄積された知性の貯蔵庫としての役割を果たす物語という2つの重要な側面があるとしている。つまり対話の中で診断と保存の2つの役割が同時に達成され、それらは切り離せないとしているのである。協働については、数人で事例を語りあったり、共有したりするという集団学習の意味合いがあるとし、集団学習からも学習は切り離せないとしている。そして修理技術者は対立とデータの混乱の中で理解を構築し、同時にアイデンティティも発達させていたとして、それらの社会構成的な側面も指摘している[21]。Brown and Duguid（1991）は、実践共同体が現場での知識を発展させ、即興的な実践を支援し、そのことで現場の規範的仕事と非規範的仕事の間隙を埋める（あるいは両者を接近させる）役割を果たしていると指摘しているのである。実践共同体の学習メカニズムの原動力をここにみることができる。

　Brown and Duguid（1991）が考える2つめの概念は学習である。彼らはそれをLave and Wenger（1991）の考え方をもとに議論している。その内容は前節で紹介しているが、Brown and Duguid（1991）も同様に、これまでの伝統的な学習モデルは知識移転アプローチであったが、それは知識を実践と切り離すものであるとしている。そして社会構成主義の考え方から、学習者はその周辺の幅広い範囲の、社会的・物理的環境や歴史、人々の社会的関係などに影響を受けながら理解を構築していくとしている[22]。正統的周辺参加を文化化される（enculturated）中で学習するという分析視点、ツールであると指摘する。物語を蓄積することは熟達する方法の重要な一部を占めており、実践共同体の

---

20　Brown and Duguid（1991），pp.40-41.
21　Brown and Duguid（1991），pp.43-47.
22　Brown and Duguid（1991），p.47.

中でさまざまな実践に携わることでそれが達成される。「実践について学ぶことではなく，実践者になること」が学習の中心的な問題であり，実践共同体の文脈で学習，理解，解釈は大部分発達・形成されるものであると考えられるのである[23]。

その上でBrown and Duguid（1991）では，集団と実践共同体の関係性について議論している。組織論で一般的に語られる，規範的で境界がはっきりしていて組織によって構築される集団と違い，実践共同体は認識されない非規範的な性格であるとする。実践共同体は流動的で，相互進入性があって境界がなく，創発的である。そして学習にかんする中心的問題は，創発や既存の実践共同体の発見と支援であるとする[24]。Brown and Duguid（1991）は実践共同体を組織や集団とは別のものとしてとらえており，組織内で併存可能であると考えている。そして公式組織だけみていると実践共同体を見逃してしまうとする一方，チームや作業グループで学習を進めようとすると，従業員が自らを個としてみて孤立してしまうとして，実践共同体をベースにした学習を志向している[25]。そしてBrown and Duguid（1991）は，学習を促進するには対象の実践共同体のメンバーシップとアクセスを促進することであるとしている。周辺からの正統的なアクセスは，コミュニケーションの周辺性，お金にならないノウハウ，情報やマナー，テクニックなどを手に入れられるという意味で，大変重要であるとしている[26]。Brown and Duguid（1991）は組織と実践共同体を相補的な関係として描写している。

そして最後の，革新，イノベーションについてである。まずBrown and Duguid（1991）は仕事の規範的な側面は適応や学習，そして変革も困難であるとして，その固着性を指摘しつつ，小さく自己構成的な実践共同体は，大きな組織の固着化傾向を逃れられるということが，その中心的利点の1つであるとしている。実践共同体における現場の行動は常に変化しており，新人にとって古参の人と入れ替わる変化と，実践の必要性が共同体の関係と環境を変更させる変化の両面が不断に起こる。そして実践共同体はリッチで流動的で非規範的な世界の視点を提供しつづけることで，組織の固定的で規範的な視点と，実践を変容する挑戦から生じる非規範的な視点との間にあるギャップを埋めるとして

---

23　Brown and Duguid（1991），pp.47-48.
24　Brown and Duguid（1991），pp.48-49.
25　Brown and Duguid（1991），pp.48-49.
26　Brown and Duguid（1991），pp.49-50.

いるのである[27]。現場での実践が組織や環境に対する新しい視点を生み出し、それがイノベーションのきっかけになるという考え方である。その上で彼らはDaft and Weick（1984）の解釈モードの考え方を用い、組織における規範的な世界の視点を変容することで、イノベーションに結びつくとしている。ではそのような世界の見方の再登録はどのように達成されるのであろうか。Brown and Duguid（1991）はそこで実践共同体が重要な役割を果たすと指摘する。つまり実践共同体における現場の非規範的な実践は、実践を通じて世界とつながっているため、継続的に世界の新しい解釈をつくり出すとしている。その新しい解釈に導かれる組織の環境創造は、組織のアイデンティティの変容をもたらす。両者は相互構成的であり、そこから新しい問いをたて、新しい視点を生み出すことが新しい組織になる革新的な道につながるとしている。実践共同体の実践が組織に対して新しい視点をもたらし、それが環境や組織のアイデンティティを変容させ、ひいてはイノベーションを導くという流れである。新しい視点から異なる問題を問いかけ、説明の異なるまとめ方を追求し、異なる視点からみることで、異なる答えが創発される。そして異なる環境と異なる組織は相互に再構成されるという組織革新やイノベーションの考え方の根本にあるのは、実践共同体における実践であると、Brown and Duguid（1991）は論じているのである[28]。この規範的・非規範的視点の差異から学ぶという学習メカニズムは、実践共同体において重要なものである（図1-1）。

　結論としてBrown and Duguid（1991）は、仕事、学習、イノベーションを促進するためには、非規範的実践と規範的実践との間に、非規範的な共同体のプロセスを認める実践共同体を考える必要があるとしている。すなわち知恵を生み出すために組織を揺さぶる自由を与えられなければならないとしているのである。たんに個人ではなく実践共同体の集合体として組織を考えることが、環境創造における実験を正当なものにし、共同体相互の分割という考え方も共同体同士の相互交流を拡大することになるとしている[29]。Brown and Duguid（1991）は組織を実践共同体の集合として「知覚する」ことで、イノベーションや戦略的提携のような大きな組織の抱える問題を解決できるとしているのである。そして仕事の中での学習の蓄積とイノベーションが概念的に再組織されれば、個人レベルの実践共同体をさらに拡張して、それらにアーチをかけるレ

---

27　Brown and Duguid（1991）, p.50.
28　Brown and Duguid（1991）, pp.51-53.
29　Brown and Duguid（1991）, pp.53-54.

図 1-1 ｜ 規範的・非規範的な視点と仕事・学習・イノベーション

出所：筆者作成。

ベルの組織構造，「共同体の共同体」のようなものができるとして，実践共同体の結びつきと自律性をさらに高める工夫も提示している[30]。

Brown and Duguid（1991）の提示する実践共同体は，これまでみてきたように，前述の Lave and Wenger（1991）の実践共同体とは通じる部分もあるものの，組織論的視点からの考察を経て，異なる部分も出てきている。まず Brown and Duguid（1991）は組織の中で「認識する」「知覚する」ものとしている。そして公式組織とは別の存在であり，併存可能であるという考えをもっている。そして実践共同体は非規範的な視点と理解を提供し，規範的な視点との間にある差異から学ぶという学習メカニズムを提唱しているのである。

## 3 ｜ Wenger（1998）における実践共同体[31]

Wenger（1998）は，Lave and Wenger（1991）で展開した正統的周辺参加論の発展であるといえる。学習を所属する実践共同体への参加ととらえる正統的周辺参加論は，学校での学びを学習ととらえる旧来の学習論に大きなインパクトをもたらしたが，他方で正統的周辺参加論はすでにある安定した共同体への参加が所与になってしまっていること（高木, 1992），高度熟達者や高次学習に不適であること（Hanks, 1991），といった批判もある。そのような限界を乗り越えるべく，Wenger（1998）ではより相互構成的な実践共同体のあり方と，そこにおける実践について，詳細な考察がおこなわれている。以下ではその内容について，実践，アイデンティティ，組織と実践共同体の関係に分けて，実践共同体の問題意識により絞った形で説明することにする。

---

30　Brown and Duguid（1991），pp.53-55.
31　紙幅の都合上限られた説明になっている。Wenger（1998）の詳細なレビューについては，松本（2017b）を参照。

## (1) Wenger（1998）における実践

　Wenger（1998）が最初に議論するのは，実践共同体，そしてそこにおける実践が，意味生成，共同体，学習，境界という4つの要素にどのような影響を与えるかである。まず検討するのは意味（meaning）についてである。Wenger（1998）は，実践共同体における意味は共同体内の相互作用によって相互構成されるものとしてとらえている。すなわち，①意味は，「意味の交渉」と呼ぶプロセスの中にある，②意味の交渉は2つの構成過程，すなわち「参加」と「具象化」の相互作用を含む，③参加と具象化は人間にとっての意味の経験の基盤であり実践の特性という二重性を構成する，の3点を前提としてあげている[32]。

　意味の交渉（negotiation of meaning）については，生きることは継続的な意味交渉プロセスであるとし，日常生活，仕事生活の中で常に起きていることであるとする。この相互構成的な性質をもつ意味の交渉プロセスは，2つの構成過程としての「参加」と「具象化」のプロセスが収束する中で起こっており，この2つはペアとして，意味の交渉の二重の基盤になっているとしている。まず参加（participation）は行為とつながり双方を提示するプロセスであり，「社会的共同体でのメンバーシップと社会的活動への能動的関係のための世界にお

図1-2｜参加と具象化の二重性

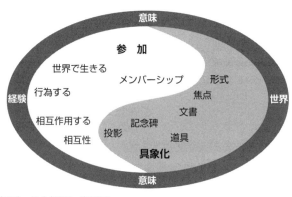

出所：Wenger（1998），p.63を参考に，筆者作成。

---

32　Wenger（1998），pp. 51-52.

**図1-3｜共同体の特性としての実践の次元**

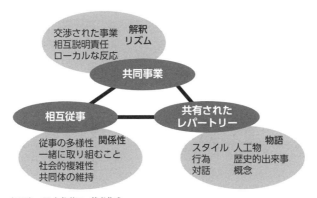

出所：Wenger（1998），p.73を参考に，筆者作成。

ける生活の社会的経験」である。もちろん参加の対象は実践共同体であり，そこにおける経験や実践（やってみること）を含み，アイデンティティの源泉になるのである[33]。もう1つの具象化（reification）をWenger（1998）は，「経験を『客観的実在性』に固定化させる物象を生み出すことによって経験に形を与えるプロセス」である，とする。たとえば規則を書き出す，手続きを生み出す，道具を生み出すのも具象化のプロセスであり，規則を議論のポイントとして使い，手続きを何をするか知ることに使い，道具を行為を生み出すことに使うように，形を与えられることによる理解が意味の交渉の焦点になるとしているのである。そしてこの参加と具象化は相補的な存在であるとする。参加と具象化はお互いの合意できないところを修復する。どちらかが優勢になると不具合を生むため，この相補性は重要視されるべきものである。「参加してやってみること」と「形にすること」の相補性は実践共同体を駆動させる原動力といえる。

2つめの要素は学習の社会的理論の共同体である。これは実践共同体という概念にとって重要な要素であるが，Wenger（1998）は実践と共同体を結びつける際，共同体の結合の源が実践であるという関係に基づいた，3つの次元を提唱している。それが「相互従事」「共同事業」「共有されたレパートリー」の3つである。相互従事（mutual engagement）は，共同体を1つにしたり維持したりする中で，共同体の成員が相互に関わりあう実践である。成員は相互従

---

[33] Wenger（1998），pp. 55-57.

事の中で重層的に能力を構築していく。相互従事は実践共同体の構築と維持，成員の十全的参加につながる実践である[34]。2つめの共同事業（joint enterprise）は，実践共同体において成員の相互の協働によって維持構築される活動である。共同事業の意味するところは，成員のもつ協働の目的や追求するものは多様であるが，それは共同体や組織によって決められた目標に収束させられるのではなく，相互交渉の中で実践共同体の共同事業の目的も交渉されていくということである。共同事業に付随する概念としてWenger（1998）が提唱しているのが相互説明責任（mutual accountability）である。これは共同事業の中で何が問題で何がそうでないのか，何がなぜ重要なのか，何をすべきで何をすべきでないのか，何に注意を払い何を無視するのか，などについての相互の了解（暗黙的な了解も含む）といえる。その中で「うまくやる」というやり方を追求・実践することを区別できるようになることは，実践共同体における熟達者の重要な側面である[35]。3つめは共有されたレパートリー（shared repertoire）である。これは実践共同体が共同事業の中で生み出してきて，実践の一部になり，またさらなる実践を生み出す，実践共同体で共有された資源のセットのことである。具体的にはルーティン，言葉，道具，やり方，物語，ジェスチャー，象徴，ジャンル，行為，概念を含むとされる。この「実践の資源を用いながら」「共通の営みを互いに理解しながら」「相互に関わり合いながら取り組む」という，共同体を結びつける3つの実践は，実践共同体にとって重要な機能をもつ。すなわち相互従事を通じて，参加と具体化は切れ目なく折り合わされるし，共同事業は具体化され，議論され，事業と位置づけられることもなく，相互の説明責任の関係を創り出す。そして共有された従事の歴史は，意味を交渉する資源となるのである。相互構成的な実践が実践共同体を形づくるという視点が重要である。

3つめの要素である学習についてWenger（1998）は，実践共同体は学習の共有された歴史と考えられると指摘している。その学習の共有された歴史を構築する内的ダイナミズムについては，議論の方針として，①参加と具象化を記憶の形態として，持続と断絶の源泉として，実践の進化に影響されるチャネルとして議論すること，②その上で実践の発達を3つの次元，すなわち相互従事，共同事業，共有されたレパートリーから議論すること，③学習は2つの概念の間で創発的構造としての実践を生み出すものとして議論すること，④新参

---

[34] Wenger（1998），pp. 73-77.
[35] Wenger（1998），pp. 77-82.

者が参加できる実践としての学習を議論すること,をあげている[36]。

4つめの要素である境界(boundary)と実践共同体の関係に関する論考は興味深い。Wenger(1998)は,実践は境界を創り出すだけではなく,残りの世界とのつながりを維持するのを発達させることもできるものだとしている。実践共同体は世界とシームレスな関係にあり,それに入ることは内的なつながりへ加入するだけではなく,残りの世界とのつながりに加わることを意味するとしている[37]。参加と具象化は境界においても実践として機能する。それらが生み出すつながりは2種類,すなわち「境界物象」と「ブローカリング」である[38]。

境界物象(boundary object)は,実践共同体の相互のつながりを構築する人工物,書類,用語,概念,その他の具象化の形である。境界物象によって人は考えているよりも広い世界,さまざまな人々とつながっているとしている。それに対してブローカリング(brokering)は,ある実践を他に紹介する要素をもった人によってつくられるつながりである。境界物象がものによるつながりであるのに対し,ブローカリングは人によるつながりである。そこから実践がどのようにつながりを生み出すかについてWenger(1998)は,実践は3つの次元からつながりの源泉が生まれるとしている。境界になる実践の形は次の3つに分けられる。境界実践,重なり,周辺である。境界実践(boundary practice)は,境界の出会い(特にメンバーが多様なとき)が相互従事の形をつくり始めるとき,実践も起こり始めるとしている形である。重なり(overlaps)は,2つの実践がオーバーラップすることで特殊な境界事業が生まれることである。周辺(peripheries)は,周辺性の解放によるつながりである。実践共同

**図1-4│実践による共同体連結の3つのタイプ**

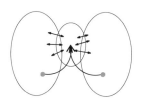 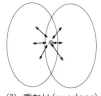 

(1) 境界実践(boundary practice)　(2) 重なり(overlaps)　(3) 周辺(peripheries)

出所:Wenger(1998),p.114を参考に,筆者作成。

---

36　Wenger(1998),p.86.
37　Wenger(1998),pp.103-104.
38　Wenger(1998),pp.104-106.

体は周辺的経験を提供することで世界の残りとつながることができるのである[39]。この3つのタイプの共同体連結は，実践共同体同士の境界横断を考える上で，また実践共同体の連結を考える上で大変有益である。

　Wenger (1998) は場所性（locality）の議論の中で，実践共同体の要件について考察を加えている。Wenger (1998) では「あらゆるワークグループが実践共同体と考えられるのか？」という問いに対して，厳格すぎる定義は有効ではなく，大事なのは実践共同体としての社会的構成をどの程度，どのように，どんな目的でとらえるかという視点としてのフレームワークを育てるかであるとしている。その上で実践共同体の分析レベルとして特殊な相互作用（会話や行為）としてみると，単一の事象に焦点をあてており短期的すぎるし，逆に国家や文化，都市，企業としてみると内容が多様すぎるとし，実践共同体を中範囲のカテゴリとしておいている[40]。その上で Wenger (1998) は実践共同体の指標として，以下の14個をあげている。それは，①持続的な相互関係（協調的か対立的か），②一緒にやっていることへの従事の共有の仕方，③情報の速い流れ，変革の普及，④進行中のプロセスのたんなる継続としての会話や相互作用のような導入的前置きのないこと，⑤議論すべき問題のとても早い段取り，⑥所属する参加者の記述の実質的な重なり，⑦他者が知っていること，できること，事業にどのように貢献できるかを知っていること，⑧相互にアイデンティティを定義していること，⑨行為や製品の適切さを評価する能力，⑩特殊なツール，表彰，他の人工物，⑪現場の習得知識，共有された物語，内輪のジョーク，笑いを知っていること，⑫コミュニケーションの専門用語や近道，新しいものを生み出す容易性，⑬メンバーシップの表示として認識される特定のスタイル，⑭世界の特定のパースペクティブを反映した共有された談話，の14個である。この定性的な指標は実践共同体における実践や相互作用が，実践共同体を規定する要因であることを示している。すなわちメンバーが実践共同体の歴史を共有し，それぞれの結びつきと相互作用が高いレベルにあることが実践共同体の条件であるといっていることから，実践共同体の成熟度指標といえるかもしれない。

　場所性の議論において Wenger (1998) が提唱しているのが，実践の布置 (constellation) の概念である。これは一言でいえば「実践共同体の集合体」を指している。大きすぎる実践共同体は参加の従事の範囲においては遠くはず

---

39　Wenger (1998), pp. 113-118.
40　Wenger (1998), pp. 123-124.

れているし，広すぎ，多様すぎるか，単一の実践共同体として扱うには扱いが難しすぎるようなものがあるとしている。このような実践共同体の集合体をWenger（1998）は「実践の布置」と呼んでいる。布置の概念は実践共同体の拡張に重要な役割を果たす。Wenger（1998）は布置も含めて実践共同体であるとしているのであり，実践の布置としての実践共同体の役割を考える必要があるであろう。

## (2) Wenger（1998）におけるアイデンティティ

　Wenger（1998）において実践と並んで重要なのが，アイデンティティ（identity）の問題である。Wenger（1998）は，実践の中でどのようにアイデンティティが構築されるかを議論している。アイデンティティと実践の間には深いつながりがあり，実践共同体の形成はアイデンティティの交渉でもあるという両者の深い関係性を，実践とアイデンティティの関わりは並行的，鏡のイメージであるとしている。

　その上でWenger（1998）は，アイデンティティの構築につながる実践を5つあげている。まず1つめが，先述の参加と具象化を通じた経験である。次に共同体のメンバーシップである。実践共同体においてメンバーシップはラベルや他者の具象化されたマーカーだけではなく，能力の形を通してメンバーシップがアイデンティティを構築するとしている。3つめは軌跡（trajectories）である。これはアイデンティティが常に進行中のものであるがゆえに，実践共同体への参加の形の連続を通じて，アイデンティティは実践共同体内・間の軌跡の形を取るというものである。4つめの要素は，多重成員性である。われわれはみな多くのコミュニティに所属しており，そこからアイデンティティは①多重成員性の経験，②境界を越えたアイデンティティを維持するために必要な調和作業，を必要とする。多重成員性と調和の作業はアイデンティティの概念に不可欠なのである[41]。最後にローカルとグローバルの相互作用である。実践共同体の重要な側面は，実践がおかれているより広いコンテクストの絵を生み出すことであるとWenger（1998）は指摘している。実践共同体における実践はたんにローカルなものではなく，より広い布置とアイデンティティにつながっている[42]。

　Wenger（1998）が次に議論するのは所属のモード（modes of belonging）で

---

41　Wenger（1998），pp.158-161.
42　Wenger（1998），pp.150-162.

ある。Wenger（1998）では参加と不参加について議論し，不参加（non-participation）は「参加しないという形の参加の形」であるとしている。不参加のような文脈の中でのアイデンティティを理解するには，所属のモードを実践への従事よりも先んじて考える必要があるとしている。アイデンティティ形成と学習のプロセスを理解するには，所属の3つのモードを考えることが有効である。それは，①従事：意味交渉の相互プロセスに積極的に関与すること，②想像：世界のイメージをつくり経験から推定する形で時間空間を通してつながりをみること，③整合：より広い構造の中に合わせより広い事業に貢献させるため，エネルギーと活動を調整すること，の3つである[43]。まず従事（engagement）はすでに出ている相互従事ということであるが，想像・整合と比較すると，時間空間に物理的な限界がある，心理的限界もある（直接扱える範囲）という特徴がある。2つめは想像（imagination）である。実践共同体の成員は自分の経験から推定して他の人の仕事を想像できる。想像は世界の経験とその場所感覚にとって重要な要素なのである[44]。3つめは整合（alignment）である。想像と同じく，整合は相互従事に制限されない所属のモードであり，整合はエネルギー，行為，実践の調整を通じて参加者がつながるように，事業や価値観，他者の行動や考え方に自分を合わせていくプロセスといえる。この「実践に関与していくこと」「実践について考えをめぐらせること」「実践に向けて方向性を考えること」という所属のモードと実践共同体との関係について，所属が共同体の形成につながっているとWenger（1998）は主張する。

　アイデンティティを構築する参加と不参加は，共同体への所属と関係があるように，共同体を定義する意味を形成する能力にも関係がある。アイデンティティは「同一化」「交渉可能性」の二重の過程において形成される。まず同一化（identification）は所属のモードを通じてアイデンティティが本質的になるプロセスである。対になるプロセスのもう1つの交渉可能性（negotiability），は貢献し，責任を取り，社会的配置の中で問題になる意味を構築する能力，設備，正統性である。同一化が実践共同体に対して所属のモードを通じて組み込まれていく（組み込まれようとする）過程であるとするなら，交渉可能性はその意味を積極的に解釈して，方向性を定めていく（定めようとする）過程であるといえるであろう。

---

43　Wenger（1998），pp. 173-174.
44　Wenger（1998），pp. 175-178.

### (3) Wenger（1998）における組織と実践共同体

　Wenger（1998）が次に議論するのは組織（organization）についてである。この箇所は実践共同体と組織との関係を考える上で非常に重要である。実践共同体は制度的存在と3つの次元で異なるとしている。それは，①実践共同体は自らの事業を制度的規範に対する確認的反応を構築することを通して交渉する，②実践共同体は自らの学習を制度的事象に反応することを通じて生起し進化させ分解する，③実践共同体は自らの境界を制度的境界と一致させることを通じて形成する，という点である。このパースペクティブから，組織に対する2つの見方があると指摘している。すなわち，①デザインされた組織：「制度」としばしば呼ばれ，実践の中で生きている組織と区別される，②実践（または正確には実践の布置）：組織に命を与え，デザインされた組織に対する反応がある，という視点である。Wenger（1998）は組織における学習，デザイン，実践の関係を探求するために，組織デザインの次元，すなわち①参加と具象化：制度化のトレードオフ，②デザインと創発：組織における構造の2つの源泉，③ローカルとグローバル：知識能力のローカルな形を組み合わせる，④同一化と交渉可能性の場所：組織の学習の鍵となる制度的アイデンティティ，の4つの次元を用いて考察している[45]。Wenger（1998）は組織と実践共同体は相補的な関係にありながら，制度化された組織に対して実践と所属を通じた異なる視点を与えることと，布置的な存在として組織に影響を与える，すなわちWenger et al.（2002）でいう「二重編み組織」の考え方をすでに提唱している。

　その上でWenger（1998）が指摘するのは，多くの組織にとって学習は訓練部門の範囲で，補助的機能として考えられているというところである。そして実践共同体を構築し新参者をトレーニングすることには，互換性と補足性という2つのメリットがあると指摘し，実践共同体を学習のための装置として考える重要性を指摘している。

　Wenger（1998）の実践共同体は，実践によって意味・共同体・学習・境界が相互構成的に構築されるプロセスを重視している。しかし，主要4研究の中でも相互作用性を最も重視している研究でもある。その上で3つの共同体実践，参加と具象化，境界物象とブローカリング，実践の布置，所属のモードと

---

45　Wenger（1998），pp. 241-242.

いった概念によって，実践共同体がどのように構築され，どのように実践がおこなわれるかを探求している。他方で，組織との関係を相補的，包摂的なものとしてとらえている。この視点は実践共同体にとって重要である。そしてWenger（1998）では，実践共同体における実践が具体的に考察されており，その実践によって実践共同体が相互構成されるという立場をとっている。公式組織との関係は共存的であり，具象化による構築という意味あいももっている。

## 4 | Wenger, McDermott and Snyder（2002）の研究

　Wenger, McDermott and Snyder（2002）は，より経営学的な立場から，特にナレッジ・マネジメントと知識創造活動において，実践共同体を知識の創造・保持・更新の装置として位置づけ，そのマネジメントについて論じた研究である。これまでの研究より大きく踏み込んで実践共同体の概念を考えており，知識創造や組織活性化研究に寄与する一方で，これまでみてきた3つの主要研究との概念とは違いがある。この研究について整理してみよう。

　まずWenger et al.（2002）は実践共同体を，「あるテーマにかんする関心や問題，熱意などを共有し，その分野の知識や技能を，持続的な相互交流を通じて深めていく人々の集団」であると定義している[46]。このようにこれまでの研究ではあまりみられない明確な定義をおこなっている。またこれまでの研究と異なり，この定義で実践共同体は，「知識や技能を深めていく」という目的をもっているのが特徴であり，知識を核とした社会構造（social structure）であるとしている[47]。このような側面は既存研究とそれほど大きく立場を異にしているわけではない。しかしWenger et al.（2002）が既存研究と大きく異なる点は，「戦略上重要な分野で実践共同体を育成すれば，企業は知識を資産として，他の重要な資産を扱うのと同じ位に体系的に扱うことができるようになる」[48]として，実践共同体を企業内に「育成」することをマネジメントの基盤に据え，その方法論を議論していることにある。実践共同体が文化的・歴史的に構築されてきていることを踏まえた上で，その古来の仕組みにビジネスで新しく中核的な役割を担わせることが組織にとって必要になっていると主張し，

---

46　Wenger et al.（2002：邦訳［2002］），33ページ。
47　Wenger et al.（2002：邦訳［2002］），33-34ページ。
48　Wenger et al.（2002：邦訳［2002］），35-36ページ。

その育成の重要性を指摘している[49]。

　その上でWenger et al.（2002）は，実践共同体が多様な価値を創造，すなわち①ローカルに孤立した専門知識や専門家を結びつけること，②根本原因が複数のチームにまたがる再発問題について調査し対処すること，③類似のタスクを実行するユニット間で業績にバラツキがある場合，知識関連の資源を分析してすべてのユニットの業績を最高水準に引き上げるよう努めること，④類似の知識領域に取り組んでいるもののつながっていない活動や推進活動を結びつけ連結させること，ができると指摘している[50]。小集団活動[51]やナレッジ・マネジメント研究[52]にも通じるこれらの点に加え，Wenger et al.（2002）が強調するのは，①これらの短期的な価値に加え，長期的な価値，すなわち組織能力の開発と実践共同体メンバーの専門的能力の開発を促進すること，②コスト削減などの有形的価値に加え，数値に表しにくい信頼関係やイノベーションを生み出す能力（Brown and Duguid, 1991）も生み出すこと，③人々の間に関係を築き，帰属意識を醸成し，探究心を引き出し，メンバーに専門家としての自信やアイデンティティを与える（Wenger, 1998）というような無形の価値も生み出すこと，④実践共同体の組織全体に対する価値をメンバーに認識させることで，企業戦略と結びつけ，戦略策定に参画・寄与させることができること，という諸点である[53]。先行研究の流れを踏まえながら，Brown and Duguid（1991）の実践に基づいた知識の形成という立場から，個人・組織の能力開発への寄与，そしてLave and Wenger（1991）およびWenger（1998）のアイデンティティ構築の考え方も引き継いでいる。

　Wenger et al.（2002）は実践共同体と組織との関係について，「二重編み組織」の概念を提示している[54]。実践共同体のメンバーは同時に公式組織にも所属しており，その多重成員性が学習のループを生み出すとしている。すなわち公式組織の一員として職務を遂行するにあたってスキルを適用し，新しい問題

---

49　Wenger et al.（2002）では，実践共同体をつくるというより「育成する（steward）」という言葉が適しているとしている。「『育成する』という言い回しは，適切なたとえだ。種が注意深く植えられたのであろうし，風によって偶然その場所に運ばれてきたのであろうと，植物は自力で生長する。茎や葉や花びらを引っ張っても，成長を早めたり，大きくすることはできない。だが植物が健康に育つように手を貸してやることはできる」（邦訳［2002］，44ページ）として，用語の適切さを説明している。
50　Wenger et al.（2002：邦訳［2002］），46-47ページ。
51　小集団活動やQCサークルについては，松本（2012b）で一部レビューしている。
52　たとえばDixon（2000）や，Cohen and Prusak（2001）など。
53　Wenger et al.（2002：邦訳［2002］），46-51ページ。
54　二重編み組織については，松本（2012b）で他の概念との関連も含め整理している。

に直面すると新しい解決方法や知識を考え出す。その経験や知識を実践共同体にもち込んで議論し，一般化あるいは文書化し，問題解決に対する支援を得て，また公式組織にそれをもち込み，現実の問題に適用するというループである[55]。この二重編み組織の考え方は，「知識の世話人である実践共同体と，知識が適用されるビジネスプロセスを緊密に織り合わせ，いわば『二重編み』の組織を作り上げる必要がある」[56]としているように，実践共同体と公式組織は別のものであると考えている。さらに実践共同体の3要素や実践共同体構築の7原則，実践共同体構築の5段階を詳細に記述していくに至って，実践共同体は公式組織とは別の，非公式な集団による知識創造活動という性質が強くなっていく。

　Wenger et al.（2002）では，実践共同体の形態をみる上での分析次元と，3つの構成要素について説明している。実践共同体にはさまざまな形態があるとし，その分析次元として，①規模，②寿命，③場所性（同じ場所にあるか分散しているか），④同質性，⑤境界横断性，⑥自発性，⑦制度化（非公式か制度化されているか），をあげている[57]。これらの形態の次元は，具体的に実践共同体をみていく上で有用である。

　次に構成要素として，領域（domain），共同体（community），実践（practice）の3つをあげている。これらの3つの要素がうまくかみあって初めて，実践共同体は理想的な知識の枠組み，つまり知識を生み出し，共有する責任を担うことのできる社会的枠組みとなるとしている[58]。

　領域については，メンバーの間に共通の基盤をつくり一体感を生み出すこと，そして領域を明確に定義すれば，実践共同体の目的と価値をメンバーや関係者に確認し実践共同体を正当化できるとともに，メンバーの貢献と参加を誘発し学習を導き，行動に意味を与えられるとする。そして領域こそが実践共同体の存在理由であるとしているが，それは徐々に発展する性格のもので，メンバーが現実に直面する重要な課題や問題からなるとしている[59]。実践共同体の運営のためには適切な領域設定と発展が不可欠である。

　共同体については，これまでの実践共同体の議論を踏まえながらも，定期的な情報交換，共通性と多様性，関与の自発性，自発的リーダーシップ，互恵主

---

55　Wenger et al.（2002：邦訳［2002］），51-53ページ。
56　Wenger et al.（2002：邦訳［2002］），51ページ。
57　Wenger et al.（2002：邦訳［2002］），58-63ページ。
58　Wenger et al.（2002：邦訳［2002］），63-65ページ。
59　Wenger et al.（2002：邦訳［2002］），65-69ページ。

義，開放的な雰囲気，信頼感などのポイントをあげ，よりインフォーマル・グループ的に運営する必要性を説いている[60]。これは「実践共同体はつくれるのか」という当初の問題に密接に結びついているところである。他の研究は社会的・歴史的にすでに存在する実践共同体があり，そこに参加するというスタンスである。その維持発展は実践に携わることによっていわば間接的に達成される。しかし Wenger et al.（2002）は，実践共同体を直接的に発展させるために，メンバーの介入や活動を想定している。この違い，すなわち実践共同体のマネジメントについては議論する必要がある。また共同体は通常サブコミュニティに分けられ，大きくなりすぎた場合はサブコミュニティが強いローカルなアイデンティティをもつようになること，そしてその重層性が大きな共同体への帰属意識を保ちながらも，ローカルな共同体に直接的に関わることができるとして[61]，重層的な実践共同体のメリットについて指摘している。

そして実践については，「ある特定の領域で物事を行うための，社会的に定義された一連の方法」と定義し，行動やコミュニケーション，問題解決，作業，説明責任などの基盤となる，共通の手法や基準であること，そして例として事例，物語，理論，規則，枠組み，模範，原則，ツール，専門家，論文，教訓，ベスト・プラクティス，経験則などのさまざまな種類の知識（暗黙知・形式知含む）が含まれるとする[62]。Wenger et al.（2002）では実践には多様な知識が含まれるとしているが，従来の「現場での実践」という意味での実践に加えて，それによって生み出された知識との両方を含んでいるという理解である。そして有効な実践は共同体とともに発展していくとして，実践共同体を発展させながら，同時並行的に知識としての実践を体系化していく必要があるとしている[63]。実践の内容が知識面（公式な知識も含む）に偏っているきらいはあるが，領域・共同体・実践が相互補完的に発展していくという考えは重要である。そして Wenger et al.（2002）では，実践共同体と公式組織，作業チーム，プロジェクト・チーム，関心で結びついた共同体（communities of interest），非公式ネットワークとの違いについてまとめている（表1-1）。そこで知識創造・共有といった目的，知識創造への情熱をもったメンバー，境界の明確さ，何をもとに結びつくかというポイント有機的な進化に基づく持続期間

---

60　Wenger et al.（2002：邦訳［2002］），70-76ページ。
61　Wenger et al.（2002：邦訳［2002］），73-74ページ。
62　Wenger et al.（2002：邦訳［2002］），77ページ。
63　Wenger et al.（2002：邦訳［2002］），76-80ページ。

表1-1 | 実践共同体とその他の組織機構との違い

|  | 目的は何か | メンバーはどんな人か | 境界は明確か | 何を元に結びついているか | どのくらいの期間つづくか |
|---|---|---|---|---|---|
| 実践共同体 | 知識の創造,拡大,交換,および個人の能力開発 | 専門知識やテーマへの情熱により自発的に参加 | 曖昧 | 情熱,コミットメント,集団や専門知識への帰属意識 | 有機的に進化して終わる(テーマに有用性があり,メンバーが共同学習に価値と関心を覚える限り存続する) |
| 公式組織 | 製品やサービスの提供 | マネジャーの部下全員 | 明確 | 職務要件および共通の目標 | 恒久的なものとして考えられている(が,次の再編までしか続かない) |
| 作業チーム | 継続的な業務やプロセスを担当 | マネジャーによって配属 | 明確 | 業務に対する共同責任 | 継続的なものとして考えられている(業務が必要である限り存続する) |
| プロジェクト・チーム | 特定の職務の遂行 | 職務を遂行する上で直接的な役割を果たす人々 | 明確 | プロジェクトの目標とマイルストーン | あらかじめ終了時点が決められている(プロジェクト完了時) |
| 関心で結びついた共同体 | 情報を得るため | 関心をもつ人なら誰でも | 曖昧 | 情報へのアクセスおよび同じ目的意識 | 有機的に進化して終わる |
| 非公式ネットワーク | 情報を受け取り伝達する,誰が誰なのかを知る | 友人,仕事上の知り合い,友人の友人 | 定義できない | 共通のニーズ,人間関係 | 正確にいつ始まりいつ終わるというものでもない(人々が連絡を取り合い,お互いを忘れない限り続く) |

出所：Wenger et al.(2002：邦訳［2002］),82ページを参考に,筆者作成。

間,に沿って,実践共同体と他の概念の比較がなされているが,実践共同体の境界の可塑性と,メンバーが自律的なコミットメントや情熱,集団や専門知識への帰属意識によって結びつく点が指摘されている。

そしてWenger et al.(2002)は,実践共同体育成の7原則,すなわち,①進化を前提とした設計をおこなう,②内部と外部それぞれの視点を取り入れる,③さまざまなレベルの参加を奨励する,④公と私それぞれのコミュニティ空間をつくる,⑤価値に焦点を当てる,⑥親近感と刺激を組み合わせる,⑦コミュニティのリズムを生み出す,の7点を提唱している。この7原則は実践共同体を考える上でのマネジメントの必要性を明確に指摘している。また5つめの「価値に焦点を当てる」は,実践共同体の目的や意義が相互構成的に規定

されることを示している。この前述の実践共同体育成の7原則に基づいて，Wenger et al.（2002）は，「実践共同体は自発的で有機的なものではあるが，優れた設計によって活気を誘引したり，場合によっては引き起こすことすらできる」[64]として，実践共同体のマネジメントの必要性を強調している。のちにWenger et al.（2002）は実践共同体のマイナス面をまとめているが，それは実践共同体がうまく機能しないことと，長所の極端な現れに由来すると指摘している[65]。マネジメントは実践共同体の長所を伸ばし，短所を抑制するためでもあるのである。

その手段として特に重視しているのが中心メンバーによる運営のリーダーシップである。Wenger et al.（2002）ではイベントを計画しメンバーを結びつける「コーディネーター」，積極的に参加する中心的な存在である「コア・メンバー」，ある程度積極的に参加する「アクティブ・メンバー」，傍観者として参加する「周辺メンバー」，そもそも実践共同体に参加していない「アウトサイダー」と，参加度合いによってレベル分けができるとしている[66]。

参加者はこれらのレベルの間を行き来し，メンバーはそれぞれがそれぞれの自発性に基づいて（参加しないという選択肢も含めて）参加するというのは既存研究と同様であるが，実践共同体の運営にコーディネーターを含むコア・メンバーが積極的にイニシアティブをとっていくべきであるとしている。既存研

**図 1-5 | 実践共同体への参加の度合い**

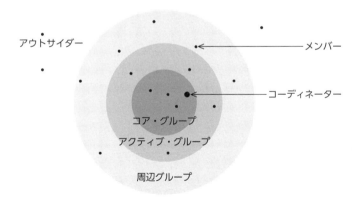

出所：Wenger et al.（2002：邦訳［2002］），100ページを参考に，筆者作成。

---

64　Wenger et al.（2002：邦訳［2002］），93ページ。
65　Wenger et al.（2002：邦訳［2002］），210-211ページ。
66　Wenger et al.（2002：邦訳［2002］），99-102ページ。

究では実践共同体を「育成する」という視点はないため，たとえば実践共同体における古参者がその中で主導的な立場をとることは考えられるが，それはあくまで現場における実践のためである。この立場の違いはしっかりと議論する必要があるであろう。

　その上でWenger et al.（2002）は，実践共同体の育成にあたって5つの発展段階を規定している。それは「潜在（potential）」「結託（coalescing）」「成熟（maturing）」「維持・向上（stewardship）」「変容（transfer）」の5段階である。「潜在」はすでに存在するネットワークを実践共同体に育てていく段階，「結託」はメンバー間の結びつきや信頼関係を築いていく段階，「成熟」は実践共同体の役割や焦点を明確にする段階，「維持・向上」はその勢いを持続させ，「変容」は場合によって実践共同体以外の形態（企業に制度化されたり役割を終えて衰退したりなど）になる，という段階である。そしてそれぞれの段階の過渡期には発達的トレードオフ（developmental tensions）[67]の解決が求められる。具体的には，潜在段階では既存のメンバーと新メンバーのバランス，結託段階では共同体の求める価値を早いうちに提供するか自発的発見を待

図 1-6 ｜ 実践共同体育成の発展段階

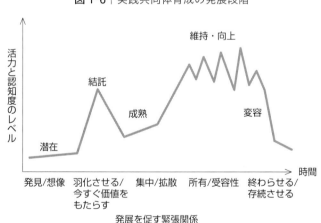

出所：Wenger et al.（2002：邦訳〔2002〕），116ページを参考に，筆者作成。

---

67　Wenger et al.（2002：邦訳〔2002〕）では「2つの相反する方向性の間の緊張関係」と訳されている。

つかというバランス，成熟段階では規模の拡大と集中のバランス，維持・向上段階では他者への開放をうまくコントロールする必要があるという。このトレードオフの解消は，メンバーの参加意欲を引き出すことにつながっている。それでも自律的な運営が特徴であるからこそ，その参加姿勢・学習姿勢も自発性を重視し，その上で参加を促す工夫をすべきであると Wenger et al.（2002）は主張しているのである。

また Wenger et al.（2002）では，グローバルな分散型共同体として，ローカルなコーディネーターをつなぐ実践共同体が考えられている。どちらかというとグローバルな実践共同体同士をつなぐネットワークという意味合いが強いが，分散型共同体は複数の実践共同体をつなぐ上位の実践共同体であり，実践共同体同士の境界横断についての萌芽的な考え方を提唱している。そして実践共同体は企業を中心としたステイクホルダーを1つの拡張的ナレッジ・システムとして構築することも提唱している。この包摂的な考え方は重要である。

以上，Wenger et al.（2002）についてみてきたが，詳細に検討した上でいえることは，Wenger et al.（2002）は既存研究とは大きく立場を異にする部分はあるものの，既存研究との整合性をしっかり踏まえている部分がかなりあるということである。「知識創造のための実践共同体」という目的，「実践共同体は育成できる（そして終わらせられる）」という立場はこれまでの研究とは大きく異なるが，特に組織論の立場から考えれば，なんらかの目的のために実践共同体をつくる，あるいはそれを含んだ組織構造を考えるというのは，理にかなった施策である。つまりこの部分の概念的な橋渡しをうまくおこなうことが，実践共同体研究の大きな意義となるであろう。次節ではこれまでの文献レビューに基づいて，概念的考察をおこなうことにする。

## 5 | 主要4研究の共通点・相違点

前節までの文献レビューを踏まえて，概念的検討をおこなうにあたり，まず Lave and Wenger（1991），Brown and Duguid（1991），Wenger（1998），そして Wenger et al.（2002）との間の共通点・相違点を文献レビューに基づき項目別に整理した（表1-2）。

表 1-2 | 主要4研究における実践共同体の概念的共通点・相違点

| | Lave and Wenger (1991) | Brown and Duguid (1991) | Wenger (1998) | Wenger et al. (2002) |
|---|---|---|---|---|
| 実践共同体はつくれるのか | 社会的歴史的文脈に埋め込まれている（すでにある） | 公式組織の中に実践共同体をみいだす，発見する | 公式組織と共存しており，具象化によってみいだす | つくれる，育成することが重要である |
| 実践共同体の再生産 | アイデンティティ構築と学習を進める共通のプロセス | 議論していない | 参加と具象化，デザインによって再生産される | 継続性については発展段階で議論 |
| 運用・マネジメント | 議論していない | 議論していない | 成員それぞれの実践で相互構築 | その重要性と方法を主張 |
| 主たる目的 | 学習・技能伝承（および共同体内での実践，仕事） | 仕事と学習・イノベーションを実践の視点から捉え直して促進すること | 実践による意味生成とアイデンティティ構築を通じた学習 | 知識の創造・保管・更新・共有 |
| 実践共同体が生み出すもの | 学習（とその結果としての熟達者）および共同体での実践の結果としての成果物 | 組織的成果に加え，非規範的な視点に基づく仕事の理解，学習，イノベーション | 実践がもたらす意味，共同体，学習，境界と成員のアイデンティティ | 知識創造，共有とその生きた状態での保持，およびそれに直結する成果 |
| 構成要素 | 共同体・実践 | 共同体・実践 | 共同体・実践 | 領域・共同体・実践 |
| 成員の実践の内容 | 共同体への参加を深めること | 非規範的な視点をもち，実践から学習する（あるいは仕事を理解し，イノベーションを起こす）こと | 相互従事，共同事業，共有されたレパートリーという次元における参加と具象化 | 領域内の知識を増やしていくこと |
| 学習を導くもの | 「学習のカリキュラム」と「教育のカリキュラム」 | 目指す実践共同体のメンバーシップとアクセスを促進すること，および「語り」「協働」「社会構成」 | 学習をガイドする実践（参加と具象化，創発，所属のモード，ローカルとグローバル） | 領域 |
| 境界横断 | 境界を越えた関係性の集合が実践共同体 | 実践共同体は組織の境界を越えるもの | 境界物象とブローカリングといった実践が導く | 実践共同体は組織の境界を越えるもの |
| 成員のメンバーシップ | 新参者から古参者まで（段階はない） | 新参者から古参者まで（段階はない） | アイデンティティと結びついた参加と具象化によって形成 | コーディネーター，コア・メンバー，アクティブ・メンバー，周辺メンバー |
| 成員のリーダーシップ | 考えていない | 考えていない | 考えていない | コーディネーターのリーダーシップが重要視されている |

| | | | | |
|---|---|---|---|---|
| アイデンティティとの関係 | 参加に基づく学習者のアイデンティティの構築が相互構成的に同時進行で進む | 公式組織とは異なる実践共同体が（個人の）アイデンティティの拠り所になる | アイデンティティ構築が参加と不参加を中心とした実践によって導かれる | 実践に基づく視点が組織のアイデンティティを変容させる |
| 公的空間と私的空間 | 両方含む | 両方含む | 両方含む（想像も含める） | 両方含む |
| 実践共同体と公式組織との関係 | 同一のものに近いが，まったく同じというわけでもない | 公式組織と実践共同体を区別，両者の関係性が実践からの視点と知識を得る上で重要 | 別個のもの，公式組織と実践共同体の違いを主張，折り重なっているもの | 公式組織と実践共同体を区別，多重成員性と二重編み組織の概念を提示している |
| 併存可能性 | 併存可能 | 併存可能 | 併存可能 | 併存可能 |
| 実践共同体同士の水平的関係 | 正統的周辺性というものが実践共同体同士の結節点である | 組織を実践共同体の集合として知覚することで，組織の抱える問題を解決できる | 実践共同体の集合体を実践の布置として提唱 | 分散型実践共同体を提案，コーディネーターが結節点になる |
| 実践共同体同士の重層的関係 | 多層的レベルでの参加が実践共同体の成員性には必然的に伴っている | 実践共同体同士を連結させる共同体の共同体を想定 | 重層的関係は議論していないが，布置は実践共同体の上位概念 | サブコミュニティとの重層性を想定 |

## 6 │ 考　察：実践共同体概念の統合可能性

　前節まで実践共同体の主要4研究について整理した。その上で本節では，実践共同体概念の統合可能性について考察を加える。

　まず最初に明らかにしておきたいのは，Lave and Wenger（1991），Brown and Duguid（1991），Wenger（1998），そして Wenger et al.（2002）の4つの研究における実践共同体は，いずれも実践共同体である，ということである。4者の間の概念的差異，特に Lave and Wenger（1991）と Wenger et al.（2002）の間の差異は小さくないが，Wenger et al.（2002）は当然 Lave and Wenger（1991），Wenger（1998）からの前提をある程度引き継いでいる。また，Lave and Wenger（1991）の想定する実践共同体も当初の予想より幅のある概念であり，その中には Wenger et al.（2002）の考えるような，知識を深めるための実践共同体も含まれていることがわかった。そもそも本章は，経営学における実践共同体研究を促進することが目的である。したがって本節で考察する実践共同体の概念は，Lave and Wenger（1991）や Wenger（1998）からの実践共同体の考え方を十分に引き継ぎつつ，Brown and Duguid（1991）や Wenger et al.(2002)の意図する,組織論での研究の可能性を追求したものでなくてはならない。以上のことから本節での考察の目的は,実践共同体概念を「拡張」することに他ならないのである。

## (1) 4つの問題意識の検討

その上でまず,当初設定した4つの問題意識について考察する。4つの研究の間に横たわる概念的差異から生じる問題は以下の4点である。第1に実践共同体の必要な要素について整理すること,第2に実践共同体の目的についても検討する必要がある。第3は「実践共同体はつくれるのか」という問題,第4はそれと関連して,公式組織と実践共同体との関係についてである。これらの問題について整理することが実践共同体研究を進展させることにつながる。

まず最初の実践共同体の要件についてである。Wenger et al.(2002)は,実践共同体の構成要素は,領域・共同体・実践の3つであるとしている。他の研究については共同体・実践の2つで,領域はあがっていないが,他の研究は実践によって領域が規定されるのであって,領域がないわけではない。領域は実践共同体の目的に通底する不可欠な要素である。したがって実践共同体の構成要素は共同体・実践,およびそれによって規定される領域の3つであるとしてよいであろう。

そこから次に,実践共同体の目的について検討する必要が生じる。具体的には,Lave and Wenger(1991)では事例としてさまざまな形で労働に従事する人々が取り上げられているが,実践共同体について労働や生産物などの形で成果を出すことは必要なのかという問題である。これについては「実践共同体の目的は学習を第一義とする」と明確にしなくてはならない。もともと実践共同体研究の源流は,Lave and Wenger(1991)による正統的周辺参加という学習の枠組みを提示するための研究である。加えてあくまで共同体の成員は実践に携わるのであり,労働およびその成果をあげるということはその実践の1つの形である。このことはのちにふれる,組織と実践共同体の関係において重要な点である。

3つめの問題,「実践共同体はつくれるのか」については,結論からいえば,「実践共同体はつくれるが,つくられた実践共同体が実践共同体のすべてではない」ということになるであろう。Lave and Wenger(1991)のように社会的歴史的文脈に埋め込まれた実践共同体も,その性質が実践共同体の必要条件ではない。あるいはBrown and Duguid(1991)のように組織の中に非規範的視

点によってみいだされた実践共同体も，Wenger（1998）のように公式組織との関係性から，実践によってその立ち位置が決められる実践共同体も，「つくれる」という考え方と相反するものでもない。そうであるなら Wenger et al.（2002）のように「育成された」実践共同体を，既存研究との違いから排除する意味も重要ではないと思われる。そしてその構築について，個々の成員の実践によって共同体の意味や境界，学習のあり方が導かれるのであれば，そこに組織マネジメントによる構築の余地が生まれると考えられるからである。Wenger et al.（2002）の主張する7つの原則や5段階の構築過程はその可能性を示しているものであり，そのマネジメントと学習の中で，文化的歴史的要因を学習資源として用いたり，実践の促進・制約要因として影響を受けたりすると考えられる。いずれにしても実践とそれに基づく参加のあり方が重要なのである。

　4つめの問題は実践共同体と公式組織との関係についてのものである。この点は組織論的研究を進める上で避けては通れない問題である。つまり労働の場である組織を共同体と同一視するのか，もしくは別の存在と考えるのか，である。既存研究でも主張が分かれるところであるが，まず実践共同体の目的は学習を第一義とするものであるということを確認する必要がある。公式組織の第一義の目的は集団の目標達成であり，多くの場合それは売上などの組織的成果である。学習は成果およびその効率向上のための手段である。こう考えれば公式組織と実践共同体は別と考えられるが，他方でBrown and Duguid（1991）は組織を実践共同体の集合と考えることは有効であるとしているし，組織において実践によって参加を深める，正統的周辺参加の過程をたどることによって学習することも可能と考えられる。この差異を整理するために，先述のWenger（1998）の主張する布置の考え方を用いる必要がある。この布置の中

**図 1-7 ｜ 実践共同体と公式組織の関係**

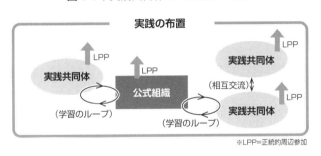

※LPP＝正統的周辺参加

には所属する公式組織も，実践共同体も含まれており，それぞれについてLave and Wenger（1991）の指摘するように，正統的周辺参加は分散しておこなわれる。このように考えると，公式組織は実践共同体とは別個の存在でありながら，布置を構成する一部となる。そして正統的周辺参加は分散して進行しつつも，公式組織と実践共同体の間で構築される学習のループ（Wenger et al., 2002）も想定できる。したがって公式組織と実践共同体の関係は，両者は別個の存在であるが，同時に広義の実践共同体（布置・共同体の地図）の中に含まれている，ということができる（図1-7）。

(2) 実践共同体にとって重要な要素の検討 ..............................................

それでは実践共同体にとって重要な要素とは何か。4つの研究の指摘する「共同体」「実践」（「領域」は付随的に規定される）に加えて，何が重要になっているのであろうか。

まず1つめは，4つの研究に共通する点である，「実践に基づいた視点・理解と学習」である。Lave and Wenger（1991）は，学校での学びと徒弟制のような仕事の中での学びとの関係性を解き明かす上で，一般知識の抽象的表現や脱文脈性からの非通用性に着目し，状況の中での特殊事例に基づく意味交渉を基本とした状況的学習（そしてその結果としての抽象的原理の獲得）の考え方を主張している[68]。また Brown and Duguid（1991）は上記の Lave and Wenger（1991）の主張に加え，仕事と学習，そしてイノベーションの間のコンフリクトについて，実践を仕事の理解の中心に置くことで，それらは正しく理解されるとしている。その上で実践共同体が現場での知識を発展させ，即興的な実践を支援し，そのことで現場の規範的仕事と非規範的仕事の間隙を埋める（あるいは両者を接近させる）役割を果たしていると指摘しているのである。Wenger（1998）は実践に基づいた参加と具象化，実践の3次元，境界実践，実践の布置，所属のモードが，意味交渉，共同体の構築，アイデンティティの生成を生み出す原動力になっているとしている。そして Wenger et al.（2002）は，「二重編み組織」の概念を提示し，その多重成員性による学習のループの重要性を指摘している。松本（2012b）でも指摘している通り，二重編み組織は学習における公式組織との距離感のコントロールが重要である。実践共同体での知識が有効であるのは，公式組織からある程度距離をとり，知識創造と学

---

68 Lave and Wenger（1991：邦訳［1993］），6-7ページ。

習のための共同体において実践に参加するからである。このようにいずれの研究にも共通するのが，Brown and Duguid（1991）のいう非規範的な視点と理解なのである。逆にいえば非規範的な視点と理解が得られるのであれば，実践共同体は公式組織に埋め込まれていても，構築されたものであってもどちらでもよいということになる。ただし Brown and Duguid（1991）の主張するように，公式組織が非規範的な視点と理解を生み出すようにマネジメントするのは困難である。むしろ実践共同体との二重性，あるいは複数の実践共同体への所属をうまくいかすようなマネジメントが有効であるといえる。そして実践共同体を「学習のためのコミュニティ」とするなら，その学習の原動力の1つが非規範的な視点と理解である。公式組織と実践共同体，あるいは実践共同体同士という複数の視点の差異から学習するというメカニズムは，実践共同体にとって重要な要素であるといえる。

　実践共同体にとって重要な要素の2つめは「実践を通じた学習」である。実践共同体における学習は，成員がともになんらかの実践，活動に携わる経験を通じて学習するということである。4つの研究の志向する実践共同体の目的はそれぞれ異なるが，いずれの研究も学習を主目的の1つにあげており，実践によって学習するという立場は一貫しているので，実践共同体を「学習のためのコミュニティ」とすることは妥当であると考える。そして実践共同体は Lave and Wenger（1991）から，一方向的・受動的な学習を批判し，実践を通じた学習を提唱してきた。従って実践共同体において何らかの実践，所属，あるいは活動に携わり，その相互作用や経験を通じて学習するという，成員にとっての実践の必要性は確認しておくべきである。

　3つめは「低次学習と高次学習」である。のちに触れる Argyris and Schön（1978）を代表とした組織学習の研究から，便宜的に学習を知識やスキルの獲得といった低次学習と，メタレベルのパースペクティブや意味の枠組みを獲得するといった高次学習に分けた場合，実践共同体はその両方の学習を達成できるということがいえる。Lave and Wenger（1991）については Hanks（1991）は高次学習に不適であると批判しているが，他の3つの研究では高次学習を非規範的な視点と理解（Brown and Duguid, 1991），意味交渉や所属のモード（Wenger, 1998），二重編み組織と多重成員性（Wenger et al., 2002）といった形で高次学習を達成するメカニズムを内包しているのである。このように考えると実践共同体は，低次学習と高次学習両方を促進するということができる。その具体的な方法について考察を深める必要があるといえよう。

4つめは「アイデンティティ」の構築である。Lave and Wenger（1991），Brown and Duguid（1991），Wenger（1998），そして Wenger et al.（2002）のいずれの研究も，成員のアイデンティティとの関連を指摘している。共同体への参加と技能の熟達，成員のアイデンティティの構築は三位一体であることから，この枠組みを基盤にアイデンティティ変容を実践共同体における学習と並行的にとらえるべきであろう。アイデンティティ構築について深く考察しているのは Wenger（1998）である。実践共同体においては学習はアイデンティティの変容を伴うとされ，参加と具象化の経験，メンバーシップ，軌跡，多重成員性，ローカルとグローバルの実践，所属のモードと同一化・交渉可能性といった，アイデンティティ変容をもたらす概念を提示し，アイデンティティの社会的生態系を提唱している。実践共同体における学習は組織における知識や技能の伝達，意味の獲得や変容をもたらすが，同時に成員のアイデンティティ変容をもたらす。実践共同体の研究においては丹念に経過をみていく必要のある部分である。

5つめは「境界横断（越境）」である。主要4研究はそれぞれの表現で，実践共同体は境界横断を促進することを述べている。Lave and Wenger（1991）は十全的参加に向けた共同体への参加の軌跡が学習であり，その境界は外的に決められるのではなく，実践を通じて規定されると述べている。Brown and Duguid（1991）は，実践共同体は組織よりも柔軟で相互浸透的であり，しばしば組織の境界を越えて人々を結びつけるとしている。Wenger（1998）は実践共同体の境界は実践によって相互構成的に規定されるものであり，参加と具象化は境界を超えた共同体をつくることもできるとしている。そして参加と具象化が生み出すつながりは境界物象とブローカリングであり，実践における境界連結のタイプとして，①境界実践，②重なり，③周辺の3つをあげている。そして Wenger et al.（2002）は実践共同体の形態を示す次元として規模，寿命，場所性，同質性，自発性，制度化と並んで，境界すなわち越境性をあげている。主要4研究ともに境界横断を実践共同体の重要な特性としてあげている。

非規範的な視点・理解と学習，実践を通じた学習，低次学習と高次学習，アイデンティティの構築，境界横断（越境）という要素をおさえていれば，他の副次的要素もそのあり方がみえてくる。たとえば「領域」は実践共同体によって付随的に規定されている場合もあれば，成員によって規定すべき場合もある。また実践共同体を発展させるためのリーダーシップも，共同体のありよう

によって決まってくる。むしろ主要な要素をうまく獲得・実現できるように成員に配慮することが、Wenger et al.（2002）における領域と共同体の発展、および実践の生成以前に重要なことであり、これらはその結果として実現されると考えた方がよいであろう。

　以上を踏まえた上でそれに付け加える形で、実践共同体にとって重要な考え方、つまりその活動および学習を進める上でプラスに働くと考えられる要因を指摘しておきたい。

　1つは「公式組織との関係」である。既存研究でも明らかになったように、実践共同体と公式組織は、その重なり度合いおよび創発性にかかわらず、併存可能である。その上でその関係性は実践共同体によって規定されるべきである。松本（2012a）でも指摘しているように、実践共同体は公式組織との距離感をコントロールすることにより、非規範的な視点と理解を手に入れる。Brown and Duguid（1991）のいうように公式組織との視点のギャップがイノベーションにつながるのであるから、そのコントロールは重要である。ただしあまり距離を置きすぎると二重編み組織の学習サイクルがうまく機能しなくなる。両者の距離と相互作用の度合いは、参加と実践によって相互構成的に規定されるべきであろう。

　2つめは「実践共同体同士の関係性」である。松本（2011a）で指摘しているそのメリットは、参加のあり方を豊かなものにし、技能形成やアイデンティティにも影響を与える。そして4つの研究がそれぞれ、実践共同体同士の水平的関係および重層的関係に言及しているのである。その多重成員性は成員自身の参加と実践によってもたらされるが、ここでも古参者あるいはコーディネーターの、水平的・重層的関係を豊かにするリーダーシップも重要なのではないであろうか。

　3つめは「意味とアイデンティティの変容」である。特にWenger（1998）では、実践共同体の実践は意味変容とアイデンティティ構築の場所として考えられている。学習と意味変容・アイデンティティ構築は同時に達成されるべきものであるが、実践共同体が知識や技能の獲得のみの共同体と考えるのは不足しているといえる。価値観やパースペクティブ、意味秩序の変容、およびアイデンティティの構築・変容が起こることが実践共同体の特徴と考えられるのである。

　4つめは「再生産と世代継承」である。Lave and Wenger（1991）において実践共同体の再生産と変容は、アイデンティティと学習を進める共通のプロセ

スであるとしているが，そこには「かつて新参者だった古参者」が自分の位置を取って代わられるという気持ちに基づいた抵抗があるとしている[69]。Wenger et al. (2002) は実践共同体の発達段階を提示しているが，維持向上段階でその継続性については議論しつつも，変容段階を議論することで，実践共同体の死も想定している。結果的にはそうなることはあっても，実践共同体を多産多死的な概念におとしめてしまってはいけない。Wenger et al. (2002) の主張にも含まれているが，熟達者が初心者を，古参者が新参者を指導することで，知識の世代継承および実践共同体の再生産を，所与として進めていく必要があると考えられる。松本（2011b）でも指摘している通り，熟達者は世代継承を強いモティベーションとして，後進を指導することがあるからである。

## おわりに

　本章では実践共同体概念について，主要な4つの研究をレビューし，その上で実践共同体概念の統合の可能性について考察した。実践共同体はつくれるが，つくられた実践共同体が実践共同体のすべてではないこと，実践共同体にとって重要な要素として，領域・共同体・実践に加え，「実践に基づいた視点・理解と学習」「実践を通じた学習」「低次学習と高次学習」「アイデンティティの構築」「境界横断（越境）」の5つを踏まえること，その上で実践共同体を発展させる志向性として，「公式組織との関係」「実践共同体同士の関係性」「意味とアイデンティティの変容」「再生産と世代継承」を指摘した。この検討結果をもとに，本書では実践共同体における学習をどのように進めるかについて考察する。

---

69　Lave and Wenger（1991：邦訳［1993］），32-33ページ。

# 第2章　実践共同体の先行研究[1]

## はじめに

　前章では実践共同体の主要4研究について検討をおこなった。本章では，経営学における実践共同体の研究についてレビューをおこなう。前章でみてきた主要4研究（Lave and Wenger, 1991; Brown and Duguid, 1991; Wenger, 1998; Wenger et al., 2002）を研究の基盤とした経営学の研究は少なくない。特にナレッジ・マネジメントの分野においては，実践共同体は生きた知識の貯蔵庫であり，またそこにおける実践と相互作用を通じて知識創造・共有といったことがおこなわれているとする。他方で学習の分野では，実践共同体を学習と相互作用の場としている。そして前章で述べたように実践共同体の概念自体に研究によって違いがあるため，その差異を埋めようと概念の探究をおこなったり，批判的検討から実践共同体の概念の拡張を図ろうとする研究もある。本章ではそのような研究について概観する。

　あわせて本章では，第1章で設定した4つの問題意識，すなわち第1に実践共同体の必要な要素，第2に実践共同体の目的，第3に「実践共同体はつくれるのか」という問題，第4に公式組織と実践共同体との関係について，経営学における実践共同体の研究はどのように考えているかについても確認しておきたい。

　以下，実践共同体概念について考察した研究，実践共同体の研究方法と調査対象，実践共同体の機能と成果，実践共同体の構築とマネジメント，実践共同体研究への批判，について順に概観する。

---

1　本章は松本（2017c）の内容に加筆修正したものである。各研究のより詳しい内容についてはそちらを参照。

## 1 | 実践共同体概念について考察した研究

本節では，実践共同体概念自体について考察した研究をレビューしていく。前章で触れた通り，またCox (2005) のいうように，実践共同体概念は研究によって多岐にわたっている。主要研究から実践共同体の定義を導入する研究が多いが，概念の拡張を提言したり，分類を提唱したりするものもある。ここでみていくのは，(1)実践共同体の定義，つづいて(2)実践共同体の特性として，①境界横断性，②非公式性，③自発性・自律性，④相互作用性，についてである。

### (1) 実践共同体の定義

実践共同体の定義は，Wenger et al. (2002) の「あるテーマにかんする関心や問題，熱意などを共有し，その分野の知識や技能を，持続的な相互交流を通じて深めていく人々の集団」[2]の定義が一般的であるが，実践共同体概念を再定義しようとする研究は，本書でみる限りみあたらず，この定義が（経営学の分野では）定着していると考えることができる。しかし他方で，概念の拡張を主張する研究は多い。たとえば類似の概念の包含（Agresti, 2003），ミクロレベルの実践共同体（Singh, Bains and Vinnicombe, 2002），社会変革，アクション・ラーニング，経験学習への意図（Johnson, 2007）を提唱するといった研究である。さらには実践共同体への批判からより拡張して，概念自体の変更を提唱する研究もある。たとえば「学習集団（learning groups）」（Bogenreider and Nooteboom, 2004），「知識構築共同体（knowledge building community）」（Scardamalia, 2010），「共感空間（affinity space）」（Gee, 2005）といった諸概念は，実践共同体概念を拡張したものとして提唱されている。前章で整理した通り，実践共同体概念は背後にある主要4研究のどれに依拠するかで概念のとらえ方が異なるが，諸研究に共通するのは，実践共同体の概念をあまり狭くとらえすぎず，幅をもたせようとする姿勢である。

### (2) 実践共同体の構成要素と特性

次に実践共同体の構成要素である。主要4研究のうちで，実践共同体の構成要素に言及しているのはWenger (1998) における「実践」「共同体」とWenger et al. (2002) における「領域」「共同体」「実践」であり，実践によっ

---

2 Wenger et al. (2002：邦訳 [2002])，33ページ。

て領域が規定されると考えても，実践共同体に必要な構成要素を「領域」「共同体」「実践」の3つにすることにさほど異論は出ないと考えられる。それよりもこの3要素を基本に，実践共同体が備える特性を議論した方が生産的である。主要4研究で明らかにしていることを踏まえて，経営学における諸研究が強調する特性についてみていく。

① 境界横断性

実践共同体の主要な特性の1つが，組織の縦と横の境界を横断してコミュニケーションや相互作用を起こしやすくする特性である。ここでは境界横断性（越境性）と呼ぶことにする。実践共同体の機能のところでも述べるが，実践共同体を構築すれば自然に境界横断（越境）が起こるわけではないので，あくまで境界横断（越境）を起こしやすくする特性として論じる。実践共同体は流動的で，相互進入性があって境界がなく，創発的である性質をもち（Brown and Duguid, 1991），「二重編み組織」の構築によって多重成員性が学習のループを生み出し，また組織の境界を越える（Wenger et al., 2002）[3]。そして境界は常に再交渉され，境界物象とブローカリングという2つの形のつながりによって参加と具象化のポリティクスは境界を超えて広がるのである（Wenger, 1998）[4]。このようなメカニズムをもとに，実践共同体の境界横断性を主な特性と考えている研究は多い。たとえば横方向への境界横断が学習によっては重要であり（Boud and Middleton, 2003），新しい知識や実践が広がる（Kroes, Chmielarz, Chandler, Bergler and Smith, 2011），顧客との関係性を構築する（Kelly, 2004）といったことが実現する。加えて縦方向への境界横断性も有し（Bogenrieder and Nooteboom, 2004），学習と相互作用を促進する（Huberman and Hogg, 1995），教授者と学習者の関係が安定する（亀井，2006）といったことを実現させるとしている。垂直方向と水平方向両方に知識が流れることが重要であり，境界横断性を両方で活用することが求められる（Crossan, Lane and White, 1999; Klein, Connell and Meyer, 2005）。

そして実践共同体同士の境界も越えることで知識共有を促進する（野村，2004），問題解決や資源の有効活用に資する（Ruikar, Koskela and Sexton, 2009），持続的な活動に成功する（Iaquinto, Ison and Faggian, 2011）といったことが述べられている。具体的な境界横断のマネジメントについては後述する

---

3　二重編み組織については，松本（2012b）で他の概念との関連も含め整理している。
4　Wenger（1998），pp.104-106. 詳細は松本（2017b）でもレビューしている。

が，境界横断性が実践共同体の重要な特性であることは多くの研究で述べられている。

② 非公式性

　実践共同体は組織によって公式に構築されることもあるが，多くの場合（特に早期の段階）非公式に構築される。この非公式性は実践共同体の重要な特性の1つである。実践共同体は公式に規定されなければ存在しないものではなく，共通理解がある活動システムへの参加によってその存在が相互構成されていくものである（Lave and Wenger, 1991）。また実践共同体における成員の多様な実践によって，仕事の意味や境界，アイデンティティが具象化され，他方で参加を促進する（Wenger, 1998）。そしてその非公式性からくる非規範的視点が仕事を理解し，学習を促進し，イノベーションに結びつく発見をもたらす（Brown and Duguid, 1991）。そして組織とは異なる「第3の場所」（Oldenburg, 1989）となることで，成員のアイデンティティの拠り所となり，自発的な知識創造を促進するのである（Wenger et al., 2002）。ここで非公式性という特性を議論するのは，非公式性は組織によって規定されるものではないということである。組織によって公式に規定された実践共同体を定義に含めるかについては主要4研究の中でも議論はあるが（松本，2012a, 2017b），たとえ組織によって公式に構築されていても，そのマネジメントによって非公式な場所という感覚をもたらすこともできる（Wenger and Snyder, 2000）。その意味での特性である。

　そして非公式性は実践共同体の基本的な性質というだけでなく（Wenger and Snyder, 2000; Boud and Middleton, 2003; Hara and Schwen, 2006），多様なメリットをもたらす前提になっているとする研究もある。非公式性が知識共有を促進し（Pastoors, 2007; Van Kleef and Werquin, 2013; Jeon, Young-Gul and Koh, 2011），プロフェッショナルのアイデンティティ構築を促進する（Jørgensen and Lauridsen, 2005）。また翻って交流を促進して実践共同体構築をも促進する（Watland, Hallenbeck and Kresse, 2008）。Wenger and Snyder（2000）のいうように，非公式性を維持しながら発展させるマネジメントをおこなうというパラドックスを理解しなければならないのである。

③ 自発性・自律性

　実践共同体は成員による自発的・自律的な運営が求められる。この自発性・

自律性も実践共同体のもつ特性に含めることができる。Lave and Wenger（1991）においては，学習者の知識や技能の修得には，新参者が実践共同体へ，社会文化的実践を通じて十全的参加を果たすことが必要であるとする[5]，正統的周辺参加の考え方を提唱する。変わりつづける参加の位置と見方こそが，行為者の学習の軌道であり，発達するアイデンティティであり，また成員性の形態でもある[6]という主張は，実践共同体の成員の自発性・自律性をよく表すものであり，Wenger（1998）においてはさらに，十全的参加を一方向的なものとみなすのではなく，不参加も含めた参加と所属のありようを通じて，実践共同体における実践と学習，アイデンティティの構築について考察している。Brown and Duguid（1991）においては自発的・自律的な実践が共同体の記憶を構築し，即興的で非規範的な実践を促進し，イノベーションにつながる新しい解釈を生み出すとしている。そして Wenger et al.（2002）は知識創造をおこなう実践共同体のマネジメントという観点から，自発性・自律性を成員のマネジメントやコーディネーターのリーダーシップによって実現することを求めている。立場の違いこそあれ，自発性・自律性が実践共同体の特性であるという点では一致をみているといえる。

　経営学の研究においても自発性・自律性は重視されている。実践共同体の一番の特徴は自発性と知識に着目した集まりであるとしており（Malone, 2002; 野村，2004; Thompson, 2005），過度の制約によりアイデンティティを脅かすのではなく，自律的な知識共有を促進することが重要であり，実践共同体における学習と知識共有（Contu and Willmott, 2003; Zárraga-Oberty and De Sáa-Pérez, 2006; Kerno, 2008; Scardamalia, 2010），イノベーションの促進（Dougherty, 2001）に必要なのは成員の自律性であるとされる。そしてそれは前述の非公式性との関連もあり，もし公式に実践共同体を構築するなら，そこには自発性・自律性が求められる（Pastoors, 2007）。そして自発性・自律性はWenger et al.（2002）のいうようにマネジメントによって促進することも重要である（von Krogh, 2002; Pattinson and Preece, 2014）。自発性・自律性を，実践共同体に求められる要素とするだけでは不十分であり，必須の特性と位置づけることが重要であろう。

---

5　Lave and Wenger（1991：邦訳［1993］），1ページ。
6　Lave and Wenger（1991：邦訳［1993］），11ページ。

④ 相互作用性

　領域・共同体・実践という3つの構成要素を基盤に，後述する数々の機能をもたらす実践共同体の中心的な特性は，成員の相互作用を促すということである。Lave and Wenger（1991）は学校教育とは異なる徒弟制の再考から，人や状況との相互作用を通じた学習，状況的学習の考え方を発展させ，実践共同体への参加を通じた相互作用による学習の枠組みとして正統的周辺参加を提唱している。またWenger（1998）はその相互作用のための実践として，相互従事・共同事業・共有されたレパートリーの類型を提唱し，アイデンティティ構築のための所属のモードとしての従事・想像・整合の類型を提唱している。Brown and Duguid（1991）は組織と実践共同体の対比と相互作用が仕事・学習・イノベーションに与える影響を主張しているし，Wenger et al.（2002）は成員間の相互作用をいかに起こすかを考えたメンバーシップや実践共同体のマネジメントについて考察している。相互作用性は実践共同体の重要な特性であり，問題はそれをいかに促進させるかということになっているのである。

　経営学の研究においてもそれは同様である。相互作用性は実践共同体の鍵となる要素であるという指摘（McDermott, 1999b; Loyarte and Rivera, 2007）から，相互作用を促進することは重要な行動指針であり（Orlikowski, 2002; Boud and Middleton, 2003; Wegner, 2004; Iedema, Meyerkort and White, 2005），成果を出す上での要因であり（Hildreth, Kimble and Wright, 2000; Thompson, 2005; Zboralski, 2009; Macpherson and Antonacopoulou, 2013），マネジメントによってそれを高めることが重要であることを指摘している（Huberman and Hogg, 1995; Lesser and Everest, 2001; Gau, 2013; Singh, 2011; Mabery, Gibbs-Scharf and Bara, 2013）。また実践共同体の成員も相互作用によって目的を果たそうとしている（Kunda, Barley and Evans, 2002; Gherardi and Nicolini, 2000）。相互作用性は実践共同体にとって重要な特性の1つであることは疑いない。

## 2 ｜ 実践共同体の研究方法と調査対象

　実践共同体の研究方法には定性的な方法が多く，インタビュー調査を用いた事例研究が多くを占める。松本（2017a）でレビューした150あまりの実践共同体研究の中でも，90が事例研究の方法を用いている。グラウンデッド・セオリー・アプローチを用いている研究もある（Geiger and Turley, 2005）。そ

れに対して，質問票調査やシミュレーションを用いた定量的な実証研究は150のうち20とそれほど多くはないが，問題意識をもって実証研究をしている研究も多い。実証と事例を複合的に用いている研究（たとえばNelson, Sabatier and Nelson, 2006）や，文献レビューを用いて考察している研究もある（40/150）。前節のように実践共同体概念を子細に検討する研究もあれば，次項以降で紹介するように，その効果や運用について考察するものもある。

調査対象については企業内の実践共同体から企業間の実践共同体，多国籍企業における国家間の実践共同体（たとえばAlmeida, Song and Grant, 2002）を設定している研究もある。そして企業ではなく，学会のようなアカデミックな実践共同体，医療従事者（たとえばBosa, 2008），教育者（たとえばMurugaiah, Azman, Thang and Krish, 2012），NPOや公的機関（Gau, 2013）の実践共同体を調査している研究もある。そしてIT技術の発達に伴い，オンライン上の実践共同体も研究対象になってきている。その歴史は意外と古く，アマチュア無線（Schiavone, 2012）から初期のインターネットのグループチャット，そして現在の双方向型のインターネット上での実践共同体（たとえばZhang and Watts, 2008）を調査しているものもある。通信ログが残るため内容分析の研究が容易であることから，これからもオンライン実践共同体の研究は増えていくと考えられる。

## 3 | 実践共同体の機能と成果

次にみていくのは実践共同体の機能である。それは実践共同体における参加と実践がどのような成果を導くのかという問題と結びついている。たとえば知識共有のように，それが実践共同体の機能であり，また同時に求める成果であるという場合もあるし，境界横断（越境）のように実践共同体の機能ではあるが成果ではないという場合もあるし，イノベーション促進のように求める成果ではあるが機能ではないという場合もあるし，学習促進のように両者の間に位置するという場合もある。ここでは機能と成果を明確に区別し，網羅的に扱うというよりも[7]，諸研究がどのような機能や成果をもっていると考えているのかについて概観することにする。ここでみていく機能あるいは成果は，(1)知識共有，(2)学習促進，(3)境界横断（越境），(4)価値観・文化・パースペクティブ

---

7 研究の詳細なレビューは松本（2017c）を参考。

の変容，(5)キャリア形成，(6)その他の成果，である。

## (1) 知識共有

　まずみていくのは知識にかんする共有・創造・保持といった機能である。経営学の研究の多くはナレッジ・マネジメントの分野における研究であるので，知識にかんする機能を扱う研究が多いのも自然である。

　知識共有についてはまず，他の構造と差異化する分類の取り組みの中で，知識共有に適した構造であるという指摘がなされている（McDermott, 1999c; Klein et al., 2005; Thompson, 2005; Retna and Ng, 2011; Pattinson and Preece, 2014; 中西, 2015）。その上で，知識の共同所有（Wasko and Faraj, 2000; Singh et al., 2002; Bathelt, Malmberg and Maskell, 2004; 野村, 2004; Geiger and Turley, 2005; Anand, Gardner and Morris, 2007; Pastoors, 2007; Majewski, Usoro and Khan, 2011; Jeon et al., 2011）や情報交換（Kunda et al., 2002; Geiger and Turley, 2005），共同体の記憶の形成（Marshall, Shipman and McCall, 1995; Adams and Freeman, 2000; von Krogh, 2002），外部知識の獲得や吸収（Buckley and Carter, 2004; Kranendonk and Kersten, 2007; Thanurjan and Seneviratne, 2009）といった形で知識共有の機能をもつとし，またそれは実践共同体の生み出す成果であるとしている。

　知識創造については実践共同体が知識創造の装置であるとする研究もある（Raelin, 1997; Cook and Brown, 1999; Pattinson and Preece, 2014）。これはWenger et al.（2002）からの影響もある。そして実践共同体は暗黙知生成とマネジメント（Raelin, 1997; Irick, 2007; Nicholls and Cargill, 2008），外部組織への適応のための知識創造（Iedema et al., 2005; Borzillo and Kaminska-Labbe, 2011），表出化（Mittendorff, Geijsel, Hoeve, de Laat and Nieuwenhuis, 2006; Sarirete, Chikh and Noble, 2011）といった形での機能を有しているとして，Nonaka and Takeuchi（1995）の枠組みでの知識創造に寄与できる存在として位置づけている。

　そして知識保持については，Brown and Duguid（1991, 2001）の主張とともに，実践共同体は生きた形で知識を保持できる機能を強調する研究もある（Lesser and Storck, 2001; Tsoukas, 2002）。知識の共有・創造・保持は実践共同体の主要な機能の1つであり，それ自体が成果であるのみならず，他の成果にもつながっていることがわかる。

### (2) 学習促進

　主要4研究，あるいは松本（2012a, 2013b, 2015d, 2017b）でも議論しているように，実践共同体はもともと共同体における実践を基盤にした「学習のためのコミュニティ」であるので，学習の促進は実践共同体がもつ機能として位置づけることができる。経営学における諸研究の中でも知識共有と並んで，学習促進を機能とし，また成果とする研究は多い。

　まず前節のように実践共同体の諸特性から，学習を促進する構造であるとする研究は多い（Crossan et al., 1999; Barley and Kunda, 2001; Boud and Middleton, 2003; Johnson, 2007; Akkerman, Petter and de Laat, 2008; 荒木, 2008b; Pattinson and Preece, 2014 など）。その上で実践共同体における参加（Corso, Giacobbe and Martini, 2009; Bentley, Browman and Poole, 2010; Wolf, Spath and Haefliger, 2011 など），あるいは人的相互作用（Goodman and Darr, 1998; Lesser and Storck, 2001; Singh, 2011 など）といった形で学習を促進することが，実践共同体を構築することで可能になるとしている。

　また実践共同体が促進する学習についてであるが，学習の定義が曖昧であったり，知識創造と区別していなかったり，「知識創造や学習」のように使っているような研究もあるが，中には，経験学習（Lesser and Storck, 2001; Lesser and Everest, 2001; Orlikowski, 2002; Daniels, Grove and Mundt, 2006; Schenkel and Teigland, 2008），状況的学習（Dougherty, 2001; Fearon, McLaughlin and Tan, 2012; Gau, 2013），インフォーマル学習（Boud and Middleton, 2003），集合的学習（Mittendorff et al., 2006），組織学習（Arthur, Claman, and DeFillippi, 1995; Crossan et al., 1999; Barley and Kunda, 2001; Dewhurst and Navarro, 2004; Hara and Schwen, 2006），省察的学習（Jørgensen and Lauridsen, 2005; Murugaiah et al., 2012），問題解決学習（Bathelt et al., 2004）といった特定の学習形態を促進するという研究もある。いずれにせよ実践共同体は多様な学習形態において，学習を促進する機能を有するとされ，それ自体が成果として扱われたり，また後述のような具体的な成果に結びつくとされたりする。

　そして学習を引き起こすメカニズムとしての非規範的視点および実践についても注目する必要がある。Brown and Duguid（1991）が指摘しているように，実践共同体は公式組織の規範的視点（こうあるべきという考え）とは異なった視点，非規範的な視点（こうした方が便利，効率的という考え）をもたらし，

それが学習につながるというものである。経営学の諸研究においても，たとえば George, Iacono and Kling（1995）は，職場におけるコンピュータ導入プロジェクト推進の効果について，実践共同体に基づく非規範的な方法が生み出され，草の根的にコンピュータ実践の学習がおこなわれていたことがプロジェクト成功につながっていることを指摘しているし，Gau（2013）は公務員組織の調査から，非規範的雰囲気がメンバーの相互作用に価値を与えることをあげている。また Raz（2007）は実践共同体が「対処の共同体（communities of coping）」（Korczynski, 2003）の機能を果たしていると指摘しているし，Miner, Bassoff and Moorman（2001）は，特殊な領域における組織的即興が実践共同体の構築と維持に影響を与えると示唆している。非規範的な視点に基づく実践や学習も，実践共同体のもつ機能であるということができる。

### (3) 境界横断（越境）

多くの経営学における実践共同体の研究が，実践共同体の境界横断（越境）の機能について言及している。組織における境界は大きく，部門内（個人の境界），階層間（縦の境界），部門間（横の境界），および国境を含む事業所・企業間の境界に分けることができるが，それぞれにおいて，個人の境界（Cook and Brown, 1999; Barley and Kunda, 2001; Jørgensen and Lauridsen, 2005; 荒木, 2008b; 岸・久保田・盛岡, 2010），階層間（縦の境界）（Bogenreider and Nooteboom, 2004; Contu and Willmott, 2003; Huberman and Hogg, 1995），部門間（横の境界）（Bechky, 2003; Iedema et al., 2005），および国境を含む事業所・企業間の境界（Brown and Duguid, 2001; Dewhurst and Navarro, 2004; Pawlowski and Robey, 2004; Dingsøyr and Moe, 2008; Hildreth et al., 2000; Borzillo and Kaminska-Labbe, 2011）などの境界を越える機能があることを指摘している。そしてもちろん境界横断によって知識共有や学習などの具体的な成果につながることを示している。

境界横断をさらに具体的にみていくと，Wenger（1998）の分類に基づく，境界物象とブローカリングに分けることができる。境界物象によって境界横断が促進されるとする研究（Carlile, 2002; Scott and Walsham, 2005; Kimble and Hildreth, 2005; Thompson, 2005; Salminen-Karlsson, 2014）は，文書やツールなどの人工物が境界横断に影響を与えていることを指摘しているし，人による境界横断としてのブローカリングは，ブローカーの属性すなわち目的（Swan, Scarbrough and Robertson, 2002; Pawlowski and Robey, 2004），関心や自信

(Ishiyama, 2016)，専門知識（Schiavone, 2012），リーダーシップ（Irick, 2007）といった要件があることで，ブローカリングを促進することを指摘している。また境界横断としての1つの形である多重成員性についてはWenger et al.（2002）がその重要性を指摘しているが，知識の連結化（Buckley and Carter, 2004），価値観の生成（Stewart, 1996），意味生成と学習（Handley, Sturdy, Fincham and Clark, 2006）といったことを促進する研究もある。

### (4) 価値観・文化・パースペクティブの変容

　実践共同体がもたらす重要な成果の1つとして，高次学習としての価値観・文化・パースペクティブの変容を指摘する研究は多い。前章でも指摘したように，実践共同体は知識や情報共有といった低次学習だけではなく，高次学習も可能にする（Brown and Duguid, 1991; 松本, 2015d）。経営学における実践共同体においても，安全意識（Gherardi and Nicolini, 2000），国別の職場文化特性（Ardichvili, Maurer, Li, Wentling and Reed, 2006），創造性に結びつく価値観（Schepers and van den Berg, 2007），コミュニケーションのパースペクティブ（Boland and Tenkasi, 1995）などを変容させる学習がおこなわれていることを指摘している研究がある。そして多重所属に基づく境界横断が有効であると指摘している（Stewart, 1996; Buckley and Carter, 2004）。この点は実践共同体の可能性を考える上で重要な点である。

### (5) キャリア形成

　今回みてきた経営学における実践共同体の諸研究においては，キャリア形成に影響するという研究がみられた。これはParker, Arthur and Inkson（2004）における「キャリア・コミュニティ（career community）」，すなわちキャリア形成を支援し影響を与えるコミュニティという概念が影響している。バウンダリレス・キャリアにおいてはサポートとなるネットワークやコミュニティが重要であり（Arthur, 1994; Arthur et al., 1995; Arthur, Khapova and Wilderom, 2005），キャリア・コミュニティを実践共同体の1つと考えれば[8]，キャリアの省察と越境（荒木，2008a; Ruikar et al., 2009），天職の追求（Hall and Chandler, 2005），キャリアの見通し（Raz, 2007），職場におけるキャリア支援（Roan and Rooney, 2006）といった点において実践共同体が貢献することがで

---

8　キャリア・コミュニティは三宅（2018）においてレビューがなされている。

きるとしている。キャリア・コミュニティとしての実践共同体の研究は今後もおこなっていく必要があるであろう。

### (6) その他の成果

最後に，経営学の諸研究で成果として用いられているその他の概念についてまとめる。

実践共同体における実践が，成員のアイデンティティ構築に影響するという点では，主要4研究は一致している。経営学の研究においても，アイデンティティ構築は実践共同体のもたらす重要な成果としてとらえられている（Gherardi and Nicolini, 2000; Brown and Duguid, 2001）。そして実践共同体における言語や談話（Robichaud, Giroux and Taylor, 2004），インフォーマルな特性を強めること（Jørgensen and Lauridsen, 2005），知識共有活動への従事（Zhang and Watts, 2008）などがアイデンティティ形成に重要であり，また成員のアイデンティティ構築を促進することで，プロフェッショナリズム育成（Murugaiah et al., 2012）や組織の理解（Orlikowski, 2002）につながるといった研究がみられた。

イノベーションの促進という成果は多くの研究が指摘するところであるが（Pattinson and Preece, 2014），Brown and Duguid（1991）の影響を受けているものであり，そのメカニズムを詳細に検討している研究は多くはない。実践共同体の構築によって組織構造への影響（Dougherty, 2001），参加者のコミットメントを引き出す（Swan et al., 2002），境界横断（Braun, 2002; Ferlie, Fitzgerald, Wood and Hawkins, 2005），境界物象の発見（Kimble and Hildreth, 2005），ブローカーの特定（Anand et al., 2007）などがイノベーションを指摘することを明らかにしている研究はある。

また戦略面で競争優位の確立に資するという研究もある。すなわち競争優位の源泉になるケイパビリティを構築するための知識やスキル（Liedtka, 1999），人事部門の競争優位構築（Lengnick-Hall and Lengnick-Hall, 2003），戦略実践（Macpherson and Antonacopoulou, 2013），戦略的提携（Powell, Koput and Smith-Doerr, 1996）において実践共同体の実践を重視すべきと指摘している。

組織的成果としては職務満足（Adkins and Caldwell, 2004; Bentley et al., 2010），ミスを減らすこと（Gherardi and Nicolini, 2000; Mabery et al., 2013），リーダー育成（Daniels et al., 2006）メンタリング（Singh et al., 2002）の促

進に実践共同体の構築が影響を与えることを指摘している。

その他変わった成果項目としては，営業成果（Geiger and Turley, 2005）や人材の流動性（Kunda et al., 2002），組織における即興（improvisation）（Miner et al., 2001），ブランド構築（Scott and Walsham, 2005）といったものを扱っている研究もある。

## 4 実践共同体の構築とマネジメント

Wenger et al.（2002）以外の主要4研究では，実践共同体を積極的に構築し，またマネジメントしていくという発想には至っていない。しかし「学習のためのコミュニティ」としての実践共同体を組織に資する形で構築していくことは重要であるし，そのためには一定のマネジメントが必要である。経営学の諸研究においては，実践共同体はどのように構築され，どのようなマネジメントが想定され，また有効であると考えられているのであろうか。ここでみていくのは，(1)実践共同体の構築，(2)コーディネーターのリーダーシップ，(3)コーディネーターによるマネジメント，(4)成員のモティベーション向上，(5)信頼関係の醸成，(6)組織のサポート，である。

### (1) 実践共同体の構築

実践共同体の構築については，養育し支援するという姿勢が重要（Iverson and McPhee, 2002）であること，常に構築ありきではなくその必要性を判断して構築すること（Scarso and Bolisani, 2008; Loyarte and Rivera, 2007; Ranmuthugala et al., 2011）が重要であると提唱されている。また実際の構築過程は，Wenger et al.（2002）の5段階モデル（潜在・結託・成熟・維持向上・変容）だけでなく，Gongla and Rizzuto（2001）の提唱した人々の行動と支援，技術をベースに考えた潜在（potential），構築（building），関与（engaged），有効化（active），適用（adaptive）の5段階モデルもある。

構築過程におけるマネジメントは次に議論するとして，ここでは組織の上位，あるいは実践共同体の上位に包括的な実践共同体を構築するという研究についてふれておきたい。それは組織と実践共同体，あるいは実践共同体間を連結し相互作用を促すために構築される。組織の中のサブグループ間をつなぐ（Bechky, 2003），顧客と企業を連結する（Dewhurst and Navarro, 2004），さらに熟達度の高い人々を組織化する（Bosa, 2008; 松本，2015d），そして実践

共同体同士を結びつける（Love, 2009; 松本, 2013c）といった目的で構築される。このような実践共同体は従来の実践共同体のイメージとは少し異なるが，その機能に着目すると，実践共同体の概念に含めてよいと思われる。

### (2) コーディネーターのリーダーシップ

次に実践共同体のマネジメントに移るが，経営学の研究において頻繁に取り上げられるのが，コーディネーターのリーダーシップである。Wenger et al. (2002) においてはコーディネーターの役割や仕事は議論されているものの，リーダーシップについては論じられていない。それはメンバーによる自発的・自律的な運営が主で，コーディネーターは裏方の役割を期待しているからかもしれない。しかしコーディネーターのリーダーシップのあり方は，もっと議論する価値があると思われる。以下の研究の中では必ずしもコーディネーターではなく，実践共同体でも「リーダー」などの用語が用いられるが，すべてコーディネーターとして取り扱う。

コーディネーターのリーダーシップが重要だと主張する研究は多い（Moreno, 2001; Pastoors, 2007; Zboralski, 2009; Retna and Ng, 2011; Macpherson and Antonacopoulou, 2013 など）。その上で実践共同体における知識創造の促進（Moreno, 2001; Zárraga-Oberty and De Sáa-Pérez, 2006; Hemmasi and Csanda, 2009; Borzillo and Kaminska-Labbe, 2011），相互作用の促進（Zboralski, 2009），自発性の向上（Pastoors, 2007），実践と実践者の関係構築（Macpherson and Antonacopoulou, 2013）といったことに対し，コーディネーターのリーダーシップが影響を与えると指摘している。そしてリーダーシップを発揮するためには，コーディネーターの役割を理解すること（McDermott, 1999b），実践共同体や知識コミュニティについての知識（Sztangret, 2014），ビジョンの提示（Muller, 2006），雑用的なタスクに取り組むこと（Tarmizi, de Vreede and Zigurs, 2007）などが必要であることを指摘している。コーディネーターのリーダーシップは今後の研究すべき課題としてあげることができよう。

他方でコーディネーターは分権化すべきであるという研究も複数みられた。学習と相互作用の促進（Huberman and Hogg, 1995），参加型のマネジメント（Wegner, 2004; Singh, 2011），リーダーシップの分散化（Fearon, McLaughlin and Tan, 2012），補佐役としてのコーチの活用（Dubè, Bourhis and Jacob, 2005）などが，実践共同体を活性化させ，相互作用を促進するとしている。

### (3) コーディネーターによるマネジメント

次は、コーディネーターは実践共同体をどのようにマネジメントすればよいのかという問題について具体的に議論した研究である。実践共同体をうまく機能させるにはマネジメントが必要であるという指摘もある（Wenger and Snyder, 2000; Pattinson and Preece, 2014）。その上でコーディネーターにはさまざまなマネジメントが求められる。目標や意図の提示（Mittendorff et al., 2006; 金井・山内・中原, 2012）、意思決定プロセスへの参加や人的ネットワークの構築（Wolf et al., 2011）、コミュニケーション環境の整備（Schenkel and Teigland, 2008）、境界物象となるような考え方や知識を他者に説明すること（Thompson, 2005）、身近でおもしろいテーマの提示（Dubè et al., 2005）などが具体的なマネジメントの内容である。それを総合的にまとめたMcDermott（1999b）のような研究もある。このマネジメントの多様さが、実践共同体におけるコーディネーターのマネジメントの重要性を物語っているといえよう。

### (4) 成員のモティベーション向上

マネジメントの1つとして、実践共同体の成員のモティベーションをあげることにかんする研究は多かった。それは成果につながる影響要因として考えられている。モティベーションを向上させることが、成員の相互作用を促進し（Zboralski, 2009）、参加を促していく（Katoma and Hendrix, 2014）などの影響を与えるとしている。

そして成員を動機づける手段としては、Corso et al.（2009）は個人の参加と関与を引き出す手段として、①個人の価値とアイデンティティに関する個人の関与の向上、②社会関係の促進、③メンバー間の繋がりの促進、④全員参加の促進、であり、関心を引き出しフルコミットメントを引き出し維持するマネジメントが重要であると指摘し、モティベーション向上のためのマネジメントを推奨している。その上で、成員のモティベーションの向上には、外的報酬は有効ではなく、内発的動機づけをあげる研究の方が多かった。有能感（Bartol and Srivastava, 2002）や自身の評判（Wasco and Faraj, 2005）、自己効力感（Nistor, Baltes and Schustek, 2012）などによる内発的動機づけを用いる有効性を指摘する研究がある一方、問題が生じるのは承知の上で賞罰システムを用いて管理すべきという研究や（von Krogh, 2002）、公式なマネジメントでは外発的、非公式な育成では内発的と分かれるという研究もある（Jeon et al.,

2011)。しかし Nelson et al.（2006）は，モティベーション要因の効果は単純な対応関係ではなく，どの側面を重視するかによって変わってくることも指摘しており，複合的な動機づけのマネジメントが求められているといえる。

### (5) 信頼関係の醸成

　もう1つマネジメントにおける役割として，信頼関係の醸成をあげる研究も多かった。実践共同体研究はもっと信頼の役割を重視すべきであるという研究（Roberts, 2006; Hara and Schwen, 2006）に加え，実践共同体を構築する判断（Braun, 2002），知識共有の促進（Zárraga-Oberty and De Sáa-Pérez, 2006; Usoro, Sharratt, Tsui and Shekhar, 2007），実践共同体での満足感（Hemmasi and Csanda, 2009），組織変革（Mayer, Grenier, Warhol and Donaldson, 2013）などに対し，信頼関係の構築が重要であるとしている。

　その上で，コーディネーターは信頼醸成を積極的に進めていくという Garavan, Carbery and Murphy（2007）のような研究もある。彼らは信頼構築のためには，個々の実践共同体メンバーのスキル・才能・知識を明らかにすること，実践共同体内でシナジーを生み出すこと，関係的資源を発達させること，内発的動機づけに注目すること，個々の挑戦機会を与えること，制約と自由のバランスをとること，などが重要になるとしている。信頼関係の醸成は今後の研究の方向性にとって重要であるといえる。

### (6) 組織のサポート

　実践共同体を機能させる上で，組織のサポートを得る重要性を指摘する研究は多い。組織のサポートを得ることは，実践共同体の非公式性や自律性を失わせるおそれもある（Wenger and Snyder, 2000）。しかし組織に実践共同体の価値を認めさせることが，Wenger et al.（2002）でいわれているように，さらに有意義な活動を可能にする。経営学における諸研究はおおむね，組織と対立するのではなく，組織と共存する立場でのマネジメントを志向している。

　組織のサポートを得ることは，組織側がどのように実践共同体をサポートするか，あるいは管理するかという視点と，実践共同体側がどのように組織の支援を取り付けるかという視点の2つから考えることができる。まず組織側のサポートあるいは管理については，まず実践共同体をみいだす，あるいは構築する（Wenger and Snyder, 2000），インフラを提供する（Wenger and Snyder, 2000），価値評価をおこなう（Wenger and Snyder, 2000），といった組織のサ

ポートや管理が有効であり，それによって持続的な活動の成功（Iaquinto et al., 2011），参加と知識共有の促進（Moreno, 2001），学習効果を高める（Malone, 2002），相互作用の促進（Zboralski, 2009）といった成果をもたらすという研究もある。しかし他方で組織のサポートを受けると実践共同体の活動が阻害される，あるいは取り込まれるという立場の研究もある（Dubè et al, 2005; Pastoors, 2007）。

次に組織のサポートをどのように得るかについては，Borzillo（2009）は，実践共同体のマネジメントにおいてトップマネジメントをどのように巻き込むかについて，48の実践共同体を調査した上で3つの方略を提示している。それは，①実践共同体内で生み出されたベストプラクティスを量的成果基準によって厳しく管理する，②組織内の様々な実践共同体の全体的活動を評価するガバナンス委員会をつくる，③組織横断的なベストプラクティスの増加を促進する役割を担う，の3つであり，これらは相互に強化しあうメカニズムになっているとしている。その他戦略的に重要なトピックを選ぶこと（McDermott, 1999b）なども重要である。

組織のサポートは諸刃の剣であることを十分に認識した上で，うまくサポートを受けることが重要である。

## 5 実践共同体研究への批判

実践共同体研究の中には，実践共同体概念への批判を展開する研究もある。主要4研究の中ではWenger et al.（2002）が実践共同体のマイナス面として，領域・共同体・実践のそれぞれの特性が強く出すぎることで生じるマイナス面を指摘している。経営学の諸研究における批判点の多くは，実証研究が主張する，実践共同体は定性的事例研究が多く定量的実証研究が不足していることと，松本（2012a, 2017b）やCox（2005）が主張する，実践共同体の概念が主要研究において差異が生じていること，の2つである。それ以外にも実践共同体の概念および機能を批判的に検討する研究はある。それらをみていくことで，実践共同体研究を進展させる手がかりにすることができる。

主な批判点の1つめは，実践共同体の概念を再検討し，その拡張の必要性を主張したり，新たな概念を提唱したりするものである。たとえばBogenreider and Nooteboom（2004）は，実践共同体の定義は人々が結びつくには領域の活動範囲が狭すぎるとして，代わりに「学習集団」という用語を推奨している。

Handley et al. (2006) は参加の概念を，人々は人生を通じて多様な共同体に重複して参加しているのであり，その間の緊張関係とコンフリクトから意味交渉や学習につなげるよう考えるべきであるとして，多重成員性の意義を明確に示している。そして Gee (2005) は，実践共同体概念で「共同体」という言葉を使う意義を批判した。具体的には，共同体という用語は「所属」や「緊密な繋がり」というイメージを教室や職場など必ずしもそれらを必要としない場所や実践共同体といわれる他の場所にもち込んでしまうこと，共同体という用語は「成員」という意味合いをもち込むが，実践共同体の「メンバーシップ」との混乱を生じること，共同体という用語は広い意味をもち実践共同体とそうでないものを区別するときに混乱すること，といったものである。その上でたとえば Gee (2005) は，「共感空間」という言葉を用いることを提唱している。

批判点の2つめは，Wenger et al. (2002) と同じく，実践共同体の逆機能を指摘するものである。たとえば Bogenreider and Nooteboom (2004) は実践共同体の概念整理をおこなった上で，実践共同体における3つの関係的リスクを指摘している。1つは心理的リスク（psychological risk）であり，高い相互作用のために評判やメンツ，正統性を失うリスクである。2つめはキャリアと漏洩リスク（career and spillover risk）であり，相互作用の結果他者が成長して能力の他者優位性を失うリスクである。3つめは拘束リスク（lock-in risk）であり，高度に相互理解と相互信頼が進んだ結果，関係性をもとにした仕事がおこなわれるようになり，グループから脱ける選択肢がなくなってしまうというリスクである。また van der Velden (2004) は，ICT の進展（おそらく現在では SNS の普及も）によって，知識はより脱中心化し，市民社会を進展させるとしている。その上で実践共同体を「集権化した知識ポータル」として批判し，これからは市民1人1人のコミュニケーションが重要になっていくとしている。これらの批判は Wenger et al. (2002) のマイナス面と同じく，逆機能を指摘するものである。

3つめは実践共同体のマネジメントに対する批判である。Pemberton, Mavin and Stalker (2007) は，実践共同体の影の部分に焦点をあてている。彼らは実践共同体が機能不全に陥る要因として，構築が軌道に乗るまでの時間がかかること，実践共同体のリーダーにメンバーが盲目的に従うこと，実践共同体が組織に取り込まれてしまうこと，パワーコンフリクトが起きてしまうこと，組織から外れてしまうことで逆に緊張感がなくなってしまうこと，実践共同体がパワーをもってしまうことで組織とのバランスが崩れたり新人に過度な徒弟制

的扱いをしたりすること，ベストプラクティスやベンチマーキングが組織の現実とかけ離れてしまうことなどを，著者自身の高等教育現場の経験からあげている。そして Roberts (2006) は，実践共同体理論の限界について，文献レビューをもとに明らかにしている。彼の指摘する実践共同体の限界は，①組織内のパワー関係に十分注意が払われておらず，熟達や参加度だけでパワーが決まるわけではない，②知識共有における信頼の役割と競争関係がもたらす影響を無視している，③個人的要因や傾向を無視している，④どのくらいのサイズと規模が適切なのかが不明確である，⑤既存のコミュニティ概念とどう折り合うか，⑥時間や資源に余裕がある組織に限られ即効性がない，⑦組織の管理になじまずコンフリクトが起きる，⑧中小企業には不向き，などの点をあげている。

以上のように実践共同体の批判研究をみてきたが，批判点の中にはすでに主要 4 研究によってクリアされている点もある。これらの批判研究からわかることは，実践共同体の概念は松本（2012a）で考察したように主要 4 研究の中で一貫していないこと，そして実践共同体の概念はより拡張する必要性が出てきていることである。これらの研究によって実践共同体概念の拡張を検討する妥当性が確保できる。

## 6 | 経営学における実践共同体研究からの考察

ここまで経営学における実践共同体研究について検討をおこなってきた。実践共同体の概念とそれがもつ諸特性，実践共同体の機能とそれがもたらす成果，そして実践共同体の構築とマネジメントについて，多くの経営学の諸研究が議論や検討を重ねている。本章の最後にそれらについて考察を加える。

### (1) 主要 4 研究との比較

まずは実践共同体の 4 つの主要研究の検討結果と比較し，あわせて第 1 章で検討した 4 つの問題意識，すなわち第 1 に実践共同体の必要な要素，第 2 に実践共同体の目的，第 3 に「実践共同体はつくれるのか」という問題，第 4 に公式組織と実践共同体との関係について，経営学における実践共同体の研究はどのように考えているかを検討する。まず明確にわかるのは，経営学関連の実践共同体論文で，実践共同体を組織の中に「つくり出す」「構築する」という考え方に反対しているものは皆無であったということである。もちろん管理

よりも養育という考え方が重要という立場であるが（たとえば Iverson and McPhee, 2002），少なくとも実践共同体を組織の内外に構築するという考え方は，経営学研究の中では問題なく受け入れられているといえる。それに関連して，公式組織と実践共同体の関係性も，両者は重なりあう部分もあるが，基本的に別個の存在で，相互に影響を与えあうという，Wenger（1998）の立場，あるいは自由に組織の内外に構築するという Wenger et al.（2002）を踏襲しているものが多い。実践共同体の必要な要素については，Wenger et al.（2002）の領域・共同体・実践の3要素に準拠しながら，必要な特性，あるいは拡張の必要性について論じている研究が多い。そして実践共同体の目的については，主要な研究を踏まえながら，経営学の文脈に則って具体的な成果を出すことを念頭に，具体的な運用，特にマネジメントとリーダーシップについて具体的に検討している。1つ違いがあるとすれば，数量的に表現するのが困難な，意味変容やアイデンティティ変容といったことが成果に反映されていないことがある。今後の研究の課題といってよいであろう。

　経営学における実践共同体研究の特徴は3点考えられる。1つめは実践共同体同士の関係性よりも，公式組織との多重成員性を考えている研究が多いということである。もちろん実践共同体間の相互作用を調査している研究もあるが（たとえば Gherardi and Nicolini, 2002），公式組織に実践共同体の実践がどのような効果をもたらすかという枠組みを用いている研究は多い。2つめは実践共同体は二重編み構造によって，公式組織間，あるいは公式組織と実践共同体間の境界横断的相互作用を促進するということである。その機能に期待する研究は多いが（たとえば Buckley and Carter, 2004 など），Love（2009）のような実践共同体同士を境界横断させる実践共同体はまだ研究は少ない。3つめはオンライン実践共同体の研究が多いということである。これはIT技術の発展とともに増えている。

### (2) 実践共同体の概念，特性，機能と成果，マネジメント

　続いて本章でみてきた実践共同体の概念，特性，機能と成果，およびマネジメントについてまとめておく。まず実践共同体の概念については，主要4研究を背景にしながらも，それらの差異から一定の限界をみいだし（Cox, 2005），概念の拡張を提唱する研究もあった（たとえば Bogenreider and Nooteboom, 2004; Gee, 2005）。その上で本章では，実践共同体のもつ特性として，①境界横断性，②非公式性，③自発性・自律性，④相互作用性，をあげた。①境界横

断性は機能のところでも境界横断（越境）があがっているが，多様なところにいる人々を結びつけるという特性としても考えるべきである。②非公式性については公式な，あるいは制度化された実践共同体も存在するが，公式組織とは異なる「第3の場所」としての特性は，非規範的な視点を獲得するという重要な機能にもつながる。③自発性・自律性については活動やマネジメントの基盤になる特性である。そして④相互作用性は，知識を生きたまま保持し共有・創造するのみならずあらゆる成果の基盤になるものである。いずれもマネジメントによって高められるものでもあるが，欠くべからざる重要な特性であるといえる。

次に実践共同体の機能と成果について，本章では①知識共有，②学習促進，③境界横断（越境），④価値観・文化・パースペクティブの変容，⑤キャリア形成，⑥その他の成果，をあげている。まず①知識共有はいうまでもないことであるが，一定量あるいは一定の質の知識を成員間で保持し，共有し，また創造できることである。Wenger et al.（2002）のいうように，実践共同体の領域は，専門性が高くそのトピックに対して関心や熱意をもっている人々を集め，結果として高い質の知識を結集することができる。その結果として今回整理した成果をあげる土壌を整えることができる。②学習促進は（現実世界でもオンライン上でも）関心や熱意をもった成員が一定の場所に集まることで相互作用が起き，多様な形態の学習が促進される。協調学習，相互の社会的学習や提案・議論，アドバイスや助言，が生起することにより，困難な問題解決やイノベーションなどの成果につながる。また非規範的な視点を獲得することで，多様な視点からの「複眼的な」検討に基づく学習が可能になるのである。③境界横断（越境）については，部門内（個人の境界），階層間（縦の境界），部門間（横の境界），および国境を含む事業所・企業間の境界を越える機能がある。境界物象やブローカリング，多重成員性に基づく境界横断も促進することができる。④価値観・文化・パースペクティブの変容については，実践共同体は知識や情報の共有・創造などの低次学習だけではなく，その背後にあるパースペクティブを変容する高次学習をももたらす。⑤キャリア形成については実践共同体はキャリアに関する支援を行う「キャリア・コミュニティ（career community）」（Parker et al., 2004）の機能を果たす。その他，イノベーション・製品開発，問題解決・計画策定・プロジェクト推進，戦略策定・実践，職務満足，ミスを減らす，リーダー育成，メンタリングといった多様な成果を導くものとして，実践共同体はとらえられていることがわかった。

**図 2-1** │ 本章までの文献レビューから得られる実践共同体の分析モデル

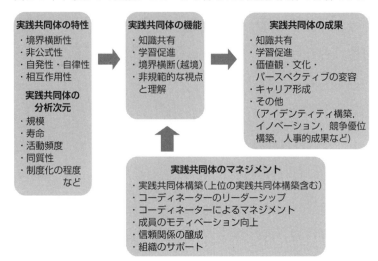

　次に実践共同体の構築とマネジメントについて，①実践共同体の構築，②コーディネーターのリーダーシップ，③コーディネーターによるマネジメント，④成員のモティベーション向上，⑤信頼関係の醸成，⑥組織のサポート，に分類して考察している。①実践共同体の構築についてはいくつかの構築モデルの他に，包括的な上位の実践共同体構築を考える研究もみられた（たとえばBechky, 2003; Bosa, 2008; Love, 2009）。包括的な上位の実践共同体構築については今後の重要な研究テーマになりうる。②コーディネーターのリーダーシップについてはその必要性をあげる研究は多く，多様な成果を導くものとしてとらえられていた。③コーディネーターによるマネジメントについては，多様な手段が提示されており，これ自体がマネジメントの重要性を物語っている。その中でも④成員のモティベーション向上，⑤信頼関係の醸成は特に重要である。⑥組織のサポートについてはそれをうまく引き出す，あるいは組織側がうまくコントロールする必要性を強調する研究がある一方，実践共同体の活動を阻害するという研究もある。

　そして実践共同体の批判点としては，主なものでは実証研究が主張する，実践共同体は定性的事例研究が多く定量的実証研究が不足していることと，松本（2012a, 2017b）やCox（2005）が主張する，実践共同体の概念が主要研究において差異が生じていること，の2つである。そして概念的な拡張の必要性，

逆機能の指摘，マネジメントの重要性の指摘がみられた。

　本章の文献レビューをふまえて，実践共同体の分析モデルを作成すると，図2-1のようになる。第1章でみた Wenger et al.（2002）実践共同体の分析次元もあわせているが，場所性についてはその内容から「活動頻度」に変えている。

## おわりに

　本章では，経営学における実践共同体研究について，先行研究の検討をおこなった。経営学においても実践共同体の概念をうまく用い，組織における多様な問題について取り組んだ研究が多くあることがわかった。そして実践共同体の特性，機能と成果，およびマネジメントについて，どのような要因を重視しているかを整理することができた。本章の検討は事例研究につながると考えられる。その一方で，第1，2章で生じた観点や疑問に対して，より深い知見が求められているのも確かである。そこで次章では，実践共同体に関連の深い分野の研究について検討することにする。

# 第3章　実践共同体の関連研究

## はじめに

　本章では，前章までの実践共同体の主要4研究，および経営学における実践共同体研究の検討から得られた知見をもとに，実践共同体の研究に新たな知見を加える関連分野の研究群をレビューする。まず第1節では，コミュニティ概念とそれに類する研究群をみていく。これにより実践共同体が「共同体」である意義について知見を得ることができる。第2節では「学習する組織」についての研究をみていく。学習する組織と実践共同体の違いをみることで，実践共同体の存在意義について考えることができる。第3節では活動理論・拡張的学習論についてみていく。活動理論・拡張的学習論は1つの学習アプローチとして実践共同体研究も影響を受けていることに加え，境界横断（越境）の重要性を提唱している。それらの研究を検討することで，実践共同体における実践と越境について知見を得ることができる。第4節は成人学習論の諸研究についてみていく。経営学の文脈においては，学習者は成人であることがほとんどであろう。成人学習論において重要な点をおさえることは，実践共同体における学習を深化させることにつながる。第5節は生涯学習論の諸研究について検討する。生涯学習は企業外の学びの場として考えられており，実践共同体に何らかの示唆を与えることが期待される。

　以下ではこのような分野の研究について検討する。

## 1 ｜ コミュニティ，サードプレイス，ラーニング・コミュニティ[1]

### (1) はじめに

　本節ではコミュニティ概念，「サードプレイス（the third place）」論，「ラー

ニング・コミュニティ（learning community）」概念，および「プロフェッショナル・ラーニング・コミュニティ（professional learning community）」概念について概観する[2]。実践共同体を深く理解するにあたっては，コミュニティ概念のダイナミズムを理解することが不可欠である。実践共同体もコミュニティ研究をある程度応用していると考えられるが，実際にはコミュニティがどのように学習を促進するかという問題については，特に実践共同体研究においては議論が十分であるとはいえない。本節ではこれまでのコミュニティ研究を概観し，そもそも既存のコミュニティと実践共同体はどこが同じでどこが違うのか，またどのようなメカニズム，どのようなダイナミズムが実践共同体の目的である学習活動の促進につながっているのかについて考察する。あわせて本章では「サードプレイス」「ラーニング・コミュニティ」「プロフェッショナル・ラーニング・コミュニティ」研究についてもみていく。これらの概念は実践共同体とどこが同じでどこが違うのか，改めて整理しておく。

## (2) コミュニティの定義

　コミュニティ概念は「社会学でもっともわかりにくく，あいまいな語の一つで，現在に至るまでほとんど意味が確定していない」[3]とされ，その影響が実践共同体にも影響しているといえる。そんな中でAbercrombie, Hill and Turner（1994）は，最低限の意味として「一定の地理的区画における人々の集合」をあげ，その付加的要素として3つの要素，すなわち，「①コミュニティはある特殊な社会構造をもった人々の集合を指して使われることがある。すなわち，いい換えればコミュニティではない人々の集合があるということである。この考え方はコミュニティを農村社会または前産業社会と同じだと見ることである。さらに，都市社会または産業社会をコミュニティの失われた社会と見ることである，②所属もしくは共同精神のこと。③コミュニティにおけるすべての日常的活動は労働であれ非労働的なことであれ，一定の地理的領域で行われている。つまりその意味で自足的である，があるとし，これらの3つの要素のいずれか，もしくは全部を含む」としている[4]。この辞書的な定義からは，コ

---

1　本節は松本（2015b），および松本（2017a）の内容に加筆修正したものである。紙幅の都合上，詳細なレビューは松本（2015b, 2017a）を参照。
2　本節では「共同体（community）」を「コミュニティ」と表記することで，実践共同体概念との違いをわかりやすくしている。共同体とコミュニティは同義とする。
3　Abercrombie, Hill and Turner（1994：邦訳［2005］），75ページ。
4　Abercrombie, Hill and Turner（1994：邦訳［2005］），75-76ページ。

ミュニティがある程度自足的で共同精神をもっていること,しかし環境の変化とともにその意味が変遷してきていることがわかる。これらの地域共同体的な語義をもつコミュニティをそのまま援用していては,実践共同体の本質に近づくことは難しいであろう。したがってさらにコミュニティ研究を検討する必要があるのである。

　Hillery（1955）は,コミュニティの定義について広範なレビューをおこない,コミュニティの定義を扱った研究は94あるとし,その特徴を明らかにしている。Hillery（1955）は定義を分類した上で,すべての定義に完全に共通する特性は人々が集まっていること以上のものはみいだせなかったこと,ほとんどの定義はある特定の地域を基盤の要素として考えていること,コミュニティの概念は大きく社会的相互作用としてとらえられ,共通の結びつきの地域と社会的相互作用がコミュニティの構成要素としてみられること,地方のコミュニティでは社会的相互作用か共通の紐帯による地域がみいだされることを明らかにしている[5]。多くの研究を検討した結果であり,Hillery（1955）のあげた特定の地域,社会的相互作用,共通の結びつき・紐帯は,コミュニティの要素として考えてよいであろう。

### (3) コミュニティ概念の変遷

　コミュニティについて理解を深めることは重要であるが,コミュニティ研究について精緻にレビューしていくことは,本節の主旨とは異なる。本節の主旨は,実践共同体概念をよりよく理解することである。したがってコミュニティ概念の変遷については,Delanty（2003）の枠組みを用いて理解することにする。

　Delanty（2003）はコミュニティ研究の変遷をレビューによって整理している。彼はコミュニティは19世紀における興隆,20世紀における衰退,そして21世紀における再生という3つの時期を経ているとしている。その上でコミュニティの議論には4つのアプローチが存在するとしている。第1のアプローチはコミュニティと都市・社会を対立するものとみなした上で,都市部が引き起こす不利益に対してコミュニティを再生することで対応しようとするものである。この視点におけるコミュニティは相当程度空間化されており,都市・社会の支援を必要とするとしている。伝統的なコミュニティ研究（たとえば

---

5　Hillery (1955), p. 119.

Tönnies, 1935; MacIver, 1924 など）や，都市社会学研究（たとえば Park and Burgess, 1921 など）が代表的な研究である。第2のアプローチは帰属に向けた探求と考えられ，アイデンティティという文化的な問題に重点が置かれているものである。このアプローチは自己対他者としてのコミュニティとして描かれており，文化社会学と文化人類学研究が代表的な研究である（たとえば Turner, 1969; Blanchot, 1983）。第3のアプローチは政治意識と集合行為という観点からコミュニティをとらえるもので，政治学研究が背景にある（たとえば Sennett, 1998; Bauman, 2001）。不公正に対する集合的な「われわれ」としてのコミュニティを考えている。そして第4のアプローチはグローバル化，情報技術の進展に伴う新たな近接性・距離関係の中で構成されるコミュニティである[6]（たとえば Cohen, 1985; Maffesoli, 1988, 1993）。

　Delanty（2003）は，コミュニティはもともと社会・都市と対立するような概念ではなく，社会のエッセンスを表すものであったとしている。そしてコミュニティの両義性，すなわち地域性と個別性（直接的な社会関係の領域である親密性や近接性）に対する，すべての人類が参加する普遍性というものは，常にコミュニティ理念の中心を成してきたと主張する。「コミュニティは，排他的でもあれば包摂的でもありうる」という命題は，コミュニティ概念を理解する上で重要である[7]。そして近代化にともなうコミュニティの衰退によって，規範的な理想としてのコミュニティ概念が3つ登場していると Delanty（2003）は述べている。それは①回復不能なものとしてのコミュニティ，②回復可能なものとしてのコミュニティ，③今後達成されるものとしてのコミュニティ，の3つである[8]。この研究の流れは，近代社会において伝統的・規範的なコミュニティの実現（あるいは脱却）という研究，都市とコミュニティの対立と融合，および地域性や空間性から離れた社会関係という「象徴的コミュニティ」の研究へとつながっていく。

　政治や文化との不分離性を指摘したのちに Delanty（2003）が扱うのは，「コミュニケーション・コミュニティ」というコミュニティの対話性である。これはコミュニティのよりラディカルな側面に焦点をあてているものであり，抵抗や社会運動と結びついている。伝統的なコミュニティの考え方を批判し，またその限界を指摘した上で，異なる社会のあり方を提唱し異議申し立てをおこな

---

6　Delanty（2003：邦訳［2006］），4-8ページ。
7　Delanty（2003：邦訳［2006］），12-18ページ。
8　Delanty（2003：邦訳［2006］），28-30ページ。

うことが求められている[9]。その立脚点は差し置いても，コミュニケーションによるアイデンティティ構築という側面は現代コミュニティにとって重要な視点であるといえる。

　ポストモダン・コミュニティの研究においては，コミュニティは遊牧的で，移動性が高く，情緒的で，対話的である。そして制度的あるいは空間的構造の形で明確に定義されないものであるとされる。それは具体的な形を取らず，経験されるものとしてしかありえないからである（たとえば Maffesoli, 1988, 1993; Soja, 1996）。コミュニティは「操作不能」なものであり，決して道具化したり，制度化したりできないものであるとされる[10]。ポストモダン的な考え方は実践共同体研究にも影響を与えているが，そのあり方には議論が必要であるといえよう。そして Delanty（2003）は，現代社会においてはグローバル化にともなうコスモポリタン・コミュニティの出現，および情報技術の進展にともなうヴァーチャル・コミュニティといった，多様な形のコミュニティが形成されてきているとしている。

　Delanty（2003）によるコミュニティ概念変遷の整理からは，コミュニティが地域性と個別性が所与の条件であった時代から，近代化と都市社会の出現による衰退と再生への取り組み，政治や文化との融合，社会運動による異議申し立てというコミュニケーションと帰属によるアイデンティティへの注目，ポストモダン化による道具化や制度化の拒否，そしてグローバル化や情報社会化の影響を受けたコスモポリタン化・ヴァーチャル化といった形で，常に変遷を繰り返してきたことがわかる。しかしコミュニティが一度衰退しつつも近年は再生の機運が盛んであるように，実践共同体についてもコミュニティの変遷を踏まえて考えることは重要である。

### (4) コミュニティ研究の検討

　Delanty（2003）の整理を踏まえて，松本（2017a）では主要なコミュニティ研究をレビューした[11]。コミュニティ研究から実践共同体を考えると，「共同体」としての概念をより深く理解することができる。Hillery（1955）が多くのコミュニティ研究の定義をレビューしたにもかかわらず，人々が集まっていること以上のものがみいだせなかったことからもわかるように，コミュニティ

---

9　Delanty（2003：邦訳［2006］），154-155 ページ。
10　Delanty（2003：邦訳［2006］），182-190 ページ。
11　レビューの詳細な内容については，松本（2017a）を参照。

の定義自体も多岐にわたり、決定的な定義は出てきていない。しかしそれらの研究から実践共同体概念を精緻化することはある程度有効であると考える。以下ではコミュニティ論の代表的研究である MacIver（1924）のコミュニティ・アソシエーション論について考察し、その後残りのコミュニティ研究について考察する。

### ① MacIver（1924）のコミュニティ・アソシエーション論

　コミュニティ研究から得られる知見は多いが、まずは MacIver（1924）のコミュニティ・アソシエーション論についてみていく。コミュニティ研究の代表にして、コミュニティ概念を初めて学問的に用いたといわれる（松原、1976）、MacIver（1924）のコミュニティ研究は、社会の中に含まれる集団について、「コミュニティ」と「アソシエーション」という2つの概念を提示している。「コミュニティ」は「村とか町、あるいは地方や国とかもっと広い範囲の共同生活のいずれかの領域」である。それに対してアソシエーションは、「社会的存在がある共同の関心（利害）または諸関心を追求するための組織体（あるいは〈組織される〉社会的存在の一団）」「共同目的にもとづいてつくられる確定した社会的統一体」[12]であるとする。そしてコミュニティとアソシエーションを分けるものとして MacIver（1924）があげたのが関心（interests）の違いである。コミュニティは多数の人が追求する1つの包括的関心である「共同関心」に基づいて構築されるのに対し、アソシエーションは複数の個人が型としては類似もしくは同一である関心を別々に追求する「類似関心」に基づいて構築されるとする。そして「コミュニティとは、共同生活の相互行為を十分に保証するような共同関心が、その成員に認められているところの社会的統一体である」とした上で、「アソシエーションは固有の仕方でコミュニティの関心を追求するものであるから、コミュニティはコミュニティの関心を支えるために、アソシエーションを創出せねばならない」としているのである[13]。これらの記述を踏まえて考えると、MacIver（1924）における概念では、実践共同体に近いのはむしろアソシエーションの方であるといえる。コミュニティは現代の分類では地域に根ざした地域コミュニティに近いものである。しかし実践共同体＝アソシエーションとしてしまうのは早計である。本項の目的は実践共同体をどちらかに決めることではなく、その概念を精緻化することにある。つ

---

12　MacIver（1924：邦訳［2009］）、46-47 ページ。
13　MacIver（1924：邦訳［2009］）、133-141 ページ。

まり MacIver（1924）のコミュニティ・アソシエーション論に実践共同体をよく説明できる特徴をみいだすことが必要である。それはアソシエーションとその派生的概念とされる企業・組織との区別をつける上でも有効である。

　MacIver（1924）のアソシエーション論で特徴的なのは，関心の分類とその発展であるといえる。前述の通り，コミュニティで満たされない類似関心を追求するところがアソシエーションである。ここでいうコミュニティとアソシエーションの関係は，企業組織と実践共同体との関係にも援用できる。序章の3つの輪モデルにもあるように，企業組織で学べないことを学ぶ場として実践共同体は構築されるからである。しかし MacIver（1924）は，「コミュニティの生活は特殊なタイプの共同関心に応えるアソシエーションの，それら鋳型の中に閉じ込められない」「コミュニティの生活はアソシエーションの諸形式を包含しており，いわばアソシエーションの骨格に，生きた血と骨をまとわせるようなものである」[14] とも述べている。企業組織と実践共同体に置き換えれば，企業組織で得られた問題意識や課題が実践共同体の構築・維持の原動力になるということである。企業組織と実践共同体の循環的学習（松本，2015d）を裏づける仕組みがここで説明されている。

　他方で MacIver（1924）はコミュニティの発達を成員の共同生活を通じた心的発達であるとし，それは意図的な人間の活動を通じて達成されるとする。そして「社会性と個性は，社会化と個性化の過程に対応する特質をもっているので，〈社会性と個性は同一歩調で発達するものである〉」こと，「コミュニティの分化は，社会的諸個人におけるパーソナリティの成長に相関している」ことを提唱している[15]。MacIver（1924）のコミュニティ発展における社会化と個性化という2つの方向性は，実践共同体に重要な示唆をもたらしてくれる。コミュニティにおける成員の自律性と多様性，包摂性がその成員の個性化と社会化を同時に発達させ，それがコミュニティ発達の原動力となるのである。成員の個性化と社会化に基づく参加の進展と相互作用がコミュニティの発達につながるというのは実践共同体にとっても同一である。さらに個性化と社会化が同時に発達するというのは，Wenger（1998）の実践共同体におけるアイデンティティの構築，所属のモード，参加・不参加の考え方にもつながっていくといえる。MacIver（1924）のコミュニティ・アソシエーション論から考えれば，実践共同体は，コミュニティの包摂性を備えた，学習という類似関心を

---

14　MacIver（1924：邦訳［2009］），152ページ。
15　MacIver（1924：邦訳［2009］），247-272ページ。

もって集まったアソシエーションと考えることができるのである。

② コミュニティ研究と実践共同体

　他の多様なコミュニティ研究について，それらの概念を手がかりに，実践共同体について考えてみよう。

　広井（2010）はコミュニティをみていく上での3つの視点として，「生産のコミュニティ」と「生活のコミュニティ」「空間的コミュニティ（地域コミュニティ）」と「時間的コミュニティ（テーマコミュニティ）」「農村型コミュニティ」と「都市型コミュニティ」[16]という類型によって整理している。この分類はとても有益であるが，最も注目すべきは「テーマコミュニティ」の概念である。関心を呼び実践につながるテーマをもったコミュニティは実践共同体に近い存在であるといえる。実践共同体の領域が必要な理由を裏づける研究である。

　Park and Burgess（1921）はコミュニティの原理として共生（symbiosis）をあげている。多種多様な種がともに生きる社会的共生（social symbiosis）は，コミュニティが存在する上で重要な要素である[17]という主張は，実践共同体にも一部当てはまるといえる。MacIver（1924）にも通じる連帯と支え合いの精神をそこにみることができる。それをより具体的にしたのがMacIver and Page（1949）のコミュニティ感情（community sentiment）である。その3つの構成要素は「われわれ感覚（we-feeling）」「役割感覚（role-feeling）」「依存感覚（dependency-feeling）」とまとめることができる[18]。船津・浅川（2014）はこの3つに加えて，コミュニティ自体の認識である「コミュニティ認識」を合わせて，コミュニティ・コグニション，コミュニティ・アタッチメント，コミュニティ・コミットメント，コミュニティ・アイデンティティの4つにまとめている。これらのコミュニティ感情は，実践共同体の成熟度を示すものとして考えることができよう。加えて鈴木（1978）の「コミュニティ・モラール」「コミュニティ・ノルム」の2つの概念も，実践共同体に援用することができると考えられる。たとえば実践共同体のコーディネーターはコミュニティ・モラールの向上が重要な役目であるとともに，コミュニティ・ノルムの硬直化を防止し，「閉鎖＝解放」「格差＝平準」の発達的トレードオフを維持することが

---

16　広井（2010），13-19ページ。
17　Park and Burgess（1921），pp.169-171.
18　MacIver and Page（1949），pp.291-293.

重要である,ということができよう。実践共同体におけるアイデンティティ構築 (Wenger, 1998) ともうまく接合することができる。実践共同体はたんに知識を共有するだけの場所ではなく,コミュニティ感情をもった成員が相互作用する場所であるということができよう。

他方でコミュニティ研究はその空間性について多くの議論がなされている。伝統的なコミュニティはその地域性・空間性が所与のものとされてきたが,次第にそこから脱却し,「象徴的コミュニティ」の研究へとつながっていった。そして現在はグローバル化,情報技術の進展に伴う新たな近接性・距離関係の中で構成されるコミュニティが議論されてきている (Delanty, 2003)。Blanchot (1983), Cohen (1985), Maffesoli (1988, 1993), Soja (1996) といったポストモダン的コミュニティの研究は,コミュニティの地域性・空間性から脱却し,人々の関係性の中で生まれうるコミュニティについて論じているが,実践共同体における空間性については議論を要するところである。第2章で多く論じてきたように,オンライン上の実践共同体は成立しうるし,そこにおける数多くの実践もみられるが,だからといって現実世界での実践を否定する研究はなく,むしろ経営学においてはフェイストゥフェイスの相互作用を重要視する研究も多い (たとえば Hildreth et al., 2000; Orlikowski, 2002)。実践こそが実践共同体を構築し,学習を進める原動力になる。そう考えれば現実世界における実践は不可欠であり,実践共同体の状況的セッティングや空間性については議論を継続する必要があるであろう。ここでは実践共同体には一定の空間性が必要である,という命題の提示にとどめる。

そして Sennett (1998), Nancy (1999), Bauman (2001) などのコミュニティ概念を批判する研究は,コミュニティはその内在性と親密性,安心をもたらすという機能に過度に期待すべきではない,そのようなコミュニティは基本的に幻想であり再現不可能であるという議論をしている。しかし地域コミュニティほどではなくとも,実践共同体にアイデンティティの拠り所 (Wenger et al., 2002),および親密性や安心といった要素を求めることは可能である。むしろそれが実践共同体における学習動機の源泉になりうると本書では考えるのである。それはこのあと検討する「サードプレイス」論においても同様である。

以上のような検討よりコミュニティ論からの示唆として,実践共同体はアソシエーションに近い概念であるが,コミュニティのもつ包摂性,コミュニティ感情,(一定の) 空間性,安心をもたらす親近感などが求められるということがあげられる。

### (5) Oldenburg (1989) の「サードプレイス」論

　Oldenburg (1989) が提唱する「サードプレイス (the third place：第3の場所)」という概念は，実践共同体にとって多くの示唆をもたらすものである。それは Wenger et al. (2002) が「アイデンティティの拠り所 (home of identity)」と表現したように，その居心地の良さをもった交流の場所は実践共同体にとって不可欠ともいえる要素であるが，既存の実践共同体研究にとって重視されていない部分でもある。Oldenburg (1989) の主張をしっかり吟味することで，実践共同体論をより正確に，より発展的に拡張することができる。以下ではサードプレイス論の概要を説明し，その後，実践共同体への示唆について考察する。

　Oldenburg (1989) は，アメリカにおいて近代化と郊外への移住が促進された結果，「インフォーマルな公共生活」といわれる，仕事や家庭とは別の，地域住民同士の交流によってくつろぎや安らぎを得る場がなくなってしまったと指摘する[19]。その上でその解決においては，家庭，仕事，そして「広く社交的な，コミュニティの基盤を提供するとともにそのコミュニティを謳歌する場」という3つの経験の領域のバランスがとれていなければならないと主張する。そのような「インフォーマルな公共生活の中核的環境」として，Oldenburg (1989) は「サードプレイス」の概念を提示しているのである[20]。

　Oldenburg (1989) はサードプレイスの特徴についてまとめている。それは①中立の領域である，②人を平等にする，③会話が主な活動である，④たいてい近所にあり利用しやすい，⑤常連がいる，⑥雰囲気に遊び心がある，である。②人を平等にするというのは，サードプレイスでは職場や家庭などの関係や世俗の地位から切り離され，誰でも平等になれ，誰でも受け入れられるということを意味する。これは実践共同体に重要な意味をもたらす。すなわちこの特徴が学習を促進すると考えられるからである[21]。⑥雰囲気に遊び心があるというのは，サードプレイスでは楽しい雰囲気を意味しているが，それはもう一度職場や家庭と対比させることでその意味が浮かび上がってくる。実践共同体に求められるのはそのほどよい遊び心でもある[22]。以上あげた特徴は，実践共

---

19　Oldenburg (1989：邦訳 [2013])，49-56ページ。
20　Oldenburg (1989：邦訳 [2013])，56-63ページ。
21　Oldenburg (1989：邦訳 [2013])，69-73ページ。
22　Oldenburg (1989：邦訳 [2013])，90-92ページ。

同体を特徴づける上でも非常に有効である。Oldenburg（1989）はサードプレイスを「生来の知恵を磨く本物の錬成所」と表現している。学習の役割を大きくしながらもサードプレイスの特徴を保持している存在を，実践共同体と考えるべきであろう。

　Oldenburg（1989）はサードプレイスから個人が受ける恩恵について，①目新しさ，②人生観，③心の強壮剤，④社交性のパラドックス，の4つの言葉を使って述べている。①目新しさは日常における刺激というような意味ととらえられる。②人生観について Oldenburg（1989）は，現代の生活環境の中では人生観は容易にゆがめられてしまうとし，サードプレイスでの会話はそれを正常に戻すことができるとしている。③心の強壮剤は居心地の良さによって集う人々を元気にすることであり，④社交性のパラドックスは，社交場の関係を結ぶ相手から自己を護らなくてはならないこと，すなわち職場に幼なじみの友人を乱入させてはならないが，友人関係を維持する自由も重要である，ということである。サードプレイスは社交性のパラドックスを解消する装置であるとともに，一人ずつでは友人になれなくても，そこに集う人々をひとまとまりに考えることで友人関係を広げることができるのである[23]。

　さらに Oldenburg（1989）は，サードプレイスがたんなる会話の場にとどまらない機能を有していると主張する。たとえば政治運動の基盤となったり，政治家と市民をつなぐ場であったりという機能をアメリカでは伝統的にサードプレイスが果たしてきたとし，しかしそれは失われつつあると指摘している[24]。またサードプレイスはコミュニティにおける監視機能を果たしたり，家庭生活の問題発生を未然に防ぐ機能を果たしたりすると指摘する[25]。Oldenburg（1989）はサードプレイスが「正しく機能すれば」コミュニティの中で一定の役割を果たすことができると主張しているが，この点は実践共同体にとっても示唆に富む。サードプレイスの特性をある程度備えた実践共同体は，正しく機能すれば学習を促進するといえるからである。そして Oldenburg（1989）の指摘するような議論の促進，ネットワークの連結，相互監視，個人的問題へのケアといった機能は，実践共同体にも適用可能と考えるからである。

　Oldenburg（1989）の提唱するサードプレイスは，実践共同体とどのような関係にあるのかを考えると，サードプレイスは実践共同体の上位概念とも考え

---

23　Oldenburg（1989：邦訳［2013］），123-130 ページ。
24　Oldenburg（1989：邦訳［2013］），132-141 ページ。
25　Oldenburg（1989：邦訳［2013］），145-155 ページ。

ることができる。サードプレイスは学習以外の活動もできるしそれが主要な活動であるが、学習の場にすることもできる。しかしサードプレイスは学習を目的にする共同体ではないので、両者を同じものにすることはできない。しかしOldenburg（1989）の考えるサードプレイスの個人が受ける恩恵を、実践共同体では得られないかといわれるとそうではない。むしろこの点こそが従来の実践共同体の議論に不足している点である。Wenger et al.（2002）が実践共同体をアイデンティティの拠り所としているように、共同体のメンバーから安らぎや刺激を得るという意味合いは少なからずある。そして市川（2001）の指摘するように、関係志向的な学習意欲も影響するからである。

　もう1つ、Oldenburg（1989）の指摘するサードプレイスの特徴は、実践共同体における学習を促進する要素としても考えることができる。特に①中立の領域である、②人を平等にする、という点である。組織における上下関係などから解放されることは、Edomondson（2012）の提唱する学習を促進する要素の1つ、「心理的安全」を高める。⑥雰囲気に遊び心がある、についても同様である。そして③会話が主な活動である、⑤常連がいる、といった特徴は、活発な相互作用を可能にするであろう。

　Oldenburg（1989）の提唱するサードプレイスは実践共同体の上位概念とも考えることができるが、「共同体」ベースの学習促進要因を考える上で有効な示唆をもたらしている。親近感やそこから得られる安らぎや刺激、「居場所」感は、学習意欲を高め、学習を促進する。サードプレイスのもつそのような特性を、実践共同体ももちうるし、また組み込まなくてはならない。

### (6) 「ラーニング・コミュニティ」と実践共同体

　「ラーニング・コミュニティ」は実践共同体と類似した概念であるが、もともと実践共同体も教育学のパースペクティブから生まれた概念である。しかし実践共同体が経営学の分野でも多くの研究がなされている反面、ラーニング・コミュニティは教育学・生涯学習論の分野で用いられることが多い。Cross（1998）はラーニング・コミュニティについて、「学習の目的のために知的相互作用に取り組む人々の集団」[26]という簡潔な定義をしている。この定義は教育学・経営学両面で利用しやすい。Gabelnick, MacGregor, Matthews and Smith（1990）は、「ラーニング・コミュニティは、いくつかの既存の学習過

---

26　Cross（1998），p.4.

程を1つにつなげた,あるいは教育課程の教材全体を実質的に再構築した,さまざまな教育課程構造の1つ」であると定義し,それによって学生は学んでいる教材の深い理解と統合の機会を得,学生と教師が学習組織の参加者として互いにさらに相互作用する機会が得られるとする[27]。また Smith, McGregor, Matthews and Gabelnick(2004)は,「ラーニング・コミュニティは2つ以上の科目の意図的なつながりやまとまりについてのさまざまなカリキュラムのアプローチ」であると定義した上で,ラーニング・コミュニティが学際的なテーマや問題の中で共通の学生集団を登録することで,学生の時間,単位,学習経験を意図的に再構築し,学習を向上させ,学生・学部・分野間の学習のつながりを促進するものであるとする。さらにそれが最大限に活用されれば,ラーニング・コミュニティでは能動的な創発と省察の教育が実践されるとしている[28]。Astin(1985)は,学生が大学への十全的参加者(Lave and Wenger, 1991)になるのが困難なのは,他の学生と連携する機会が限られているからであるとし,その目的を果たすために小集団としてのラーニング・コミュニティを構築することが求められるとしている。その上で,ラーニング・コミュニティは「カリキュラムの流れ,共通のキャリアへの興味,職業的興味,居住エリアなどによって組織化される。グループ・アイデンティティ,凝集性,独自性の意味を構築するために用いられ,多様なカリキュラムと共同キャリアの経験を継続・統合することを促進し,多くの学生が感じる疎外感を打ち消す」ものであるとしている[29]。また Laufgraben(2005)は,「学習がグループで履修する,あるカリキュラム・テーマを取り巻く科目群の集合体である」[30]と定義している。教育学寄りの定義はカリキュラムや教育課程のことを指す場合もある一方,学生や教員といった人のつながりを指す場合もある。

Shapiro and Levine(1999)は上記のような多様な定義をふまえて,ラーニング・コミュニティの基本的な特徴として,①学生と教員をより小さな集団に組織化する,②カリキュラムの統合を奨励する,③学生が教育的・社会的支援ネットワークを設立するのを支援する,④学生が大学の期待に社会化されるための環境を用意する,⑤教員がより意味のあるやり方で集まる,⑥教員と学生を学習結果に注目させる,⑦学習支援プログラムをコミュニティベースで提供

---

27 Gabelnick et al.(1990), p.19.
28 Smith et al.(2004), p.67.
29 Astin(1985), p.161.
30 Laufgraben(2005:邦訳[2007]), 177ページ。

するための環境を用意する，⑧学生の初年度の体験を検討する上での批評的な視点を提供する，の8つをあげている[31]。Shapiro and Levine（1999）のあげた特徴は実践共同体というよりむしろ大学のような大規模な組織が，学生の学習を支援するというイメージでとらえているということができる。また Tosey（2006）はラーニング・コミュニティについて定義しにくい概念であるとした上で，ラーニング・コミュニティは①実践共同体，探究の共同体，②専門職的／社会活動的コミュニティ，③教育課程（カリキュラム）のラーニング・コミュニティ，④協働・協同学習，ピア学習，グループ学習，といったテーマを含む多面的な概念であるとする。②の専門職的ラーニング・コミュニティは学校改革のプロセスに参画する関係者のコミュニティであり，③教育課程（カリキュラム）のラーニング・コミュニティはフォーマル教育を促進するために形成されるコミュニティであり，④はそれらの学習に際して形成されるコミュニティであるといえる[32]。

　Tosey（2006）の分類では，ラーニング・コミュニティは実践共同体を内包するものである。Tosey（2006）では「ピア・ラーニング・コミュニティ（peer learning community）」を取り上げて議論し，その特徴について，①「教育ある人」の概念（自己主導・自己モニタリング・自己修正という側面をもつ。この考えでは，スタッフと学習者の区別よりも，人間の平等性が優先される），②コース目標の参加的評価，③平等性に関する2つの原則，すなわち考慮の平等（各人が提起したことはすべて考慮に値する）と機会の平等（誰もが平等にいつでもコースのプロセスに貢献し介入できる），④全人格の教育，⑤力を分かち合う政治的な様式（階層的な様式から，ラーニング・コミュニティ内の教育的プロセスを促す協同的かつ自律的な様式へと発展していくこと），の5つをあげている[33]。

　ラーニング・コミュニティは Tosey（2006）が示す通り，生涯学習を促進する舞台装置であると考えられる。実践共同体もその中に含まれている。包含するいくつかの概念に共通するものとして Tosey（2006）は，学習における人間関係的性質をあげている。このような学習観はフォーマル教育に内在する「学習とは本質的に個人的なものである」という仮定と対照的であるとする。また実践共同体との差異は，学習のために意図的につくられたフォーマル教育では

---

31　Shapiro and Levine（1999），p.2.
32　Tosey（2006：邦訳［2011］），270-274ページ。
33　Tosey（2006：邦訳［2011］），274ページ。

なく，集合的学習から始まるコミュニティであるという意味合いが，実践共同体はより強いものであると示唆している[34]。そしてもう1つは実践共同体はより多重成員性を重視しているということである。ラーニング・コミュニティもコミュニティ間の相互作用を重視していないわけではないが，それよりもコミュニティ外の環境との相互作用と，コミュニティ内の個人間の相互作用を重視しているといえる。実践共同体はそれに加えて，他の実践共同体との相互作用を視野に入れることで，より多様な学習形態を提示しているということができる（松本，2013b）。実践共同体はラーニング・コミュニティに対して，その自発性・自律性と，多様な相互作用を実現することが相違点であるといえる。

### (7) プロフェッショナル・ラーニング・コミュニティ

ここでは「プロフェッショナル・ラーニング・コミュニティ（PLC）」の概念を検討しておく。大河内（2015）によると，PLCは学習を集団レベルの活動としてとらえ，認知心理学に加えてSenge（1990）に代表される組織論の影響を受けている概念である。Senge（1990）の「学習する組織」論は，松本（2013a）において実践共同体との比較考察がおこなわれているが，その考え方は学校組織にも及んでいる（Senge et al., 2012）。その考え方とは，教室・学校・コミュニティにシステム思考（system thinking）をはじめとした学習の5つのディシプリンの考え方を導入することによって変革をもたらすことであるが，PLCの考え方とは共通点と相違点がある。学校組織に関係する多様なメンバーを教育実践や学校改革に参加させること，学校組織と地域コミュニティを一体と考えて教育実践をおこなうこと，現場の実践による学習によって教育変革をもたらすこと，現場での学習におけるリーダーシップの重要性などが共通点であるのに対し，「学習する学校」論とは異なるPLC論の特徴としては，学校組織の中にPLCを形成することで学習を生起することから始まること，学習スタイルの議論は多様であり，収束してはいないこと，リーダーシップの考え方においてPLC論はむしろ階層的な上司・部下の関係に基づくリーダーシップよりもそれぞれのメンバーの主体性を発揮するという意味でのリーダーシップを志向していることがある。PLCはSenge et al.（2012）の中に出てくる「学習共同体」というものも含め，学校組織と重層的な関係を成し，さ

---

[34] Tosey（2006：邦訳［2011］），271-272ページ。

らに地域コミュニティを巻き込んだ多層的なコミュニティ構造であるといえる。

　PLCの研究は松本（2017a）にてレビューされている[35]。PLCは，教員の学習のためのコミュニティを基盤にした学びの場である。それは教員組織の実践共同体ということができる。Hord（2008）は，PLCを，持続的なプロフェッショナル的学習を通じて教授の質を高めるコミュニティであるとし，それを可能にする5つの要素をあげている。それは，①共有された信念，価値，ヴィジョン，②分散的・支援的リーダーシップ，③構造的・関係的に支援された状態，④集合的な・意図的学習とその応用，⑤共有された個人の実践，の5つであるとした[36]。もちろんこれは実践共同体にも通底するところであるが，区別する点でもあるといえる。まず①に関わるところであるが，PLCは教育に変革をもたらす学習を目的にしているという点である。実践共同体の目的は学習を第一義にすることであるが（松本，2015d），その目的は個人の関心（類似関心）に基づいている。次に②③にかんするところであるが，PLCは学校組織，あるいは地域コミュニティからの支援を強く意図している点である。実践共同体はその自律性を維持することを重んじ，制度化されたり組織に吸収されたりすることは最終段階の「変容」であるとされているが（Wenger et al., 2002），PLCはむしろ学校内で孤立しないよう，リーダーの庇護を受けたり地域コミュニティと連携したりすることが推奨されている。それは学校組織の宿命ともいえる。そして④⑤にかんすることであるが，その実践は現場への還元が前提となっていることである。実践共同体においては企業組織と実践共同体の間の循環的学習が有効であるとされているが（松本，2015d），その点はPLCはより強く意識されている。その他Senge et al.（2012）の影響を受け，PLCの条件として①共有された信念，②相互作用と参加，③相互依存，④個人と少数派の視点への関心，⑤意義深い関係性，の5点をあげたり（Westheimer, 2008），①共有された価値とヴィジョン，②集合的責任，③プロフェッショナルな省察的質問，④協働，⑤個人と同じく集団が学習を進展させる，の5つをあげたり（Stoll, Bolam, McMahon, Wallace and Thomas, 2006）している研究もある。またHargreaves（2007）は持続的なPLCの7つの条件として，①問題を具体的にし学習と人間関係を深めるという「深さ（depth）」，②すべての生徒に恩恵をもたらすような学習について扱う問題の「広さ（breadth）」，③短期的な結果を焦らず，時間をかけて世代をまたいでも価値あ

---

[35] 詳細なレビューの内容は，松本（2017a）を参照。
[36] Hord（2008）, pp. 10-12.

る学習を追求する「持久力（endurance）」，④教師のみの利益ではなく生徒・教師・学校全体に権利が平等に与えられる「正しさ（justice）」，⑤目的中心のリーダーシップと効果的なネットワーキング，交配的な実践によって促進される教育的「多様性（diversity）」，⑥資金や人々を無駄遣いせずエネルギーや資源を保持・再生する「資源の豊富さ（resourcefulness）」，⑦よりよい未来のために過去を尊重する「保持（conservation）」，という次元を提示している。

PLCの特徴の1つに，その共同体のマネジメントを志向していることがある。これは経営学の実践共同体研究と通じるところがある。リーダーシップの重要性（Mitchell and Sackney, 2007; Hilliard and Newsome, 2013），サポートスタッフの重要性（Bolam, Stoll and Greenwood, 2007），発展の方策（Stoll et al., 2006）といった形で，自律的なマネジメントを提唱する研究もある。

そしてもう1つPLC研究に特徴的なのは，境界横断と重層的な実践共同体構造が推奨されていることである。国境を越えたネットワークの構築（Stoll and Louis, 2007），あるいはPLC同士が連結しネットワーク学習を構築する「ネットワーク化されたラーニング・コミュニティ（networked learning community）」（Jackson and Temperley, 2007）を提唱する学校内でも教員組織，校長・教頭・リーダーを合わせた学校組織，地域コミュニティ，他の学校との連携，企業・社会との連携，異文化交流と，多様な実践共同体のレベルで構築し，社会的プロフェッショナル・ラーニング・コミュニティ（social professional learning community: Mulford, 2007），拡張された共同体（extended community: Stoll, Bolam, and Collarbone, 2002），というような概念として提唱されている。実践共同体の重層的構造は成員の相互作用を活性化し学習を促進するが（松本，2015d），その点をより強く意識しているのがPLCである。実践共同体のあるべき姿を示しているといえよう。

### (8) 小 括

本節ではコミュニティ概念，「サードプレイス」論，「ラーニング・コミュニティ」論，「プロフェッショナル・ラーニング・コミュニティ」論について検討してきた。これまでみてきた各概念を実践共同体の次元に従って比較してみると，表3-1のようになる。

コミュニティ論からの示唆として，実践共同体はアソシエーションに近い概念であるが，コミュニティのもつ包摂性，コミュニティ感情，（一定の）空間性，親近感などが求められるということがわかった。サードプレイス論から

表 3-1 ｜ コミュニティ，サードプレイス，ラーニング・コミュニティ，PLC と実践共同体の比較

|  | コミュニティ | サードプレイス | ラーニング・コミュニティ | PLC | 実践共同体 |
|---|---|---|---|---|---|
| 目的 | 生活・互助 | やすらぎ・刺激 | 学習促進 | 教育促進 | 学習・交流 |
| 規模 | 数十人から数千人 | 数人から十数人 | 数千人（大学の規模） | 数百人（教員と生徒・保護者） | 数人から数百人 |
| 寿命 | 長期（人がいなくなるまで） | 基本的に長期 | 学生にとっては短期（卒業まで） | 長期 | 短期から長期（学習継続性による） |
| 場所 | 地域，固定 | 地域内，固定 | 大学内外 | 学校内外 | 柔軟，分散していてもよい |
| 同質性 | 同質的 | 同質的（主要メンバーは固定） | 異質的 | 同質的 | 同質・異質どちらもある |
| 頻度 | 頻繁（毎日） | 頻繁（毎日） | 頻繁ではない | 頻繁ではない | 頻繁ではない（週1～月1） |
| 境界 | 越えない | 越えない | 越える | 越える | 越える |
| 自発性 | 自発的 | 自発的 | 意図的 | 意図的 | 自発的あるいは意図的 |
| 制度化 | されていない | されていない | されている | されている | されることもある |

は，サードプレイスは実践共同体の上位概念とも考えることができるが，親密性やそこから得られる安らぎや刺激，「居場所」感は，学習意欲を高め，学習を促進するという特性は実践共同体においても活用できることがわかった。ラーニング・コミュニティ論とプロフェッショナル・ラーニング・コミュニティ論からは，自発性・自律性と，多様な相互作用を実現すること，組織のサポートにかんする点が相違点であること，重層的な構造は実践共同体においても学ぶべきところであることがわかった。実践共同体概念の拡張に必要な要素がみいだされている。

## 2 ｜「学習する組織」[37]

### (1) はじめに

本節では，「学習する組織」論について文献レビューをおこない，それと実

---

37 本節は松本（2013a）に加筆修正したものである。詳細なレビューの内容についてはそちらを参照。

践共同体との違い,および実践共同体の理論にどのように適用できるかについて考察する。Senge (1990) に代表される「学習する組織」論は広く知られているが,その内容について実践共同体との違いを明確にしておく必要がある。「学習する組織」論と実践共同体は混同される危険性があるからである。その点について整理することで,実践共同体の議論をより生産的にすることができると考える。

本節ではまず「学習する組織」論と組織学習の関わりについて触れたのち,Senge (1990) をはじめとする「学習する組織」論についてまとめる。そして実践共同体の理論と比較し,援用できる点,区別すべき点を明らかにする。

(2) 「学習する組織」論と組織学習論,そして実践共同体の関係

① 「学習する組織」論と組織学習論

「学習する組織」論と組織学習論はしばしば混同して用いられる。「学習する組織」論が組織学習論の一部として考えられているのであろう。Tsang (1997) は両者が互換的な概念としてとらえられているとし,組織学習が学問的な概念であるのに対し,「学習する組織」論は実践的で現場の成果を向上させることを意図した応用研究であるとしている。同様の整理は Easterby-Smith (1997) もおこなっており,「学習する組織」論が組織学習の理論的検討から,組織における実行や結果を出すことに重点を置くことを意図しているとしている。両者の関係を明確にすることは重要である。

安藤 (2001) は組織学習論の広範な研究の流れを整理し,個々の学習メンバーの学習活動が研究対象として捨象されていることを指摘している[38]。組織学習が活発に研究されてきた当時から,組織学習論では「組織が学習する」という学習主体としての組織が暗黙の前提とされてきた。それは研究の進展に寄与する反面,結局「誰が学習するのか」という重要な問題について解決がなされないという状態を長く放置することになった。安藤 (2001) はこの問題に正面から取り組んでいる。まず組織学習論と経営組織論の違いについて,組織学習論は組織の適応過程のような動的な変化・発展プロセスに研究対象を限定していること,より継続的なプロセスとしての「長期適応」を中心的な研究対象としていることをあげている[39]。その上で組織学習論の広範なレビューに基

---

38 安藤 (2001), 5ページ。
39 安藤 (2001), 15ページ。

づいて，組織学習研究を3つの系統に分類している。1つはHedberg（1981）に代表される，学習棄却や認知レベルの転換を研究対象にしている研究（アンラーニング系，Hedberg系），2つめはLevinthal and March（1981, 1993）に代表される，組織ルーティンの変化を研究対象としている研究（組織ルーティン系，March系），3つめはArgyris and Schön（1978）をその始まりとする組織変革の方法やプロセスを研究対象にする研究（組織変革系，Argyris系）である。安藤（2001）の分類によると，Senge（1990）の「学習する組織」論は組織変革系に分類されている。

この安藤（2001）の分類は，「学習する組織」論のスタンスも明らかにしてくれる。この分類では「学習する組織」論は組織変革系に分類される。理論の

表3-2 ｜ 組織学習研究の3系統の特徴の違い

| | アンラーニング系<br>（Hedberg系） | 組織変革系<br>（Argyris系） | 組織ルーティン系<br>（March系） |
|---|---|---|---|
| 議論の関心 | 組織価値の妥当性を維持するためのアンラーニング（学習の発生） | 組織能力を高めるための組織介入（学習の発生） | 学習結果としての，組織ルーティンの変化・淘汰・定着（学習の定着） |
| 組織観 | 1つのまとまった有機体 | 組織メンバーである個々の構成要素の集合体 | 組織ルーティンの束，入れ物 |
| 組織学習の学習主体 | 経営トップ，あるいは組織行動を左右する組織のトップ・グループ | 経営トップのような上層部から，一般従業員まで，すべての組織メンバー | 持続している組織そのもの，あるいは組織ルーティンの入れ物としての組織 |
| 目標とする組織学習の水準 | 高次学習（higher-level learning）の実現（ダブル・ループ学習，特にアンラーニング） | 「学習のための学習（deutero-learning）」の獲得（ダブル・ループ学習のためのモデルIの使用理論） | 一時的には高次学習もありうるが，最終的には低次学習（淘汰・定着が目標のため） |
| 議論で取り上げる組織学習の範囲 | ほぼアンラーニングのみ | 低次学習から，高次学習の一歩手前まで | 主に低次学習 |
| 組織学習における学習対象 | 組織のベクトル・戦略に関する組織価値など，より全体的な組織価値（企業レベルの価値） | 組織ベクトルから仕事の進め方などより矮小な価値まで，組織のあらゆる価値 | 主に，仕事の進め方に関する具体的な価値（ビジネス・レベルの価値） |
| 主な研究方法 | 理論的な積み重ね，理論的なフレームワークの形成<br>理論形成→事例分析・検証（descriptive, expranatory） | 事例研究による事実発見。処方箋の提供<br>事例分析→共通点・理論抽出（prescriptive） | シミュレーションを用いた組織ルーティンの定着状況についての検証 |

出所：安藤（2001），79ページを参考に筆者作成。

分類項目ごとの指摘も大枠で適合しているといえる。ここで結論を先取りする形でより細かく，組織学習論と「学習する組織」論の違いについてみていくと，まず「学習する組織」論はより個々の学習者が学習主体として想定されているといえる。本章でみていく主要な研究の多くが，「学習する個人」を「学習する組織」の存立基盤としている。そして Senge（1990）の「自己マスタリー」をはじめ，個人の学習を「学習する組織」の駆動力として推奨しているのである。しかし組織のトップから現場社員まで同じ学習をすることは想定されていない。加護野（1988）のように，トップは自らの学習を進めながら，社員の学習を促進・援助するという役割も果たしている。2つめの違いはその目的である。「学習する組織」論の目的は「学習能力をもった組織を作ること」である。ここには「学習能力をもたせる」「組織をつくる」の2つが含まれている。つまり組織変革系の組織学習論と比較して，学習能力により大きな比重を置くことと，学習を促進する装置としての組織を構築していくことに焦点をあてていることも，「学習する組織」論の大きな特徴である。この点については，主要研究のレビューの後で再び議論する。

　ここで安藤（2001）の分類の中に，「知識創造・共有としての組織学習」が含まれていないことに着目したい。Nonaka（1990）は組織変革系に含まれているが，知識創造としての組織学習を提唱した Duncan and Weiss（1979）をはじめ，本来なら第4の分類として，Nonaka and Takeuchi（1995）を代表とする「知識創造系」があっても不思議ではない。安藤（2001）は一般的に組織学習について知識創造のプロセスを研究する分野という「偏ったイメージ」を抱きがちであるとしている[40]。このような認識に至る背景には，松本（2003）でもレビューした組織学習に対する潮流の変化があると考えられる。松本（2003）は個人の熟達という，当時経営学にとって主要なテーマではなかった研究[41]に役立てるため，組織学習研究をレビューしているが，組織における適応が主要な関心であった組織学習研究は，Argyris and Schön（1978）の「行為の理論」研究を境目にして，知識の創造・共有がその主要な研究対象になったとまとめている。それはナレッジ・マネジメント研究の隆盛につながっている。これに対して組織学習論の視点からは，知識を生み出すことが目的化して

---

40　安藤（2001），15ページ。
41　現在では中原（2010），松尾（2012），金井・楠見（2012）をはじめとして，経営学における個人の熟達は有望な研究テーマになっている。その背景にはキャリア論の高まりがあると考えられる。この点については松本（2008）で考察している。

しまい，行動や変革を導くところまでの考慮が足りないという批判もある。組織学習は行動が変化することが結果であるとしているため，知識創造自体を学習と考えることはできないのかもしれない。しかし組織メンバー1人1人の学習を重視するのであれば，実践と内省から知識に結実させることも学習の重要な点である。知識を生み出しても行為が変わらなければ学習とはいえないのは，March and Olsen（1976）でも役割制約的経験学習（role-constrained experiential learning）」として学習障害の1つとしてとらえられている通りである[42]。それを踏まえて行為から知識を生み出すこと自体を学習から排除してはならないであろう。重要なのは実践と内省のサイクルなのである。

② 「学習する組織」論と実践共同体

本章で「学習する組織」論を検討する理由は，先述の通り，実践共同体研究の意義を確認するためである。もし学習する組織が組織，そして組織メンバーのおこなう学習能力と機能をすべてもちあわせているなら，実践共同体を構築して学習する必要はない。しかし実践共同体は公式組織にはできない学習活動をおこなうことができるからこそ，その構築が望まれているのである。このような問題意識をもつのであれば，実践共同体の比較対象が組織学習ではなく，学習する組織でなければならない。実践共同体は学習活動ではなく，学習のための「共同体」である。公式組織とは異なる共同体による学習の意義，学習のための能力を備えた組織単体での学習ではカバーしきれない部分はあるのかという問題意識を，本節では議論するのである。また公式組織のマネジメントではカバーしきれない部分があり，それを実践共同体の構築とマネジメントによって補うことができるのかという問題も，本節において議論すべきものである。

(3) 「学習する組織」論の検討

以上のような問題を探求するため，本節では「学習する組織」論の主要な研究について検討する。松本（2013a）ではSenge（Senge, 1990; Senge et al., 1994, 1999）の研究，Garvin（1993, 2001）の研究，Watkins and Marsick（1993），Kline and Saunders（1993）についてみてきた[43]。それに基づいて，

---

42 March and Olsen（1976：邦訳［1986］），87-92ページ。
43 詳細なレビューの内容については松本（2013a）を参照。

「学習する組織」論と実践共同体研究との共通点と相違点，および実践共同体の意義について考察することにする。

　Senge（Senge, 1990; Senge et al., 1994, 1999）は「学習する組織」という考え方を提唱している代表的な研究である。彼は「学習する組織をつくることは不可能ではない」とした上で，Senge（1990）は事象間の相互関係を変えることで，異なる挙動パターンを生み出すことができるとして，挙動の構造的な要因をみつける能力，システム思考が必要であり，それを用いて構造を変え，生成していく生成的学習（generative learning）ができる組織が「学習する組織」であるとしている[44]。そのために「5つのディシプリン（実践するために勉強し，習得しなければならない理論と手法の体系）」が必要であるとしている。それは「システム思考」「自己マスタリー」「メンタル・モデル」「共有ビジョン」「チーム学習」の5つである。「システム思考」は「パターンの全体を明らかにして，それを効果的に変える方法を見つけるための概念的枠組み」[45]である。Senge（1990）はシステム思考の本質は「意識の変容（shift of mind）」にあるとする。それは「線形の因果関係の連なりよりも，相互関係」「スナップショットよりも，変化のプロセス」に目を向けることである。それによって先述の構造を見極める基礎になるとしている[46]。自己マスタリー（personal mastery）はたんなる個人学習ではなく，ビジョン（ありたい姿）と現実（今の自分）とを対置させたときに生じる「創造的緊張（creative tension）」を自己成長に反映させることである。メンタル・モデル（mental models）は「私たちがどのように世界を理解し，どのように行動するかに影響を及ぼす，深くしみこんだ前提，一般概念であり，あるいは想像やイメージ」であり[47]，Kuhn（1962）や加護野（1988）の「パラダイム（paradigm）」，に近いものである。Senge（1990）はメンタル・モデルと現実の乖離が効果的な行動をとれない原因であるとして，それを学習を妨げるためではなく，促進させるために利用すべきであるとしている[48]。共有ビジョン（shared vision）は組織中のあらゆる人々が思い描くイメージであり，組織に浸透する共通の意識を生み出し，多様な活動に一貫性を与えるものである。「チーム学習（team learning）」は「メンバーが心から望む結果を出せるようにチームの能力をそろえ，伸ばし

---

44　Senge（1990：邦訳［2011］），101-105ページ。
45　Senge（1990：邦訳［2011］），39ページ。
46　Senge（1990：邦訳［2011］），129ページ。
47　Senge（1990：邦訳［2011］），41ページ。
48　Senge（1990：邦訳［2011］），244-246ページ。

ていくプロセス」であるという[49]。Senge（1990）にとって重要なのは、メンバーのもつエネルギーの方向性が一致している「合致（alignment）」という現象であり、それを身につけるためには、「ダイアログ（dialogue）」と「ディスカッション（discussion）」という2つのタイプの対話、そして練習（practice）が必要であるという。Senge（1990）は「学習主体としての個人」に焦点を当て、それを念頭に「学習する組織とは何ができる組織なのか」という問題に正面から取り組んでいる。

Garvin（1993, 2001）は組織学習という概念に正面から取り組み、「学習する組織」の構築とその実践プロセスを詳細に明らかにしている。Garvin（2001）は学習する組織を、「知識を創出・取得・解釈・伝達・保持するスキルを持ち、また新たな知識や洞察を反映させるよう意図的に行動を修正していくスキルを持った組織である」[50]と定義している。定義の中に学習プロセスを内包していること、そしてその知識を活用して組織の行動を改善・変革することが求められていることが特徴である。そして組織学習のプロセスを実践していく上での学習における情報収集、経験からの学習、および実験という手法について考察している。情報収集活動については、その方法が検索・照会・観察の3つからなるプロセスである。経験からの学習には予備知識が必要という学習のジレンマを克服することが大切であるとしている。実験は他の学習アプローチが役に立たないような、既存の知識では判断がつかないような場合に求められ、重要な洞察を導くことができるとしている。その上でGarvin（2001）が指摘するのが「学習のためのリーダーシップ」である。組織的により切実な要求の前には学習の機会は先送りされてしまうことが多いとし、そこでリーダーが積極的に学習の機会を創出することが重要であるとしているのである[51]。

Watkins and Marsick（Marsick and Watkins, 1990; Watkins and Marsick, 1993）は、個人学習、チーム学習、組織学習の3つのレベルそれぞれで学習を促進する方法を考え、それに社会とのつながりを含めることによって学習する組織を実現する、というアプローチを提唱している。個人学習においては、仕事中に生じる行為と内省のサイクルモデルを通じて、Schön（1983）のいう準拠枠の構築を達成することを目指している継続的学習（continuous learning）を提唱し[52]、あわせて偶発的学習（incidental learning）、すなわち学習が

---

49 Senge（1990：邦訳［2011］），317ページ。
50 Garvin（2001：邦訳［2002］），12ページ。
51 Garvin（2001：邦訳［2002］），250ページ。

強く意図されていない環境においても起こりうる学習の意義を強調している。チーム学習については個人学習の集合ではなく5つのプロセス，①準拠枠の構築（framing），②準拠枠の変更（reframing），③パースペクティブの統合（integrating perspectives），④実験（experimenting），⑤越境（crossing boundaries），が必要であるとしている。そして組織学習について「何かあたらしいことをするために組織能力を変え，それを組み込み共有すること」[53]と定義し，組織能力と組織学習に影響を及ぼす組織要素として，文化（culture），構造（structure），戦略（strategy），余剰資源（reserves）をあげている。最後にWatkins and Marsick（1993）は，学習する組織は物理的・社会的・文化的環境と不可分な関係をもつとして[54]，社会，特に地域コミュニティとの関係を構築すべきであるとしている。

Kline and Saunders（1993）は，学習する組織を構築する道筋を具体的に，10個のステップという形で明らかにしている。それは，①組織の学習レベルを評価する，②ポジティブ思考を奨励する，③考えることを認める職場づくり，④リスクテイキングを評価する，⑤互いの資源となる手助けをする，⑥学習のパワーを仕事にいかす，⑦ビジョンを描く，⑧ビジョンを生きたものにする，⑨システム思考で関連づける，⑩行動の拠り所となる指針としてのイメージをつくる，の10のステップである[55]。個々人の学習を促進し，あわせて組織の学習したことが貯蔵され，なおかつ学習活動をリードする文化の構築を強調している。

### (4) 「学習する組織」論と実践共同体

前項までのレビューに基づいて，ここでは「学習する組織」論と実践共同体研究とを比較して，その共通点と相違点についてまとめ，実践共同体研究の意義について考察を加える。

#### ① 「学習する組織」論と実践共同体研究の共通点

まずは「学習する組織」論と実践共同体研究の共通点についてみてみよう。まず第1に学習において重視する事項として，「意識の変革」があげられる。

---

52　Watkins and Marsick（1993：邦訳［1995］），54-64ページ。
53　Watkins and Marsick（1993：邦訳［1995］），208ページ。
54　Watkins and Marsick（1993：邦訳［1995］），289ページ。
55　ステップの内容についてはKline and Saunders（1993：邦訳［2002］）が，1つのステップについて1章を割いて説明している。

「学習する組織」論において重要視されているのは組織変革に必要な，組織メンバー個々の意識改革である。Senge（1990）は「意識の変容」を本質とする「システム思考」を最重要の原則とし，加えて世界に対するイメージであるメンタル・モデルを管理することも原則の1つとしてあげている。Watkins and Marsick（1993）はチーム学習について「準拠枠の変更」が重要であるとし，Kline and Saunders（1993）は学習する組織をつくる10のステップの中で，前半で従業員の意識を変える段階を設けている。実践共同体研究においても「視点の変容」がその鍵になっている。第1章で述べているようにBrown and Duguid（1991）の非規範的な視点の導入，Wenger et al.（2002）の「二重編み組織」の概念を提示し，その多重成員性による循環的学習の重要性を指摘している。

　第2は学習における個人の重視である。Senge（1990）における「自己マスタリー」の原則，Garvin（2001）の学習スキルの必要性の指摘，Kline and Saunders（1993）の16の原理の1つである自己決定など，「学習する組織」論では個人の位置づけは組織学習に比べて格段に高いものになっている。そしてそれは実践共同体も同じである。

　第3は個人・チーム・組織といった存在論的次元（Nonaka and Takeuchi, 1995）別の学習活動と，その相互作用を想定していることである。Senge（1990）は「自己マスタリー」と「チーム学習」を原則の1つとしてあげているし，チーム学習によって個々のメンバーも急激に成長するとしている[56]。Watkins and Marsick（1993）は，個人学習，チーム学習，組織学習の3つのレベルそれぞれで学習を促進する方法を考え，それに社会とのつながりを含めることによって学習する組織を実現する，というアプローチをとっている。この点についても実践共同体の考え方と共通しているといえる。実践共同体研究はその出発点であるLave and Wenger（1991）において，学校教育的な，教える－学ぶの関係をみつめ直すところから始まっている。個人と共同体の相互作用は当初から想定されているものである[57]。

　第4の共通点は，個人学習（およびチーム学習）を促進する環境を整えることを重視していることである。2つめの個人学習の重視と表裏一体の関係にあ

---

[56] Senge（1990：邦訳［2011］），44ページ。
[57] 実践共同体理論や正統的周辺参加が含まれる状況的認知（situated cognition）研究は，当初から状況的要因を考慮し，「主体と状況の協調的関係から『現場の認知』を理解するという視点で結びついた1つの学際的研究活動」（高木，1996，38ページ）として展開されてきた。状況的認知研究については松本（2003）で主要な研究をレビューしている。

るが,「学習する組織」論は学習主体である個人の学習,およびチーム学習を促進する環境を構築することを提唱している。Senge（1990）ではそれを,共有ビジョンの構築によって実現することを求めている。またGarvin（1993）においても学習する組織をつくり出す最初の一歩として,学習に適した環境をつくること,組織の境界を取り除いてボーダーレスとし,自由なアイディアの交換を促進することであるとしている。このように「学習する組織」論は組織について,個人学習（およびチーム学習）を促進する環境としてとらえ,その上で組織変革や知識の獲得,および企業的成果に結びつけるシステムとしての構築が重要であると考えている。実践共同体研究においては,公式組織の位置づけはより明確に,組織的成果をあげる場であるとともに,実践共同体における学習活動で得られた知識を適用する実践の場であると位置づけている。その考え方はWenger et al.（2002）における公式組織と実践共同体における学習のサイクルを生み出すという二重編み組織の概念に結実している。

② 「学習する組織」論と実践共同体研究の相違点

　次は「学習する組織」論と実践共同体研究の間の相違点についてまとめてみる。

　まず第1に「学習活動が行われる主な場所」である。これは双方の理論の特徴から明白である。つまり「学習する組織」論は「組織」,実践共同体研究では「実践共同体」ということになる。しかし重要なのは,実践共同体研究においては学習が起きるのは実践共同体内だけではなく,公式組織においてもおこなわれるということである。その上で両者における学習の質の違いを理解しなくてはならない。公式組織においては業務の中でさまざまな学習活動がおこなわれる。代表的なものとしてGarvin（2001）は情報収集,解釈,実験といった類型を用いて説明しているが,業務に密着した実践に基づく学習である。それに対して実践共同体における学習は,多重成員性に基づいた循環的学習と,業務から物理的に離れ,なおかつ異なる視点（非規範的視点）をもちながら,内省や知識創造をおこなう「複眼的学習」となる。実践共同体研究は学習が実践共同体でしかおこなわれないと想定しているわけではないことを,理解しておく必要がある。その上で両者の学習のループをつくり出すことが,より質の高い学習を実現することにつながると考えているのである。

　「学習する組織」論と実践共同体研究との相違点の2つめは,「学習する時間」,つまり「いつ学習するのか」という点である。これについては「学習す

る組織」論では業務内，実践共同体研究では基本的に業務外，という分類をすることができる。「学習する組織」論において学習が業務内でおこなわれているということの意味は，それがOJTとOff-JTにおいておこなわれているということである。しかし実践共同体での学習活動を公式組織での業務にいかす場合は「学習する組織」論と同じようにOJTによって学習がおこなわれる点は指摘しておくべきであろう。

　3つめの相違点は，学習に対する組織メンバーの姿勢である。これは2つめの「いつ学習するか」という問題に関連するが，「学習する組織」論は学習も仕事の中，OJTやOff-JTの枠組みでおこなわれるため，そこには労働と同じく義務が生じる。業務の一環なので学習をやらなければならないのであるが，もちろん誰もが喜んで学習するわけではない。したがってKline and Saunders（1993）のように，学習を妨げる3つの「学習の壁」，すなわち「論理の壁」「倫理の壁」「気持ちの壁」を打ち破り，学習者の学ぶモティベーションを引き出すさまざまな取り組みがなされている。それに対して実践共同体研究は，自律的な姿勢を重視する。Wenger et al.（2002）は，実践共同体構築それぞれの段階にはトレードオフ（発達的トレードオフ）の解決が求められる。このトレードオフの解消は，メンバーの参加意欲を引き出すことにつながっている。それでも自律的な運営が特徴であるからこそ，その参加姿勢・学習姿勢も自発性を重視し，その上で参加を促す工夫をすべきであるとWenger et al.（2002）は主張しているのである。

　4つめの相違点は，その境界についての考え方である。実践共同体の基本的な考え方の1つとして，実践によってその境界が決められるというものがある。学習者は複数の実践共同体に多重に所属し，両者を結びつけていくことにより学習は活性化するとしている。それに対して「学習する組織」論は基本的に自分たちの所属する組織内，企業内に限定した議論がなされているといえる。組織学習論の影響を多分に受けている「学習する組織」論は，その境界にかんする考え方が組織内に無意識に限定されていても不思議ではない。

　5つめの相違点は，その目的である。正確にはその目的の順番ということができる。学習する組織の目的は，行動の変化や組織変革である。学習はそれを正しく効率的になすためにおこなわれ，そのために学習能力を向上させることが学習する組織の意図するところである。それに対して実践共同体研究の想定する目的は，学習そのものである。Wenger et al.（2002）は実践共同体を公式組織とは別のものとして位置づけることで，学習の自律性を確保している。

表3-3 │ 「学習する組織」論と実践共同体研究の共通点・相違点

|  |  | 「学習する組織」論 | 実践共同体研究 |
|---|---|---|---|
| 共通点 | | 学習における「意識の変革」の重視<br>学習主体としての個人の重視<br>個人・チーム・組織というレベルごとの学習と相互作用<br>学習環境を整える役割の重視 | |
| 相違点 | 学習する場所 | 組織内 | 実践共同体と公式組織 |
| | いつ学習するか | 業務内でOJTとOff-JTの枠組み内で | 業務外（その結果を基に業務内でも） |
| | メンバーの学習姿勢 | 義務 | 自律的 |
| | 境界 | 組織内・企業内で不変 | メンバーの実践によって可変的 |
| | 目的 | 組織変革や意識・行動変革 | 学習そのもの |

しかしその学習が組織的な成果につながる必要はないというわけではない。実践共同体は公式組織の経験をもち帰り、自律的な学習活動によって知識を深めていくことを目的とすることができるのである。

以上のように「学習する組織」論と実践共同体研究を比較してきた。それは表3-3のようにまとめられる。

③ 「学習する組織」論からみた実践共同体研究の意義

以上のように「学習する組織」論と実践共同体研究の比較により、共通点と相違点を明らかにしたところで、最後に「学習する組織」論からみた実践共同体研究の意義について考察する。

まず1つは、「学習する組織と実践共同体は異なる」「両者は併存可能であり、補完的関係を構築する」ということである。Wenger et al.（2002）でいう二重編み組織の公式組織という部分を、学習する組織に代替しても問題はないし、実践共同体が学習の「第3の場所」であることに影響はない。学習する組織と実践共同体は同種の概念ではなく、むしろ双方の不足を補完しあう関係を構築することができる。

そこでもう1つの問題は「実践共同体が補完する学習上の意味」である。冒頭であげたように、もし学習する組織が組織、そして組織メンバーのおこなう学習能力と機能をすべてもちあわせているなら、実践共同体を構築して学習する必要はない。それでは実践共同体が補完する学習上の意味とは何であろう

か。

　第1に，学習する組織が意図する，組織メンバーの意識の変革である。そこに対して有益な貢献ができると考えられるのが実践共同体における学習である。実践共同体がリッチで流動的で非規範的な世界の視点を提供しつづけることで，組織の固定的で規範的な視点と，実践を変容する挑戦との間にあるギャップを埋め，それが学習やイノベーションにつながるとしているのである[58]。現場での実践が組織や環境に対する新しい視点を生み出し，それがイノベーションのきっかけになるという考え方である。規範的視点から逃れ，非規範的視点からの視点を加えることで，その差異から学ぶことが学習する組織に対して実践共同体が果たせる補完的役割である。もう1つは「知識の深化」である。実践共同体は自律的な学習そのものを目的としている。それは組織的成果に縛られない学習活動を可能にする。そしてそれは学習者の強いコミットメントと実践を生み出し，専門的な知識創造を促進することができる。「学習する組織」の目的は意識の変容と行動の変化，そして組織変革である。このベクトルの違いは，組織に対して異なる種類の知識をもたらし，それが両者の学習に対して相互作用を促進すると考えられる。二重編み組織が想定する学習のループは，異なる方向性の学習に対しても，相互作用をもたらすといえよう。

### (5) 小 括

　本節では「学習する組織」論について文献レビューをおこない，それと実践共同体との間にどのような共通点や相違点があるのかを明らかにした。その上で，実践共同体の理論にどのように適用できるかについて考察をしてきた。「学習する組織」との共通点として，「意識の変革」の重視，学習主体としての個人の重視，個人・チーム・組織というレベルごとの学習と相互作用，学習環境を整える役割の重視があることがわかった。実践共同体の存在意義を明らかにした上で，両者は共存可能で，しかも補完的・相互作用的な存在であるという結論は，実践共同体研究にとって重要であると考えられる。

---

58　Brown and Duguid（1991），p.50.

## 3 活動理論・拡張的学習論[59]

### (1) はじめに

　本節では，活動理論（cultural-historical activity theory）と拡張的学習（learning by expanding）論について文献レビューをおこない，それらが実践共同体の理論にどのように適用できるかについて検討する。拡張的学習の理論の経営学への援用はあまり進んでいるとはいえない。しかし経営学にとって拡張的学習の知見は積極的にいかす意義があるものである。それは正統的周辺参加や実践共同体の考え方にフィットし，仕事の中の学習に対する実践的な示唆を含んでいるからである。特に活動理論・拡張的学習論は境界横断（越境：boundary crossing）[60]の考え方を提唱している。越境による学習は近年高まりをみせているが（香川・青山，2015），第2章でも検討したように，実践共同体の境界横断の機能は注目されており，その背景をおさえることは重要である。その上で本節では拡張的学習論と，実践共同体の関連性についても議論する。実践共同体は正統的周辺参加の考え方をその源流にもつが，正統的周辺参加自体，学校での学びと異なる仕事での学びを追求して生まれた考え方である。拡張的学習は異なる源流をもちながらも，その考え方は実践共同体と通底するところがある（香川，2008）。そのつながりについて再検討することは，実践共同体の概念についてより深い理解を生むことになるであろう。

　以下活動理論・拡張的学習についての主要文献をEngeström（1987）を中心に，主要な概念の変遷とともに概観することにする[61]。

### (2) Engeström（1987）における活動理論と拡張的学習

　Engeström（1987）では拡張的学習の前提となる，活動理論についての理論展開がなされている。活動理論と拡張的学習は不可分の関係にあり，両者は同時に理解する必要がある。

---

59　本節は，松本（2014a）を加筆修正したものである。詳細なレビューの内容についてはそちらを参照。
60　本書では境界横断の方をよく使用するが，境界横断と越境は同義である。
61　Engeströmの最新の考え方については，Engeström（2016）を参照。

① 活動概念の前提と活動の3層構造

まずEngeström（1987）では，活動（activity）の概念を考えるにあたり，4つの前提が提示されている。それは，活動理論においての分析単位を文字通り活動とする，活動を動的過程としてとらえる，文脈性の重視，活動を文化的に媒介されたものとして分析する，の4点である。活動概念の背景についても状況的認知研究と共有するところは多いといえる。

活動理論にとって活動の概念を理解することは不可欠である。Engeström（1987）の活動概念にとって重要な前提になっているのが，Leont'ev（1978, 1981）の活動の概念である。彼は個人レベルの理論にとどまっていた活動理論を，分業や協業という考えを援用して集団レベルに拡張している。ここではその理論についてみていくことにする。

Leont'ev（1978, 1981）は活動概念を，活動と行為（action），操作（operation）の3層構造としてとらえている。Leont'ev（1978）は行為について，人間の個々の活動を組み立てている基本的な環であり，達成しなければならない結果であり，意識的な目標についての表象に従属した過程であるとしている[62]。また操作については行為を実現する方法のことであるとし[63]，活動はまさに活動―行為―操作という三層構造によって理解されるとしているのである。そしてEngeström（1987）も重要視するのが，この活動と行為の関係の発展である。それは活動から行為に向かって変化するという方向と，行為から活動に向かって発展するという方向がある。活動から行為への発展は，発展といえどあまり良い方向ではない。その集団での活動の動機が，個人の目標に置き換えられてしまうことである。企業の事業活動と個々の成員の行為との乖離や，工場の生産活動と個々の労働者の作業行為との乖離などの例は，この活動から行為への発展という枠組みで考えることができよう。一方，より重視したいのはもう1つの，行為から活動への発展である。これは個人的目標に基づく行為としてとらえていたのが，集団の活動としての動機を理解するようになるという発展である。山住（2011）も当初は行為の目標であったものを活動の動機に移行させることによって，行為は活動へと転換することができるとしている[64]。この，行為から活動への発展をLeont'ev（1981）は，動機の質の違いによって説明している。つまり活動において個人あるいは集団が名目上の動機

---

62　Leont'ev（1978：邦訳［1980］），84ページ。
63　Leont'ev（1978：邦訳［1980］），87ページ。
64　山住（2011），93ページ。

に従っているのか，あるいは活動の真の意味を理解した上での動機に従っているのかによって，行為か活動かを理解しようとするものである。Leont'ev（1981）では子どもの学習活動が，それが本当に役に立つと感じたり，良い点を取りたいと思って学習しているか，あるいは学習を終えたら遊びに行ってよいといわれているから学習しているのかの違いであるという例を出している。この前者のような動機を「実際に有効な動機（really effective motives）」，後者のような動機を「理解されているだけの動機（only understandable motives）」であるとし，活動には「実際に有効な動機」が必要であるとしている[65]。そして Leont'ev（1981）は，動機が「理解されているだけの動機」から「実際に有効な動機」に転化することを欲求の対象化といい，「実際に有効な動機」はそのときよりもより高い発達段階において理解されるものであるとしている。Leont'ev（1981）は，「活動の動機は行為の対象（目標）へ移動し，移行しうる（目標が動機になる）。この結果行為は活動に転化する。この契機はとくに重要である」[66]として，動機の変化と活動の関連を強調している。この点は学習においても援用することができよう。つまり動機の変化によって，学習も促進されることが考えられるのである。このように活動理論における活動，および行為と操作の関係を理解することが，活動理論や拡張的学習を理解するのに重要である。それは実践共同体においても示唆をもたらしてくれる。

② 活動システムの三角形モデル

前項のように活動の概念を整理したところで，Engeström（1987）は活動およびその相互関係である活動システムを理解するためのモデルを構築している。それが活動の三角形モデルである。

Engeström（1987）は，主体と対象，そして両者を媒介する人工物からなる媒介された行為（mediated action）という三者による三角形を提唱し，その三者によって活動システムの三角形は構築されるとされる[67]。人工物や人間の活動においては媒介的道具は，それによって主体の能力を拡張することができる。その媒介的道具は，文字通りの道具として活動の対象に対して影響を与える外的に方向づけられたものである「ツール」と，言語を代表とするように他

---

65 Leont'ev（1981：邦訳 [1967]），51 ページ。
66 Leont'ev（1981：邦訳 [1967]），50 ページ。
67 Engeström（2001），p.134 を参照。主体・対象・媒介された行為の三角形については，山住（2008）でも詳しく説明されている。

### 図3-1 | 活動システムの三角形モデル

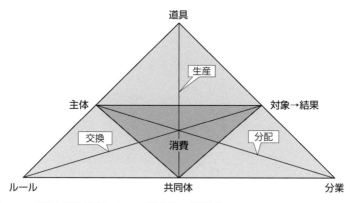

出所：Engeström（1987：邦訳［1999］），79ページを参考に，筆者作成。

者や自身をコントロールすることに向けられる「心理的ツール」の2種類があるとする。この主体・対象・媒介的道具の三角形を人間の活動にあてはめてみると，最初の三角形は「種の個々の成員」「種の他の成員（共同体）」「自然環境」で構成される。これが集団的活動の基盤になる。そしてEngeström（1987）は，この三角形の3つの辺に「裂け目」が生じるという。それらを生じさせるのが，新たに生まれたツール，分業構造，集団内のルールである。これらの要素で構成されたのが活動システムの三角形モデルである（図3-1）。主体は活動に取り組む個人や集団，対象は主体が（あるいは共同体の他のメンバーとともに）活動によって働きかけるものであり，これらの活動を他の4つの要素が媒介する。「道具」はVygotsky（1978）のいうツールと心理的ツールであり，共同体は主体が参加し実践するコミュニティである。これらは主体が対象への活動を媒介する。ルールは主体と共同体を媒介するものであり，集団的慣習や儀式，規則などを指す。分業は共同体と対象を媒介するものであり，集団的活動の遂行を促進する[68]。Engeström（1987）は，この活動システムの三角形モデルは，あらゆる人間活動がもつ本質的な統一性と統合的な質をもつ最小でもっとも単純な単位であり，このモデルを援用することで，内的なダイナミクスや歴史的変化において活動を分析することが可能になるなどとして，先述の活動理論の4つの前提をすべて満たすことができるとしている[69]。

---

68 Engeström（1987：邦訳［1999］），73-82ページ。
69 Engeström（1987：邦訳［1999］），83-84ページ。

そして活動システムの三角形モデルによって対象から成果が生み出されると，それはまた別の三角形モデルで表現される他の活動に投入され，なんらかの要素となる。ある工場でつくられた部品が，他の工場では道具として投入されるという形である。またある活動を構成する三角形モデルの各要素もまた，他の活動によって投入された要素であることもある。ある工場で生み出されたベストプラクティスが，他の工場のルールとして投入されたりするという形である。このように隣接する活動同士が生み出した成果が要素として組み入れられることでつながりあう。こうして構築されるのが活動システムである。

### ③　活動システムにおける矛盾

　Engeström（1987）は，人間活動のダイナミクスと発展の源泉として，矛盾（contradictions）の概念を提唱している。山住（2011）が整理するように，活動システムの矛盾こそが，変化と発達の原動力として中心的な役割を果たすのである[70]。その矛盾には4つの類型，すなわち活動の三角形の各要素内，構成要素間，文化的により進んだ活動の対象と動機を現在の活動に導入するときに現れる矛盾，隣接する活動との矛盾である。これらの矛盾はその解決を通じて，ブレークスルーをもたらすと Engeström（1987）は主張する。伊丹・加護野（2003）の「矛盾と発展のマネジメント」と同様，「質的に新しい活動の段階と形式が，先行する段階や形式の矛盾を解決するものとして立ち現れる」[71]としているのである。そして学習活動についてもその構想は，文化─歴史的・社会的に組織された人間の学習の中で現在もっとも普及している形態に潜在している内的矛盾を，歴史的に分析したときに可能であるとしている[72]。学習活動の分析について Engeström（1987）では，学校教育における学習の矛盾と，労働活動における矛盾，科学・芸術活動における矛盾を，活動システムの三角形モデルによって分析している。学校教育における矛盾は，その学校教育的文脈の中で勉強することと，実社会との関連づけや意味生成をすることの間に起因するものとして，要素内矛盾が指摘されているし，労働活動における矛盾は，Braverman（1974）の理論も用いながら，企業の論理としての管理やコストの考え方と，労働者の現場での作業との間の要素内矛盾が指摘されている[73]。これは Brown and Duguid（1991）の規範的知識・非規範的知識の考

---

70　山住（2011），96ページ。
71　Engeström（1987：邦訳［1999］），95ページ。
72　Engeström（1987：邦訳［1999］），97ページ。

え方にも通底すると考えられる[74]。そして科学・芸術活動における矛盾は，科学的対象の交換価値と使用価値の間に生じる矛盾であるとしている[75]。活動の中に内的矛盾をみいだすことは，活動理論の分析にとって中心的なものであり，第三世代の活動理論では，矛盾をもとに組織変革につなげる活動を生み出すとしているのである。

④　学習活動の構造

　Engeström（1987）はこれまでの議論を踏まえて，学習活動について次の3つの命題をまとめている。①人間の学習は，他のさまざまな活動，系統発生的には特に労働の中に埋め込まれた学習操作と学習行為から生まれた。②学習活動は，固有の対象とシステム構造をもつ。この活動が成立するために必要な条件は，現在もなお，より早期の活動タイプ——学校教育，労働，科学・芸術——の内部で発展している。人間の活動ネットワークの中で，学習活動は，一方に科学・芸術活動，他方に労働活動あるいは他の中心的な生産的実践のあいだを媒介する。③学習活動の本質は，当該の活動の先行形態の中に潜在している内的矛盾を露呈しているいくつかの行為から，客観的かつ文化—歴史的に社会的な新しい活動の構造（新しい対象，新しい道具，などを含む）を生産することである。学習活動とは，いくつかの行為群から1つの新たな活動への拡張を習得することである。伝統的な学校教育は，本質的には主体を生産する活動であり，伝統的な科学は，本質的には道具を生産する活動であるのに対して，学習活動は，活動を生産する活動である，この3つである[76]。ここでようやく，拡張的学習についての定義が登場する。拡張的学習は新しい活動を生産する学習であり，そのプロセスは，①個々にバラバラの要素を，システム的な活動の文脈で分析，統合し，②それらを創造的解決を要する矛盾へと転換し，③それらを文化—歴史的に社会的な生産的実践の中で質的に新しい活動構造へと拡張し，普遍化する，というプロセスで実践されるのである[77]。そしてEngeström（1987）は「活動は次第に社会的になっていく」という表現で，活動がより社会的な生産活動というより広い文脈へと統合される中で，新たなる質を生み出すとしている[78]。中心的活動だけではなく，それらの前後の活動と

---

73　Engeström（1987：邦訳［1999］），100-126 ページ。
74　Brown and Duguid（1991）の考え方については，松本（2012a）でレビューしている。
75　Engeström（1987：邦訳［1999］），126-136 ページ。
76　Engeström（1987：邦訳［1999］），140-141 ページ。傍点省略。
77　Engeström（1987：邦訳［1999］），141-142 ページ。傍点省略。

のつながりで構成される活動システムの中で，各要素が集合体の文脈で位置づけられることが，矛盾を顕在化させ，学習活動を生み出すのである。

⑤　活動システム間の相互作用

そして Engeström（2001）において，拡張的学習は新たな世代に突入する。Vygotsky（1978）によって始まった第一世代，Leont'ev（1978）によって展開された第二世代に続く，拡張理論の第三世代と呼ばれる考え方の特徴は，分析の最小単位として，2つの活動システムの相互作用を考えるというところにある[79]。これまでみてきた活動理論の考え方をもとに，第一，第二先行世代を拡張し，活動理論の新たな潜在力を開拓しようとする。先行世代の限界である単独の活動システムへの限界を超えるため，文化的に多様な複数の相異なる組織（たとえば，学校と職場）の間の相互作用，ネットワークやパートナーシップ，対話や協働を分析し新たにデザインすることに向かっているのである[80]。その拡張的学習は図3-2のように表すことができる。

この図では2つの活動システムの三角形モデルにはそれぞれの対象（対象1）があるわけだが，2つのシステムの対象が出会うことで，対象2に拡張する。そしてお互いの対象2が重なり合うことで，対象3に拡張するというものである。対象3は2つの活動システムが共同でつくり出しているものであり，矛盾から発展に向かう原動力になるものであるといえる。

**図 3-2 ｜ 活動理論の第三世代のための，最小限2つの相互作用がある活動システムモデル**

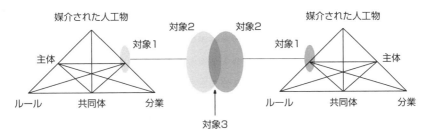

出所：Engeström（2001），p.136を参考に，筆者作成。

---

78　Engeström（1987：邦訳［1999］），186-189ページ。
79　Engeström（2001），p.133。
80　山住（2008），19ページ。

以上のようにEngeström（1987），および関連する研究についてみてきたが，活動理論と拡張的学習の考え方は，実践共同体の考え方と相通じる点が多いことがわかるであろう。それについては後に詳しく検討する。

### (3) Engeström（1996）における垂直的発達と水平的発達

　活動理論と拡張的学習に加えて，Engeström（1996）が提唱しているのが，発達の2次元による分類，すなわち垂直的発達と水平的発達である。実践共同体にとって重要な考え方であり，両者は親和性が高い。以下ではその内容についてレビューすることにする。

　Engeström（1996）は発達を再概念化するにあたり，次の3つの命題を提唱している。①発達は，習得の達成にとどまるのではなく，古いものを部分的に破壊していく拒絶とみなされるべきである。②発達は，個人的な転換にとどまるのではなく，集団的な展開とみなされるべきである。③発達は，レベルを垂直的に超えていくことにとどまるのではなく，境界を水平的に横切っていくことでもあるとみなされるべきである，この3つである[81]。①②はEngeström（1987）で十分にカバーされている（エンゲストローム，1999）とされているが，拡張的学習のエッセンスをシンプルにまとめた命題であるといえる。そして③において提唱されているのが垂直的発達と水平的発達の考え方である。

　Engeström（1996）においては，実験室実験をもとに構築された発達概念で，外部（日常的）で起こる重要な現象をすべて説明できるのかという問題意識のもと，上記の命題について，Høeg（1994）の小説を題材に読み解いていく[82]。Høeg（1994）はある特殊な学校を舞台にした小説で，3人の少年少女が学校の背後に潜む陰謀を明らかにしようと行動するというストーリーである。それを用いてEngeström（1996）では，伝統的な発達理論は発達のはしごを上に上に登っていく進歩のイメージを前提としてきたと指摘する。それは程度の差こそあれ，垂直的次元の中での，未成熟・無能から成熟・有能への移動ととらえられているとしている[83]。

　しかしそれは裏を返せば閉じた境界，実社会をまたぐような水平的移動を制限することが，発達の垂直的次元の考え方には必要であるとしていたと，Engeström（1996）は主張する。そして少なくとも垂直的移動と同等に，境界

---

81　Engeström（1996），p.126. 日本語訳はエンゲストローム（1999），7ページより。
82　Engeström（1996），p.126.
83　Engeström（1996），p.129.

をまたぐ水平的移動は重要であるとしている[84]。この考えから，のちに越境の考え方が導き出されている。しかしここから垂直的次元と水平的次元のどちらが重要かという問題には至らない。両者はどちらも重視すべきであり，「垂直的と水平的という二つの次元，より一般的には空間的・社会的次元と時間的・歴史的次元，これらをともに強調することは，実践的にもきわめて重要である」[85]ということなのである。

エンゲストローム（2008）は，「仕事の世界はますます，水平的運動と越境を要求するようなかたちで組織されるようになっている」[86]として，仕事現場における水平的発達の重要性を指摘している。垂直的発達・水平的発達はその概念的わかりやすさとともに，垂直的次元のみでとらえるよりも，より豊かに熟達や学習をとらえることができることを教えてくれる。そして水平的発達は拡張的学習の基本的な思想となり，越境論へとつながっているのである。

### (4) Engeström, Engeström and Kärkkäinen（1995），エンゲストローム（2008）の境界横断概念

越境あるいは境界横断の概念[87]は，Engeström, Engeström and Kärkkäinen（1995）によって提唱されたのが最初といわれている。それは水平的発達の概念と端緒は同じである。彼らは専門知識（expertise）のアプローチが「ステージ」や「レベル」といった垂直的視点によってとらえられていると問題を提示する。そこから専門知識の複数次元の視点を提示する。垂直的次元は変わらず重要であるが，水平的次元も専門知識の理解と獲得との関連が徐々に増してきている[88]，というのは前項で述べたのと同様である。そこからEngeström et al.（1995）では，健康福祉センターのスタッフワーク，小学校の教員チーム，船室をつくる工場の3つの事例研究を通して，境界横断がどのようにおこなわれたかを分析している。そこからEngeström et al.（1995）は，境界横断の形は多様であること，事例1から具体的な問題を設定せずにミーティングを実施しても境界横断は起きにくいこと，事例2からは境界横断は双方に解釈が受け

---

84　Engeström（1996），p.129.
85　エンゲストローム（1999），11ページ。
86　エンゲストローム（2008），108ページ。
87　本章の注60に説明したように越境と境界横断は同義と考えて差し支えないが，本節では，「越境的学習」というように越境を学習の修飾語として用いるので，越境行動それ自体を指すときには「境界横断」を用いる。
88　Engeström et al.（1995），p. 319.

入れられることは必ずしも必要ないことと，違いの認識と対照性が境界生成のきっかけになること，事例3からは境界横断は相互的な問題解決プロセスになりうるということを指摘している。そして境界物象や媒介された人工物に着目することが専門知識の水平的次元をみいだすのに有用であるとしている[89]。

エンゲストローム（2008）は，拡張的学習の行為を越境の行為として新たに定式化することが求められているとして，次のような命題を提示している。それは，①境界を超えて既存の実践に疑問を投げかけ，挑戦し，それを拒絶していくこと，②境界を超えて既存の実践を分析すること，③境界を超えて新しいモデル，コンセプト，人工物，あるいは行動パターンを協働的，相互支援的に構築すること，④境界を超えて提案された新しいモデル，コンセプト，人工物，あるいは行動パターンを検証し討論すること，⑤境界を超えて新しいアイディア，コンセプト，人工物，あるいは行動パターンを見習い獲得すること，⑥境界を超えて新しいアイディア，コンセプト，人工物，あるいは行動パターンに関連する物質的，非物質的な資源をめぐって交渉し交換し取り引きすること，⑦境界を超えてプロセスの諸相を反省し評価すること，⑧境界を超えて成果を統合・強化すること，の8つである[90]。これらの命題は拡張的学習と境界横断を不可分のものと結びつけ，まさに越境的学習をおこなう上で重要なことをまとめているといえる。そして境界を超える行為はつねに双方向の相互行為であり，一方的な境界横断は不完全であること，それが拡張的であるためには，実践を変えていくよう互いが取り組み，関わりあうことが必要であるとしている[91]。ここから越境的学習を正しく理解するための指針を得ることができよう。それは双方向的な行為であること，新しい考え方や人工物などを創発的に生み出すこと，そして学習活動が知識の創造や共有にとどまらない，まさに実践的な活動であることである。それは活動理論の諸々の前提を踏まえた上での理解が必要であるということである。

### (5) Engeström（2008）のノットワーキングと野火的活動

そしてEngeström（2008）では，チームの問題について考察している。そこで「ノットワーキング」と「野火的活動」の概念について提唱している。

Engeström（2008）はまずチームのもたらす負の側面について議論してい

---

89　Engeström et al.（1995），p.333.
90　エンゲストローム（2008），111-112ページ。
91　エンゲストローム（2008），112ページ。

る。それは柔軟性や自律性を欠き，自己組織化チームなどの経営学的な考察も成功してはいないとしている。彼は伝統的な自動車生産システムに対してリーン生産方式（Womack, Jones and Roos, 1990）が優れているという事例を取り上げた上で，活動理論的には自律性の重視に加えて，品質という対象とそれに伴う動機が明確である点をあげている。そしてリーン生産方式を超える，ひいてはチームを超える労働組織を考える上で，活動理論の視点が重要であるとしている。Engeström（2008）はチームを否定しているわけではない。むしろチームをいわゆる「ハコとしての組織」（金井, 1999）としてみるのではなく，より柔軟な存在として活動理論的に考察することが求められていると主張しているのである。その柔軟な存在の例として実践共同体もあげられている[92]。その上でEngeström（2008）は，仕事におけるプロセス管理において，仕事は相互構成的・協働構成（co-configuration）的に考えられるべきであるとしている。すなわち仕事は問題の生じたところに，人々の相互作用による交渉によって決められるということができる。Engeström（2008）は，協働構成的な仕事の組織化をノットワーキング（knotworking）と呼んでいる。すなわち「あらかじめ決定済みの固定したルールがなく，また権威の中心が決まってないにもかかわらず，パートナー間の協働が形成される」[93]ことである。Engeström（2008）の中では6つの事例を活動理論・拡張的学習論を用いて考察することで議論を進めている。

　Engeström（2008）は，チームは自律性と統制という矛盾をはらんだ存在であるとする。そしてハコとしての組織のイメージでチームを固定的な存在とすることはチームの自律性を失わせてしまうとする。それに対してチームを柔軟性に富んだ存在とみることは，ノットワーキングを促進するとしている。そのためには活動理論の視点を用い，チームの対象とそれに基づく動機に焦点化すること，活動システムに生じる矛盾の解消を通じた活動に着目することを指摘している。ノットワーキングは「ばらばらに見える活動の糸を結び，ほどき，結びなおす動きを特徴とする。協働のノットが結びついたり解かれたりするのは，特定の個人や固定した組織的存在が統制の中心としてあるからではない。中心はとどまらない。ノットワーキングが進行する中で，主導権の位置は刻々と変わる」としている[94]。現場における協働のあり方についての見方を

---

92　Engeström（2008：邦訳［2013］），7ページ。
93　Engeström（2008：邦訳［2013］），35ページ。
94　Engeström（2008：邦訳［2013］），311ページ。

Engeström（2008）は提示している。実践共同体はその自律性，柔軟性，非公式性から，ノットワーキングあるいはその学習に適している。そして公式組織のノットワーキングを促進すると考えられるのである。

Engeström（2008）がもう１つ提示している現象として，野火的活動（wildfire activities）がある。短期的目標の達成に伴い消滅するような一時的な協働，あるいは組織・チームは，本当に解消することもあるが，他方である特定の場所で消えてしまっても別の場所で復活したり，休眠していたと思ったら復活したり，同時多発的に活性化する潜在力をもった活動のことを野火的活動と呼んでいる[95]。野火的活動は報酬はほとんどないのに強く動機づけられた活動で，情報通信技術の発達によって，新しい活動形態，組織形態を生み出すとしている（Engeström, 2009）。そして実践共同体はその境界横断性から，野火的活動を促進すると考えられるのである。

(6) 考察

ここまで活動理論と拡張的学習，水平的発達，境界横断，およびノットワーキング，野火的活動についてみてきた。ここからはそれを踏まえて，実践共同体理論との比較について考えていく。香川（2008）は，これらの考え方には類似点が多く含まれており，お互いに主張を取り入れているとして，複数の親近性を指摘している[96]。実践共同体研究に，活動理論や拡張的学習の知見はどのようにいかされるであろうか。

実践共同体研究について活動理論の観点からみると，Engeström and Miettinen（1999）や香川（2011）がまとめているように，実践共同体研究，特にLave and Wenger（1991）は，「一方向的な学習と発達を想定しており，外部の予期しない方向への運動や権威・批判・革新・変化を起こすことを問う姿勢が不足している」[97]，「現状の共同体ないし状況的学習の分析的研究になっている」[98]，といった批判がある。Wenger（1998）やWenger et al.（2002）はその限界を乗り越えるための研究であるが，活動理論や拡張的学習が現場の改革や革新に重点を置く志向性が強いからこその反応であるといえる。他方で活動理論や拡張的学習研究は，集合的学習や相互作用に焦点があてられ，その中の学

---

95 Engeström（2008：邦訳［2013］），337ページ。
96 香川（2008），468ページ。
97 Engeström and Miettinen（1999），p.12.
98 香川（2011），67ページ。

習者個人に対する視点が乏しいという点は指摘できるであろう。それに対して実践共同体研究，もっといえば状況的認知研究は，「主体と状況の協調的関係から『現場の認知』を理解するという視点で結びついた1つの学際的研究活動」[99] として，これまで教授者中心の研究だった学習研究を，学習者主体という視点を導入して研究が発展してきたという歴史がある。Lave and Wenger (1991) の「学習のカリキュラム」と「教育のカリキュラム」の二重のカリキュラムなどはその思想が反映されているものであるといえる[100]。このような経緯は翻って，両者の研究は相互補完できる部分が大きいということを意味する。それでは実践共同体研究に取り入れるべき，活動理論や拡張的学習の知見を整理してみよう。それはすぐに取り入れるべき知見と，今後の課題としてあげられる知見に分けられる。

　すぐに取り入れるべき知見として，まず境界横断（越境）をあげることができよう。Engeström et al. (1995)，エンゲストローム (2008) における境界横断は，活動理論・拡張的学習論がベースになっており，対象の変化や矛盾の解消という問題と表裏一体である。越境的学習を正しく理解するための指針として，双方向的な行為であること，新しい考え方や人工物などを創発的に生み出すこと，そして学習活動が知識の創造や共有にとどまらない，まさに実践的な活動であることをあげていた。たんに境界を越えるというだけでなく，そこにおいて成員や共同体の対象がどのように変化し，矛盾が解消されるのかという視点でみることが重要であることを教えてくれる。実践共同体の主要4研究はWenger (1998) に代表されるように境界のマネジメントには大きな関心をもっているものの，どちらかというと実践共同体間の相互作用という形でとらえることが多く，実践共同体およびその成員がいかに境界を越えることで学習をもたらすかについては，活動理論の方が議論を進めている。第2章で述べたように，実践共同体の重要な機能の1つとして境界横断をあげる研究も多く，その境界横断をどのように実現するのかを，考える必要がある。

　次に活動における動機の発展という考え方である。Lave and Wenger (1991) も実践共同体における参加の動機づけについて考察し，内発的報酬の考え方は狭量であり，参加の増大によって共同体の一部になるということがアイデンティティの発展をもたらし，その実感が動機づけになるという考え方を指摘している[101]。アイデンティティの発展と熟達を関連づけるという点は正統的周辺

---

99　高木 (1996)，38ページ。
100　Lave and Wenger (1991：邦訳 [1993])，78-80ページ。

参加、および実践共同体理論の優れた点であるが、より具体的に動機づけの変化をとらえるという観点からは、活動理論の知見を援用すべきであると考える。特に「活動という概念は必然的に動機という概念と結びつく」[102]という点、そして「理解されているだけの動機」「実際に有効な動機」の区別およびその移行という考え方は、正統的周辺参加や実践共同体によくフィットし、かつ有用なものである。

次に活動理論の三角形モデルである。すでに三角形モデルには共同体という要素が含まれており、実践共同体はその部分を中心にみていくわけであるが、Engeström（1987）は活動をとらえるための道具が必要であるという観点から、三角形モデルを提示し、同時に革新のプロセスにおいてもスプリングボード（springboards）、道具的モデル（models）、ミクロコスモス（microcosms）といった道具を体系化している[103]。このような道具を用意することで注意を焦点化できるが、同時に過度の焦点化を避け、柔軟に現象をとらえることも重要である。そのバランスをとることを前提に、実践共同体の分析ツールを検討することも考えられる。

次に矛盾という考え方である。すでにEngeström（1987）においても労働現場における矛盾を活動理論の中で取り扱っているし、Lave and Wenger（1991）においても、Engeström（1987）の研究と比較しながら、正統的周辺参加における根本的な矛盾は、新参者が参加を進めることによって、古参者と入れ替えられる置換（displacement）の矛盾であることを指摘している[104]。しかしLave and Wenger（1991）はこの矛盾が避けられないコンフリクトの源泉であると考えているのに対し、Engeström（1987）は矛盾の解決を通じて発展や革新につなげていくという考え方を明確に打ち出している。そして実践共同体では、規範的視点と非規範的な視点から生じる矛盾から学ぶという考え方は、Engeström（1987）における矛盾の考えと符合する。もちろん仕事や職場における矛盾が簡単に解決できるものではなく、連続的な取り組みであることはいうまでもないが、実践共同体と公式組織の関係を含め、そこに生じる矛盾を発展の契機にするという考え方は、取り入れるべきものであるといえる。

加えて今後の課題を提示する知見をあげるなら、まず2つの共同体の相互作

---

101　Lave and Wenger（1991：邦訳 [1993]），95-99ページ。
102　Leont'ev（1978：邦訳 [1980]），84ページ。
103　Engeström（1987：邦訳 [1999]），285-297ページ。
104　Lave and Wenger（1991：邦訳 [1993]），100-101ページ。

用という，活動理論の第三世代の枠組みである。実践共同体にとって他の共同体や公式組織との相互作用が重要であることは，Wenger et al.（2002）の循環的学習をみても明らかであるが，その具体的なプロセスを精緻化するにあたっては，第三世代における対象の変化としてとらえることは有効な手段の1つであるといえよう。それと Wenger（1998）の共同体連結の3つのパターンとの関連性を探究することも忘れてはならない。矛盾を解決しながら対象1→対象2→対象3と対象が変化していくプロセスは，実践共同体の実践においても重要な示唆を与えている。

次に水平的発達をキャリア発達に関連づけることである。キャリアアップという言葉があるようにキャリアは職位の上昇，垂直的次元でとらえられることが多い。しかし小池（1997, 1999）がキャリアを OJT の横の広がりととらえているように，水平的次元でとらえるべきものでもある。このような Engeström and Miettinen（1999）の指摘も受け止め，実践共同体内外の移動にも水平的次元をより踏まえた形での理論化が求められよう。その際には Wenger（1998）の共同体連結のパターンに加え，移動の長期的・短期的という時間幅を踏まえた概念化も検討する必要がある。香川（2008）は文脈横断のパターンについて分類しているが，このような有効な概念化を，実践共同体内外の移動についてもまとめておく必要がある。それがキャリア論との融合に寄与すると考えられるからである。

そして Engeström（2008）におけるノットワーキングと野火的活動である。実践共同体はノットワーキングが起こる場所であるとともに，二重編み組織においては公式組織のノットワーキングを促進する可能性がある。また野火的活動はより広域化した実践の広がりを示唆するとともに，そのような実践を起こす実践共同体の概念の拡張を迫るものであるといえる。

### (7) 小 括

本節では，活動理論と拡張的学習についての文献を概観し，その上で実践共同体研究との親和性，および取り入れるべき知見について考察してきた。活動 - 行為 - 操作の区別，対象の変化に伴う動機の発展と矛盾の解消，共同体間の相互作用による対象の変化，水平的発達と垂直的発達，境界横断，そしてノットワーキングと野火的活動と，活動理論には実践共同体の研究に援用できる親和性の高い概念が多い。それらを有効にいかすことが求められる。

# 4 成人学習論[105]

## (1) はじめに

　本節では、成人学習論（adult learning）と実践共同体の理論の関連性について、成人学習論の研究をレビューすることによって明らかにする。成人学習論は学習者としての大人と子どもを区別し、両者には学習に対する別の方法論が必要であるという考え方をもとに、大人に対する教育・学習について研究する学問領域である。対して、実践共同体の理論は子どもの学習にも援用することは可能であるが、対象としている主たる学習者は大人であるといえる。実践共同体は組織における学習を促進するための理論であり、成人学習論と通底するところは多いと考えられる。組織における学習という点において両者に共通する点は何か、相違する点は何か、それらを明らかにすることで、実践共同体の考え方に対して成人学習の理論から取り入れられる点をみていくことができる。

　以下では、成人学習論と実践共同体の関係について理論的バックグラウンドを整理したあと、成人学習論について主要な研究を概観する。その上で実践共同体研究への示唆と援用可能性について考察する。

## (2) 成人学習論・成人教育論と実践共同体

　組織における教育・学習について成人学習という視点がまったくなかったわけではない。たとえば相引（1953）は「教育は独り幼児・青少年にのみおこなわれるものでなく、成人にもおこなわれるべきものであって、社会教育の主要な分野が成人教育である」としているが[106]、学習者が主体となって自律的な学習を進めるという成人「学習」の研究がなされてきたのは最近のことであるといえる。

　職場における成人学習の位置づけも以前より大きくなっている。Fenwick（2008）は職場における成人学習論の動向について概観し、成人教育の観点から、職場における学習については、2つの大きな問題があるとしている。1つは学習を通じていかに人々は職場の諸問題を解決するか、ということであり、

---

105　本節は松本（2015b）に加筆修正したものである。詳細なレビューの内容についてはそちらを参照。
106　相引（1953），29-30ページ。

もう1つはいかに特定集団の労働者たちの学びを理解するか，ということである。そして以前は知識の習得が学習であるととらえられていたのに対し，学習する組織[107]，実践共同体，そして文化的‐歴史的活動理論[108]の研究の進展から，現場における実践に基礎を置く方向性に変わってきたとFenwick（2008）は主張する[109]。そしてその研究の進展においては，グローバル化の進展など職場の変化に伴うアイデンティティとリテラシーの問題，および職場の学習の進展による権力と政治の問題に留意する必要があるとしている[110]。

### (3) 成人学習論の研究

のちにみていくKnowles（1980）によれば，成人教育・学習の理論はLindeman（1926）を契機にその研究が始まったとされる。Lindeman（1926）は成人教育の特徴を学習の日常性，非職業的な理念，状況性の重視，経験の資源性の4点にまとめている。その上で経験から知的内容を生み出す具体的な方法として，状況の討議をあげている。Cranton（1992）は成人教育者とは「インフォーマルな場面であれフォーマルな場面であれ，学習活動の指導，助言，支援，組織化のいずれかにかかわる者」であり，成人学習者は「インフォーマルであれフォーマルであれ，あらゆる学習活動へみずから参加するか参加を義務づけられている者すべてをさしている」[111]とした上で，成人教育について「思考，価値観，態度の変化につながるおとなの一連の活動もしくは経験」という定義をおこなっている[112]。その上で学習者・教育者の相互作用と変容を重視した成人学習の枠組みを提示している。

成人学習論の理論的基盤として，Dewey（1933, 1938a）は「省察（reflection）」の重要性を説いている。Dewey（1933）においては，思考（thought）の意味が4つの形態として説明されている。1つめは「頭を使って考える」文字通りの意味，2つめは直接みたり聞いたり感じたりできないものを考えることで，3つめはなんらかの証拠や証言に基づいた信念についてのもので，一方ではそれを支持するような試みが何もなくても受け入れられるが，他方では信念の根拠や基盤が慎重に追求され，指示する適切さが検証される。この後者の

---

107 学習する組織については，松本（2013a）を参照。
108 活動理論については松本（2014a）でもレビューしている。
109 Fenwick（2008：邦訳［2010］），32-39ページ。
110 Fenwick（2008：邦訳［2010］），39-42ページ。
111 Cranton（1992：邦訳［2010］），3ページ。
112 Cranton（1992：邦訳［2010］），5ページ。

ような思考が4つめの省察的思考（reflective thought）で，「支持するような根拠や，考えられる結論に照らして，信念や想定された知識を積極的に，持続的に，慎重に考えること」であると定義している[113]。

Bateson（1972）は学習について独自の「階型論（logical categories）」を展開し，のちの学習理論に大きな影響を与えている。その学習理論は学習形態が「ゼロ学習（zero learning）」「学習Ⅰ（learning I）」「学習Ⅱ（learning II）」「学習Ⅲ（learning III）」というふうにあるというものであるが，これは学習のレベルを示していると同時に，より深い段階へと進むプロセスモデルでもある。最初の「ゼロ学習」は，一定の刺激に対して一定の反応が定着するような学習である。学習がないのではなく，このあと学習Ⅰ，学習Ⅱ，学習Ⅲとつづいていくので始まりとしての「0」であるとともに，ゼロ学習は試行錯誤による学習を含まないという点で他の学習と異なる[114]。次の「学習Ⅰ」は，ゼロ学習の変化として記述される現象のまとまりとされる。この学習，およびこれ以降の学習を考える上ではコンテクストの変化について理解し，「同じコンテクストが繰り返し現れうる」という前提を受け入れる必要があるとBateson（1972）は説明する。複数の行為の選択肢からコンテクストによって1つの選択肢が一定に選択されるような学習が学習Ⅰである[115]。「学習Ⅱ」は「行為と経験の流れが区切られ，独立したコンテクストとして括りとられる，その括られ方の変化。そのさいに使われるコンテクスト・マーカーの変化を伴う」というものである[116]。学習のしかたの学習（learning to learn）も学習Ⅱにあたるものである。他には一連の刺激をひとまとまりとしてとらえる「類の学習（set learning）」，ある程度学習させたところで，刺激の意味するところを逆にしてみる「逆学習（reverse learning）」などもこれにあたる。そして「学習Ⅲ」は人間でもなかなか到達できないレベルの学習であり，学習Ⅱで獲得される種々の前提を変えるような学習である。

Knowles（1980）は子どもの学習・教育「ペダゴジー（pedagogy）」と，成人学習・教育「アンドラゴジー（andragogy）」という両者を対比しながら，アンドラゴジーのあるべき姿を探求している。両者の違いについて，Knowles（1980）は4つのポイントについて比較しながら説明している。まず「学習者

---

113　Dewey（1933），p.9.
114　Bateson（1972：邦訳［2000］），387-391ページ。
115　Bateson（1972：邦訳［2000］），392-399ページ。
116　Bateson（1972：邦訳［2000］），400ページ。

の概念」については，ペダゴジーが依存的で受動的な存在であると考えているのに対し，アンドラゴジーでは徐々に自己決定的になっていく存在であるとしている。「学習者の経験の役割」（これまで学んだ知識ではなく，学習者の個人的に経験したことを指す）について，ペダゴジーはほとんど意味をなさないのに対し，アンドラゴジーではそれを「豊富な学習資源」ととらえ，そこから学習することでより深く学習することができるとしている。次の「学習へのレディネス（準備状態：学習しようとする状態になること）」については，ペダゴジーは社会からの圧力により，学校の教育内容をすべて受け入れるが，アンドラゴジーにおいては学習者は現実世界の課題や問題によりうまく対応するための学習の必要性を感じたときに，人は学習しようとする（学習のレディネスを獲得する）としている。最後の「学習への方向づけ」についてはペダゴジーの教科内容を習得するプロセスへ導く教科中心型の考え方に対し，アンドラゴジーは「生活上の可能性を十分開いていく」プロセスへ導く課題達成中心型，およびそれを促進する能力開発型の考え方であるとしている。

　Gramsci（1988）の成人教育理論の特徴は，「社会的実践の場は，いかなる場といえども成人教育の場に変じうる」[117]という実践をもとにした学習という基本的姿勢と，あわせて「大多数の子供たち一人一人の意識は，学校のカリキュラムのなかに表現されているものとは異なり，それと対立するような市民的・文化的諸関係の反映である」[118]として，現場での相互作用を通じた関係性の構築とその中での学習という方向性を提唱している。

　Freire（1970a, 1970b, 1973, 1985, 1993, 1994）もまた成人教育に大きな影響を与えている。Freire（1970a）は現代の教師―生徒のヒエラルキーに基づいた教育のあり方を「預金型教育（banking education）」として批判している[119]。預金型教育は知識が教師から生徒への一方通行で，生徒は預金（知識）を預けられるだけ，教師はそれを預けるだけというスタイルである[120]。こうした詰め込み型の教育は人々を社会に埋没させ，欲求不満や対立が起こるとして

---

117　Mayo（1999：邦訳［2014］），70ページ。
118　Gramsci（1988：邦訳［1995］），390ページ。
119　Freire（1970a），p.58, 邦訳書（2011）では「銀行型教育」という訳語が当てられているが，Mayo（1999）の邦訳書（2014）においては「預金型教育」の方がFreire（1970a）の記述の文脈との整合性が高い（邦訳［2014］，310ページ）として，預金型教育という訳語が推奨されている。本章もその趣旨にならい，また銀行における教育という誤解を避ける上でも，預金型教育を用いる。
120　Freire（1985）では同じ意味で「知識の栄養士的視点（nutritionist view of knowledge）」という用語も提示している。

いる[121]。Freire（1970a）は預金型教育に代わる教育として，問題解決型教育（problem-posing education）を主張する。問題解決型教育の特徴は教授者・学習者との相互教育的な関係，意識化と注視，状況との関係性，そして後述する実践と省察の重視，対話の重視の5点にまとめることができる。まず教授者と学習者の双方向性と相互教育的な関係を提唱している。次は意識化と注視である。Freire（1970a）は，学習者自らの状況や現実，そして自分自身に対する意識化であり，その認識を作り上げる場が教育であるとする。そして意識化の方法としてFreire（1993）があげているのが注視（coming of consciousness）である。注視は対象から「距離を置くこと（take distance）」による学習が知識を生み出し獲得するプロセスにおいて最終的に重要になるとしている[122]。次に状況との相互作用を成人教育の中の要素として指摘し，そのためのコミュニケーション，さらにいえば双方向のコミュニケーションを重視している。その上でFreire（1970a）は，対話を中心にした教育の重要性を説く。そして対話をする場として，「文化サークル（culture circle）」を設定している。それは20〜30人程度の集まりで，コーディネーター（教育者にあたる）による学習活動をする集まりであるが，Wenger et al.（2002）の定義からみても，まさしく実践共同体にあたるものである。

　Mejirow（1991）は，「変容的学習（transformative learning）」という学習論を提唱している。彼は成人学習について，「準拠枠（frame of reference）あるいは意味パースペクティブ（meaning perspective）を変容する学習」[123]であるとしている。この学習論が成人学習論に与えるインパクトは大きい（常葉-布施，2004）。Mejirow（1991）は社会構成主義や知識社会学の観点から，意味の認識や学習には成人になるまでに獲得されている個人の準拠枠が大きく影響を与えているとする。そして成人学習とは意味パースペクティブを変容させることであるとしている。われわれの認識は無意識のうちにおこなわれる個人的な同化，あるいは文化的な同化の産物であり，その前提や想定はゆがんでいる可能性がある[124]。そこで準拠枠・意味パースペクティブを批判的に検討し変容すること，「パースペクティブ変容（perspective transformation）」こそが成人

---

121　Freire（1970a：邦訳［1984］），85-87ページ，Mayo（1999：邦訳［2014］），92ページ。
122　Freire（1993），pp. 108-109.
123　Mejirowにとって「準拠枠」と「意味パースペクティブ」は互換的な概念であり，現在は準拠枠の方が多く使われているという（常葉-布施，2004）。本章はMejirow（1991）のレビューであるので，「意味パースペクティブ」の方を主に用いる。
124　Mejirow（1991：邦訳［2012］），169ページ。

学習にとって重要なのである。パースペクティブ変容による学びは「ゆがんだ不完全な意味パースペクティブが土台とする特定の想定を省察し批判することを通じて気づくようになり，さらには意味を再構成してパースペクティブを変容していく」学習である。加護野（1988）でいえば個人レベルの「パラダイム転換学習」であり，変容的学習の原動力は意味パースペクティブに対する省察である[125]。

　Kolb（1984）は「経験学習（experiential learning）」の理論を提唱している。Kolb（1984）は経験学習理論を提唱するにあたって，経験から学ぶ理論には3つの源流が存在するとして，Lewin派の理論（Lewin, 1948），Deweyの理論（Dewey, 1938b），そしてPiagetの理論（Kolb［1984］ではFlavell［1963］に基づいて説明）を取り上げ，その考察を踏まえてKolb（1984）は，具体的経験→省察的観察→抽象的概念化→能動的実験からなる経験学習のサイクルモデルを提唱する。経験学習の4つの学習プロセスは，2つの分類次元において二項対立的な関係にある。1つめの次元は「理解（prehension）」であり，世界における経験をどのように把握しとらえるかという観点から，具体的経験と抽象的概念化の二項が対立する関係にある。もう1つの次元は「変容（transformation）」である。経験の把握や象徴的表象を変容するという観点から，両極において省察的観察と能動的実験の二項が対立する関係にある。この2軸を考慮することで，Kolb（1984）の意図する二項対立的コンフリクトの解消による学習という考え方をより正確に理解することができる。そしてKolb（1984）は，経験学習に発達というもう1つの次元を取り入れた，円すい型（コーン型）の3次元モデルを提唱しているのである。

　Jarvis（1992）は，成人学習論において経験学習を基盤にした理論を展開している。Jarvis（1992）は，学習のプロセスは，個人の人生と生活する社会文化的環境との間の経験が起こる交点で起きるとしている。この社会文化的プロセスの中で，Jarvis（1992）が強調するのが，内化(internalization)と外化(externalization)である。内化は経験した行動パターンや文化を取り入れていくプロセスであり，外化は外界との相互作用から学習することである。そして社会制度を内化し，また外化することによって人々は成長して個人となっていくとする[126]。このような学習に対する前提のもと，Jarvis（1992）は潜在的に学習につながる経験の類型化をおこなっている。経験学習につながらない非行為

---

125　Mejirow（1991：邦訳［2012］），148-150ページ。
126　Jarvis（1992），pp.22-24.

(nonaction) に対して，行為（action）には5つの類型がある。それは何が起こるかよくわからないが実行して結果をみる「実験的・創造的（experimental/creative）」，繰り返しやってみることで手続きの連続を記憶する「反復的（repetitive）」，社会状況をよく理解した上で，仮説をもって行為する「仮説的（presumptive）」，モニタリングレベルは低いが，行為する規範も結果も深く理解している状況でおこなう意味ある行為である「儀式的（ritualistic）」，そして既存の生活状況から距離を置くことで行為の意味を考えたりする「離間的（alienating）」である[127]。Jarvis（1992）の経験学習論はこの行為の類型と密接に結びつき，経験学習のタイプも9つの学習の類型に分類している。順にみていくと，まず非学習（nonlearning）である。「いつでも経験から学習するわけではない」として，学習が起こらない形態を示している。それは確信に基づいて行動しその通りになる「推定（presumption）」，考えられる状況にいなかったりしてしっかり考えない「非考慮（nonconsideration）」，学習自体を拒絶する「拒否（rejection）」がある。それに対して非省察的学習（nonreflective learning）は，学習はおこなわれているが，そこに省察がおこなわれていない学習形態である。それは潜在的な意識でおこなわれており，学習の意識もはっきりしない「前意識的学習（preconscious learning）」，訓練を通じて高いレベルの身体的運動によって身体技能を学ぶ「技能学習（skill learning）」，暗記的に知識を取り入れる「記憶（memorization）」がある。これらの学習は社会的再生産のプロセスを代表するものであるが，個人は変化しても，社会構造は問い直されないし変化しない。そして省察的学習（reflective learning）には，座禅のようにより広い社会的現実と関わることはなく，じっくり自分の経験を考えて結論に至る「沈思黙考（contemplation）」，プロフェッショナルが自分の自分について考え，新しい技能を生み出すような「省察的技能学習（reflective skill learning）」，そして理論が実践の中で試行され，結果として社会現実をとらえる新しい形態の知識を生み出す「経験学習（experimental learning）」がある[128]。そしてJarvis（1992）は，学習に有効なのは実験的・創造的行為であること，経験や行為には学習につながるものとつながらないものがあるということである。この経験の質という考え方は多くの示唆を与えてくれる。

　Cell（1984）は「すべての意味ある経験学習は学習者内の変化である。行動，解釈，自律性，創造性，およびこれらの組み合わせの変化である」[129]とし

---

127　Jarvis（1992），pp.58-65.
128　Jarvis（1992），pp.72-78.

て，変化をもたらす学習形態を反応学習，状況学習，状況横断的学習，超越的学習の4つに分類している。学習の段階が徐々に進む中で，既存の反応，既存の解釈が獲得され，さらにその解釈を変更し，新しい概念が創造されるという学習プロセスも進行していくことを示している。

そしてRogers（1971）は学習者には動機が必要であること，自由意思で学びに来ている自己決定性を活かすこと，すぐに使える知識・技能を身につけたいという実利性に魅力を感じること，フィードバックの重要性といった学習者の特徴を押さえて教育活動におこなうこととともに，教えることと学ぶことを区別することの重要性を通じて成人学習の方法論を指摘している。そして教授者のリーダーシップについて言及している。

(4) 考 察

ここまでの文献レビューを踏まえて，ここからは考察を加える。本節冒頭に，研究目的として，成人学習論の理解を深めること，実践共同体研究に取り入れるべき知見について明らかにすること，そして成人学習を実践共同体によってどのように促進することができるのかについて明らかにすること，の3点をあげていた。以下ではこの3点について議論する。

① 成人学習論の特徴の整理

最初に成人学習論の特徴について，限られた範囲の研究の中で整理を試みる。あくまで組織・現場における学習という観点から，重要といえる点を整理するということである。

まず1つめに，基本的なところから整理すると，成人学習論は，「成人はどのように学ぶのか」と「成人をどのように教育するべきなのか」という2つの視座をもっているということである。前者を「成人学習論」，後者を「成人教育論」と呼ぶこともできよう。Kolb（1984）やCell（1984），Jarvis（1992）などの経験学習論は成人の学習スタイルについて提唱しているし，Gramsci（1988）やFreire（1970aほか），そしてKnowles（1980）は成人の教育について必要なことを明確にしている。もちろん両者は表裏一体をなしており，成人がどのように学ぶかがわかればそれに基づいて成人を教育するということになるであろう。

---

129 Cell（1984），p.28.

その上で2つめに,「子どもの学び」と「成人の学び」,および「子どもの学び方」と「成人の学び方」は異なるということもKnowles（1980）を中心にして明確にされていることである。経営学の対象にする組織成員は基本的に成人が中心であることはいうまでもない。そこから「組織成員が学ぶ」「組織成員を教育する」には,成人ならではの形態があるべきである,ということがいえるであろう。

　3つめは成人ならではの学習とはどのようなものであるかという点である。もちろんこれは成人学習論の根本的テーマであるので,軽々に述べることはできないが,あえて基本的な前提としてまとめるならば,①経験を学習の基盤的資源にすること（Kolb, 1984; Cell, 1984; Jarvis, 1992）,②実践をもとにした省察により学ぶこと（Dewey, 1933, 1938a; Mejirow, 1991）,③学習者としての成人の主体性,自律性を形成すること（Gramsci, 1988; Freire, 1970a ほか）,④学習主体としての成人と周囲の状況との相互作用を重視すること（Freire, 1970a ほか ; Mejirow, 1991; Cranton, 1992）,とまとめることはできよう。同時にこれは組織や職場における学習を進める上での基本的前提であるといえる。

　そして4つめに,成人学習ならではの学習形態としての「高次学習」をあげることができる。成人学習論はそれぞれ,成人ならではの学習形態として,あるいは子どもの学習と比較する形で,高次の学習を提唱していた。それをまとめると表3-4のようになる。

　このようにまとめてみると,成人学習の要諦とは,学習環境との相互作用の中で,主体性を発揮した経験や実践および省察によって,高次学習を達成することだということができる。成人のもつ豊富な学習資源,すなわち経験と経験から学ぶ能力によって,それが可能になる。もちろん成人学習にとって低次学習が必要ではないというつもりはない。「預金型教育」や教師→生徒の一方向的な学習は成人学習に不向きであるが,経験や実践,省察を通じた,知識の獲得や環境適応といったプロセスもまた不可欠である。しかしMejirow（1991）の主張するように,これまで無批判に構築されてきた,あるいは既存の,意味パースペクティブを変容することこそが,成人学習の要諦であるということはできるであろう。

　それはまた,組織や職場における学習についても同様である。組織学習においては,Argyris and Schön（1978）という偉大な先行研究があるが,個人・集団レベルにおいても同様に,パースペクティブ変容のような高次学習と,既

**表 3-4** 成人学習論における成人学習と成人学習ではない学習の比較

| 研究 | 成人学習 | 成人学習ではない学習 |
| --- | --- | --- |
| Lindeman（1926） | 学習者の状況，コンテクストに応じた学習活動，そこから生じるニーズと関心から構築される学習のカリキュラムによる学習 | 経験を援用せず，学校によって構築されるカリキュラムによる学び |
| Cranton（1992） | 思考，価値観，態度の変化につながるおとなの一連の活動もしくは経験<br>学習者と教育者の相互作用 | 変容のない学習 |
| Knowles（1980） | アンドラゴジー<br>成人にあわせた教育・学習の方法<br>学び方の学習と，自己決定的な探求の技能の学習<br>課題達成中心型，能力開発型 | ペダゴジー<br>受動的な学習者<br>教科中心型 |
| Gramsci（1988） | 教師と生徒の関係は積極的<br>教師と生徒の双方向的関係 | 機械的受け手としての学習者<br>一方的な教育 |
| Freire（1970a ほか） | 問題解決型教育<br>意識化と注視<br>世界とともにある存在<br>教授者と学習者の双方向性<br>対話 | 預金型教育<br>沈黙の文化，欲求不満と対立<br>世界の中の存在<br>ヒエラルキーと一方向性<br>反・対話 |
| Mejirow（1991） | 意味スキームの変容による学び<br>パースペクティブ変容による学び | 意味スキームによる学び<br>新たな意味スキームを学ぶこと |
| Kolb（1984） | 経験学習のサイクル<br>個別化・統合過程 | 経験学習のサイクル不全<br>獲得過程 |
| Jarvis（1992） | 省察的学習 | 非学習・非省察的学習 |
| Cell（1984） | 状況横断的学習・超越的学習 | 反応学習・状況学習 |
| Rogers（1971） | 学習者第一 | 教授者第一 |

存の意味パースペクティブの中で知識や技能を学ぶ低次学習があるということができる。そして成人としての個々の組織・集団成員の学習には，成人学習論の提唱する様々な理念と手法があり，それらを用いて高次学習を達成していくことが肝要なのである。

② 成人学習論より実践共同体研究に取り入れるべき知見

次に考察するのは，成人学習論より実践共同体研究に取り入れるべき知見とは何かということである。実践共同体の成員は特に成人に限ったものではない（Lave and Wenger, 1991）。しかし，実践共同体理論が仕事の中での学習を主に対象にしているがゆえに，成人学習論の提唱する具体的な学習手法は，実践

共同体に多くの示唆をもたらす。両者は理論的にも実践的にも相互補完性が高いといえるであろう。

その上で成人学習論より実践共同体研究に取り入れるべき知見としてあげられるのは、まず実践共同体は学習につながる実践や経験をおこなう学習環境であるということである。成人学習の多くの研究が、その実戦や経験にはどのような条件が必要なのかという議論をおこなっている。たとえばコンテクストとニーズ重視（Lindeman, 1926）、思考、価値観、態度の変化につながること（Cranton, 1992）、課題達成型、能力開発型（Knowles, 1980）、問題解決型、意識化と注視（Freire, 1970a ほか）、経験学習のサイクルモデル（Kolb, 1984）、状況横断的・超越的学習（Cell, 1984）などである。特に Jarvis（1992）は、学習につながる経験とつながらない経験や行為を区別し、経験の質が重要であることを強調している。実践共同体研究にこの経験の質という観点を導入し、どのような経験が重要であるか、また実践共同体特有の経験の質とはどのようなものかという議論をおこなうことで、より効果的な学習を実践できる可能性がある。

そして実践共同体は低次学習・高次学習を両方促進できる学習環境であり、知識創造環境であるという点である。実践共同体の主要研究の間にはその概念に理論的差異が存在している（松本、2012a, 2013b）。そのことは実践共同体研究の可能性の広がりを示すとともに、Lave and Wenger（1991）の提示した実践共同体概念が、他の研究によって拡張されていることを意味している。その概念的拡張を読み解く鍵の1つが、成人学習論のもたらす成員の高次学習・変容的学習というものではないであろうか。Lave and Wenger（1991）が正統的周辺参加によって高次学習を達成できることを主張していないわけではない。アルコール依存症者は患者の共同体であるアルコホリック・アノニマス（AA）への参加と実践を通じて、アイデンティティの変容が起こっている事例が用いられているからである[130]。しかし Lave and Wenger（1991）が考慮に入れてはいるものの強調しきれなかった点は、実践共同体の多重成員性であるといえる。Brown and Duguid（1991）や Wenger et al.（2002）は、公式組織と実践共同体、および複数の実践共同体への多重所属を通じた学習を提唱している。そしてこの多重成員性の最も大きな効果の1つが、学習者の意味パースペクティブの変容なのである。

---

130 Lave and Wenger（1991：邦訳［1993］）、60-66 ページ。詳細な内容は Cain（1991）を参照。

ここから実践共同体概念は，Lave and Wenger（1991）に代表されるように，共同体内での参加と相互作用を通じて知識や技能を獲得する低次学習と，実践共同体と公式組織，および複数の実践共同体への多重所属を通じてパースペクティブ変容をもたらす高次学習，両方の学習スタイルを実現するものへと，概念的拡張をおこなう必要が出てくる。成人学習論はまさにこの概念的拡張に対する理論的背景を提示してくれている。それこそが成人学習論より実践共同体研究に取り入れるべき知見の最たるものなのである。

③　成人学習を実践共同体によってどのように促進することができるのか
　最後に考察するのは，成人学習を実践共同体によってどのように促進することができるのかという点である。成人学習論の限界の1つとして，「誰が（成人が）」「いつ（学習の必要性が認識されたとき）」「何を（パースペクティブ変容）」「どのように（経験をもとに実践と省察によって）」「なぜ（意識化と変容のために）」という議論は詳細になされているが，5W1Hの最後の1つ，「どこで」という議論が不足しているという点があげられる。学習環境のもとで，教授者や他の学習者とともに，学習の必要性が生まれたところで，という具合に，この点は曖昧にされている。この点は経営学における人材育成の理論の方が具体的である。先に述べたように学習する場所は仕事の現場（OJT），企業（Off-JT），企業外（自己啓発）である。そこに学習の「第3の場所」（Oldenburg, 1989）として実践共同体の存在意義があるのである。
　成人学習論が「学習のコミュニティ」を考慮していないわけではない。Freire（1970a）は対話を基盤にした問題解決型教育の舞台として「文化サークル」を設定しているが，これはまさに実践共同体である。Knowles（1980）やRogers（1971）のような具体的な教育手法を提唱する研究は，学習のコミュニティといえるような舞台を想定していることがうかがえる。本章の「成人学習を実践共同体によってどのように促進することができるのか」という問題に対する主張は，「実践共同体を成人学習の舞台として活用する」という点にある。その理由は3つ考えられる。
　1つめの理由は，学習する舞台を先に構築することで，学習環境を整えることから始めるというやり方もあるという点である。Orr（1990）のコピー機修理技術者の事例のように，明らかに知識共有活動がおこなわれているにもかかわらず，当事者が学習環境と思えていないこともある。あるいは松本（2010, 2015a）のように，親睦目的で構築した共同体が，技能学習の実践共同体に発

展することもある。Wenger et al.（2002）の実践共同体構築の5段階のように，まずは関心のある人々が集まって共同体を結成するところから始める方が，「学習活動をおこなう」と宣言して人を集めるよりも，結果的に学習活動を活性化することができることもある。

　2つめはそれに関連して，学習する内容自体が，共同体の成員によって相互構成的に決められるものであるからである。この点は成人学習論においてLindeman（1926）やRogers（1971）が重視している点であり，また一方向的な教授内容決定を批判するGramsci（1988）やFreire（1970aほか）の主張でもある。学習者と状況の相互作用を前提とする成人学習論であれば，学習者同士の相互構成的な学習内容の構築が重要であることに異論はないはずであり，この点こそがWenger et al.（2002）が実践共同体の発展的緊張（developmental tensions）としてあげるトレードオフ課題でもある。また松本（2011b, 2012b, 2014b）のように，学習とそれ以外の目的（キャリアデザインや悩みの解消など）が同時に考慮されることで，学習への主体性や動機づけを得ることができる。そのような相互作用もまた実践共同体ならではのものである。

　3つめは繰り返しになるが，実践共同体はその共同体への参加によって知識獲得などの低次学習を実現し，同時に多重所属によって高次学習を実現することができるからである。成人学習の促進に向けて実践共同体の貢献できるところはまさにこの点にあるのである。

⑸　小　括

　本章では成人学習論の主要研究を検討し，それらと実践共同体研究の関連性について考察してきた。成人学習論は経営学の志向する「成人としての組織成員の教育・学習」において貴重な示唆を多くもたらしてくれる。特に知識・技能の獲得としての低次学習と，パースペクティブ変容としての高次学習という2つの学習を両方達成することという視点は，現場における学習を考える上で，理論的基盤を提供してくれる。このように，実践共同体の概念を低次・高次両方の学習を達成する舞台として拡張する必要性を確認することができた。同時に実践共同体を成人学習の舞台として活用することが，その促進にとって有効であるという確証も得ることができた。実践共同体の理論を深めるにあたり，成人学習論の貢献は大きいと考えられるのである。

## 5 生涯学習論[131]

### (1) はじめに

　本節では，生涯学習論（life-long learning）と実践共同体の理論の関連性について，生涯学習論の研究をレビューすることによって明らかにする。生涯学習論は人生全体を通じた学習活動であるが，組織という境界を越えた学習活動という点では実践共同体の研究に援用できる知見が多く含まれていると考えられる。隣接する分野として成人学習論と共通する点は多く，成人学習論を内包しているともいえる。生涯学習論の研究から実践共同体の理論を補強することが可能であり，両者の共通点・相違点を探究することで，それを実現したい。

　以下では，まず生涯学習論のニーズの高まりについてふれたあと，成人学習論・生涯学習論と実践共同体の関連性について概観する。次に生涯学習論の主要な研究について，生涯学習の考え方，発展の経緯，日本における生涯学習の進展についてみていく。つづいて生涯学習の具体的な考え方を，学習課題と教育方法についてみたあと，生涯学習と関連の深い分野について，キャリアデザイン，ソーシャル・キャピタルとの関連性をみていく。最後に考察として，実践共同体研究と生涯学習研究の共通点と相違点，および生涯学習研究から実践共同体研究に取り入れられる点について整理する。

### (2) 生涯学習論の研究

　本項では生涯学習がどのように発展してきたか，そしてどのような知見が得られるのかについて，主要な研究を概観する。

　生涯学習という用語の指し示すものは多岐にわたり，曖昧性も高い（鈴木，2014）。生涯学習について，『平成18年版 文部科学白書』（文部科学省，2006）では，「人々が生涯に行うあらゆる学習，すなわち，学校教育，社会教育，文化活動，スポーツ活動，レクリエーション活動，ボランティア活動，企業内教育，趣味など様々な場や機会において行う学習」[132]という定義がなされている。Federighi（1998）においては「この用語については，どちらかといえば，ゆるやかに，家庭教育，コミュニティ教育，伝統的成人教育，継続補習高等教

---

131　本節は松本（2015c）に加筆修正したものである。詳細なレビューの内容についてはそちらを参照。
132　文部科学省（2006），56ページ。

育さらに継続性のある専門的職業的能力開発を含みつつ，義務教育後の教育の全形態をカバーする」「正確に定義すれば，専門用語あるいは法律用語というより，むしろ新たなパラダイムを意味する文化的な用語である」[133]とされている。また長岡（2014）は「生涯学習とは，ある一定の時期における学びではなく，子どもからおとなに至るまで，あるゆる年齢層における学習活動」[134]としている。これらの定義に共通することは，①学校教育期間以外の期間も学習すること，②生涯にわたる期間に継続しておこなわれる学習する活動，ということである。

池田（1985）は3つのモデルによって生涯学習の理論について説明している。1つめは「フロント・エンド・モデル」では，教育は青少年期だけに集中して位置づけられていて，就労することによって終了する。2つめの「リカレント・モデル」は，OECD（1970）によって最初に提示されたもので，義務教育以後にも個人の全生活にわたって多様な教育（義務教育以後の教育）を提供することである。就労後に教育を受けたり，就労後のある時期に教育と就労を並行する形で実施したりするようなパターンである。3つめの「継続モデル」は，生涯にわたって教育と就労と余暇を，日常生活の中に三層に構造化する。

赤尾（1998）は生涯学習論について，学校教育終了時についた個々人の差を埋めたり，社会的昇進の機会を得られることができるものとしてとらえる立場と，人生の充実や全人格的な成長のためであるという立場の違いがあり，日本社会の状況としては前者に傾斜し，後者は軽視されていると指摘している[135]。

生涯学習・生涯教育論は，Lengrand（1975）によって最初に提唱された。生涯全体のうち時々，ライフサイクルの過渡期（Levinson, 1978）に，有効な教育をすべきであると主張している[136]。その上で生涯学習の教育方法の方向性として，①権威のある人々（親方や教師）が主体ではなく学習者が主体であり，独学も許容する，②強化と罰による動機づけではなく，学習者の興味によって動機づけ，個別化も許容する，③グループ・ワークを推奨する，④創造性を重視する，ことなどをあげている[137]。さらに「最も重要なことは，文化と労働とを両立させることである」として，企業経営や事業運営にも学びのチャンスがあると主張している[138]。

---

133　Federighi（1998：邦訳［2001］），38ページ。
134　長岡（2014），64ページ。
135　赤尾（1998），52-58ページ。
136　Lengrand（1975：邦訳［1976］），49-50ページ。
137　Lengrand（1975：邦訳［1979］），27-35ページ。

Hutchins（1979）は，「学習社会（learning society）」の到来を予見している。「人間は本性として，生涯にわたり学習を続けることができるはずである」[139]と明確に主張している。この考え方はUNESCO（1972：通称「フォール（Faure）報告書」）にも継承され，「すべての人は生涯を通じて学習を続けることが可能でなければならない。生涯教育という考え方は，学習社会の中心的思想である」[140]としている。さらにUNESCO（1996：通称「ドロール（Delors）報告書」）においては「共に生きることを学ぶ（learning to live together）」「知ることを学ぶ（learning to know）」「為すことを学ぶ（learning to do）」「人間として生きることを学ぶ（learning to be）」の学習社会を支える4つの柱となる学びという形で表現している。

　Drucker（1969）も生涯学習の発展に影響を与えている（飯田，2014）。Drucker（1969）は伝統的な教育制度の限界を早くから指摘し，経験の重要性とそれに伴う学習時期の長期化を提言している。

　Gelpi（1979）は，生涯教育を社会的に抑圧された人々を解放する手段としてとらえているという点では，Freire（1994）と同じ姿勢をもっている[141]。生涯教育の実践が，学習者の自己決定的学習（self-directed learning），すなわち教育の目的，内容，方法を個人がコントロールする学習につながらなければならないことを提唱している[142]。

　生駒（2014）は，日本における生涯学習論の進展について整理している。生駒（2014）は日本においては学校教育の制度化によって社会が教育主導で変容してきたこと，行政による社会教育は縮小傾向にあること，生涯教育のあり方については変わりつづけていることを指摘している[143]。日本における生涯学習論の重要な節目となっているのが松下（2003）である。彼は自己追求的な学習活動を市民文化活動と位置づけ，その学習者の自己決定性を確立すべきであるとしている[144]。鈴木（2014）は，日本において「生涯教育」よりも「生涯学習」という言葉の方が普及している現状について，生涯教育が人々の生涯を管理しようとするものであると位置づけられることに対する反発があること，教育という言葉が押しつけがましいイメージをもつこと，赤尾（1998）

---

138　Lengrand（1975：邦訳［1979］），75ページ。
139　Hutchins（1979：邦訳［1979］），28ページ。
140　UNESCO（1972：邦訳［1975］），208ページ。
141　Freireの研究については松本（2015b）でレビューしている。
142　Gelpi（1979：邦訳［1983］），17-22ページ。
143　生駒（2014），38-40ページ。
144　松下（2003），78-87ページ。

の指摘する学歴社会の変革、すなわち学習期間を青年期までに限定せず、それ以前についた格差を埋めることが求められているというような背景があるとしている[145]。

　小池（2014）は、生涯学習の学習課題について、「必要課題」と「要求課題」という2つの学習課題の考え方があるとする。小池（2014）は、要求課題は学習者の学習要求から抽出された課題であるのに対し、必要課題は学習者の要求として自覚されないが教育目的や目標に照らし学習する必要のある課題であるとする。両者は相互補完的な関係にあるといえる。必要課題と要求課題について鈴木（1994）はより詳細な分類をしている。必要課題について鈴木（1994）は、生活課題、発達課題、公共的課題に整理している。1つめの生活課題は、日常的な生活の中で解決すべき問題を学習課題、発達課題は人生の段階に応じて学習課題を設定するもので、3つめの公共的課題は、社会的に重要な問題を学習課題として取り入れるものである[146]。また土井（1994）は必要課題として発達課題、社会的課題、地域課題を位置づけることが有効であるとしている。地域課題はその地域の固有の特性や問題を把握して、それらの活用や解決に向けて学習していくための課題である[147]。

　倉内（1983）は、社会教育には3つの考え方があると指摘している。1つめの「統制理論」は社会の側から個人を統制し方向づける観点に立つ考え方で、2つめの「自発性理論」は個人の自主性、自発性に基づく自由な学習の展開を社会教育の本質とみる立場である。そして3つめの立場について倉内（1983）は、生涯学習の各側面において個人・集団・コミュニティの3つの観点から検討することが有効であるとしている[148]。

　渡邊（2014b）は学習内容と学習者の存在とを関連づけ、1人の大人の学びは「個としての学び」「生活者としての学び」を中核に、「社会人としての学び」「職業人としての学び」「余暇・趣味・教養のための学び」がその外延に位置し、それがさらに外側へ広がっていく、という図式を提唱している[149]。

　斎藤（1975）は社会教育の教育方法について、6つの原理をあげている。それは、①自発学習の原理、②自己学習の原理、③相互学習の原理、④生活即応の原理、⑤地域性の原理、⑥能率性の原理、の6つである。西井（2014）は

---

145　鈴木（2014）、14-15ページ。
146　鈴木（1994）、35-40ページ。
147　土井（1994）、57-70ページ。
148　倉内（1983）、182-185ページ。
149　渡邊（2014b）、88-89ページ。

生涯学習の方法として，1人で行う個人学習と，複数の人々で行う集合学習に分類されるとしている。吉田正純（2014）は，生涯学習の教育方法について，学習者が教師主導から，「学習者主導」に変化するのに対応して，教育方法も根本的に見直されることになると主張する。決まった知識をそのまま伝える技術ではなく，学習者が自ら探究するのを助ける「学習支援」へと転換するのである。

渡邊（2014b）にもあるように，生涯学習論においては職業人としての学びの目的として，より望ましい形でキャリアをデザインすること，自分なりの職業人生を始め軌道修正しつつ歩むこと，よりよく働きながら学ぶこと，働くために学ぶこと，専門職としてキャリア形成すること，ワークライフバランスを考慮しながら中長期的な見通しで働きつづけること，退職後の第3の人生に備えること，などがあげられている[150]。生涯学習にとってキャリアデザインは，その学習目的の1つにあげられているのである。

笹川（2004）は，人生全体を対象にしたキャリアを考えていくためには生涯学習が不可欠であるとしている[151]。笹川（2014）はキャリアデザイン実践は，生涯学習・生涯教育・社会的教育の3つの実践と複合されることで有効になると提唱する[152]。生涯学習の枠組みの中にキャリアデザイン機能をもたせ，社会や地域の力を借りてキャリアデザインを支援することが重要であるというものである。また西岡（2009）は，人は職業に就く前だけでなく，就いた後も職業適応を果たしつつ自分の生きる道を考えつづけるとして[153]，生涯学習とそれを支える職業指導の重要性を指摘している。

Field（2005）は生涯学習とソーシャル・キャピタル（social capital）の関連性について考察している。まず市民参加と成人学習の間には明白な正の関連があるとした上で，私たちのコミュニティを強めることが，より効果的な学習を促進すると指摘している。そしてソーシャル・キャピタルは学習を促進することができるとしている[154]。ソーシャル・キャピタルのタイプと生涯学習に及ぼす影響については，「結束型（bonding）」「橋渡し型（bridging）」「関係型（linking）」の3つのタイプのソーシャル・キャピタル概念を提示している。橋渡し型と関係型はフォーマルな教育訓練と結びつきつつ，他の新しい考え，情

---

150 渡邊（2014b），90ページ。
151 笹川（2004），270-282ページ。
152 笹川（2014），187-200ページ。
153 西岡（2009），44-45ページ。
154 Field（2005：邦訳［2011］），39-44ページ。

報，スキルを手に入れる方法も提供する可能性があるとしている[155]。

　Jarvis（1993）は，生涯学習は社会変革の原動力にもなりうるが，そのラディカルな性質が突出することは国家にとっては脅威ともなってきたことを考察している。また小宮山（2004）は，1人1人の文化水準を向上させる生涯教育が，初期教育と同様に重要であるとして，生涯学習と民主主義の関係を指摘している[156]。また不破（2002）は，成人学習が民主主義社会の重要な構成要件である市民の行動的シティズンシップと，社会への参加，特に政治的な意思決定への参加シティズンシップの発達にとって最も重要な基盤をなすものとしてとらえている[157]。そしてHamilton（1992）は，「地域づくりのための成人教育」を提唱している。フォーマル教育は社会の現状を維持する方向に働くが，社会変革をもたらすのには不向きであり，ノン・フォーマル教育が社会の現状を改良し，あるいは抜本的に転換させることができるとする。現場のニーズと実践を重視したソーシャルラーニングこそが，地域づくりを進める上で重要であることを指摘している[158]。

### (3) 考　察

　以上のような理論をもとに，以下では，実践共同体研究の側からの生涯学習研究を検討した上で，生涯学習研究と実践共同体研究との共通点・相違点，生涯学習研究から実践共同体研究に対して取り入れられそうなところについて考察する。

### ① 実践共同体研究からみた生涯学習

　第1節でみた「ラーニング・コミュニティ」研究が生涯学習と密接に結びついていたように，実践共同体も生涯学習の舞台装置として用いられることはある。Lave and Wenger（1991）におけるアルコホリック・アノニマスの事例（Cain, 1991）は，ノン・フォーマル教育の実践共同体であるといえるし，Wenger（1998）は，学習が生涯をかけてのプロセスであり，それは教育的セッティングによって制限されず，アイデンティティの範囲に制限されるとして，学習をより広いプロセスとしてとらえることを主張している[159]。Wenger et al.（2002）

---

155　Field（2005：邦訳［2011］），44-46ページ。
156　小宮山（2004），4-6ページ。
157　不破（2002），9-16ページ。
158　Hamilton（1992：邦訳［2003］），61-81ページ。
159　Wenger（1998），pp. 263-273

は実践共同体が社会の中で市民セクター（civil sector）の能力を構築できるとしている。実践共同体の学習システムを使って，社会が直面する問題を解決することができると主張しているのである。彼らの提示している貧困問題解決の事例では，各地域の問題を実践共同体を構築することで学び，解決案を導き出し実行するというプロセスを，各地域に点在する実践共同体を結びつけることで可能にするというものである。各地域の実践共同体をコーディネーターがうまくマネジメントし，学習を促進したこと，そのネットワークが他の問題（労働力開発や銃器犯罪抑制など）にも応用されていることを示している[160]。

　Wenger et al. (2002) の実践共同体の事例は，生涯学習における実践共同体の立場を明確にしている。すなわち実践共同体は「実践によって学ぶ」ということであり，市民社会の中で社会貢献や社会変革を通じて生涯学習がおこなわれる，ということである。

② 実践共同体と生涯学習の共通点

　次にこれまでの文献レビューから，実践共同体と生涯学習研究の共通点をみいだしてみる。それを明らかにすることで，実践共同体の生涯学習研究における位置づけを確認することができる。

　まず1つめは，両研究とも自律的な学習を志向している点である。Lengrand (1975) は生涯学習の理念として学習者主体をあげており，Gelpi (1979) の学習者の自己決定的学習に対する志向，松下 (2003) の学習者の自律性への志向，小池 (2014) の整理した学習課題の必要課題と要求課題の分類，斎藤 (1975) の教育方法の6つの原理など，さまざまな研究が学習者の自律性の重要性を指摘し，その方法論について議論している。それは伝統的な教育手法への反発であり（松下，2003），吉田正純 (2014) の整理するように，生涯学習を新しい教育手法として見直す上での根幹であるといえる。

　実践共同体は Lave and Wenger (1991) によって，学校における学びと仕事の現場における学びの対比から生み出された概念であり，自律的な現場での学びという点では生涯学習，および成人学習とも通底する立場である。その自律性が学習を進展させるのであり（Wenger et al., 2002），重視しなければならないポイントであるといえる。

　2つめはフォーマル教育以外の場面での学習を志向している点である。Len-

---

160　Wenger et al. (2002：邦訳 [2002])，321-327ページ。

grand（1975）も「伝統的な教育の単なる延長といったものではない」[161]として，ノン・フォーマル教育やインフォーマル教育へとその活動の場を広げてきた経緯がある。実践共同体は企業内でも企業外でも構築することはでき，それは企業におけるフォーマル教育＝研修とは別個に活動することもできる。その非公式性が学習者にとって「アイデンティティの拠り所」となるのであり（Wenger et al., 2002），同様の考え方は地域におけるつながりを学習資源ととらえる（Field, 2005）生涯学習の立場と同様である。

3つめは社会性である。Hutchins（1979）の学習社会の考え方から，生涯学習論は高い社会性，社会の中での学びという立場を鮮明に打ち出している。土井（1994）は必要課題として社会的課題，地域課題をあげているし，Jarvis（1993）や小宮山（2004）のように，生涯学習を民主主義の基盤と位置づける立場もある。実践共同体は社会的存在としての企業を主要な拠り所にしているのであり，そうでない実践共同体も社会文化的に埋め込まれている存在である（Lave and Wenger, 1991）。状況的認知研究は主体と状況との相互作用の中で学習を考える立場であり（高木, 1996），その状況には当然社会環境も含まれている。

4つめはキャリア志向である。当初からHavighurst（1953）やLevinson（1978），Erikson and Erikson（1997）らの発達課題論の影響を受けていることもあり，生涯学習論はキャリアデザインとの親和性が高い（笹川, 2014）。それは職業教育という意味にとどまらず，笹川（2014）の主張するように，生涯学習の中にキャリアデザインを包含し，人生全体の意味生成を考えていく必要があるのである。渡邊（2014b）は生涯学習における学びは「個としての学び」「生活者としての学び」を中核に，「社会人としての学び」「職業人としての学び」「余暇・趣味・教養のための学び」などを含んだモデルを提示しているが，それはSchein（1978）の複数のライフサイクルが交差するキャリアの考え方と軌を一にする。

他方で実践共同体はその学習活動がキャリアデザインに資する知識をもたらしてくれる（荒木, 2007, 2009）。仕事と密接に関わりながら，現場から距離を置くことで，自らの技能や企業を客観視する「複眼的学習」（松本, 2015d）は，キャリアデザインにも有効である。キャリアにかんする視点を得る舞台装置として，実践共同体は有益であるといえる。

---

161　Lengrand（1975：邦訳［1976］），63ページ。

### ③ 実践共同体と生涯学習の相違点

次にこれまでの文献レビューから，実践共同体と生涯学習研究の相違点をみいだしてみる。それを明らかにすることで，実践共同体研究の有効性を確認することができる。

まず1つめは公式性，教育制度として制度化されている点である。池田（1985）の3つのモデルで整理されているように，生涯学習は初期教育で学べなかったものを補完するという意味合いも少なからず含んでいる。OECD（1970）の「リカレント教育」はその考えを代表するものであるが，実践共同体はそのような制度化されたものはあまり多くはない。むしろ自律的な学習を志向して非公式に形成される共同体である。そして生涯学習はすでに政策として推進されているものである（文部科学省，2006）。それは多様な学習形態を可能にする一方，政策の趣旨にあてはまらない形態を排除してしまう危険性もあるであろう（鈴木，2014）。実践共同体における学習は（少なくとも政治からは）何の援助も得られないが，その分自律的で学習者主体の学びの形態が維持されているといえる。

2つめは実践性にかんする点である。Gelpi（1979）は生涯学習に強い実践性を求めている。Field（2005）やHamilton（1992）のように生涯学習によって地域の課題を解決するような実践性に富んだ立場や，Jarvis（1993）のように市民社会を構築するための生涯学習という立場がある一方，生涯学習を非公式な学校教育的にとらえる視点も少なからずある。実践共同体においてはその現場性から，問題意識も仕事や企業，地域の問題を解決するための学習という実践性は，「領域・共同体・実践」という構成要素の一部にまで浸透している。それは組織における知識創造から，Engeström（1987）のような変革をもたらす実践まで程度の差はあるが，高い実践性をもっていることは確かである。

3つめは企業性である。それは学習の目的にかんするところであるが，生涯学習の学習課題については，鈴木（1994）は必要課題について生活課題，発達課題，公共的課題と分類し，土井（1994）は必要課題として発達課題，社会的課題，地域課題と整理している。このうち仕事にいかす知識・技能の獲得は生活課題のほんの一部と認識されている。それは生涯学習論が余暇の活用やよりよい人生を送るための学習と目的を定めている（Hutchins, 1979）ことに由来するが，渡邊（2014b）のような複合的な考え方を発展させ，より仕事にいかせる学習活動およびそれに付随する活動を志向することも求められる。実践共同体はその当初から仕事の現場における学びを志向しており（Lave and

Wenger, 1991)，仕事や学習・イノベーション（Brown and Duguid, 1991），知識創造（Wenger et al., 2002）など，ビジネスとの関連は深い。そこから学習の成果についても意識しており，それは実践共同体研究の方が進んでいるといってよいであろう。

④ 生涯学習研究から実践共同体に取り入れるべき点

最後に，生涯学習研究から実践共同体研究に取り入れるべき点を整理する。それによって今後の研究方針に対する示唆が得られる。

1つは学習の目的である。実践共同体における意味・学習・境界・アイデンティティは共同体の成員の総合作用の中で相互構成的に構築されるが（Wenger, 1998），生涯学習論は学習目標を教授者・学習者の相互作用も含め，明確に規定することが重要視される（小池，2014）。その学習課題の類型は，実践共同体参加者の学習課題を考える上で有効な示唆をもたらしてくれる。

2つめは学習目的に関連して，実践共同体の学習活動における所属組織との関係構築である。Freire（1994）やGelpi（1979）の指摘するように，いかなる教育も政治的に中立ではいられないのであろうが，実践共同体は企業や組織との関係をいかに構築するかも，実践共同体の存続やそこにおける学習において重要である（Wenger et al., 2002）。企業を越えた境界横断的学習の方法（中原，2011）はその解決策の1つであるが，所属組織との関係性の重要性は生涯学習研究から多くを学ぶことができるであろう。

3つめは学習における方法論の存在である。生涯学習論はこれまでみてきた通り，教育学のバックグラウンドをもち，吉田正純（2014）の整理するように多様な方法論が研究され，整備されている。特に地域的課題の解決における手法（Hamilton, 1992）は生涯学習研究が先行しており，多くを取り入れることができる。

(4) 小括 ................................................................

本節では生涯学習論の主要な研究をみていくことで，実践共同体研究との関連性について明らかにしてきた。両者には自律性，社会性の重視，フォーマル教育以外の場面での学習の重視，キャリアデザインとの親和性という共通点がある一方，公式性，実践性，企業性といった点で違いがみられた。その上で学習課題，所属組織との関係構築，方法論といったところで取り入れるべき点が多いことがわかった。生涯学習論には多くの研究蓄積があり，これをうまく取

り入れることで，実践共同体研究の発展につなげることができるであろう。

## おわりに

本章では，実践共同体研究の関連分野の研究群をレビューしてきた。コミュニティ概念とそれに類する研究，「学習する組織」研究，活動理論・拡張的学習論研究，成人学習論研究，生涯学習論研究，いずれも実践共同体に多くの示唆を与えるものであった。次章ではこれまでの先行研究について，総合的に考察する。

# 第4章 先行研究の検討のまとめ

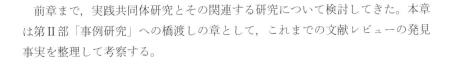

　前章まで、実践共同体研究とその関連する研究について検討してきた。本章は第Ⅱ部「事例研究」への橋渡しの章として、これまでの文献レビューの発見事実を整理して考察する。

## 1 発見事実のまとめ

　まずはこれまでの先行研究の検討から得られた発見事実をまとめてみよう。

### (1) 第1章の発見事実のまとめ

　第1章では実践共同体の主要4研究、すなわちLave and Wenger (1991)、Brown and Duguid (1991)、Wenger (1998)、そしてWenger et al. (2002) との間の共通点・相違点を文献レビューに基づき整理した。実践共同体の定義は、Wenger et al. (2002) の「あるテーマにかんする関心や問題、熱意などを共有し、その分野の知識や技能を、持続的な相互交流を通じて深めていく人々の集団」[1]を用いる。そして主要4研究の検討からわかったことは、主要4研究の実践共同体概念の差異を埋めるには実践共同体概念を拡張する必要があること、実践共同体は学習をその第一義的な目的にすること、実践共同体は自律的に構築することができると考えてよいこと、主要4研究に共通する実践共同体の重要な要素として、実践に基づいた視点・理解と学習、実践を通じた学習、低次学習と高次学習、アイデンティティの構築、境界横断（越境）の5つをあげられること、である。また、さらなる議論が必要な要素として、公式組織との関係性、実践共同体同士の関係性、意味とアイデンティティの変容、実践共同体の再生産と世代継承をあげることができる。この主要4研究の検討か

---

1 Wenger et al. (2002：邦訳 [2002])、33ページ。

ら，実践共同体を基本的に「学習のためのコミュニティ」と考え，マネジメントを通じて自律的に構築・運営していくものであるという基本的な前提を確認することができた。

### (2) 第2章の発見事実のまとめ

第2章では，主要4研究を背景にした経営学における実践共同体研究をみてきた。主要4研究と比較して，実践共同体を構築するという考え方が当然視されていたこと，公式組織とは基本的に別個の存在で，相互に影響を与えあうと考えられていたことがわかった。その上で経営学における実践共同体研究の特徴として，実践共同体同士の関係性よりも公式組織との多重成員性を考えている研究が多い点，実践共同体は二重編み構造によって，公式組織間あるいは公式組織と実践共同体間の境界横断的相互作用を促進することを意図している研究が多い点，オンライン実践共同体の研究が多いという点があげられた。

経営学における実践共同体研究を具体的にみてみると，まず概念については，より幅広い概念へと拡張する必要性を主張する研究がみられた。特性としては①境界横断性，②非公式性，③自発性・自律性，④相互作用性，をあげた。次に実践共同体の機能と成果について，本章では①知識共有，②学習促進，③境界横断（越境），④価値観・文化・パースペクティブの変容，⑤キャリア形成，⑥その他の成果，をあげている。実践共同体の構築とマネジメントについては，①実践共同体の構築，②コーディネーターのリーダーシップ，③コーディネーターによるマネジメント，④成員のモティベーション向上，⑤信頼関係の醸成，⑥組織のサポート，に分類して考察している。主要4研究を援用している部分がある一方で，特に実践共同体の構築とマネジメントを中心に，経営学における展開をみせているところもある。第2章の最後では実践共同体研究の分析モデルを提示した。これについては本章でさらに検討する。

### (3) 第3章の発見事実のまとめ

つづいて第3章では，実践共同体の研究を整理する，あるいはそれに新たな知見を加える，関連分野の研究群をみてきた。

第1節ではコミュニティ概念，「サードプレイス」論，「ラーニング・コミュニティ」論，「プロフェッショナル・ラーニング・コミュニティ」論について検討し，実践共同体概念と比較することで示唆を引き出してきた。コミュニティ論からの示唆として，実践共同体はアソシエーションに近い概念である

が，他方で，コミュニティのもつ包摂性，コミュニティ感情，（一定の）空間性，親近感などが求められるということがわかった。サードプレイス論からは，サードプレイスは実践共同体の上位概念とも考えることができるが，親密性やそこから得られる安らぎや刺激，「居場所」感の，学習意欲を高め学習を促進するという特性は，実践共同体においても活用できることがわかった。ラーニング・コミュニティ論とプロフェッショナル・ラーニング・コミュニティ論からは，自発性・自律性と，多様な相互作用を実現すること，組織のサポートにかんする点が相違点であること，重層的な構造は実践共同体においても学ぶべきところであることがわかった。

第2節では「学習する組織」論について文献レビューをおこない，それと実践共同体との間にどのような共通点や相違点があるのかを明らかにした。その上で，実践共同体の理論にどのように適用できるかについて考察をした。「学習する組織」との共通点として，「意識の変革」の重視，学習主体としての個人の重視，個人・チーム・組織というレベルごとの学習と相互作用，学習環境を整える役割の重視があがったのは重要である。実践共同体の役割について大きな後ろ盾ができたと考えられる。そして両者は共存可能で，しかも補完的・相互作用的な存在であることが明らかになった。

第3節では，活動理論と拡張的学習についての文献を概観し，その上で実践共同体研究との親和性，および取り入れるべき知見について考察してきた。活動—行為—操作の区別，対象の変化に伴う動機の発展と矛盾の解消，共同体間の相互作用による対象の変化，水平的発達と垂直的発達，境界横断，そしてノットワーキングや野火的活動と，活動理論には実践共同体の研究に援用できる親和性の高い概念が多いことがわかった。

第4節では，成人特有の学習として①経験を学習の基盤的資源にすること，②実践をもとにした省察により学ぶこと，③学習者としての成人の主体性，自律性を形成すること，④学習主体としての成人と周囲の状況との相互作用を重視することがあげられた。これは組織や職場における学習を進める上での基本的前提であるとともに，実践共同体における学習に適した様式であることがわかる。そして成人特有の学習としての高次学習があげられ，知識・技能の獲得としての低次学習と，パースペクティブ変容としての高次学習という2つの学習を両方達成することという視点は重要である。そして実践共同体を成人学習の舞台として活用することが，その促進にとって有効であるという確証も得ることができた。

第5節では，生涯学習論の主要な研究をみていくことで，実践共同体研究との関連性について明らかにしてきた。両者には自律性，社会性の重視，フォーマル教育以外の場面での学習の重視（非公式性），キャリアデザインとの親和性という共通点がある一方，公式性，実践性，企業性といった点で違いがみられた。その上で学習課題，所属組織との関係構築，方法論といったところで取り入れるべき点が多いことがわかった。

## 2 先行研究の検討からの総合的考察

　第1章から第3章までの先行研究の検討から得られた発見事実をまとめたところで，事例研究につなげるべく総合的な考察をおこなう。ここでは2つの問いについて明らかにする。第1に「実践共同体についてわかったこと」，すなわち先行研究の検討から得られた，実践共同体の基本的な前提とはどのようなものかについて整理する。第2に「実践共同体についてわかっていないこと」，すなわち第II部の事例研究において明らかにすべき問題について整理する。

### (1) 実践共同体の学習メカニズムと学習スタイル

　まずは実践共同体の学習メカニズムについて考察する。主要4研究の検討によって明らかになったのは，実践共同体はその実践の中で得られた非規範的な視点と，企業・組織の中で望ましいとされる規範的な視点，その差異を検討することで学習するということである。Brown and Duguid（1991）が整理・提唱しているこの考え方は，残りの3つの研究の中にもみられる。実践共同体はその非公式性，境界横断性，そして相互作用性という特性から，この非規範的視点を獲得しやすい。この実践から得られる視点の差異から学習するという基本的な学習メカニズムを，主要4研究に通底するものと考えることができる。

　そしてこのメカニズムをもとに，主要4研究それぞれから派生する，異なる学習スタイルを導出することができる。まずBrown and Duguid（1991）は規範的・非規範的視点の差異からの学習を提唱した研究であるが，それは学習のみならず仕事やイノベーションにつながるとしている。実践共同体に身を置くことで非規範的視点は得られるが，それは企業・組織と実践共同体の間の差異だけでなく，実践共同体間の差異，およびそこにおける個人間の差異も含まれる。組織・チームレベルでの差異（企業文化など）もあれば，個人間の差異

（知識，キャリア観など）もあるであろう。その差異を認識し，そこから自身の考え方を相対化し，客観視することによって得られる学び，それが実践共同体における学習スタイルの1つである。

　Lave and Wenger（1991）はもちろん正統的周辺参加である。教科書も学校もないような技能を学習者が習得できるのは，実践を通じて実践共同体に参加を深める中で，状況に埋め込まれた技能や知識がみえてくるからである。そして学習者の学習の軌跡は，実践共同体が求める「教育のカリキュラム」と，学習者が志向する「学習のカリキュラム」のすりあわせによって相互構成的に決められる。これも非規範的な視点から生まれるものである。実践共同体の中での正統的周辺参加（および不参加も含む）を通じて熟達を深めていく学習スタイルが導き出される。

　Wenger（1998）においては，その非規範的な視点がよりダイナミックな形で生み出されている。境界物象，あるいはブローカリングによって境界横断が促進され，多様な関係性が生み出され，複数の実践共同体に多重所属しながら，実践によって共同体が相互構成的に構築され，その過程で技能や知識が学び取られる。実践共同体は実践の布置という形で大きく包摂されることもあり，それがさらに境界横断を促進する。そして参加を深めるだけでなく不参加の形をとったり，所属のモードという形をとったりしながら，非規範的な視点を獲得していくのである。Wenger（1998）からは境界横断に基づく学習スタイルが導き出される。

　そしてWenger et al.（2002）は，二重編み組織の構造の中で学習のループを生み出すとしている。非規範的な視点と理解を実践共同体で獲得するとそれをすぐ現場にもち込んで実証・検証し，その結果を実践共同体にもち帰るという循環構造に基づく学習スタイルが，非規範的な視点から生まれる学習をより効果的にしているのである。

　もちろん4つの学習スタイルは主要4研究の中で重複していることもある。しかし実践共同体における学習がどのようにおこなわれるかという問題に対して，4つの学習スタイルを使い分けながら学習が進められるという考え方は有効性があると考えられる。

　そこで事例研究に向けて，主要4研究から導出したそれぞれの学習スタイルに名前をつけておく。表4-1の左からみて，1つめは「熟達学習」と呼称する。Lave and Wenger（1991）の主張に基づき，実践共同体への参加と相互作用を通じて，あるいは不参加や所属を通じて熟達や知識獲得を図る学習スタイ

表4-1 | 主要4研究から導き出される学習スタイル

| 研究 | Lave and Wenger (1991) | Brown and Duguid (1991) | Wenger (1998) | Wenger et al. (2002) |
|---|---|---|---|---|
| 学習スタイルの名前と方法 | 熟達学習<br>正統的周辺参加，実践共同体への十全的参加と相互作用を通じて，あるいは不参加や所属を通じて熟達や知識獲得を図る | 複眼的学習<br>組織や実践共同体間の規範的・非規範的な視点の差異から相対化・客観視することで学習 | 越境学習<br>境界横断的学習，企業組織や実践共同体の境界横断を境界物象やブローカリングによって図り，そこから学びと人脈を得る | 循環的学習<br>企業と実践共同体の学習のループ：二重編み組織構造の中で企業の問題意識を実践共同体で検討し，また現場にもち帰る |
| 通底する学習メカニズム：実践の中で得られた非規範的な視点と，企業・組織の中で望ましいとされる規範的な視点，その差異を検討することで学習 ||||

ルである。正統的周辺参加としないのは，その批判に対するWenger（1998）の議論を踏まえてのことである。そして正統的周辺参加がすなわちたんなる知識や技能の獲得だけではなく，全人的な成長を志向する点は，熟達論[2]の主張と軌を一にするからである。2つめは「複眼的学習」と呼称する。Brown and Duguid（1991）の主張に基づき，複数の実践共同体，あるいは企業と実践共同体に多重所属しながら，所属する組織や学習者個人を相対化，客観視することで，規範的 - 非規範的な視点の差異をもとに学習するスタイルである[3]。3つめは「越境学習」と呼称する。Wenger（1998）の主張に基づき，実践共同体同士，実践共同体と組織，あるいは組織同士の実践共同体による結びつきの形成（境界実践）などを，境界物象やブローカリングによって，成員の境界横断を促進することで，人的ネットワークを構築して知識や技能を獲得したり，そこから非規範的な視点を獲得したりするというスタイルである。そして4つめは「循環的学習」と呼称する。Wenger et al.（2002）の学習のループの主張に基づき，公式組織と実践共同体の間での多重所属が生み出す，非規範的な視点を実践・検証することによって学習を促進するスタイルである。

以上が本書で提唱する実践共同体の4つの学習スタイルである。そしてこれら4つの学習スタイルが実践共同体によってどのように促進され，どのような成果につながるのか，それを促進するマネジメントは何かを明らかにするた

---

2　熟達論については金井・楠見（2012）を参照。
3　もともと複数のパースペクティブから比較的に事物を検証する思考による学習を意味する。苅谷（2002），Entwistle（1988）を参照,。

め，事例研究によって考察する。

## (2) 実践共同体の「コミュニティ」としての特性

次に考察する点は，実践共同体の「コミュニティ」としての特性である。第3章におけるコミュニティ研究は，実践共同体の「コミュニティ（共同体）」としての意義を再確認させる内容であった。Delanty（2003）に基づくコミュニティ概念変遷の整理からは，伝統的なコミュニティ研究（たとえば Tönnies, 1935; MacIver, 1924 など）においてコミュニティに地域性と個別性が所与の条件であった時代から，帰属に向けた探求（たとえば Turner, 1969; Blanchot, 1983），近代化と都市社会の出現による衰退と再生への取り組み（たとえば Park and Burgess, 1921 など），政治や文化との融合（たとえば Sennett, 1998; Bauman, 2001），社会運動による異議申し立てというコミュニケーションと帰属によるアイデンティティへの注目，ポストモダン化による道具化や制度化の拒否（たとえば Maffesoli, 1988, 1993; Soja, 1996），そしてグローバル化や情報社会化の影響を受けたコスモポリタン化・ヴァーチャル化（たとえば Cohen, 1985; Maffesoli, 1988, 1993）といった形で，常に変遷を繰り返してきたことがわかる。しかしコミュニティが一度衰退しつつも近年は再生の機運が盛んであるように，実践共同体についてもコミュニティの変遷を踏まえて考えることは重要である。そして実践共同体がたんなる集団・組織（アソシエーション）でもなく，人々のネットワークでもなく「コミュニティ」であるためには，コミュニティの衰退によって失われていったコミュニティの特性，具体的には親近感，包摂性，コミュニティ感情，空間性といった特性を重視すべきであると本書では考える。その理由は4点ある。

まず「居心地の良さ」が学習を促進するということである。コミュニティのもつ親近感は，サードプレイス論（Oldenburg, 1989）の提唱する「居場所感」をもたらし，それが人々が実践共同体における実践に携わる，関係志向的な学習動機（市川，2001）をもたらす。2点目の包摂性，これには成員の居場所としての包摂性と，実践共同体同士を包摂する実践の布置のような包摂性の2つがあるが，前者は親近感の方で，後者の方を本書では指す。コミュニティのもつ包摂性が住民同士の相互作用を活性化するように，実践共同体のもつ包摂性は実践共同体内・実践共同体と組織・実践共同体間の境界横断と，それによる相互作用と学習を促進する。3点目はコミュニティ感情である。MacIver and Page（1949）が提唱し，船津・浅川（2014）が整理したコミュニティ感情は，

実践共同体の認識，自分たちの場所の感覚と仲間意識，役割感覚，依存感覚に大別されるが，これらのコミュニティ感情が実践共同体の自発性・自律性，相互作用を促進する。そして4点目の場所性はコミュニティ研究では空間性と呼ばれるが，コミュニティは物理的な空間性・地域性から脱却し，関係性の中で生まれるコミュニティになっていった。しかし実践共同体は物理的な空間性，オンライン上の実践共同体も一定の空間性をもつことを考えると，たんなる関係性ではなく，相互作用の空間性を確保することが，学習を促進すると考えられるのである。

従って本書では実践共同体のもつ特性として，親近感，包摂性，コミュニティ感情，空間性を加えることを提唱する。そしてこれらの特性が学習をどのように促進するかを，事例研究によって探究する。

### (3) 実践共同体における低次学習と高次学習の達成

第2章の経営学における実践共同体研究，および第3章における関連研究からわかったことは，実践共同体がもたらす学習は，低次学習と高次学習，2つのカテゴリに分けられるということである。低次学習と高次学習の区別はすでに Argyris and Schön（1978）のシングル・ループ学習とダブル・ループ学習によって経営学においてもなじみあるものであるが，実践共同体研究において，両者を明確に区別する試みはなされていない。両者を区別することは実践を区別すること（低次学習の実践と高次学習の実践，のように）を提唱するようでもあり，また低次→高次という順番を想起させたり，低次学習よりも高次学習の方がよいという誤解を生み出したりすることにつながるからであろう。もちろん実践と学習の結びつきは相互構成的であり，順番もないし，低次学習と高次学習が両方重要である点は Argyris and Schön（1978），あるいは伊丹・加護野（2003）においても指摘されている。その上で本書において両者を区別する理由は4点ある。

まず当たり前のことであるが，両者は強く結びついてはいるものの，同じではないということである。学習者が仕事に役立つ知識や技能を獲得することと，その背後にある価値観・文化・パースペクティブを変容させることは同等に重要ではあるが，同じ学びとして位置づけることは適当ではないと考える。たとえば大学生が社会人になり，仕事のやり方を少しずつ覚えていくことと，一人前の企業人としての心構えを獲得することは，強く結びついているが同じではない。プロ野球の球団に入った選手が少しずつ強い打球を打てるようにな

ることと，球団を代表する選手としての自覚を備えることは，強く結びついているが同じではない。低次学習と高次学習を分けて考えることは，学習の成果を考える上でより有益な知見をもたらすと考えられる。

これと関連して2点目に，実践共同体がもたらす成果の分類の必要性である。第2章でみてきた実践共同体がもたらす成果は，知識・情報の共有からキャリア確立，パースペクティブ変容までいろいろあるが，多様な成果を低次学習からもたらされるものと高次学習からもたらされるものに分類することは有効であると考えられる。

3点目は高次学習の重要性を指摘する研究群である。学習する組織研究（Senge, 1990 など），活動理論・拡張的学習論（Engeström, 1987 など），成人学習論（Mejirow, 1991 など），生涯学習論（Hutchins, 1979 など）の諸研究は，たんなる知識や技能の獲得だけではなく，価値観・文化・パースペクティブの変容といった高次学習の重要性を指摘している。そして実践共同体は低次学習だけではなく，高次学習を促進することのできる可能性をもっている。両方の学習を促進する場所としての実践共同体という位置づけが重要であると考える。

そして4点目は先ほど提示した学習スタイルとの関連である。つまりArgyris and Schön（1978）のシングル・ループ学習とダブル・ループ学習，あるいは伊丹・加護野（2003）のパラダイム内学習とパラダイム転換学習のように，実践共同体における4つの学習スタイルはそれぞれ，低次学習と高次学習どちらか（あるいは両方）を促進するという形で結びついている可能性があるのである。それが明らかになれば，実践共同体における学習をより具体的，実践的に考えることができるであろう。この問題について事例研究で明らかにする。

### (4) 実践共同体の特性，機能と成果，マネジメント

次に第2章で提示した分析モデルを検討する形で，これまでの検討結果を踏まえ，実践共同体の特性，機能と成果，マネジメントについて整理する。

まず実践共同体の基本的前提についてである。まず1点目に，実践共同体を「学習のためのコミュニティ」であるとした上で，その特性として境界横断性，非公式性，自発性・自律性，相互作用性，に加え，コミュニティとしての包摂性，コミュニティ感情，（一定の）空間性，親近感をもつものとする。その中でも境界横断性と相互作用性は，学習を促進するための重要な特性

である。

　2点目に，実践共同体の機能と成果について，知識共有，学習促進，境界横断（越境），価値観・文化・パースペクティブの変容，キャリア形成などがあげられていた。これについては成人学習論や活動理論・拡張的学習論の検討を踏まえ，実践共同体は低次学習だけではなく，高次学習を達成することができるものであるとする。すなわち，低次学習としての知識や情報の共有，熟達の促進などに加え，高次学習としての価値観・文化・パースペクティブの変容，アイデンティティ構築など，両方を促進することができるのが実践共同体である（キャリア形成など両方にまたがる成果もある）。その低次・高次学習を促進するのが境界横断・相互作用に加えて，主要4研究が提唱する実践に基づいた視点と理解である。非公式性や自発性・自律性に基づき，規範的な視点とは異なった別の視点と理解が高次学習の原動力となると考えられるのである。そしてここに先ほど検討した，実践共同体における4つの学習スタイル，熟達学習，越境学習，循環的学習，複眼的学習が加わる。

　3点目に実践共同体のマネジメントについては，実践共同体の構築，コー

**図4-1│本書の文献レビュー全体から得られる実践共同体の分析モデル（改訂）**

| 実践共同体の特性 | 実践共同体の機能 | 実践共同体の成果 |
|---|---|---|
| ・境界横断性<br>・非公式性<br>・自発性・自律性<br>・相互作用性<br>＋<br>・包摂性<br>・コミュニティ感情<br>・空間性<br>・親近感 | ・知識共有<br>・学習促進<br>・境界横断(越境)<br>・非規範的な視点と理解 | 〈低次学習・高次学習達成〉<br>・知識共有<br>・学習促進<br>・価値観・文化・パースペクティブの変容<br>・キャリア形成<br>・その他（アイデンティティ構築，イノベーション，競争優位構築，人事的成果など） |
| **実践共同体の分析次元**<br>・規模<br>・寿命<br>・活動頻度<br>・同質性<br>・制度化の程度　など | **実践共同体の学習スタイル**<br>・熟達学習<br>・越境学習<br>・循環的学習<br>・複眼的学習 | |

**実践共同体のマネジメント**
・実践共同体構築（上位の実践共同体構築含む）
・コーディネーターのリーダーシップ
・コーディネーターによるマネジメント
・成員のモティベーション向上
・信頼関係の醸成
・組織のサポート

ディネーターのリーダーシップ，コーディネーターによるマネジメント，成員のモティベーション向上，信頼関係の醸成，組織のサポート，に分類して考察したが，ここはシンプルに，「実践共同体は自発的に構築，およびマネジメント可能である」とまとめたい。シンプルであるが，重要かつ不可欠な前提である。これによって上記のさまざまな問題を継続的に議論する土台にすることができる。

以上のような検討結果をもとに，分析モデルを再検討・改訂すると，図4-1のようになる。

## 3 事例研究に向けての問題意識

以上のような考察を踏まえて，本章の最後に，事例研究に向けての問題意識を整理する。

まず1点目に，実践共同体の概念の拡張についてである。先行研究から実践共同体の概念を拡張すべきであるという主張が多くみられた。その目的は実践共同体，あるいは公式組織の学習を促進するためである。それではどのように拡張することが必要なのか，これは事例研究で明らかにすべき問題である。2点目に，実践共同体の促進する学習スタイルについてである。実践共同体の中でどのように学習がおこなわれるのか，それが低次・高次学習をどのように促進するのかについて，具体的に検討する必要がある。3点目に，学習を促進するためには，「どのように」実践共同体を構築すればよいのか，についてである。これには実践共同体の具体的なマネジメントの問題（「どのように」）に加え，実践共同体の概念や分類，類型に関わる問題（「どのような」）もある。後者は1点目の概念の拡張にも関わる問題である。

以上のような問題を考察するために，第Ⅱ部では事例研究をおこなう。

# 第Ⅱ部

# 実践共同体の事例研究

## はじめに

　第Ⅰ部での文献レビューにつづいて，第Ⅱ部では4つの事例をもとにした事例研究をおこなう。実践共同体における学習をどのように進めていくかについて，考察を深める材料になる事例である。
　第5章で紹介する第1事例は，「自治体マイスター制度」にかんする事例である。地方自治体では，技能者が属する産業の地位向上，技能形成の機運醸成などを目的に，自治体内の特定技術の技能者，高度な熟練技能者を認定する「マイスター制度」を制定している自治体がある。その中には自治体内で実践共同体を構築し，技能者の技能伝承を促進する取り組みをおこなっている自治体もある。本事例を通じて「自治体発信の技能伝承の実践共同体」について考察する。
　第6章で紹介する第2事例は，「陶磁器産地の実践共同体」である。我が国には陶磁器産地，すなわち陶磁器を製造する窯元・作家が一地域に集積する独特の特徴をもった産地が数多く存在する。そこで技能を伝承し，産地を維持する中で，地域コミュニティに埋め込まれた実践共同体を構築している事例がいくつかみ

られる。本事例を通じて「地域レベルの実践共同体」について考察する。

第7章で紹介する第3事例は「教育サービス企業の実践共同体」である。公文教育研究会が主導して構築している，公文指導者の実践共同体は，指導者の自律的な学習活動を推進するとともに，熟達度に応じた実践共同体，地域レベルから全国レベルへの実践共同体と，重層的な広がりをみせている。この事例は「企業組織が構築する実践共同体」の成功事例としてとらえることができる。

第8章で紹介する第4事例は「介護組織の実践共同体」である。学習療法センターが提唱する「学習療法」は，高齢者の認知症進行を改善・予防する非薬物療法である。その導入には困難が伴うが，成功している施設では介護施設内に実践共同体が構築され，その習得を促進している。また地域レベル，都道府県レベル，そして全国レベルと重層的に実践共同体が構築され，境界横断や学びあいが促進されている。これは「現場発信の創発的実践共同体」の成功事例としてとらえることができる。

## 事例分析の分析視点

4つの事例は，第Ⅰ部の第4章で提示した，実践共同体の特性・学習方法・運用・成果からなる分析モデルに基づいて考察する。特に注目するのは，まず実践共同体の特性，分析次元がどのように実践共同体の学習に関わっているかである。次に実践共同体が低次学習・高次学習両方を促進すること，およびその促進要因である。次に4つの学習スタイルが実践共同体の学習をどのように促進するかである。次に実践共同体にどのようなマネジメントが，学習を促進するのに有効であるかを考察することである。そして最後に実践共同体の多重構築・多重所属のあり方である。実践共同体を複数，水平的・垂直的に構築し，成員が多重所属することが，どのような学習を促進するかを検討する。

## 事例の分類

事例研究の方法を提唱するYin（1994）は，事例研究には単独－複数，全体的－部分的の2軸によって4種類の研究方法があると提唱している。しかし本書で紹介する4つの事例は，事前に複数事例のリサーチデザインによって選定・構成しているわけではなく，4つの単独事例研究をそれぞれおこない，その結果をまとめているものである。したがって事例選択の妥当性は複数事例研究としては高くないが，それでも複数事例を比較検討する意義はあると考えている。その理由は第1に，4つの事例ではどれも，実践共同体における学習活動がおこなわれている。事例内では実践共同体の構成要素，すなわち領域・共同体・実践を備えた実践共同体において，なんらかの学習活動がおこなわれている。そのような事例を比較し，相違点と共通点をみいだすことで，実践共同体における学習活動に対して有益な示唆を引き出すことが可能だと考える。第2には後述するように，4つの事例はこのあと提示する2つの分類軸によって，またKlein et al.（2005）の実践共同体の分類軸によっても独立的に分類できる。事前のデザイン通りというわけではないが，

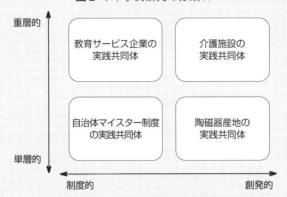

図Ⅱ-1 | 事例研究の分類 A

分類に基づいて比較検討する意義はあると考えられる。

事例研究にあたっては，4つの事例を分類する分類軸を用意した。1つの軸は「制度的構築 - 創発的構築」である。企業や組織が学習を促進する意図をもって実践共同体を構築しているか，あるいは学習を進めたり現場の問題を解決したりするために現場から創発的に実践共同体が構築されているかの分類軸である。もう1つは「単層的 - 重層的」である。実践共同体同士が単層的に構築され水平的に結びついているか，あるいは実践共同体同士が水平的のみならず垂直的に結びつき重層的な構造を構築しているかの分類軸である。これに基づいて4つの事例を分類すると図Ⅱ-1のようになる。

また，第2章の文献レビューでふれた Klein et al.（2005）の実践共同体の分類も有効である。Klein et al.（2005）は，実践共同体のタイプを2つの分類軸によって4つに分類することが有効であると提唱している（表Ⅱ-1）。1つめの分類軸は実践共同体の構造にかんするもので，「層別 - 平等」である。層別（stratified）は，熟達者と初心者が同じ実践共同体に所属していながらも，そこには階層が生じている状態のことである（実践共同体自体が層に分かれているのではなく，成員が序列によって階層化されている意味）。それに対して平等（egalitarian）は両者の間に明確な階層がない状態のことである。もう1つの分類軸は実践共同体での知識活動にかんするもので，「共有 - 育成」である。共有（sharing）は知識共有が重要な存在意義であるという実践共同体である。もう1つの育成（nurturing）は，知識共有よりも共同体のメンバーで知識を養成する環境を提示することを重要視する実践共同体である。ここから4つの実践共同体のタイプが提示できる。この分類に基づいて4つの事例を分類すると，表Ⅱ-2のように配置される。

これら2つの分類軸との関連性は終章の考察で述べる。またデータ収集のための調査方法については基本的に半構造化インタビュー（May, 2001）によるものであるが，詳細は事例内で説明する。

以下，第5〜第8章において順に，4つの事例について説明する。そして最後に終章で，事例研究をもとにした考察をおこない，まとめと理論的・実践的含意を提示する。

表Ⅱ-1 | 実践共同体の分類

|  |  | 知識活動 ||
|---|---|---|---|
|  |  | 共有（sharing） | 育成（nurturing） |
| 構造 | 層別<br>(stratified) | 層別・共有<br>(stratified-sharing)<br>・熟達層は初心者層と知識共有をおこなう。<br>・知識は共同体を下に向かって流れる。<br>・共同体の知識は明確に固定的で変わるのは遅い。 | 層別・育成<br>(stratified-nurturing)<br>・知識発達の経験は連続的に用意されている。<br>・知識発達は経験のコントロールによりコントロールされる。<br>・共同体の知識は変化は遅いが多元的に発達する。 |
|  | 平等<br>(egalitarian) | 平等・共有<br>(egalitarian-sharing)<br>・すべての層で知識はお互いに共有される。<br>・知識は共同体を上にも下にも流れる。<br>・共同体の知識は素早く変化する。 | 平等・育成<br>(egalitarian-nurturing)<br>・知識発達の経験は連続的に用意されてはいない。<br>・知識発達はコントロールされない。<br>・共同体の知識は素早く変化し多元的に発達する。 |

出所：Klein, Connell and Meyer（2005），p.109 を参考に，筆者作成。

表Ⅱ-2 | 事例研究の分類 B

|  |  | 知識活動 ||
|---|---|---|---|
|  |  | 共有（sharing） | 育成（nurturing） |
| 構造 | 層別<br>(stratified) | 層別・共有<br>(stratified-sharing)<br><br>陶磁器産地の<br>実践共同体 | 層別・育成<br>(stratified-nurturing)<br><br>教育サービス企業の<br>実践共同体 |
|  | 平等<br>(egalitarian) | 平等・共有<br>(egalitarian-sharing)<br><br>自治体マイスター制度の<br>実践共同体 | 平等・育成<br>(egalitarian-nurturing)<br><br>介護施設の<br>実践共同体 |

# 第5章 「自治体マイスター制度」における実践共同体[1]

## はじめに

　本章では，技能伝承の公的な取り組みとしての「自治体マイスター制度」の現状についての調査をもとに，実践共同体概念における技能伝承の枠組みから，その将来のあるべき姿について考察する。第Ⅰ部の先行研究の検討でも述べたように，実践共同体は学習・技能伝承・およびナレッジ・マネジメントを促進する概念として注目されているが，それを意図的に構築するには課題も多い。本章でみていく自治体マイスター制度は，行政が主導して地域企業の技能伝承をサポート・促進し，技能者の地位向上を目指す制度である。本章ではこれを実践共同体の事例として取り上げ，技能形成・伝承の場としての自治体マイスター制度の可能性について考察する。

## 1 │ 自治体マイスター制度

### (1) マイスター制度とは

　自治体マイスター制度を説明する前に，まず「マイスター制度」について述べておく必要があるだろう。マイスター（meister）はドイツ語であるが，もともと高度な技能をもつ「親方」の意である。このマイスター制度は，熟練技能者の地位を社会的に高め，技能伝承に重要な役割を果たしてきた。本場ドイツの制度について松田（2005）は，中世の西ヨーロッパで発達した各種の職能組合を起源とし，商工業者との競争に対抗したり，ルールを取り決めたり紛争解決にあたったりしてきたとしている[2]。そして職人は職業訓練を受けた後，

---
[1] 本章は松本（2006, 2009a, 2011a）の内容に加筆修正したものである。データは論文執筆時点のものである。

「遍歴職人」としてヨーロッパ中を旅しながら，各地の工房で働いて技能を身につけるという古い制度も今も残されている。そしてそうやって技能を身につけ，苦労の末マイスターの資格を得ると，経済的にも社会的にも高い地位を認められ，後進の指導にあたることになるのである。

日本では高度な技能というのは，もっぱら企業内での職場内訓練（OJT），およびフォーマル・インフォーマルでの従業員同士の徒弟制的な指導によって伝承されてきた。しかし高度な技能を身につけたからといって，その技能自体を評価する仕組みは日本にはあまりなかったといえる。企業の生産性に寄与して，その成果に対する対価を得るというのが評価であったといえるだろう。しかし高度経済成長の終焉，バブルの崩壊という時代の流れの中で，働き方や技能に対する考え方は変化し，現在の日本では技能の伝承が当たり前にはおこなわれなくなってきている。後継者の不足，勤労観の変化による技能の軽視，機械化の進展による身体的な技能の軽視の風潮などが影響していると思われる。

このような現状に対して，日本の技能者に対する行政的な施策というのは，政府による国認定の「現代の名工」，そして後述する業界団体・組合による表彰などが中心であったといえる。ところがこれらの表彰は，技能を究めた人に対してのこれまでの献身に対する名誉賞的な表彰であり，それが技能伝承を促進する役割はあまりなかったといえる。

### (2) 企業マイスター制度と自治体マイスター制度

このような技能伝承がおこなわれない傾向を踏まえ，それを改善しようと2つの取り組みがおこなわれた。それが先ほどのドイツのマイスター制度を模した2つの制度，すなわち「企業マイスター制度」と「自治体マイスター制度」である。

まず企業マイスター制度は，企業単位で，社内の技能伝承促進と技能者の処遇面での地位向上を目的に制定された。岡（2003）は，マイスター制度は技能者の熟練労働を実質的に高く評価するべく技能資格として最初は制定され，マイスター資格をもつ技能者のもたらす成果から，徐々に資格や技能レベルを表すものへと変容し，監督職や下級管理職と同等の処遇をなすことにつながっていったとする。そして近年になって技能者の人材不足が問題になってくるに従って，新たな形でマイスター制度が注目されるようになったとする[3]。それ

---

2 松田（2005），49 ページ。
3 岡（2003），38-39 ページ。

は，従来の技能者の処遇面での意味あいよりも，より実践的に熟練技能者から若手への技能伝承を主眼においた制度への変化である。企業レベルでの技能伝承活動としてのマイスター制度は，幅広い分野で広がり，実例なども多数紹介されている（吉倉，2004; 牧田，2004; 青木，2005 ほか）。企業マイスター制度については本書では対象外にしているが，今後研究を進めていく必要があるであろう。

他方，本章の研究対象である「自治体マイスター制度」は，自治体がその都道府県・市町村内の技能者を認定することで，技能向上とその伝承をはかる制度である。同じマイスター制度といっても，企業レベルでの企業マイスター制度はこの中には含まれない。また，その技能者の所属する業界内で，業界団体や企業・職人の組合がおこなう認定制度や表彰制度も，この自治体マイスター制度には含まれない。あくまで行政主導でおこなわれる活動である。

しかしこの自治体マイスター制度の研究は，これまであまりおこなわれていない。自治体でマイスターに認定されたマイスター個人のドキュメントがいくつかある以外は，事例報告がいくつかある程度（西，2004; 青地，2005）で，研究は進んでいないといってよい。そこで自治体マイスター制度について現状を把握し，その上でその果たす役割や技能者への関わりについてみていくことは，重要であると思われる。本章の事例研究では，各自治体へ足を運びインタビューによって得られたデータをもとに，自治体マイスター制度の現状についてみていく。

### (3) 自治体マイスター制度と実践共同体

本章において自治体マイスター制度に着目する理由は，その制度の枠組みが実践共同体の定義に合致しているという点である。まず Wenger et al.（2002）の定める実践共同体の3要素，すなわち「領域」「共同体」「実践」という構成要素をいずれも有していることである。ほかにはまず，社会に埋め込まれた技能伝承システムだということである。Wenger et al.（2002）において実践共同体は，ローカルに孤立した専門知識や専門家を結びつける機能をもつとされているが，自治体マイスター制度においては，地域社会に点在する技能者を結びつける役割をもつと期待されており，実際にその機能を果たしている。次に企業の境界を超えた施策だという点である。Wenger（1998）においては学習者の実践によって実践共同体の境界は規定されるとし，Wenger et al.（2002）は企業においてフォーマルな公式組織に属しながら他方で実践共同体というイ

ンフォーマルな知識共同体に属するという組織デザインを二重編み組織と呼び，それがもたらす多重成員性が学習をもたらすとしたが，自治体マイスター制度も，企業に属しながら同時にその境界を超えた別の共同体にも参加するという，二重編み構造になっているのが特徴である。企業マイスターはその企業内での技能伝承が主な目的であるが，企業の境界を越えて技能者を認定・活動させる自治体マイスター制度は，実践共同体によって企業内外の人々の相互作用を促すという機能を果たす可能性ももっている。そのような越境的な性質が技能伝承や技能者同士の相互作用を生み出しているのか，生み出しているとすればそれを促進する要因は何であり，それが果たされてないとすればその阻害要因は何であるのか。それを明らかにすることで，実践共同体の構築および運営に一定の示唆をもたらすことができる。

## 2 調査方法

　調査方法は定性的インタビュー調査である。インタビュイーは自治体マイスター制度を担当する自治体職員である。インタビュイーには電話やメールで事前に調査趣旨を説明した上で，訪問の際に改めて説明し，そして事前に用意されたインタビュー・ガイドラインをもとにインタビューをおこなった。インタビューは2005年4月〜2010年11月にわたっておこなわれ，自治体によって1〜3人の担当者が応対してくれた。

　今回調査したのは表5-1の自治体の制度である。自治体マイスター制度はすべての県が制定しているわけではないが，西日本を中心に制定している自治体が多く，インタビューを依頼した。

　このうちいくつかのマイスター制度については，実際に活動しているマイスターを自治体担当者から紹介してもらい，マイスターにもインタビュー調査を実施した。そこで得られたデータも事例内に反映させている。

　インタビューは1回につき30分〜1時間であり，インタビューデータはICレコーダーに録音し，後日文書化された。事前の調査としては，各マイスター制度のウェブサイトのデータを参考にし，また，公表しているものに加えて内部で作成した各種資料の提供も受け，分析を進めた。その結果について次節より説明する。

表 5-1 調査対象の自治体

| 自治体 | 制度名 | 主な認定対象 | 設立年 | 認定人数 |
|---|---|---|---|---|
| 福岡県北九州市 | 北九州マイスター | 製造業 | 2001 | 24人 |
| 福岡県福岡市 | 博多マイスター | 非製造業 | 2003 | 22人 |
| 愛媛県 | 愛媛マイスター | 製造業・非製造業 | 2002 | 16人 |
| 島根県 | 島根県優秀専門技能者認定制度 | 製造業・伝統産業 | 1992 | 43人 |
| 鳥取県 | とっとりマイスター | 製造業 | 1998 | 55人 |
| 広島県 | 広島マイスター | 製造業 | 2002 | 32人 |
| 兵庫県神戸市 | 神戸マイスター | 非製造業 | 1993 | 84人 |
| 神奈川県横浜市 | 横浜マイスター | 非製造業 | 1996 | 37人 |
| 青森県 | あおもりマイスター | 非製造業・伝統産業 | 2000 | 18人 |
| 神奈川県川崎市 | かわさきマイスター | 製造業・非製造業 | 1997 | 41人 |
| 東京都 | 東京マイスター | 技能者全般 | 1983 | 1048人 |
| 東京都荒川区 | 荒川マイスター | 伝統産業 | 1994 | 46人 |

注：認定人数は調査した時点（2009年末）でのものである。

## 3 調査結果

### (1) 自治体マイスター制度の設立趣旨・目的

　まず最初は自治体マイスター制度の設立趣旨・目的についてである。自治体マイスター制度の目的は大きく3点ある。まず「技能者の地位・社会的認知度の向上」である。これはどの自治体の制度にもみうけられ，自治体マイスター制度の中心的な目的である。地域社会における技能者の地位・認知度の向上は2つの側面でおこなわれる。1つはそのマイスターが所属する企業内，あるいは業界内での地位・認知度向上である。企業内での認知度が向上するのはもちろん，後述するようにマイスターは1つの業界内で認定されるので，その業界内でのステイタスを示すことにもなる。そしてもう1つは，その地域での認知度の向上である。報道などによりマイスターの活動，業界の内容などが地域の人々に伝えられるのである。

　主な目的の2つめは「技能尊重の機運醸成」である。これは地域内の認知度を高めることで，その業界に対する興味・関心を高め，ひいては後継者育成につなげようというねらいである。後述するようにマイスターが地域のイベントや学校でおこなう活動はこの目的を達成するものである。

　第3の目的は「技能伝承」である。認定による地位向上によって，その企業の後輩や同僚がそれを目標にして技能の研鑽に努めたり，あるいはマイスター

が企業内で指導をする際に新人や後輩が指導に従ったりするようになることがあるという。いわば間接的な形で，企業内の技能の伝承を支援するという形になっている。これが自治体マイスター制度の特徴であり，ある意味限界でもあるといえるであろう。

そして4つめは「産業の振興」であり，それをしっかり明記している自治体もある。技能の振興はその業界・産業の振興でもあり，長期的な意味で重要である。

この4つが設立の趣旨・目的であるが，産業の振興は長期的なねらいであり，自治体マイスター制度の主な目的としては，「技能者の地位・社会的認知度の向上」「技能尊重の機運醸成」「技能伝承」の3つと考えることができよう。

### (2) 制度の特徴

次に制度の特徴についてであるが，その前に自治体マイスター制度の重要な側面，「認定制度」であるということに言及しなくてはならない。ほとんどの自治体はマイスター制度を設立する以前から「表彰制度」はもっていたのである。これに加えて「認定制度」としてのマイスター制度を新たに設立するには2つの理由がある。1つは認定プロセスのところでもふれるが，マイスター制度を設立する際に，対象年齢をある程度低く抑えているということである。ほとんどの自治体は30〜40代でマイスターになる資格を得るが，これはある程度年齢を低く抑えることで，技能者が自身のキャリアと技能レベルの1つのメルクマールにするというねらいがある。インタビュー調査でもこれを1つのステップにして，ゆくゆくは技能者表彰制度による表彰を目指してがんばってほしいという思いがあるということがデータとして得られた。それが一番表れているのが島根県の「島根県優秀専門技能者認定制度」である。同県では30〜50歳を対象年齢にしている「島根県優秀専門技能者認定制度」と，35歳から上限のない従来からある「島根県卓越技能者表彰制度」を使い分けることで，技能の振興を図るねらいがある。認定制度として「島根県優秀専門技能者認定制度」をマイスターの類型に含めているのはそのためである。同様に他の自治体でも，すでにある表彰制度に加えて，認定制度としてのマイスター制度を導入する事例は多く，自治体マイスター制度は，技能者にとって早期に巡ってくる，技能形成のメルクマールであるといえる。

認定制度を設立するもう1つの理由は，後述するような「認定後の活動」が

あるということである。これまでの表彰制度は表彰されればそれで終わりで，その機能は技能者にとっての到達目標というだけであった。一方で，自治体マイスター制度は認定したマイスターに，さまざまな活動の参加を要請することができる。それこそが自治体マイスター制度設立の重要な理由の1つである。

### (3) 認定プロセス

次に認定プロセスである。自治体マイスター制度はそれぞれ，どの業界を対象にするかという，「認定対象」をもっている（表5-1）。それは地域の事情と制度の趣旨によるものであるが，大きくは「製造業型」「非製造業型」「全体型」の3つに分類できる。

マイスターの候補者は，自薦・他薦により集められ，自治体の選考委員会によって選考される。しかし実際は，業界団体が候補者を推薦する場合がほとんどである。これは選考委員会が多種多様な産業をすべて把握することが困難であること，そして自薦で上がってくるケースがほとんどないことによる。業界団体としても，自身の業界からマイスターを輩出することにはメリットがある。しかし業界の規模もさまざまなので，毎年マイスターを推薦できないこともあるという。そして選考委員会は，書類審査をして認定の可否を決定するが，その際に選考委員や自治体の職員が候補者を面接することもある。面接の理由は人間的に問題がないかどうかのチェックというのではなく（そういう人は書類選考段階に上がってこない），後述するようにマイスターの活動に協力してくれそうかという確認と，それに備えた顔合わせの意味あいがあるという。インタビューでもこれから自治体を通して活動に協力してもらう以上，まったく会ったことがないのでは活動に支障が出るからという意見が聞かれた。

実際選考委員会で認定されないケースとしては，1つの業界から候補者が2,3人出ている場合（全体のバランスを考えて，1回の選考ではだいたい1業界につき1人）や，条件を満たしていない（自治体に規定の年数居住していない，技能検定1級に合格していない，など）というようなものである。業界団体の推薦時に一度選考がおこなわれているので，ある程度高い割合で選考は通るという。

選考委員会の審査員は地元の企業の役員，大学教授，工業系の学校教諭，業界団体役員，ジャーナリストなどで構成される。選考委員会に自治体の職員は加わらないことが多いようである。

選考委員会で認定されたマイスターは，通常認定式がおこなわれ，そこで正式に認定を受ける。認定式も地域への重要なアピールであるので，ただ可否がマイスターに告げられるだけ，ということはない。

### (4) 認定後の活動：地域貢献

　そして認定後の活動である。自治体マイスター制度で認定されたマイスターは，自治体の主催する各種活動に参加するよう要請される。実際にさまざまな活動がおこなわれているが，自治体はマイスターを拘束することはなく，またマイスターもその活動に参加を強制されるような義務はない。これはマイスターが通常の仕事をもっている以上やむを得ないことであるのだが，マイスターによる活動は，かなりの部分マイスターの自主性とボランティア精神に依存しているといえる。

　マイスター選考の条件には，対象分野や選定基準，自治体居住年数の他にもう1つ，重要な条件が設定されている。それは「技能の伝承・後継者育成等に対する意欲」である。マイスターは自身の技能あるいはその業界の技能を他者に伝達することが求められており，その上で教えることに対する意欲がなければならないとされているのである。人に教えること，あるいは人と接することが苦手なぶっきらぼうな人はマイスターに選ばれないのかといえばそうでもないが（それで落とされることはないし，伝承活動も徐々に慣れていってもらうという），実際のところあまり人前で話した経験のない人が多く，活動に慣れるのは困難が伴うという。そしてその教える・話す対象というのは，必ずしも同じ業界の人間ではなく，むしろまったく違う，たとえば自分の子や孫世代の子供に話すこともめずらしくないのである。

　一般的にマイスターの主な活躍の場は，地域のイベントや各種学校での体験会が主なようである。自治体主催のイベントでの講演，技能振興イベント（技能祭など）への参加，各種専門学校での実技指導，業界団体主催のものづくり振興イベント，そして小中高校での実技を含めた特別授業への参加，などがあげられる。そしてマイスターの活躍の場は主に3つの方法でつくられる。1つは自治体主催のイベントに対し，マイスターがゲストとして参加するという方法である。これは自治体がマイスターに直接，あるいは技能士会などの業界団体を通じて依頼し，マイスターが応じるという形式である。こちらは大がかりな技能祭やイベントなどで参加を要請されるものであり，そう多くはなく，年3，4回程度である。その他業界団体の開催するイベントに，マイスターとし

て参加することもある。

　2つめは地域住民や各種学校の開催するイベントや課外授業・体験授業などに，マイスターが参加するという方法である。これは依頼者側がマイスターに直接，もしくは自治体を通して，あるいは教育委員会・業界団体が自治体を経由して，という形でマイスターに要請し，マイスターが応じるという方法である。ここでの自治体の役割はほとんどが仲介役であり，自治体から利用を呼びかけることはあっても，各種学校に対して直接働きかけるということは少ない。したがって依頼者側の依頼がなければ，マイスターが活躍する場は生まれてこないということになる。自治体はマイスターの利用を呼びかけることと，活用にあたって一定の経費助成をおこなうことが役割となる。

　これらの活動が活発化するカギはひとえに自治体の宣伝活動と呼びかけにかかってくるが，もう1つの問題として実技指導以外にどのようにしてマイスターの活躍の場を増やしていくかということがある。製造業で考えれば，工業高校や高等専門学校の講義に出向いたり，あるいは教諭に実技指導する（これも重要な活動である。教諭の技能を上げることは全体のレベルアップに直結する）ということが考えられるが，逆に小中学校に対しては，自らの体験を語るなど，活動が制限されてしまう。他方非製造業では，小中学校からよく依頼が来る職種と，まったくこない職種にはっきり分かれてしまうという。たとえばお菓子作りのパティシエや料理人などに人気が集中する，という具合である。せっかく製造業・非製造業問わず幅広い職種で認定をおこなっても，それが地域貢献に直結するかというと，必ずしもそうもいかないのが現状であるといえる。

　そしてマイスターの活躍の場をつくる3つめの方法は，マイスターが自主的に技能伝承活動をおこなうことである。これについては自治体はマイスターの要請を受けて，経費の助成をおこなうことが役割である。この方法についての問題点は前項にも関連するが，マイスターがいかに自主性とボランティアの精神をもって活動するかによる，ということである。しかし普段は自身の業務があるマイスターに，休日を使って活動してもらうということはなかなか期待できない。活動に熱心なマイスターは活動をおこなうがそれも年に数回で，ほとんどのマイスターはそうした活動はおこなっていないのがほとんどの自治体の現状である。

　そしてそれを把握しながらも，自治体もそれに対して，費用の助成以外に有効な手を打てないでいる。技能者の地位・社会的認知度向上，それも中堅世代

での向上という第一の目的はある程度果たしているが，それ以上進めていくには積極的な自治体の取り組みというものが必要になるであろう。

### (5) 認定後の活動：技能伝承活動

では技能伝承活動はどうであろうか。高度な技能に対するニーズは常に企業の中にあるはずである。マイスターが中心となって技能伝承活動がおこなわれれば，地域企業の活性化につながり，その設立意義を満たすことになるであろう。しかしこれもうまくいっていないのが現状であるという。

マイスターの技能が他の企業に普及しない原因はいくつか考えられる。1つは競争優位性である。マイスターの高度な技能は他社との差別化に一定の影響をもっていると考えられ，その差別化の源泉がなくなれば，ひいては企業の行く末を左右する可能性すらある。2つめは前項と関連するが，「企業秘密」の問題である。どこまで技能を出していいのか，これを他社に漏らしてしまうとまずいのでは，という懸念が，マイスターの慎重な姿勢につながったり，あるいは会社からストップがかかったりすることになるかもしれない。3つめは対価の問題である。マイスターは技能を提供するが，ではその対価になるものは何であろうか。そう考えたときにいくらかの報酬だけでは割に合わないと考えるのもある程度合理性がある。ましてやマイスター自身がその場を提供するということになれば，コストもかかるがゆえにますます技能伝承活動は遠ざかっていくであろう。この技能伝承の場がないというのも大きな要因である。

以上のような要因が背後にあると考えられる。それゆえにマイスターの技能は企業内でのみ伝承されることになるが，それでは認定前とそれほど環境は変わらない。マイスター自身も，あまり認定のメリットを享受できているとはいえないということである。自治体がインフォーマルにマイスターに聞いてみたところ，幾分査定が上がった，社内からの評価が高まった，後輩が熱心に指導を受けるようになったなどのメリットを感じる人がいる一方で，以前と何も変わらないと感じるマイスターも少なくないという[4]。

### (6) 制度の不活性化とその要因

このように自治体マイスター制度は主要な3つの設立趣旨・目的をすべて果たしているとはいえず，制度が活性化していない自治体も少なくないというこ

---

4 インタビューより。

とが明らかになった。活性化の指標として，認定されるマイスターの人数の推移があげられる。不活性のマイスター制度は設立されてから数年は，マイスターに認定される人数は毎年10～15人と多いが，その後徐々に減っていき，毎年1，2人が認定されるのみになってしまう。これは業界団体の推薦が少なくなるという要因もあるが，制度自体の不活性を示しているといえる。それに加えて活動が自治体主導の地域貢献活動に限定され，技能者同士の技能伝承活動がおこなわれていないのも，本章の目的から考えれば不活性の指標の1つとして考えることができる。この2点から，今回調査した自治体のうち半数程度が，少なくとも技能伝承という意味では活性化していないということができる。その原因について，実践共同体の枠組みをもとに考察する。

　不活性の最大の理由は，マイスター同士の交流の機会がもたれていないという点である。Wenger et al.（2002）は実践共同体はローカルに孤立した専門知識や専門家を結びつける機能をもつとしているが，本事例の地域活動においてはまさにマイスター同士が孤立してしまい，技能伝承の相互作用がおこなわれていないのである。マイスターは所属する企業においては彼らを中心とした実践共同体をつくり出すことはできるが，それは企業マイスター制度でも可能なものであり，企業や業種の境界を越えて相互作用するという実践共同体の意義には合致しない。実践共同体はすでにあるネットワークを利用してそれを原型にすることが推奨されているが，それを期待できる状況は現在の制度では起こりづらいのが現状である。

　2つめはリーダーの不在である。Wenger et al.（2002）や荒木（2008a）は実践共同体を構築するにあたり，共同体のコーディネーターの役割が大きいことを指摘している。しかし自治体マイスター制度においてはマイスター同士は特に先輩も後輩もなく，交流する機会をもとうとするマイスターも出てきにくいのが現状である。コーディネーターはあるマイスターが自発的にその役割をつとめるか，あるいは自治体担当者がその役割を担うかのどちらかで出現するが，自治体の多くはバックアップに徹するスタンスをとっており，結果としてマイスター同士の交流の機会は起こりづらくなっているのである。

　3つめは運営する自治体の姿勢である。前述のように自治体は運営面では支援的な役割に徹しているが，認定面においても業界団体の推薦を待ってそれを認定するというプロセスをとっており，決してイニシアティブをとっているとはいえない。その結果制度のもつ本来の意味以上に活性化をすることができずにいるのである。現にすでに制度を廃止してしまった2つの自治体からは，す

でにある表彰制度や「現代の名工」以上の意味を付与することができなかったという声が聞かれた。

## 4 自治体マイスター制度の活性化事例

　しかし調査の結果，十分に活性化している事例も見受けられた。以下ではその活性化している自治体マイスター制度の中から，東京マイスター，神戸マイスター，北九州マイスター，にいがた県央マイスターの4つの制度を事例として取り上げる。4制度は他の自治体と比較して，まず安定したマイスターの認定数を確保していることがあげられる。そして先述の自治体マイスター制度の目的である「技能者の地位・社会的認知度の向上」「技能尊重の機運醸成」に加えて「技能伝承」も達成するような十分な活動の実績があることからも，活性化している事例ということができる。この4自治体の事例はそれぞれ，異なるアプローチをとりながら，自治体マイスター制度を活性化していることがわかった。これよりその4つの事例について説明し，その上で実践共同体の観点から，活性化のメカニズムについて考察していく。

### (1) 東京マイスター

　東京マイスター（東京都優秀技能者）制度は東京都がおこなっている自治体マイスター制度である。東京都の中にはたとえば荒川区の「あらかわマイスター」のように，区が独自にマイスター制度を制定しているところもあるが，東京マイスターは都全体をカバーする大規模なマイスター制度である。

　2018年度までに在東京マイスターに認定されているマイスターは1616人である。これは他の自治体マイスター制度に比較しても圧倒的な数である。現在一度に認定する人数の上限は40人であるが，毎年候補者は多いので，その上限いっぱいの40人が毎年認定されている。マイスターの所属する業種は200以上に及び，1つの業種にマイスターが偏るということもない。そして東京都在住の人全体を対象にしているので，候補者が少なくなっていくこともない。

　東京マイスターはこの大規模なマイスター候補群と競争率の高さ，および幅広い業種という特徴を最大限に生かして運営されている。それはその活動を「審査・認定」に特化することである。もし東京マイスターが他の自治体と同じように地域での活動をおこなおうとすると，1000人以上のマイスターの調整とニーズの確保をしなければならず，かなりの労力を必要とすることにな

る。認定マイスター数が大きいために，東京マイスターは全体を動かすことが難しいことに加えて，東京都内のさまざまな業界団体との活動が重なってしまう場合もあるという。

　しかし東京マイスターは競争率が高く，認定されるのはかなり困難であるがゆえに，それは多くの技能者にとって大きな目標になり，認定されることで業界内での活動にプラスになる。それが認定に特化しても十分意義深い活動ができることにつながっている。そして東京マイスターに認定されてもその上には「現代の名工」という国の制度があるので，認定後もますます研鑽に励むことになる。技能指導などの活動は技能士会など業界団体に譲り，一歩引いた立場を保つことが，一番うまく東京マイスターを機能させることになるのである。

　このように東京マイスターはあえて認定活動に特化することで，技能者の地位・社会的認知度の向上や技能尊重の機運醸成を実現し，業界団体の技能形成活動を促進している。しかしこれは東京都の人口という条件があるがゆえに成り立っていることは明らかである。したがって他の自治体がこれと同じ構想を実現させることは困難であるといわざるを得ない。

### (2)　神戸マイスター

　神戸マイスター制度は神戸市が制定した自治体マイスター制度で，現在は神戸市産業振興財団が運営を受託している。本章であげたような目的・活動内容をもつ自治体マイスター制度としては，もっとも歴史のある制度の1つである。

　その設立は地域への活動による技能の啓発活動や他の技能者への技能伝承を大きな目的としているが，他の自治体と異なる一番の特徴は，認定されたマイスターに「自己研鑽金」として毎年10万円が10年間にわたって支給されることである。これはマイスターにとって大きなメリットであり，神戸マイスターとしての活動をする上での原資にもなっている。実際神戸マイスターの地域貢献活動や技能伝承活動は，他の自治体に比べて格段に多い。活動を依頼するにあたっても，研鑽金があるおかげで，依頼を受けてもらいやすいという。自治体は会場を貸し出したりすることでそれをサポートしている。

　神戸マイスターの人数は2018年時点で112人（故人除く）であるが，認定の際に業種はなるべく偏りが出ないよう配慮される。同業種で複数のマイスターが認定されるのは，完全に技能内容が異なっている場合である。そして地域で主要な業種については定期的に「後継者」をつくり出すことが意識されて

いる。マイスターの活動期間は実質，研鑽金のもらえる10年間であるが，その10年めがみえてきた段階で，現在のマイスターが，活動を引継ぐことができる若手を推薦する仕組みがつくられている。これによって技能伝承活動の「現役性」を確保することができる。また新しいマイスターの活動に対しては，最初は古参のマイスターが同行し，活動のやり方についてアドバイスをすることも自治体側が推奨している。この世代間のマイスターの相互作用も特徴的である。

　もう1つの神戸マイスターの特徴は，マイスター同士の親近感の醸成である。マイスター主導で「マイスター交流会」をつくり，マイスター間の結びつきを強めている。マイスターは年齢からして業界団体のトップにある人も多く，他団体の運営などで参考になることも多いという。特徴はマイスターが自律的に任意団体を結成していることであり，自発性をもつ古参のマイスターの主導で実現されている。このようにマイスターとしての活動における相互作用，および親近感の醸成により，神戸マイスターは実践共同体として構築されているのである。

### (3) 北九州マイスター：企業技能者向けの技能伝承活動

　北九州マイスターは福岡県北九州市が制定した自治体マイスター制度で，製造業の技能者を認定する制度である。当初からその設立にあたっては，その高度な技能を他の技能者に伝承することが大きな事業内容の1つとして含まれていた。初年度は中学・高校を対象にした地域貢献的な講演・実演をおこなっていたが，他方で高度な技能を製造現場の技能者に伝達するという取り組みについて検討を重ねていたという。それが技能伝承活動「匠塾」という形式をとり実現された。神戸マイスターの事例と異なる点は，同業者同士，マイスターと一般の技能者の，技能を通じた交流がおこなわれているということである。

　「匠塾」には，製造業企業から技能者を集めて交流を深めながら技能伝承活動をおこなう形態と，若手技能者にマンツーマンで技能伝承活動をおこなう形態がある。本項では前者の事例を紹介し，次項で後者の事例を紹介する。

　2002年に第1回の「匠塾」が開催されたが，この開催には，地元にある八幡職業能力開発促進センター（ポリテクセンター八幡）との共催という形をとったのが効果的であったという。まずポリテクセンター八幡とのニーズの一致があげられる。ポリテクセンター八幡としても独立行政法人化に伴い，より専門的・実践的な研修内容にシフトしていきたいというニーズがあり，それが

匠塾を開催したいというマイスター制度とうまく結びつくことができたのである。また技能伝承活動ではマイスターが指導に専念できる環境をつくることが重要だが，それには適切な補佐役・補助役が不可欠である。その役をポリテクセンター八幡の若い講師陣が務めたことも成功の要因の1つであろう。実際ポリテクセンター八幡側もマイスターの補助をすることで学べることがたくさんあると考えており，両者はすぐに合意し，開催に向けて動き出したという経緯があるという。必要な補助要員，設備・ノウハウを十分にもつポリテクセンター八幡との共催は，必要な資源を補いあい，短期間での準備・開催を可能にした。

この匠塾が好評の要因はいくつか考えられる。まず，たくさんの参加者を確保するため，工夫を凝らしているということである。1回めの初めての開催では，コースを比較的従事者が多くニーズが高いとみられる「溶接」「旋盤」の2コースにし，実施場所もコースによって設備・ノウハウが整っているところに分けて実施している。そして多くのコースを土曜日に実施している。これは受講者とマイスターが参加しやすいことと，習ったことを平日に十分練習して，自分のものにしてから次のステップに進むことができるためである。ビジネススクールのように実務の中で知識を確認する，アクション・ラーニングに基づいた考え方であるといえる。このようにたくさんの人が参加すれば，その人たちの口コミで参加者はますます増えていくことになる。この参加しやすい環境は，受講生と講師が両方とも企業に勤めているからこそ，かえってつくりやすいといえる。

次にあげられるのが「徹底した実践教育」である。匠塾に参加する受講生の目的は主に2つにわかれるという。1つは技能検定資格の取得，もう1つはそれぞれの会社で何か課題や問題点を抱えており，それを解決するヒントを得るためである。目的は非常に実践的であり，それに応えることが最重要であり，実際の指導は実践中心で座学は一切なく，常に「やってみせる」指導である。受講者の目的にしっかり沿う形になっている。

それに関連してもう1つ，「問題解決型の講習」ということがあげられる。前述のようにしっかりサポートがついてくれるので，マイスターは指導に集中できるわけであるが，その内容は，マイスターがマンツーマンに近い形で，受講者の個別の問題点を聞き取り，それを解決する指導をしていることである。受講生の中には，実際に会社で問題を抱えている作業で用いる材料等をもち込み，「この部分をこう加工したいのだができない」という形で質問する人もい

るという。それに対してマイスターも口で説明するのではなく，実際にその人の前でやってみせることで問題を解決している。問題が具体的すぎるほど具体的で，その指導も実践してみせる暗黙知中心の指導である。徹底した実践中心，問題解決型の指導が，受講生の支持を集めているといえよう。

しかし先に述べたように，企業の技能者に指導をおこなうことは，その技能を漏洩させることにつながるのではないかという懸念があった。この問題をどう解決しているのかということであるが，実際このような問題は起きていないということである。

まず自治体側が明確に線引きをし，企業秘密や明かしたくないノウハウについてまで匠塾で提供することは要求していない。どこまで教えるのかはマイスター側が決められるので，所属する企業の理解も得やすい。第2に，マイスターの中には「どれだけ教えても自分を超えることは簡単にはできない」という強い自負心があるという。このことはマイスターのもつ技能のレベルの高さを示すとともに，マイスター自身が受講者の技能レベルと比較して，どこが優れており，どのあたりに圧倒的な差があるから，自分を超えることはできないということを，ある程度認識しているということを示唆している。

そして指導におけるもう1つの懸念が，マイスターは指導の対価を何によって得ているのかということであった。この点についてはマイスターによっていろいろな動機があるという。それは「自分の技能をここだけで終わらせたくない」という技能伝承に由来する動機のほかに，まず「受講生が真剣なので，少しでも喜んで帰ってもらいたい」というものがある。学びの場は教授者と学習者の相互作用でつくり出すものである。そしてその指導が実践的であるからこそ，受講生の問題を解決でき，それは受講する姿勢の真剣さにつながる。それがマイスターの指導の熱意に火をつけるという，好循環がうまれているのである。たんなる技能の一方的な伝承ではなく，循環構造が双方を動機づけていること，そしてそれが学びの場のセッティングにより生み出されていることが注目すべき点である。

そしてもう1つ，マイスターを動機づけるものとして，「同じ仕事が好きな仲間を増やしたい」という気持ちがあったということである。実際この匠塾の優れている点は，同じ問題意識を共有する人々が集まって，共通の問題について話し合い，技能・知識を共有するという，実践共同体を形成している点にある。ちょうど学会の研究分科会のように，マイスターも会社ではなかなか味わえない，「同じ仕事をやっている人ばかりの集まり」を主催することになる。

その話が合うという喜びは十分理解できるし，マイスターにとってもさまざまな企業の，ときにはマイスターも初めてみるやり方に遭遇することもあり，刺激になるという。同じ分野で同じ問題意識をもっているからこそ，高い凝集性が生まれ，技能・知識の共有が起こるのである。それはまさに，実践が駆動し，実践により人が結びついて生まれる「実践共同体」である。

　そして自治体側もその技能者同士のネットワークを生み出しやすい環境づくりに努めている。技能者同士の会話を生み出すために，必ず1回はみんなで同じテーブルを囲んで食事をする時間をとっているという。これはインフォーマルな交流を深めることにつながるが，技能者同士が一番議論で盛り上がる時間は，休憩時間にたばこを吸いながらの雑談であるという。中小零細企業の技能者にとっては，同じ職種の技能者は数人，ときには1人の場合もある。それでは会社の先輩の技能を超えられなかったり，他の技能を覚えられなかったりという実情がある。しかし匠塾で同じ職種の他企業の人とふれあうことで，違う刺激を得ることができる。企業の境界を越えた実践共同体はますます大きさを増し，技能者の意欲やアイデンティティ構築に影響を与えていると思われる。

　そしてその人の結びつきは，匠塾の時間だけにとどまらない。匠塾の悩みは，同じ人がいつも受講しにくるわけではないということであるという。企業から交代でいつも違う人，しかも若い技能者が受講に来る。いつも同じ人では不公平ということになるのであろうが，1人の人に技能が積み重なるという連続性には欠ける部分があるかもしれない。しかしその側面は他方で，もち帰った技能を若手が企業内で指導するということにもなり，若手の技能指導力を向上させることにもなるかもしれない。そしてその指導が積み重なった結果，受講生の技能がレベルアップしたある企業は，マイスターを会社に招待して大歓迎したという。またマイスターのもとには指導時間外にも相談を求めて連絡があるという。それに対してマイスターは丁寧に応えるばかりか，気になった受講生にはマイスターの方から連絡を取り，その後の問題について聞いてみることもするという。受講生やマイスターのパーソナリティもあると思うが，それも興味関心で結びついた実践共同体のもたらす，インフォーマルなネットワークの広がりといえるであろう。人と人とのネットワークをうまく構築できていること，それを促進するテーマ別の実践的な講習内容，それらを促進する環境のセッティングが，匠塾の成功をもたらしているといえよう。

### (4) 北九州マイスター：若手技能者育成の技能伝承活動

「北九州マイスター」の技能伝承活動「匠塾」は，前項のような企業側の技能者を集めての技能伝承活動だけではなく，個人の若手技能者を集めての技能伝承活動もおこなっている。若手技能者育成の技能伝承活動の目的は，技能検定の対策である。もちろん所属企業の先輩に教わることもできるが，どの企業にも技能検定を取得している高度な技能を有する先輩がいるわけではない。そこで匠塾は北九州マイスターがその高度な技能を直接若手技能者に伝承する取り組みを行っている。こちらもその特徴はその実践性である。具体的な問題や技法について直接マイスターに相談したり，指導を受けたりすることができるので，企業で先輩から学ぶように技能を身に付けることができる。またポリテクセンター八幡の設備を使うことができるので，多くの人数を同時に教えることができる。加護野（2007）のいう「集団学習の利点」を享受することができるのである。

取材した日は指導者であるマイスター2人に対し，受講者である技能者は4人と，大変濃密な指導を受けることができていた。受講科目は溶接の「アーク溶接」「半自動溶接」であった。マイスターは2人の受講生に溶接作業をさせ，その様子を斜め後ろからみている。溶接の材料はポリテクセンター八幡の職員が常に近くで鋼材を加工していて，何度でもできるようになっている。実践的な課題に自主的に取り組ませ，マイスターはそれにアドバイスする，という指導方法である。マイスターは受講者の様子を常に観察しており，うまくいかない様子（「あーくそ」と悔しがったりなど）をみせると，その様子をみてアドバイスする。特徴的だったのは，マイスターは基本的に溶接作業をまず最後までやらせて，そのできばえをみてアドバイスし，次の作業にいかすという指導方法をとっていることである。途中で手を止めてアドバイスするよりも，受講生の自律的な学びを促進することができると思われる。それと同時に作業している横から「いいぞいいぞ」と声をかけたり，気をつけるポイントを繰り返すような声かけ（「（溶接棒を）均一に当てないと」など）をしたりしていた。そして受講生の実践に際して，マイスターが後ろから手を添えて，溶接技能を指導している場面もみられた。これは直接指導ができる匠塾の効果の最たるものであるといえる。マイスターは「言葉にならないところもポイントを押さえて指導できる」と話し，その効果を強調していた。

受講生に実践させるのと平行して，マイスターが自分の技能をみせる場面も

みられた。そのときは受講生はマイスターの後ろでその様子を観察する。それがやりやすいよう，受講生にみえやすい角度に椅子を調整したり，みやすい工夫をマイスターがおこなっていた。また，溶接時は強烈な光や火花が発生するが，その具合をみせることも重要であると同時に，実際に溶接するときの手つきをみせるために，火を出さずに溶接棒を動かし，その様子をみせるという指導もおこなっていた。保護面をつけず肉眼で至近距離からみることができるこの指導も，折に触れておこなっていた。そして溶接用の道具の出力について指摘したり，指示書をいっしょにみながら作業を検討したりと，道具を使った実践的な指導が常におこなわれていた。

　指導者役のマイスターは，匠塾に協力している理由の1つに，受講生の熱意をあげている。「やる気が違うから，教えていて楽しい」「まじめで教え甲斐がある」という回答からは，匠塾が技能に対するニーズのある受講生と，高度な技能をもつマイスターを結びつける役割を果たしていることがうかがえる。そして熱意をもって取り組むので，質問も多く寄せられるし，通常であれば5年くらいかかる技能を匠塾で短期間で，会得しようとしているという。またマイスターにとっても，別の企業の技能者や，同じ技能でも要素や材料の違うものを扱う人とコミュニケーションをとれるのは大きな魅力であり，逆に教えてもらうこともあるという。

　匠塾の指導には定評があり，それは若手を定期的に匠塾に参加させる企業があるということからもわかる。「今度うちの若い人がいくからよろしく頼む」という会社からの要請を受けて若手技能者が派遣される。しかしそれは人材育成を丸投げしているのではないという。匠塾に参加する意義として，まず会社の中にない高度な技能を有するマイスターとの出会い自体が，若手にとって刺激を受けるよい機会になるという。そして同じニーズをもった受講生との出会いも重要である。ここで他の会社との人と話すことで，技能の幅がより広がるという。中小企業の中で同じ技能を有する他者と交流を深める機会はそれほど多くはない。匠塾はその同じ技能者が出会い，コミュニケーションを深めることで学習を進める場となり，それが実践共同体の形成につながる。社内外で技能向上の学習が継続するきっかけになるのである。

　受講生の匠塾受講の目的の1つとして，技能検定試験の受験対策というものがある。もちろん会社も支援をしてくれるが，業務時間の中で仕事に用いる技能は学べても，試験対策をするのは時間的に困難である。匠塾では試験対策としての技能学習を，業務を離れて時間をとって（匠塾は主に土曜開催）集中的

に学ぶことができるのは大きな魅力であるという。そして会社もそれを理解しているからこそ，匠塾に喜んで送り出すことができるのである。またポリテクセンター八幡は公的機関であるので，比較的最新の作業機械が導入されている。それらにふれることができ，それらを使った指導が受けられるのも隠れた魅力であるという。技能者の中には高いレベルの技能を有していても，作業機械の性能に由来して問題が解決できないこともあるらしく，新しい機械を使って講習を受け，その感想から企業に導入を要請できるという。その方が実体験と手応え・実績を説明できるからである。

そして指導者と受講生は匠塾での出会いを通じて，技能者同士の関係づくりをしていく。先述の通り指導においても直接，的確な声かけ，技能の実践による手本の提示，そして手を添えて体と手の使い方を両者が一体化させる形での高度な指導（「結局これが一番近道」という）など，濃密な時間を過ごすことができるのが大きな要因である。それに加えていくつか，両者の関係づくりの場面がみられた。

その1つが休憩時間である。前項でも休憩時間にたばこを吸いながらの休憩時間がコミュニケーションが深まる機会で，匠塾では意識的にその時間を長くとっていることを指摘したが，今回休憩時間をみていても，マイスターと受講生が作業を離れても技能のことについて話しあうなどしていた。マイスターはリラックスした雰囲気で，話しやすい流れをつくって指導に結びつけていた。マイスターの指導技能の高さとともに，「困ったらいつでも連絡してこい」と声をかけ，関係づくりをおこなっていたのである。

3回シリーズの最後の日には，指導が終わると後片付け・掃除がおこなわれた。それを受講生とマイスターが共同でおこなっていたが，その間も常に技能のことについて話しあっていた。そしてできた課題の周りに全員が集まり，その課題をもとに話が弾んでいた。ここでは2人のマイスターが話しあったり，違うコースの受講生が話をしたり，違うコースのマイスターに受講生が質問したりと，コースをまたいだコミュニケーションもとられていた。そしてマイスターは今回の課題で取り組んだもの（溶接した部品）をとっておくと上達に役立つから，もって帰って玄関においておくようにと指導していた。

そのあと場所を移して，コースの修了式が開催された。修了証の授与とともにマイスターも訓示をおこなった。これらの機会は，マイスターと受講生の今後のつながりを予想させるものであった。

北九州マイスター匠塾の事例は，自治体マイスターが技能者に対して直接技

能指導をおこなう事例であるが，今回の調査でもその有効性と意義が確認できた。マイスターの指導は細部にわたり行き届き，なおかつ受講生の自主性と創意を最大限に引き出すものであった。1つ1つの技能をときにはやってみせ，ときにはポイントだけを指導して実践させていた。受講生もその技能の高さを少しでも吸収しようと，片時も気を抜かず練習に励んでいた。そして自治体公共施設を利用した伝承用の設備の良さも大きなポイントであった。

匠塾の事例は技能伝承における熟達者の「実践共同体」づくりという視点も明らかにしている。それはマイスターの指導が，イベントによる「この場限りの」指導とは異なるという点にある。たとえ指導の場はなくなっても，マイスターと受講生の関係は継続する。技能という接点をもとに，問題が立ち現れたときにその関係はまた技能伝承を促進する原動力として活性化すると考えられる。これは従来の固定的・継続的な関係を前提としていた実践共同体研究に，新たな視点を提供するものであるのかもしれない。

### (5) にいがた県央マイスターの技能講習会

次は新潟県の自治体マイスター制度「にいがた県央マイスター」の事例である。にいがた県央マイスターは主に新潟県の県央地域の高度な熟練技能者を認定し，技能伝承活動を通じて，技能伝承や地域産業の振興をおこなうことを目的に，2005年に制定された。制度の制定には先行する他の自治体マイスター制度も参考にしているという。マイスターは製造業を主な対象に，2018年までに11回認定され，2018年末現在30人が認定されている。認定には業界団体等の推薦が必要となっている。伝統工芸の技能伝承活動は積極的ににいがた県央マイスターの仕組みが活用されており，また高校への技能指導も，県央地域という枠を超えた取り組みが広がりつつあるという。

にいがた県央マイスターは技能伝承やものづくりの理解促進のために，マイスター活動を推進している。その1つが「にいがた県央マイスター塾」（以下「マイスター塾」）である。マイスターが技能伝承をおこなうこの活動は，旋盤や検査などの技能を伝承する形での技能者育成も実施しているが，北九州マイスター匠塾と異なり，一般の市民や子どももマイスターの技能やものづくりの楽しさを体験できる機会があるのが大きな特徴である。伝統工芸の比較的一般市民にも取り組みやすい性質の技能がいかされているといえよう。今回は市民を対象にした，燕三条地場産業振興センターで2010年10月24日に開催されたマイスター塾において，参加観察による調査を実施した[5]。手彫り彫金の体

験コースで，当日の参加者は3人，手彫り彫金のマイスターが最終加工前までの木の葉のブローチ製作について，指導をおこなった。

マイスターは手彫り彫金の高度な技能を有し，実際に製作した製品は手彫りでしかできない，しかし手彫りとは思えない繊細な紋様が刻まれていた。しかし今回の課題である木の葉のブローチは作業手順も簡単で，取り組みやすいものになっている。加えて一般市民に取り組みやすい工夫が多く施されていた。

まず最初に作業手順書と彫金技法の種類を書いたプリントが配られ，作業手順の説明がおこなわれた。1つ1つの手順がシンプルに分けられており，取り組みやすい説明がなされていた。同時に彫金技法についても詳しく説明がなされ，技能の奥深さをうかがわせる，たんに体験イベントではなく，マイスターのイベントであるという認識があるように感じた。それに基づいて，今回の課題は基本の技能（毛彫り）を体験できるものであるという説明があった。その技能を体験することに重点を置くため，他の作業は簡略化するように作業が設計してあった。たとえば今回の木の葉のブローチは，木の葉の外形はゲージを選んでそれを写し取るだけになっていた。それよりも手彫りの方に重点を置く配慮であろう。

今回の参加者は筆者も含め初心者であったが，それを踏まえて安全に配慮した指導がなされていた。今回最も注意しなければならなかったのは，銅板の端で手をけがしてしまうことであったが，手袋の着用や材料のしっかりした固定など，マイスターが経験に基づく目配りをしていたことがうかがえた。筆者もうっかり手袋をせずに材料をもっていたところをすぐ指摘された。また今回の手彫りはタガネの先を自分の身体の方に向けて，金槌で打って少しずつ彫っていくものである。彫り終わりを強くしないようにすることと，タガネのもち方をしっかりするという指導もなされた。

課題製作において特徴的だった指導は，自分の課題は基本的に自分で取り組ませることである。マイスターは受講者の課題に手を入れることはなかった。しかしマイスターが自分の課題で手本をみせることはよくおこなっていた。受講者の1人が銅板をはさみで切る作業に手間取っていたが，マイスターは「はさみに力を入れながら銅板を動かす」といったように説明しながら，余った銅

---

5 　北九州マイスター「匠塾」は参加者は実務経験があり基礎的な技能を有する者という条件がついていたが，にいがた県央マイスター塾は特に参加条件はなく，マイスターの厚意により，筆者も当日参加させてもらう幸運を得た。マイスター塾には全面的に参加し，そのあとで経過をフィールドノーツにまとめた。またマイスター塾開催の前に，にいがた県央マイスターの担当者にインタビュー調査を実施した。その2つのデータから事例を構成している。

板で見本をみせていた。それをみていた受講生は無事材料を切り取ることができた。別の場面では受講生が葉に虫食いの穴をあける（本物らしくみせるための彫刻）という作業がうまくできなかったが，マイスターは「しっかり力を入れて叩いて」と手本を示し，受講生もそれにならっていた。

　そして一番重要な作業である，葉の葉脈をタガネで彫るという作業では，始める前にマイスターが実際に手本をみせ，注意点（彫り終わりを弱くすること，タガネの角度など）を指摘していた。課題のできばえを左右する作業だけに，まず手本をしっかりみてもらうということであった。受講生が自分の手で課題を進めていくのをアドバイスと手本で手助けするという指導がなされていた。

　このようにマイスターは，何もかも管理下に置くのではなく，安全やできばえに気を配りながら，基本的には受講生の自由な作業を見守っていた。作業の遅れている人には援助をしていたが，たとえば銅板のカットを早く終えた受講生が，余った銅板でもう1つ木の葉のブローチを作ろうとすることをとがめる様子もなかった。創作意欲を引き出しながら，技能の奥深さを知ってもらうというマイスターの指導方針がうかがえる。

　すべての作業が終了したのち，マイスターは製作した課題を回収した。そしてもち帰って仕上げ作業（磨き，焼き入れ，ブローチの部品接合など）をマイスター自身でおこなった上で，完成品が後日受講生に送られた。受講生は大変満足した様子で，手彫り彫金で作ったマイスターの他の作品について質問したりもしていた。マイスターもこのような活動で彫金について社会の理解を深めたいと話していた。

　にいがた県央マイスター塾の事例は，自治体マイスターが地域住民と，技能を基軸にして接点をもつ事例として注目すべきものである。手工業という業種の利点をいかし，積極的に一般市民に対して技能指導をおこなうことは，自治体マイスター制度の目的である，技能尊重の機運醸成と地域の活性化を，目にみえる形でダイレクトにおこなうことができるであろう。今回は自治体の支援もあり，活動を非常に機動的に実施している姿をみることができた。伝統工芸や手工業などをマイスター制度の対象にしている自治体にとっては，先進事例の1つとしてとらえることができるであろう。

　また今回は長期的な視点からの児童・生徒のキャリア教育という視点を取り入れたが，セカンド・キャリアというもう1つの視点も忘れてはならないであろう。キャリア教育とセカンド・キャリアの充実という2本のルートの両面作

戦は，目的を効果的に果たす1つの方向性ということができる。その意味でマイスター塾の意義は大きいものである。

## 5 考察

　本章では，自治体マイスター制度の現状と課題について，いくつかのマイスター制度の事例を取り上げて議論を進めてきた。本節では実践共同体研究の観点から，それらの事例に対して考察を加えることとする。

　自治体マイスター制度を実践共同体と位置づけた場合，規模はマイスターの数によって異なるものの，マイスター同士が集まる実践共同体は頻度としては多くなく，むしろマイスター自身が実践共同体のコア・メンバーあるいはコーディネーターになって構築する方が多かった。匠塾のようにマイスターと受講者の濃密な相互作用がおこなわれるような実践共同体と，マイスター同士の相互交流のようなネットワーク形成がおこなわれるような実践共同体の，2つに分けられるといえる。境界については，マイスターあるいは参加者の所属企業の境界を越えて技能者が集まっていた。Wenger（1998）の類型では，匠塾などは境界実践の典型例といえる。そして多くは知識や技能の伝承という低次学習がおこなわれていたが，参加者にとっては企業の境界を越えることで，自身の仕事のあり方や技能の獲得に対するパースペクティブ変容がみられたこともあり，高次学習もおこなわれていたといえる。そしてローカルに分散している企業と技能者を結びつける，包摂的な実践共同体として，企業との間で二重編み組織を構築していることがわかる。それが企業や技能者の境界横断を促進していた。

　そして何より今回の事例における実践共同体の特徴は，自治体のマネジメントによって構築・運営される実践共同体であるということである。成功している自治体マイスター制度は自治体の細やかなマネジメントによって実践共同体として運営されることで，技能者の地位向上等に加えて，技能伝承を促進させることができているのである。

### (1) 実践共同体としての自治体マイスター制度

　本章では「領域」「共同体」「実践」の3要素を備え，異業種の技能者が集う自治体マイスター制度を実践共同体と位置づけ，その実態を調査したが，表層的な特徴としては基準を満たしていても，その構築プロセスをみてみると，必

ずしもうまく構築できていない事例が多かったことが明らかになった。まずWenger et al.（2002）による実践共同体の7つの基本原則①進化を前提とした設計をおこなう，②内部と外部それぞれの視点を取り入れる，③さまざまなレベルの参加を奨励する，④公と私それぞれのコミュニティ空間をつくる，⑤価値に焦点を当てる，⑥親近感と刺激を組み合わせる，⑦コミュニティのリズムを生み出す，に当てはめてみると，技能者を認定し（①），地域社会での活動を推進する（②③）ところまでは満たしているものの，異業種の技能者を交流させる接点を作り出せていないこと（④⑦）と，その技能者が得られる明確な価値を定義できていないこと（⑤⑥）が制度の不活性の理由としてあげることができる。Wenger et al.（2002）は実践共同体はローカルに孤立した学習者を結びつけることができるとしているが，それは塩瀬・中川・川上・片井（2006）のいうようにただ集めただけでは困難である。そこにはコーディネーターの役割，荒木（2008a）のいう配慮型リーダーシップが不可欠であるが，それが定義できていないことが要因の1つとして考えられる。そして自治体マイスター制度に認定されたとして，技能者がそれに価値をみいだせていないこともあげられる。所属する企業内での地位向上がその価値としてあげられていたが，他にもマイスターに対して価値を提供することが活性化につながる可能性がある。そして技能者同士の交流の場を作り出すことがその手段の1つである。インフォーマルな場での技能者同士の結びつきが親近感（④⑥）を生み出すことは，神戸マイスターですでに実証されているのである。

　また実践共同体構築の5つの段階，「潜在」「結託」「成熟」「維持向上」「変容」という枠組みから各制度を検証すると，活性化していない自治体の制度は最初の「潜在」段階で停滞していることが明らかになった。それに対して活性化している事例はその先の「結託」「成熟」段階まで達し，マイスター間の交流によりその意義を確認し，実際の活動も軌道に乗っている。Wenger et al.（2002）によれば次の段階に移行するには，メンバー間の結びつきや信頼を築き上げるとともに，実践共同体の価値をじっくり構築するか，すばやく提示するかというトレードオフを解消する必要があるとされている。神戸マイスターの事例はマイスター間の交流を深めることでその価値を自発的に構築したが，北九州マイスターは自治体側の働きかけで当初から問題解決型の技能伝承という価値が提示されている。どちらが好ましいかは制度の内情にもよるが，自治体の制度であることを考えると，自治体側からの価値の提示は現実的な方策である。

### (2) 実践共同体のコーディネーター

もう1つ自治体マイスター制度の活性/不活性に影響する要因として，実践共同体のコーディネーターの在/不在があげられる。自治体側は活動の仲介的役割に徹し，マイスター側もその交流を促進する役割を担っていないことが，実践共同体としての自治体マイスター制度が先の段階に構築されない要因と考えられるのである。自治体マイスター制度は異業種の技能者の集まりであるだけに，塩瀬ほか（2006）や山内（2003）の指摘するように，彼らを実践の場に引き入れる境界実践的な活動をおこなう必要があるのである。活性化している制度では2通りのコーディネーターの存在があった。1つはマイスター側がコーディネーターの役割を果たしている制度で，神戸マイスターがそれに該当する。古参のマイスターが中心になってマイスターの交流の場を設定していた。これは自発的に発生した事例である。もう1つは自治体側がマイスターの組織化に介入する制度で，北九州マイスターがそれに該当する。北九州マイスターはその組織化を当初から意識し，積極的な場づくりをおこなっていたが，神戸マイスターはその組織化のきっかけづくりをおこなっていた。荒木（2007, 2008a）においてもコーディネーターの役割は重要であるとしているが，Wenger et al.（2002）は実践共同体には中心的参加者である「コア・メンバー」から参加レベルの高くない「周辺メンバー」までいくつかの参加レベルがあるとしている。ここから自治体側がコーディネーターとして，マイスター側がコア・メンバーとして実践共同体を構築するという方策が考えられる。マイスター側の自律的な活動のためにもコア・メンバーが重要であり，分担してリーダーシップを発揮することが制度を活性化させる可能性がある。

### (3) 技能形成を進める実践共同体のあり方

そして活性化している自治体マイスター制度の事例をみると，その活性化につながる方策もそれぞれ異なっていることがわかった。東京マイスターは技能者の地位・社会的認知度の向上および地域社会での技能啓蒙活動を実現するため，技能伝承活動は業界団体に任せ，あえて認定に活動を限定し，技能者の目標になることを目指している。マイスター同士の交流はないが，競争に裏打ちされたマイスターの価値が多くの応募者を引き寄せることで，制度を活性化させている。しかしこれは東京都という膨大なマイスター候補の存在と，それに基づく競争率の高さによって支えられているのであり，他の自治体ではなかな

か困難である。

　神戸マイスターは報奨金や研鑽金という制度を導入することで，マイスター活動への価値づけをおこない，高い成果をあげている。また認定期間終了時に後継者を候補としてあげたり，マイスター同士の交流を通じた実践共同体構築を目指している。それにより地域活動や技能伝承活動の活性化につなげている。この形態は活性化しない自治体が目指すべき形態の1つであると考えられる。たとえ報奨金の予算措置を講じることは困難であるとしても，マイスター同士の交流を促進し，それを通じて価値を提供することが，実践共同体構築の第2段階である「結託」を促進し，その後の活動の基盤となるのである。

　そして北九州マイスターは，匠塾のように，同業種の興味関心によって集まった参加者の技能を通じた相互交流を促進することで，実践共同体の形成を促進する方策をとっている。参加者も実践共同体の形成に必要な関心領域をそれぞれにもっているし，マイスターも実践共同体のメンバーとして学習・交流するというインセンティブにむけて活動するので，双方に参加する価値を提供できるのである。そして自治体側がその参加する価値を規定し，積極的に交流を促進している。技能形成の中でもより焦点化された目的について幅広いレベルの参加者が学習している北九州マイスターは，実践共同体構築の第3段階「成熟」段階まで達しているということができるのである。

　現在活性化していない制度もこのように技能形成を目的とする，より実践共同体の本来の姿に近づけていくことが，自治体マイスター制度の発展にとって必要であるといえる。それに向けては，実践共同体に必要な「領域」をより絞り込むことが求められる。実践共同体構築の「成熟」段階では，新しいメンバーを受け入れつつ，扱う問題を焦点化することが重要であるとしている。業種だけでなくその中でもより細分化された領域において技能者を集めることで，その焦点化がはかられると考えられる。

## おわりに

　本章では自治体マイスター制度の事例を通じて，実践共同体について考察してきた。自治体マイスター制度は技能者の企業における境界を越えて，技能伝承を促進する実践共同体である。しかしたんに技能者を認定するだけではなかなか成功しない。技能伝承を促進するにはマイスターの技能伝承への関心の高さとともに，自治体のマネジメントが重要であることがわかった。各地域に広

がるこの制度の有効性をどう高めていくかという課題について，実践共同体の理論は貢献できると考える。

# 第6章 陶磁器産地における実践共同体[1]

## はじめに

　本章では，実践共同体における技能の学習について，陶磁器産地における実践共同体の形成と運用の事例をもとに議論する。産業集積研究ではその利点と意義として共通技能の形成と技能伝承が指摘されているが（Marshall, 1920），実践共同体の形成によってそれはより促進されると考えられる。本章は陶磁器産地（産業集積地）全体を大きな実践共同体ととらえ，その中に小さな実践共同体が生成されるという構造として事例をみていく。そして技能伝承と学習を促進する実践共同体について，おもに2つの陶磁器産地について事例研究をおこない，その学習のメカニズムについて考察する。

## 1 産地における実践共同体

### (1) 産業集積研究と実践共同体

　Wenger et al.（2002）も指摘し，Lave and Wenger（1991）で取り上げられている事例をみてもわかるように，実践共同体の形成は教育現場と企業内に限られるものではない。企業外の勉強会（荒木，2007）や技能講習会（松本，2011a）においてもみられるし，また同業種の個人事業主や中小企業によって構成されるものもある（松本，2009a）。そして今回みていくようにそれは産業集積，すなわち同一の産業に属する企業が一定地域に集中して立地することにより形成された「産地」においても形成されると考えられる。産業集積の研究においても集積の意義と利点として，産地内での共通技能の形成と技能伝承

---

1　本章は松本（2009b, 2010, 2015a）に加筆修正したものである。詳細についてはそちらを参照。データは調査当時のものである。

があげられている（Marshall, 1920）。また集積によって企業間のコミュニケーション・学習が促進され（Saxenian, 1994），技術が波及しやすくなり（Krugman, 1991），その相互作用の結果として新しい製品やイノベーションが生まれることが多いことも指摘されている（Porter, 1998; 金井，2003）。そのような機能と役割を，産地において形成される実践共同体が担うことも十分考えられる。長山（2012）は産業集積内のスピンオフ・ベンチャーの生起において，母体組織内・企業家ネットワーク内・地域内という異なる場において企業家が実践共同体を目的にあわせて構築し，知識創造やイノベーションの原動力にしていることを明らかにしているが，これも実践共同体の産地内での形成および活動の有効性を示しているといえる。

　このような視点から，地域社会や地場産業の発展と実践共同体の関係を追究する研究も出てきはじめている。ここにおいて実践共同体は人材育成や知識共有の場となり，地場産業や個々の企業，地域の人々，あるいは行政機関と相互作用する，触媒的な役割を果たしている。たとえば関（2008, 2013）は酒造業の技能伝承について複数の県レベルでの調査を実施し，従来型の徒弟制度的な人材育成システムに代わって，県単位で業界主導の人材育成システムが構築されていることや，地域の酒造業者による実践共同体が形成され，補完的な学習やネットワークの構築などが図られていることを指摘している。田崎（2009）も伏見酒造業者に対する実践共同体の調査をおこない，酒造会社と実践共同体の多重成員性による学習と相互交流の過程を明らかにしている。松本（2009a）は，前章でも取り上げた自治体レベルで制度化された「自治体マイスター制度」が，地域レベルでの技能者で構成される実践共同体の活動をもたらしていることを指摘している。

　加護野（2007）および山田・伊藤（2008）は，伝統産業のビジネスシステムからの分析より，産地間の事業システムの違いを生み出す鍵として，①人材育成の仕組みづくり，②顧客とのつながりによる経営者の育成，③過剰ではない競争状態の維持，の3点をあげている。この3点はそのまま，陶磁器産地における実践共同体による学習の影響する点として考えることができる。人材育成についてはもちろん，産地というレベルでの実践共同体の中では，顧客の視点と適切なレベルでの競争状態は，学習を促進する要因となるからである。そして山田（2013）は陶磁器産地を，産業集積とビジネスシステムの視点からとらえ，伝統産業には Piore and Sabel（1984）の「柔軟な専門化」の基盤となるコミュニティが存在し，コミュニティを維持するために必要な道徳律を

遵守した取引がおこなわれていることを指摘し，複数の陶磁器産地の調査をもとにそれを実証している。山田（2013）のいう地域コミュニティは多くの実践共同体の集合体と位置づけられ，地域社会におけるネットワークの結節点としての機能を果たす可能性がある。

### (2) 陶磁器産地と実践共同体

そして陶磁器産地を対象にした既存研究から，実践共同体の果たす役割を考えることができる。それは大きく，①技能伝承，②デザインの共有，③創造性の発揮，の3つである。

最初の「技能伝承」については，窯元・作家としての実践共同体と，産地全体としての実践共同体からみることができる。窯元・作家としての実践共同体では，Lave and Wenger（1991）の正統的周辺参加の枠組みで考えることができる。学習者は窯元・作家の中で自分の役割を担いながら実践に携わることで，技能を獲得しているということである。加護野・松本・喜田（2008）では，実践共同体としての窯元・作家においては疑似家族集団の中で技能が伝承されるとしている。そこにおいては集団間競争による切磋琢磨で技能が磨かれること，親方との1対1ではなく多様なレベルの人々が存在する集団の中で教え合いが起きること，共同生活の中で適性がみえてくること，雑用から学ぶことができることをあげている。また喜田・松本（2012）では実際の窯元の事例研究をおこない，新人がまずきれいな線を描けるようになるところから始め，次に花や人物などの「モチーフ」を描けるようになる，というふうに熟達のカリキュラムが共同体内で規定されていること，新人の熟達度合いを共同体内のベテランが判断し，得意分野を伸ばすことで熟達を促進させていることを指摘している。このように個々の窯元内で技能伝承がおこなわれていることが明らかになっているが，本研究は産地全体を大きな実践共同体ととらえると，そこにも熟達を促進するメカニズムが内包されていると考える。

2つめの機能は「デザインの共有」である。陶磁器産地にはどこにおいても，「〇〇焼らしさ」のような特徴が存在している。窯元・作家が産地内に集積することでそれは生まれるが，そこには「デザイン・パラダイムの共有」と「写しの不文律」がある。まず「デザイン・パラダイムの共有」であるが，デザイン・パラダイムとはKuhn（1962）や加護野（1988）のパラダイム論をデザインに援用したもので，組織やコミュニティの共有・構築するデザインのイメージや世界観のことである（松本，2011c）。それは個別の具体例から発展

し，なおかつデザインの具象性を失わない抽象度をもつ，中範囲の表象である。産地内には実際の製品・作品という具体例があり，そこから「○○焼らしさ」というデザイン・パラダイムが派生し，産地内でそれが共有されているからこそ，陶磁器産地の製品・作品の特色が出るのである。もう1つの「写しの不文律」は山田・伊藤（2008，2013），松本（2010）において指摘されている。陶磁器産地においては不文律として，歴史的な文様やモチーフを自分のものとして取り入れる「写し」はどんどんやるべきである，ただし他の窯元や作家のコピー（模造品の作成）はしない，というものがある。歴史的に共有された文様やモチーフは産地に共有された資源であり，それは取り入れることができるが，他の窯元や作家の製品・作品のコピーは許されていないのである。窯元・作家が産地内の共有資源であるモチーフや文様を「写す」ことで，産地内に同様の製品が生まれ，ひいては「○○焼らしさ」というデザイン・パラダイムが生まれるのである。

3つめは「創造性の発揮」である。「写し」は許されているとはいえ，特に陶磁器作家にとっては創造性を発揮してオリジナリティを出すことが求められる。山田・伊藤（2013）は他産地の発展が停滞する中で，信楽焼産地は一部の窯元が創造性を発揮することで違いを生み出し産地全体がそれに従って発展していったことを明らかにしているし，山田（2013）は陶磁器産地ではその産業集積的な効果をいかし，シリコンバレーのようなイノベーションを起こすことで地域活性化につなげるべきであると提唱している。以上のような実践共同体に期待される役割を念頭に，本研究では陶磁器産地という実践共同体において窯元・作家間でどのような学習がおこなわれ，創造性が発揮されるのかについても検討する。

## 2 | 調査方法

本研究では定性的方法により収集したデータに基づく事例研究をおこなった。今回の調査対象は全国に点在する陶磁器産地のうち，有田・伊万里（有田焼・伊万里焼），瀬戸・美濃（瀬戸焼・美濃焼），京都（京焼），山口（萩焼），滋賀（信楽焼），広島（備前焼），愛媛（砥部焼）の各地区である。紹介する事例はこの中のいくつかの地区の窯元・作家のものであるが，基本的に地域によって技能形成や熟達過程について大きな違いはなかったことを付記しておく。そして本章において特に取り上げる陶磁器産地，A地区・B地区以外の箇

所には，この2地区以外の調査結果も反映されている。

　事例研究はYin（1994）の方法に基づき，当初は陶磁器産地A地区・B地区という複数の事例を比較分析することを念頭に調査をおこなったところ，両者には実践共同体における2つの問題，すなわち複数の共同体の多重所属と，実践共同体の発展と衰退という2点にかんして多くの示唆が含まれていた。そこで2つの単独事例としても取り扱い，A地区は実践共同体の活動の推移と衰退・再活性化の事例として，B地区は実践共同体の多重成員性と「役割分担」についての事例として，その産地における実践共同体の構成，および作陶技能の学習に対する影響を分析した。共同体の広がりと継続性という2点を同時にみることで，学習を多次元的に分析することが可能になる。

　陶磁器を製造・製作する主体は，製品としての量産品をつくる「窯元」と，作品としての一品ものをつくる「作家」に大別できる。今回事例でとりあげるA地区・B地区はいずれも作家が多く，主な製作者となっている。本研究では事例に用いるデータ収集のため，2つの陶磁器産地においてA地区では24の窯元・作家に，B地区は11の作家に対してインタビューをおこなった。インタビューは調査者と被調査者の対面形式で，時間は30分から1時間である。インタビュー方法は事前のガイドラインに従いながら，具体的なポイントについては深く追究する半構造化インタビュー（May, 2001）である。インタビューデータは文書化し，産地ごとに問題意識に沿って特徴的なデータを抽出し，事例を構成した。以下ではその2つの事例をみていく。

## 3 ｜ 事例研究：陶磁器産地の作陶作業と人材育成

　事例研究の最初に，本節では複数の陶磁器産地の調査をもとにした，陶磁器産地の作陶作業と技能形成の事例について概観する。

### (1) 陶磁器の様式・モチーフとデザイン

　陶磁器産地の研究におけるトピックの1つに，「なぜ陶磁器産地全体で統一的な様式が維持されるのか」という問題がある。もちろん陶磁器業界でも同じデザインのものをつくることは，特に作家型の窯元ではタブーとされている。そこに作家のオリジナリティがあるからである。しかし一定規模の陶磁器産地では，歴史的に同じ様式の陶磁器が継続的に産出されている。これには「様式」と「モチーフ」，そして「デザイン」の関係性がある。陶磁器産地，特に

歴史の長い産地ではその様式を構成する「モチーフ」が存在する。たとえば有田・伊万里地域は古典的な中国様式の磁器が特徴であるが，そこには山水画や中国的な人物，花などのモチーフがある。それらは有田・伊万里地域では古い作品から連綿とつかわれつづけているものであり，地域の至る所にそのモチーフを用いた作品が無数に存在する。他の地域にも歴史的に受け継がれるモチーフは存在する。それらを製品・作品1つの全体の「デザイン」の中に組み入れるのは「写し」と呼ばれる。人材育成もそれらのモチーフを描けるようになるところから始める。陶磁器産地において，積極的にいろいろな文様を「写す」ことで地域は成長してきたし，その伝統はどん欲にいろんなモチーフを取り入れるところに今でも受け継がれているという。しかし同じデザインの作品を「コピー」することは許されない。このモチーフとしての統一性と，それらのバラエティの集合としてのデザインが，その地域における陶磁器デザインに一定の類似性を与え，それが陶磁器の様式に結実しているといえるのである[2]。

もちろんその地域の「〇〇焼らしさ」を備えた製品・作品をつくるかどうかの判断は，窯元・作家に委ねられている。作家の中にはその地域の作品らしくない作風の作品をつくる（たとえば磁器の産地で陶器を作ったりするような）こともある。それは，自分のオリジナリティを追求することはできるが，その地域の作品らしさを求めてくる顧客には訴求できないことになる。地域にとっては統一した様式をもつことは顧客にイメージしてもらいやすく，需要を増やすことにつながる。オリジナリティを追求する陶磁器作家はこのトレードオフをどのように解決するかを考える必要がある。しかし最近は流通の発展とともに，原材料や作陶機械を個人で手軽に所有・取り寄せできるようになり，地域内で多様な作風の作品をつくりやすくなった。結果的に地域内で統一した様式を維持することは難しくなっている。

(2) 職人の育成

陶磁器産地で製品づくりに携わる職人は，まずその産地のモチーフをしっかり描けるかというところに，職人の技能が求められている。それは職人の技能を考える上での1つの目安になっていた。ある窯元の事例を詳しくみていく。

通常陶磁器職人・作家は窯業高校，窯業大学校や芸大，窯業技術センターな

---

2 松本（2011c）はデザインの世界観のことを「デザイン・パラダイム」と呼び，それらは具体的な製品の集合によってデザイン組織内に構築されるとしている。陶磁器産地の様式もそれに類するものといえる。

どの教育機関で作陶技能の基本的なところを学ぶ。そのあと職人は窯元に就職する。職人の育成は，上の人についてならうというOJTが基本的な育成方法である。最初は素焼きのかけらに線をいっぱい引っ張らせるという練習からはじめる。素焼きは絵の具を吸収するので，それに慣れることが必要になるからである。それから梅文様などの簡単な絵からはじめて，徐々に難しい絵に移行させるというプロセスを経る。その上達段階の判断は現場のベテラン職人によっておこなわれる。

　育成のポイントになる点は2つある。1つは，若手の中でもぐんと伸びていく人がいたり，なかなか伸びない人がいたり，遅れて伸びる人がいたりと上達度合いに差がある中で，どのように次のステップに進むかの判断をしていくかということである。分業された工房では，若手の絵がまずければ製品として成立しないが，いつまでも練習用の絵付けばかりでは若手のモティベーションも上がらない。育成のためにどのような課題を与えていくかが鍵となる。

　そしてもう1つは最初のポイントと関連するが，若手の「得意分野」をみつけてやることである。しばらくやっていくと若手の中にも「こういう絵は彼にやらせないとだめとか，こういう繊細なのはこっちに描かせた方が絶対いい見本ができるってのはある」（窯元）というものが出てくる。そのような点をみつけ出しのばしていくことで，早期に製品の絵付けに携わらせることも可能になるのである。そしてベテラン職人の役割の1つは，その得意分野をしっかり把握した上で，絵付けの分業において「キャスティング」をするということである。この成否が製品の出来にも大きく影響するのだという。

　したがって育成方針としては，絵付けの基本的なことを充実させながら，その中でその人の得意なところをみつけ出し，のばしていくという流れになるのである。一定レベルに達した職人では基本技能のほかに，必ずその職人の得意分野があり，「花を描かせたらこの人」「人形を作らせるならこの人に」という役割分担が生じ，同じような得意分野をもつ人は意外に少ないのだという。一人ですべてのモチーフをなんでも美しく描けるというのは技能的に不可能に近い。この技能の集団的バリエーションが，幅広いデザインを生み出すもとになっているのである。

(3) 作家の成長

　では職人の事例に対して，作品づくりに携わる作家はどうであろうか。通常陶磁器作家は教育機関などで作陶技能の基本的なところを学んだあと，窯元で

数年修行した上で独立する。修行する窯元はその地域の窯元である場合もあるが、作風にバリエーションをもたせるため他産地に修行にいくことも多い。修行する窯元も作家の場合もあれば量産型の工場での作業に携わる場合もある。

作家の技能形成で特徴的なのは、その独自性の追求プロセスである。陶磁器作家として生きていくために重要なのは、少なくともその産地内で一定のオリジナリティをもつことである。量産型の職人はその製品をつくる技能がしっかりあればよいが、作家はそうはいかない。先述のようにモチーフは積極的に「写し」てよいが、そこから独自性をどのように打ち出すかがその成否において重要なポイントとなる。

その独自性の追求プロセスにおいて鍵となる点は2つある。1つは産地内外の複数の実践共同体を含むコミュニティ[3]への参加である。調査した多くの作家が地域内で複数の実践共同体へ参加していた。それは組合組織などの陶磁器産地全体の地域コミュニティ、類似の作陶技術を追求する作家の実践共同体、友人関係などの属人的コミュニティ（実践共同体ではない、ただの友人関係の場合もある）、そして目標とする作家や意識する作家（多くはその地域で影響力をもつベテラン作家）の構成する作家コミュニティなどさまざまである。そのコミュニティへの参加とその過程での情報交換やアドバイスは、作陶技能の向上と独自性の追求において大きな役割を果たすという。同時に地域外のコミュニティとのつながりを重要視する作家も多かった。教育機関で同期とつくる学校コミュニティ、修行した他産地の窯元の構成する修業先コミュニティなどである。陶磁器はその地元と首都圏・都市部が主な販路であるが、産地自体はその歴史的成り立ちからも都市部とは離れていることが多い。そういう産地ではなおさら都市部とコミュニティとのつながりをもち、流行などを踏まえた独自性を追求をする作家も多かった。

もう1つは各種展覧会への出展である。いわゆる「日展」「院展」などの全国的展覧会から、地域の主催する展覧会までレベルはさまざまだが、作家にとって展覧会の位置づけは大きい。展覧会への出品は自分の作品の独自性のチェックになり、そこで認められることが独自性を生み出すことにもつながる。そして展覧会への出品は先述のコミュニティへの境界横断的参加につながる実践という意味合いももつ。普段あまりコミュニティに参加しない作家も展

---

3 本章では実践共同体を含む共同体全体を「コミュニティ」と表記する。共同体とコミュニティは同義である。地域コミュニティは陶磁器産地の場合、それ自体が包摂的な実践共同体である場合もあるが、ただの地域のつながりという場合もある。

覧会で他者に意見を求めたりするし，そこで先輩や師匠の実践共同体が形成される場になったりもする。展覧会をきっかけに産地内外の実践共同体に参加するきっかけをつかむことにもなるのである。このように陶磁器作家は実践共同体を含む多様な共同体に多重所属することにより，自身の作風を確立し，作家としてのアイデンティティを構築していくのである。

## 4 │ 事例研究：陶磁器産地 A 地区

　ここまで陶磁器産地における作陶の状況，職人・作家の熟達について述べてきた。ここからは具体的な産地の事例研究に入る[4]。まずは陶磁器産地 A 地区の事例である。この事例は，当該産地内の 1 つの実践共同体の歴史的変遷である。

### (1) 陶磁器産地 A 地区

　A 地区は陶磁器産地として約 100 年の歴史を有する産地である。地区内には小規模作家を中心に 80 ほどの窯元・作家が集積して存在する。産地の規模を示す生産高は全国的にみても高くはなく，地区のある県を中心に需要がある。食器を中心とした生産がおこなわれている。
　その産地の技能の形成・向上には実践共同体が大きな役割を果たしてきた。ここでは仮にその実践共同体を「陶友会」と呼称する[5]。陶友会は地域の作家・窯元が任意で入会するものであり，年数回の例会以上の公式な活動はないが，非公式な親睦活動に加え，作陶技能の学習活動が頻繁におこなわれてきている。これらの点により陶友会は「領域」「共同体」「実践」の 3 要素を有し，学習を目的とするという Wenger et al.（2002）の定義に合致することから，実践共同体に位置づけることができる。他の産地と比較して主要な実践共同体が少ないが長寿であるのは，産地の規模と歴史の相対的な短さ，そして地域の有力な窯元が 1 つであったことに由来すると考えられる。

### (2) 実践共同体の萌芽時期：道具を中心に形成された実践共同体

　高度経済成長期以前，A 地区が陶磁器産地として未成熟であった時代は，機械設備の必要ない花器が製品の中心的なアイテムであった。陶友会はその頃か

---

4　事例中のデータは調査時点のものである。
5　「陶友会」という名前は，全国にある陶磁器産地でよくみられる名前である。

ら存在していたが，会員の親睦促進がその主な目的であった。しかし高度経済成長期に入り，日本全体で食器の需要が高まるにつれ，A地区にもその需要の波が押し寄せ，その結果作陶機械（電気駆動の「機械ろくろ」）の導入およびその技能の獲得が必要になってきた。しかし当時は高価な作陶機械を個人で所有することが困難であった。そこで当時の若い作家たちは，機械ろくろの所有者であった，地域で唯一の大規模窯元を中心に，陶友会の技能研究会を催して集まった。陶友会はここから作陶技能を研究・共有する実践共同体になったのである。機械ろくろを所有する大規模窯元に所属し，すでに機械ろくろの作陶技能を有する職人は，陶友会での公式な技能伝承活動に参加し技能共有の手助けをするとともに，就業時間外の作陶活動を見学することを許可した。若手作家は陶友会の生み出すそれらの学習機会を活用し，また作陶作業を見学することで作陶技能を学んでいった。このような形で陶友会の活動に参加し技能を習得した作家が，やがて独創的な作品を生み出し，現在は地域において熟達した作家となり，伝統工芸士として影響力をもっている。陶友会は公式の技能伝承活動に加え，非公式の場での技能学習につながる作家同士のつながりをつくる原動力になったのである。その萌芽期の形態は，作陶機械の共有という，道具を中心に形成された実践共同体であった。

### (3) 実践共同体の変遷と衰退

　その後産地の発展，また機械ろくろの普及による低価格化により，機械ろくろも個人所有できるようになったが，それに伴って陶友会は，活動の場を熟達した作家の窯元へと移し，その活動目的を作陶機械の技能習得の場から，熟達した作家から若手作家への技能指導の場へと変化させていった。公式・非公式に作陶技能指導の場が設けられ，そこにおいて具体的な問題意識をもった若手作家が，先輩作家の窯元に技能向上のために集まった。もともとA地区は産地の規模が大きくないため，大口の注文の際には近くの窯元と協力して注文に応えていたという背景があり，そこから技能も気軽に教えあう風土が醸成されていた。加えて作陶技能の基礎部分は，窯元に住み込み・通うことによって分業の一部を担うことで，技能を獲得することができた。そして陶友会の学習活動は作陶技能を一から学ぶというところから，すでに作陶活動をおこなっている若手作家が具体的な問題をもちよってそれを解決するという，問題解決の場に変わったのである。つまり基礎技能は窯元における徒弟制によって学び，作家的なオリジナリティを追求する応用の段階においては，陶友会のネットワー

クを用いて先輩作家に指導を仰ぐことで学ぶようになったのである。

　こうして，若手と熟達した作家とのネットワークづくりにも陶友会が利用されるようになった。若手作家が熟達した作家に技能を学びにいく際も，いきなり飛び込みで依頼するよりも，まず陶友会で親睦を深めたあとで，あらためて技術指導を仰ぐという手順の方が，教えを請うのによりスムーズな方法であった。また他の産地への研修旅行も陶友会単位で実施され，大きな成果をあげていたという。

　しかしA地区は大きな窯元ではなく個人作家がほとんどを占めていることもあり，陶友会は親睦を深める役割の方が徐々に大きくなり，学習面での役割は，小規模な学習機会を生み出すものへと変化していった。若手作家は熟達した作家からの指導よりも，陶友会をきっかけに若手作家同士のグループを形成し，彼ら同士で問題解決をおこなう方に重きを置くようになった。また若手作家の中には陶友会のもたらすメリットよりも，その役職の負担感から陶友会を敬遠する作家もおり，技能学習の場としての陶友会は衰退していった。現在の陶友会は親睦の場としてのみ継続している。そしてネットワークづくりの役割は，陶磁器組合の会合のほか，作家の個人的なネットワークを頼ることが多くなっている。作家同士の学習はあくまで，小規模な数人のネットワークにおいておこなわれている。

### (4) 実践共同体の復活，再活性化

　しかし陶友会の技能伝承活動は，近年まったく別の形で復活することになる。A地区が技能者養成のために設立した陶磁器作家・職人の公的養成施設の卒業生が中心になって構成される，技能共有の場へと再構築しているのである。養成施設は地域内外から初心者を募集し，A地区の熟達した作家が指導するが，その卒業生・在校生が中心となり，技能学習の機会を設けている。公的養成施設の卒業生が，卒業してもこのつながりを維持し，学びあう機会を継続したいと考えていたとき，熟達した年配の作家が，昔は陶友会という組織があり，技能を学びあっていたという話をしたところ，卒業生と在校生が施設を基盤に技能伝承の場としての陶友会を復活させたという経緯である。

　ここで特徴的なのは，在籍している学習者はもちろん，卒業した作家もまだ自分の窯をもつには至らない者もいるという事情で，技能学習の場として養成施設を活用していることである。養成施設なら作陶機械も多く，学習のための設備は充実し，先輩の指導を大人数で仰ぐことも容易である。何より施設のも

つ大きなスペースが，集団学習を可能にするのである。

以上のようにA地区の陶友会の特徴は，歴史の変遷とともにその役割と形態が変化しながらも，実践共同体が継続していることである。特に，一度は衰退してしまった実践共同体が再活性化していることは興味深い。

## 5 事例研究：陶磁器産地B地区

### (1) 陶磁器産地B地区

B地区は陶磁器産地として400年以上の歴史を有する。B地区の作品の特徴は自然の風合いとそれを実現する焼成であり，高い技能が要求されることから，生産量は多くはないが，作品あたりの単価は総じて高い。しかし地区の特徴として，ほとんどが個人作家であり，また彼らに「一国一城の主」という意識が強く横のつながりが生まれにくいということがあげられる。技能学習については，焼成時の手伝いを通じて形成された人脈を通じた技能指導や，個人による試行錯誤がその中心となる。

B地区においては3つの主な交流組織が存在する。ここでは仮に「陶友会a」「陶友会b」「陶友会c」と呼称する。しかしこれらのすべてが実践共同体に位置づけられるわけではない。「領域」「共同体」「実践」の3要素を有し，学習を目的とするというWenger et al.（2002）の実践共同体の定義からいえば，それに該当するのは「陶友会a」のみである。しかし3つの実践共同体を含む作家コミュニティは同時に存在し，それぞれに役割を異にしながら，バランスのとれた活動により，作陶技能の学習を促進させていた。また学習者はそれらに複数，多重に所属することで，学習活動をおこなっていた。これがB地区の事例の大きな特徴である。A地区と比較して作家コミュニティが複数あるという構造になっているのは，産地の規模と相対的な歴史の長さに加えて，地域に共同体の核になるような主要な窯元・作家が複数存在していることに由来すると考えられる。

### (2) 実践共同体の「機能分担」

まず陶友会aは，B地区に存在する公的養成施設を卒業した作家が集う組織である。構成員は若手が中心で，先にあげた3つの実践共同体の中で最も構成者の平均年齢が若い。親睦を主目的にしているが，他方で技能学習面での活動

も活発である。若手作家はまず陶友会 a の会員であるということで，熟達した作家につながりをもち教えを請うのが容易になる。この点は A 地区の事例と同じであるが，窯元・作家間の交流が比較的容易な A 地区に比べて，個人主義の風土が強い B 地区において，その意義はより大きい。また入会は任意で，他の実践共同体と比較して，他産地の作家も入会し，学習活動に参加できるのが大きな特徴である。そのため作家間のネットワークづくりに役立つという。そして年 1 回デパートでの展示会を主催したり，郵便局での小さなリレー展を企画したりといった活動があり，それらを通じて作家同士での作品の評価や情報交換がおこなわれたりする。

次に陶友会 b は 50 歳以下の作家のみで構成される，若手中心の会である[6]。こちらは親睦が主な活動目的であり，学習関連の活動はおこなわれないが，親睦以外の活動目的として，共同で開催する各種の作品展がある。地域のデパートでのリレー展示や，東京など都市圏での展示会開催，年 2, 3 回の特定のテーマに基づいたテーマ展，そして会の中でつくられたグループによるグループ展など，多様な展示会活動が，陶友会 b の組織を基盤にして開催される。陶友会 b では若手の親睦はもちろん，展覧会を中心にした集まりということで，若手同士の横のつながりができやすい。作品・作風を基盤にし，展示会によってそれが確認できる機会が生まれるからであり，それを前にしたアドバイスや議論なども生まれやすい。また同様の作風を有する若手同士の情報交換が活発におこなわれ，そこから新たなネットワーク，新たなグループ展が開催されるきっかけになるのである。このような作家間の横のつながりの形成という役割は，個人主義の強い B 地区の若手作家にとって大きな意義をもつという。

3 つめの陶友会 c は地域で大きな影響力をもつ作家を中心に，全年齢層で構成される組織である。作家組合のメンバー 200 人以上の作家がそれに所属している。組合への加入に加え，入会に高額の保証金が必要ということもあり，誰でも入会できるというわけではない。活動内容としては親睦以上の意味はもっていないが，作家組合の意思決定に大きな影響を与え，B 地区の方向性を決める重要な役割を果たしている。そして陶友会 c は若手作家にとっては，縦のつながりを生み出す場にもなっている。陶友会 c に参加するということはその障壁の高さから一定の信頼を付与されることを意味する。それが大きな影響力をもつ作家に教えを請うためのつながりを確保することにもつながっている

---

6 50 歳以下という年齢は，陶磁器の世界では十分若手としてみなされる。

のである。

　この他にも陶友会bと同様の，親睦の役割をもつ会が複数存在しているが，それらは中心になる作家が異なる。そしてB地区の作家はこれらのうち2つないし3つの組織に所属する。これらの組織はいずれも親睦を目的としていながらも，技能伝承，展示会開催と情報交換，縦のつながりの形成と，作陶関連の目的はいずれも異なる。作家たちはそれを認識しつつ，それぞれの組織で目的に応じた活動をしているのが特徴である。そして若手作家たちは，陶友会aで自律的な技能伝承活動がおこなえているのは，他の陶友会b，陶友会cがあるからであるとしている。全国的な知名度を有し，地域で絶大な影響力をもつ作家は，若手作家にとってはもちろん直接教えを請う存在であるが，同時に若手で構成する実践共同体にとっては，そこに加わることは自律的な学習活動を阻害してしまう。加わったが最後，「その作家のいうことを聞く集まり」に変貌してしまうのである。そこで陶友会cなど他の共同体に，影響力の強い作家と交流する役割を担わせることで，陶友会aの若手の学習の場としての純度を確保しているのである。インタビューの中でも若手作家は，複数の会を「使い分ける」という表現で，それぞれの会のもつ意義の違いを認識していた。産地においてはそのような意味で，実践共同体を取り巻く他の学習目的ではない共同体も重要なのである。

## 6 考　察

　本章では2つの陶磁器産地の事例をもとに，陶磁器産地における実践共同体について議論してきた。最後に考察として4点を指摘したい。まず両地区の実践共同体についての比較をおこなった上で，A地区について変容段階の実践共同体の意義，B地区について実践共同体の機能分担，最後に地域コミュニティと実践共同体の関係性について考察する。

### (1)　A地区・B地区の実践共同体の比較

　まずは両地区の比較である。両地区は産地の規模や売上高などで違いが大きいため，単純に比較することは困難であるが，相違点と共通点について考察する。
　A地区は主な実践共同体は1つであり，それを中心として他の共同体（小規模な実践共同体と，親睦目的の共同体含む）が構築されているという構造であ

る。主な共同体が1つであるのは，まず産地の規模と相対的な歴史の短さがその遠因である。複数の共同体の生成は地域を二分することにつながり，またそのような事態になるほど産地の歴史も長くない。それに加えてA地区は地域で影響力をもつ窯元が1つであることが影響として大きい。技能獲得の実践共同体も作陶機械をもつその窯元を中心に構築されている。その後多くの窯元・作家が作陶機械を所有するに至っても，その影響力は継続し，結果として実践共同体も持続していったと考えられる。

B地区は主な共同体（実践共同体，その他の共同体含む）として複数が存在していた。A地区と対照的にこちらは産地の規模も大きく，歴史も相対的に長い。加えて産地内には，高い技能をもつ主要な窯元・作家が複数存在している。その主要な窯元・作家を中心に実践共同体・その他の共同体も形成されていったと考えられる。

このような両地区の相違点からわかることは，実践共同体の核となるような窯元・作家の存在である。山田・伊藤（2008）は産地形成の中核的な窯元がヘゲモニーをもち産地ブランドを維持していることを明らかにしているが，実践共同体においても同様のことがいえる。山田・伊藤（2008, 2013）において窯元・作家の技能伝承には顧客の影響も大きいことが指摘されているが，中核的な窯元を核にすることでそのような顧客も引きつけられ，学習が促進されると思われる。しかし実践共同体の運営を中心になっておこなうコーディネーターとはまた意味が異なる。影響力をもつ窯元がコア・メンバーになって他の窯元・作家を引きつけていると考えられる。

A地区・B地区の実践共同体には共通点もある。それは地域の大きな実践共同体に寄り添うような形で，小さな共同体（実践共同体，その他の共同体）が形成されているということである。両地区とも大きな実践共同体に加えて，窯元・作家数人でグループ展を開くような小さな実践共同体や，親睦目的の共同体が形成されている。ここで大きな実践共同体ではできない深い学習を小さな実践共同体でおこなったり，親睦目的や技能向上を目指した小さな実践共同体が生まれたりする。その他の共同体の意義は後述するが，窯元・作家はこのように複数の共同体に多重所属することで，学習と人的交流を促進している。つまり，多重成員性のメリット（Wenger et al., 2002）を享受しているといえる。

(2) 陶磁器産地A地区

次にA地区の実践共同体の事例について，実践共同体の衰退と再活性化に

ついて考察する。Wenger et al.（2002）においては5つの実践共同体の発展段階のうち，役目を終えた実践共同体は，最後の「変容」段階において衰弱・消滅したり，社交クラブ化したり，別個の共同体に分裂したり，他の共同体と合併したり，あるいは企業に取り込まれたりするとされている。それはWenger et al.（2002）が企業内の実践共同体を研究対象にし，多産多死のイメージをもっていることが背景にある。しかし今回のA地区の事例は，目的を柔軟に変化させながら共同体を継続しつづけ，長期的に技能学習の役割を担ってきた事例として注目される。A地区では実践共同体を取り巻く環境が変化する中で，学習者の実践のありようも変化しながらも，技能学習活動は形を変えて継続している。

　A地区の陶友会が継続してきた要因としては，技能学習の場であるという他に，地区の情報交換および親睦の場であることがあげられる。Wenger et al.（2002）も指摘しているように，企業組織の中において実践共同体のいわゆる社交クラブ化は，その最終段階として共同体のいわば死を意味するが，産地においてはそれだけでも人を結びつけ，技能学習のきっかけを生み出す重要な役割を果たしているのである。産地においてはたとえ技能学習の役割が薄くなっても実践共同体が存在する意味は依然としてあり，たとえ学習活動が休止状態になったとしても，Engeström（2008）の野火的活動のように，ときを経てまた新たな学習活動の基盤になりうることを考えれば，変容段階の実践共同体の意義は再考する必要があるであろう。そしてそこから変容段階に至った実践共同体をいかに「脱変容」あるいは「復活」させるかという，新たな研究課題がみえてくるのである。

　実践共同体を形成するにあたり，Wenger et al.（2002）は最初の「潜在」段階においては，既存のネットワークを利用すべきであるとしている。今回の実践共同体の「脱変容」「復活」という視点は，新しい実践共同体を構築することと比較していくつかのメリットがある。1つは，昔やっていた活動ということで，その方針を定めやすいということがある。いわば過去の活動を「模倣」することで，活動を軌道に乗せやすくなるし，参加者のコミットメントを引き出しやすくなる。もう1つは熟達者の理解を得やすいということがある。学習者にとっては新しい活動であるが，熟達者にとっては昔自分たちがやっていた活動であり，教えを請う場合でもコミットメントを引き出しやすい。保守的な風土が根強い陶磁器産地において，年長者や熟達者の理解と協力を得やすいということによって，活動における障害を取り除くことができるであろう。

学習活動を軌道に乗せる上で，学習者と熟達者の双方をうまく巻き込めるというメリットを，既存の実践共同体の「脱変容」あるいは「復活」という視点は提供しているのである。

### (3) 陶磁器産地 B 地区

　もう1つは，いわば実践共同体の「役割分担」ともいえる事例，B 地区の事例である。これは1つの実践共同体，あるいはそれに類似した組織が限定された役割しか果たさず，それでいてお互いが補完関係にありながら継続しているケースとしてとらえることができる。B 地区に存在する複数の作家が構成する会のうち，学習を目的とする実践共同体といえるものは陶友会 a の1つしかなかった。しかし残りの陶友会 b，陶友会 c などの組織は親睦，展示会の開催と横のつながりの醸成，縦のつながりの醸成という異なる役割をもっている。そしてその実践共同体以外の共同体があるからこそ，陶友会 a は学習の場である実践共同体として，若手メンバーの純度を確保し，その学習活動を全うできているのである。技能の高い古参者がいることは，そこから技能や知識を獲得できるメリットもあるが，他方で作家たちの実践を阻害することもある。それゆえに実践共同体と他の共同体を使い分け，Wenger（1998）の分類のように，実践共同体では創造性を高める実践，他の共同体では所属や不参加という形で実践をおこなう必要があるのである。

　親睦目的の共同体には参加しなくてよいではないかという意見もあるかもしれないが，陶磁器産地はそれ自体が地域コミュニティなのである。地域で共生していく上で人間関係の維持は欠かせない。地域で孤立することは，地域で得られる作陶作業のためのさまざまな資源へのアクセスを失うことを意味する。実践共同体と親睦のための共同体に多重所属することは実は有効な参加の方法なのである。そのように考えれば，Wenger（1998）の複数の共同体，および共同体外への参加／不参加を含めた多様な実践によって，実践共同体の現実およびそこにおける学習のあり方が規定されるという主張を，より現実味をもって受け止めることができるのである。

　実践共同体，B 地区でいう陶友会 a は，実践共同体ではない他の共同体，すなわち B 地区でいう陶友会 b，陶友会 c などがあるからこそ，実践共同体の要件を確保できる。このような副次的な共同体を Lave and Wenger（1991）は，「隙間に生じる実践共同体」と表現しているが，その意義について議論することができよう。事例のように実践共同体と副次的な共同体の間で「役割分担」

をすることの他に，多重に所属しているメンバーが Wenger（1998）のいう「重なり」実践によって人的交流が盛んになることもその意義としてあげられる。特に縦横の人的つながりが意味をもつ産地においては，副次的な共同体の意義は，簡単に無視できないと思われる。

### (4) 地域コミュニティと実践共同体

最後に，地域コミュニティと実践共同体の関係性について述べる。陶磁器産地はどこも，地域コミュニティの中に，実践共同体が埋め込まれた形になっている。MacIver（1924）の言葉でいえば，コミュニティの中に陶磁器産業のためのアソシエーションが生み出されているといえる。この重層的な構造を理解する必要がある。窯元や作家はその地域コミュニティの一員であり，なおかつ実践共同体，あるいは副次的な共同体の一員でもあるという多重成員性を備えている。地域コミュニティとしての学習や相互作用の促進はゆるやかにおこなわれているといえ，実践共同体への参加と相互作用，あるいは実践共同体間の境界横断を促進する基板になっている。両者の関係性をそのような構造として理解する必要があるだろう。そして山田・伊藤（2013）も指摘するように，地域の境界があることで産地としてのデザインの一体感を維持できるし，その中での相互作用も促進される。本事例は境界横断（越境）の意義について考える機会を与えてくれている。

## おわりに

本章では2つの陶磁器産地の事例を中心に，実践共同体としての陶磁器産地における技能学習について考察してきた。そこから実践共同体の核となる存在の意義，世代を超えて長期にわたる実践共同体の変遷，そして複数の共同体が機能分化し補完関係を構築することで学習を進める実践共同体の形態について考察した。本章の事例は，実践共同体概念の拡張およびマネジメントについて示唆を与えるものである。

# 第7章　教育サービス会社における実践共同体[1]

## はじめに

本章では，実践共同体の構築が個人の学習・熟達[2]にどのような影響をもたらすかについて，教育サービス会社である株式会社公文教育研究会の事例をもとにした探索的研究をおこなう。特に実践共同体の特性，次元が学習スタイルにどのように影響を与え，それが学習にどのように影響するかという問題，そして実践共同体に多重所属することが，学習をどのように促進するかという問題について検討する。

次節ではまず，実践共同体における学習スタイルについて説明する。そして分析枠組みと調査方法について説明したのち，事例研究，考察の順に説明する。

## 1 | 実践共同体における学習スタイル

本項では実践共同体においてどのような学習がおこなわれるかについて，まず，第Ⅰ部で提示した実践共同体の学習スタイルを用いて説明する。実践共同体の特性と構造に学習スタイルを結びつけることで，実践共同体における学習をより深いレベルで考察することができる。第Ⅰ部で示した4つの学習スタイルについて以下にもう一度説明するが，4つの学習スタイルは，次の2軸で分類できる。1つめの軸は，実践共同体からの境界横断がどの程度おこなわれるかという程度の軸である。実践共同体内，あるいは隣接する組織との相互作用が中心となるか，実践共同体の境界を越え，外部の実践共同体などと相互作用

---

1　本章は松本（2015d, 2015e）に加筆修正したものである。データは調査当時のものである。
2　学習とは経験による行動の比較的永続的な変容であり，熟達とは経験による高次のスキルや知識の獲得であるとされる（佐伯・渡部，2010）。学習の方がより広義の概念であるが，意味の重なり合う部分も多い。本章では学習に，より発達的な意味あいが含まれる概念として，熟達を用いている。

するのが中心となるかである。2つめの軸は，おこなわれる学習が低次学習中心か，あるいは高次学習中心か，という軸である。この2軸によって表7-1のように分類される。

それでは4つの学習スタイルについて説明する。最初の2つは主に低次学習を促進する学習スタイルであり，知識や技能・情報の共有・創造が中心となる。まず1つめが，実践共同体内での成員の相互作用によって知識・技能を共有・創造する学習スタイルである。Lave and Wenger（1991）は知識や技能の修得には，新参者が実践共同体へ，社会文化的実践を通じて十全的参加を果たすことが必要であるとする「正統的周辺参加」を提唱している。実践共同体の成員になるということに価値をみいだしながら，実践共同体に参加を深めていくことを通して，共同体内の古参者からの技能の獲得と成員のアイデンティティの発達を達成していくことが，正統的周辺参加の基本的な考え方である。またWenger（1998）は実践共同体への参加に加え，参加しないことや所属するという実践も学びをもたらすとしている。実践共同体内での相互作用を通じた，古参者からの知識・技能の獲得および創造がその主な学習スタイルであり，学習のレベルでは低次学習が中心となる[3]。このような学習スタイルを本章では「熟達学習（mastery learning）」と呼称する。

2つめは実践共同体から積極的に境界横断をおこない，外部の実践共同体やその成員にアプローチし，そこで構築されるネットワークでの相互作用を通じて技能や知識を獲得・共有・創造する学習スタイルである。Wenger（1998）は境界横断には境界物象という人工物によるものと，人（ブローカー）を通じ

表7-1 ｜ 学習スタイルの分類

| | | 学習のタイプ | |
|---|---|---|---|
| | | 低次 | 高次 |
| 実践共同体からの境界横断の程度 | 高い | 越境学習 | 複眼的学習 |
| | 低い | 熟達学習 | 循環的学習 |

---

[3] もちろん正統的周辺参加においても高次学習は可能である。Lave and Wenger（1991）は，いかにしてより高次の学習が促進されるのかという詳細なメカニズムについては明らかにしていない。それが正統的周辺参加が高度熟達者や高次学習に不適であるという批判（Hanks, 1991）につながっている。このような批判については，正統的周辺参加が単一の実践共同体への参加に限定されるという誤解から生じていると考えられる。Lave and Wenger（1991）も指摘している通り，正統的周辺参加は複数の共同体において分散的に達成されうるのであり，それが本章で提示する他の学習スタイルの前提にもなっている。

たブローカリングという2種類があり、実践共同体を通じた結びつきのタイプも、境界実践、重なり、周辺の3タイプあるとしている。実践共同体はローカルな人材や知識を結びつける機能を有しており（Wenger et al., 2002）、人的ネットワークの構築によって、利用できる知識の総量を増やすこと（Orr, 1990; Cohen and Prusak, 2001）、知識を流通させ質を保持・向上させること（Brown and Duguid, 2001）、相互作用により知識を創造すること（Nonaka and Takeuchi, 1995）などが可能になり、学習を促進する。学習のレベルでは低次学習が中心となる。このような学習スタイルを本章では「越境学習（boundary-crossing learning）」と呼称する。

残りの2つは高次学習を促進する学習スタイルである。高次学習を進めるためには知識や技能の背後にある既存の信念やパラダイムを変える必要があり（Argyris and Schön, 1978; 加護野, 1988）、そのためには実践共同体と公式組織、および複数の実践共同体に多重所属することが有効である。

3つめは公式組織と実践共同体の間で実践と考察の循環を構築することで高次学習を実現する学習スタイルである。Wenger et al. (2002) は、実践共同体の成員は同時に公式組織にも所属しており、その多重成員性が学習の循環を生み出すとしている。そこから公式組織の一員として職務を遂行し、新しい問題に直面すると新しい解決方法や知識を考え出す、その経験や知識を実践共同体にもち込んで議論し、一般化あるいは文書化し、問題解決に対する支援を得て、また公式組織にそれをもち込み、現実の問題に適用するという学習スタイルである。このような学習スタイルを本章では「循環的学習（circular learning）」と呼称する。

4つめは実践共同体に所属することで、多様な知識や技能をみる視点を取り入れること、そして多様で客観的な視点から自己の技能・知識をみて、規範的な知識との比較によって高次学習を実現する学習スタイルである。Brown and Duguid (1991) は、仕事と学習、そしてイノベーションの相互関連性・相互補完性を高める触媒的な存在として実践共同体を位置づけている。彼らは現場で正しいと信じられている知識（規範的な知識：canonical knowledge）と、実践に基づく知識や現場の知識（非規範的な知識：non-canonical knowledge）との間にしばしば乖離がみられるとし、その差異から学習することが有効であるとしている。これまでもメタレベルの学習についてはArgyris and Schön (1978) におけるダブル・ループ学習（double-loop learning）、Fiol and Lyles (1985) における高次学習（higher-level learning）、および加護野 (1988) に

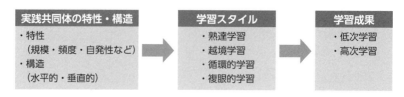

図7-1 | 本章の分析枠組み

おけるパラダイム転換といった研究で議論されてきたが、いずれも組織レベルの研究であり、Bateson（1972）のような個人レベルでの研究でもその具体的な方法論については論じられてこなかった。実践共同体に所属することで、多様な知識や技能をみる視点を取り入れること、そして多様で客観的な視点から自己の技能・知識をみて、規範的な知識との比較によって学ぶことが学習スタイルとなる。この学習スタイルを本章では本章で提起する「複眼的学習（multifaceted learning）」と呼称する[4]。

以上、実践共同体における学習スタイルとして、熟達学習、越境学習、循環的学習、複眼的学習の4つを提起した。このような学習がどのように生起され、どのように促進されるのか、また実践共同体の特性、構造および多重所属が学習スタイルにどのような影響を与えるのか。本章の分析枠組みは図7-1のように、実践共同体の特性・構造、学習スタイル、学習成果間の関連について考察するものである。本章ではこれらの問題について、事例研究によって明らかにする。

## 2 | 調査方法

### (1) 調査対象の選定

本研究では実践共同体における学習について明らかにするため、定性的方法により収集したデータに基づく事例研究をおこなった。事例研究はYin（1994）の方法に基づく単一事例研究である[5]。本研究では株式会社公文教育研究会（以

---

[4] もともと複数のパースペクティブから比較的に事物を検証する思考による学習を意味するが（苅谷, 2002; Entwistle, 1988）、本章では実践共同体と公式組織といった複数の場に所属することで、メタレベルの高次学習を達成することを指す。
[5] Yin（1994）は事例研究の方法論について、単一事例の事例研究では、理論化に際して、①そ

下「公文」）を調査対象に選定した。

　公文は公文式教室をフランチャイズ展開し，学習活動を支援する教育事業会社である。選定理由は Yin（1994）の示す単独事例の3つの条件にいずれも合致すること，そして公文において本研究の目的である実践共同体における多様な学習がおこなわれていることである。公文では指導者が公文式教室を経営し，共通の教材を用いて学習者を指導するが，これは指導者はそれぞれの教室で学習者と補助スタッフによる実践共同体を形成しているといえる。そしてそれと同時に指導者はその指導技能の向上のため，他の多くの実践共同体にも参加しているのである。本研究における実践共同体は，Wenger et al.（2002）による定義に合致することから，公文は本研究の目的にかなう事例を構成できる妥当性を有しているといえる。

　また公文では地区レベルでの「地区会」や公文が主導する「講座」などのさまざまな学びの共同体が存在するが（藤川・小野，2013），本章では，指導者が自律的に構築・運営する度合いが強く重層的な構造を構築している次の4つの実践共同体，「指導者の参加するゼミ・自主研」「指導者の主催するゼミ・自主研」「メンターゼミ」「指導者研究大会」を調査対象にしている。これまでも Wenger et al.（2002）のグローバルな実践共同体のように重層的構造を取り扱う研究は存在したが，公文の事例はたんに包摂的な規模だけでなく，熟達度に応じた重層的構造を構築しているのが特徴である。それは既存研究に対して新たな知見をもたらすと考えられる。

### (2) 調査方法

　本研究で事例を構成するデータを収集するための調査方法としては，インタビュー調査と観察調査の2つの方法を用いた。

　インタビュー調査については，対象者は公文において10～30年以上の指導キャリアを有する熟達した指導者7名である。人選は公文の社員に調査趣旨を説明し，対象者を選定してもらった。インタビューは調査者と被調査者の対面形式でおこなわれた。時間は1時間から1時間30分である。インタビュー方法は事前のガイドラインに従いながら質問し，具体的なポイントについては深く追求する半構造化インタビュー（May, 2001）である。インタビューデータは IC レコーダーによって録音し，後日筆者によって文書化された。インタ

---

の事例が決定的な事例であること，②極端かつユニークな事例であること，③対象が新事実であること，の3点が満たされることで，事例研究としての適切性が担保されるとしている。

ビュー調査には公文社員が同席し，インタビューでの不明な用語等について補足説明を受けた。また一部の教室では指導をおこなっているところを観察することができた。

観察調査は公文の協力を得て，主催する2つのイベント「日本公文指導者研究大会」「メンターゼミ」の様子を観察した[6]。観察結果は現場での発見と感想両方を対応させる形で観察メモとして記録していった。

そしてインタビュー調査と観察調査双方から得られた定性的データをもとに，問題意識に沿って特徴的なデータを抽出し，事例を構成した。以下ではその事例を検証する。

## 3 事例紹介

### (1) 公文の概要[7]

公文は1962年に設立された。主な事業内容は，算数・数学，英語，国語，フランス語，ドイツ語，日本語，書写といった分野で独自に開発したプログラム教材を用いた，公文式教室と呼ばれる学習教室の設置・運営管理である。公文の経営理念として，「われわれは個々の人間に与えられている可能性を発見し，その能力を最大限に伸ばすことにより，健全にして有能な人材の育成をはかり，地域社会に貢献する」という一文が掲げられている。個々の生徒の可能性を発見して伸ばすその教育姿勢は，公文式教育法という独自の方法論に体化されている。

公文の教室の運営は週に2回，1日5時間程度であり，その準備の時間を踏まえても，子育てと両立することも十分可能である。教室の開設は自宅を開放する場合もあれば，近くに貸会場を借りる場合もある。指導者の募集と説明会は随時おこなわれている。教室では生徒は，個人別に課される課題に取り組み，指導者がその個人別学習活動を支援する。そして毎回宿題が課され，生徒

---

6 「日本公文指導者研究大会」の観察には公文社員の帯同を得ることができ，不明な点について質問をしながら観察した。大会中研究発表を聴講するとともに，大会の様子について観察し，適宜メモをとっていった。配付資料はもち帰り，メモと照合して記録を補正した。「近畿ゾーンメンターゼミ」も公文社員の帯同を得ることができ，研修の様子を観察し，グループによるディスカッションでは，指導者のすぐ後ろで議論の様子を聞き取ることができた。観察結果はメモとして記録した。また配付資料について許可されたものをもち帰り，メモと照合して記録を補正した。

7 おもに公文ウェブサイトより。

は家庭にもち帰って宿題に取り組み，次の教室にそれを持参することになっている。

　上記の経営理念に基づく公文の教育は生徒に「生きる力」を身につけさせるため，「高い基礎学力」「自己肯定感」「自ら学ぶ力」を重視している。それを実現する公文式教育法の特長は，「個人別学習」「自学自習」「スモールステップの教材」「指導者・スタッフの存在」の4点にまとめることができる。まず「個人別学習」は，そのときの生徒の学力に対応した教材を用いる「ちょうどの学習」を意味する。年齢や学年に応じた教材を一斉に与えても，同じ学年でも学力に差が生じてしまうこともある。そうではなく1人1人の学力に応じた教材を用いることで，確実に学力を伸ばしていく。もう1つのポイントは「確実に100点を取れる段階の教材から出発」することである。しっかり100点をとらせ，指導者・スタッフのほめる指導によって生徒の有能感，自己肯定感を醸成し，学習意欲を高める。そして学力が向上すれば，年齢や学年にとらわれずさらに高いレベルの教材を用いて勉強を進める。したがって公文ではたとえば小学3年生であるのに小学5,6年生の勉強をしているといった，上のレベルでの学習は珍しくない。

　2つめの「自学自習」は，学校教育でおこなわれるような「一斉授業」をおこなわないことを意味する。教室内では生徒1人1人が自分の教材に取り組み，個々に教材を解答して指導者・スタッフの指導を仰ぐ。この方法で確実な学力定着とともに，生徒の自律的な学習が促進され，自発性を養うことができる。

　3つめの「スモールステップの教材」は，簡単な内容から高度な内容へと少しずつレベルが上がっていくことを意味する。教材は公文の長い歴史のノウハウをつぎ込んでつくられ，現場の声から日々改善されている。そのことで生徒は自分に「ちょうど」の教材を解くことができ，しかも小刻みなレベルの上昇により，確実に学力を定着できる。

　そして4つめの「指導者・スタッフの存在」が加わる。生徒1人1人の学習状況に目を配り，学習を支援する指導者・スタッフの存在は不可欠なものである。指導者・スタッフは生徒の学力を把握して「ちょうど」の教材を与える。学力が定着していないのに先に進んだり，もっとできる学力と意欲を有しているのに低いレベルの教材を与えたりすることはない。それは客観的に生徒をみることができる指導者・スタッフの重要な役割である。また生徒の努力を認め，ほめて，励ますという働きかけは，生徒の自律的かつ積極的な学習姿勢

を醸成する上で欠かせないものである。これら4つの特長はそれぞれが影響を与えあって，相乗効果を生み出す。

　公文の長い歴史の中で磨き上げられた教材を，指導者が的確に理解し，教室運営の中で生徒に適切に用いることにより，先述の4つの特長に基づく指導方法が実践され，「高い基礎学力」「自己肯定感」「自ら学ぶ力」を有する「生きる力」を身につけた生徒を育成することができるのである。このような公文式教育法による教育事業は，日本国内のみならず，海外においても展開されている（趙・向山，2009；井上・真木，2010；藤川・小野，2013）。

### (2) 公文の指導者サポート

　公文は教室の指導者をどのようにサポートしているのであろうか。教室を管理する組織と，指導を担当する部署について説明する。

　地域の中で開設される教室は，まず地域ごとに「事務局」という組織によって統轄される。たとえば兵庫県西宮市を中心にした地域は「西宮事務局」によって統括される。事務局は地域の教室を統括する拠点であり，教室の指導者は毎回の教材を事務局まで受け取りにいく。その際に事務局のスタッフと顔を合わせることになり，相談などもおこないやすい場所になっている。そして事務局はより広い地域区分によって「エリア」としてまとめられる。西宮事務局は近畿エリアの中の事務局の1つである。地域内，事務局内，エリア内という範囲のくくりによって，さまざまな活動がおこなわれる。

　公文の組織の中には「指導部」と呼ばれる，教材をどのように使うかを伝達する部署がある。そこでは業務知識を伝達する「講座」をやったり，学習を促進するツールを開発したりする。指導部と並んで存在するのが「指導コンサルティング部」という部署である。指導者の指導力を向上させて教室の発展を促すのが役割であり，指導者の育成を担当する部署である。その他にも指導者への情報伝達誌「やまびこ」の発行や，後述する指導技能発表の全国規模の大会「指導者研究大会」の運営もおこなう。

　指導コンサルティング部に所属する公文社員の職種としては主に，「コンサルティング職」と「育成職」がある。「コンサルティング職」は数年前まで「地区担当」と呼ばれていたものであり，自身の担当地域内の教室の運営をサポートする。1人のコンサルティング職が50〜60人の指導者を担当する。以前はもっと少なかったが，2013年に始まった「育成職」の制度によって増やすことが可能になった。「育成職」は新しく開設した教室の指導者を専門に，

2年間にわたって,集中的にサポートするものである。新人の指導者を専門にサポートするコンサルティング職といってよい。以前は地区担当（現在のコンサルティング職）が開設年数に関係なく指導者をサポートしていたが,新人の指導者の教室を軌道に乗せるには,どうしても既存の教室よりも労力を要する。その部分を育成職が専門にサポートすることで,コンサルティング職はより多くの教室をサポートすることができるようになったのである。

コンサルティング職・育成職は教室の指導者とともに,教室をどのように運営するかを考える。まさに指導者が生徒に接するのと同じように,指導者の得手不得手を把握し,不得手な分野をどう克服して向上させるかを適切にガイドする。そのガイドがコンサルティング職・育成職の重要な仕事であり,教室運営の成否にも影響する。

### (3) 優れた成果の源泉としての指導者の実践共同体における学習[8]

以上,公文の概要と公文の組織的サポートについてみてきたが,公文の生み出す優れた成果の最大の源泉となるのが,指導者の育成,および指導者同士の学習活動であることに疑いの余地はない。1955年に大阪に開設された小さな算数教室が,資本金44億1800万円,連結売上高864億4600万円,連結経常利益107億7300万円,従業員数はグループ全体で4038人という規模の企業に成長している（2014年3月末現在）。公文は全国に85カ所の拠点をもつほか,北米,南米,アジア・オセアニア,中国,ヨーロッパ・アフリカの地域本社をもち,世界47の国と地域での事業展開も活発である。そして2014年3月末現在で,国内では1万6500教室で146万の学習者（全教科合計学習者数）が学んでいる。その教室を1万4600人の教室指導者を中心に運営している。さらに海外でも8400教室で281万（全教科合計学習者数）が学び,7400人の指導者が運営し,世界共通のビジネスモデルとして国内外から脚光を浴びている（井上,2017）。それだけではない。公文によって教材の質は日々向上をつづけているが,全国の公文の指導者もまた日々その指導技能を研鑽するべく,高い成果を上げている指導者の指導方法を学び,また独創的な指導ノウハウを研究しつづけている。その技能,指導のアイディア,現場での指導ノウハウは公文式教室に還元され,日々の学習活動に活用されている。そして見逃してはならないのは,それらの指導者の学習活動が誰に強制されるでもなく,指導者

---

8 おもに公文ウェブサイトより。

自身の高い学習意欲をもって自律的に実践されていることである。この高い成果をもたらす学習活動は、どのようにして実践されているのであろうか。

公文の指導者は55歳までの女性が募集対象になる。特別な資格や指導経験は不要で、始める前に公文や他の学習塾の経験がある人もいるが、指導経験がない人は全体の半数にのぼる。指導経験がなくても、公文による事前研修や独自のマニュアル、そして公文社員のサポートによって教室運営が支援される。教室を開設してからも公文からの研修は定期的におこなわれている。

しかし公文における指導者の育成は、まさに公文式教育法の志向するように、指導者自身の自律的な学習によって達成される。そしてそれを支えるのが指導者により自発的に、もしくは公文によって構築される、さまざまなタイプの「実践共同体（学習のコミュニティ）」を基盤にした学習である。公文には実践共同体の構築とそれに基づく学習を活性化するシステムが内包されており、それが公文式教育法と教材を最大限に活用して生徒の学力を確実に伸ばしていく指導者を育成しつづけることができる、最大のポイントであるといえる。

次節では筆者の調査に基づいて、公文の指導者が形成する実践共同体について、具体的に説明する。

## 4 事例研究：公文の指導者の実践共同体

本章で取り上げる公文の実践共同体は、公文指導者が自発的に構築する「ゼミ・自主研」、公文によってコーディネートされる「小集団ゼミ」、熟達した指導者による「メンターゼミ」、全国レベルの「指導者研究大会」の4つである。なおこの他におこなわれる学習活動としては地区内で指導者が情報交換をする「地区会」、おもに事務局レベルで情報伝達や研修をおこなう「講座」などがある。公文の中ではこれらの規模・頻度・自発性などが異なる実践共同体が形成・運営されるシステムがあり、かつそれらが相乗効果をもたらしている。それが指導者の指導技能を向上させているのである。

### (1) 指導者が自発的に構築する「ゼミ・自主研」

指導者は生徒の成績を伸ばし自律的な学習者を増やしたいという気持ちから、指導や運営のノウハウを共有したいというニーズに応える「ゼミ」「自主研究活動（以下「自主研」）」と呼ばれる実践共同体に積極的に参加している。

おもに指導技能の研究と共有を目的とするのが自主研で，指導技能共有の他に教室運営ノウハウなど幅広い目的ごとに形成されるのがゼミである（本章では2つをあわせて「ゼミ・自主研」とする）。ゼミ・自主研は教室を開催しない日に事務局レベルで開催され，20～30人ほどの指導者が参加する。目的によって開設キャリアに関係なく開催されるものもあれば，開設後数年のキャリアの短い指導者を集めて開催されるものもある。ゼミのコーディネーターは経験を積んだ熟達した指導者であり，地区別に複数の指導者が企画・運営することもある。いずれにしても指導者が自発的に構築・開催するのがゼミ・自主研の特徴である。そして指導者によって申請され，公文によって認定されたゼミ・自主研は，そこに参加して参加後のレポートを提出することによって，公文が取得を求める単位が認定される。

　公文のコンサルティング職にとって，後述の「小集団ゼミ」同様，ゼミ・自主研を指導者育成に活用することは重要である。指導者の能力向上のニーズによって，ゼミ・自主研を紹介したり，参加を促したりする。その理由としてまず，ゼミ・自主研に参加している指導者は豊富な指導事例とその結果としてのデータをもっているということである。指導事例は指導者によって異なるため，ゼミ・自主研に参加している指導者の数だけ指導事例があるといえる。それはコンサルティング職の知識と合わせて，指導者にとっては学ぶ材料になる。もう1つの点として，指導者にとって，自身と同じ立場の指導者から学ぶことは意義があるということである。指導能力だけでなく，自身の教室をどう発展させていくか，指導者としてのキャリアをどうデザインするか，家庭との両立をどう実現させるか，といった問題を，指導者同士がともに考えることができるというのは，たんなる知識の伝達という意味にとどまらない，大きな学びの材料となる。したがってコンサルティング職は，担当する指導者の特性，ゼミ・自主研の性質を考慮し，いかに適切なゼミ・自主研に指導者をガイドできるかが重要なのである。

　ゼミ・自主研では日々の教室運営の悩みや効果的な指導方法などについて，個々の指導者の事例を交えて活発な議論がおこなわれる。ゼミ・自主研ではたとえその日に初めて会う指導者同士でもすぐに活発な議論ができる。その理由については，同じ指導者同士で話題が共有できることに加え，共通の公文式の教材を使っていることが大きく影響している。教材への理解を深めることが指導者の能力形成にとって重要なポイントであるので，たとえば「国語のB-1教材の2問目で」などといえば，他の指導者は全員がすぐに問題をイメージで

き，自身の指導事例を想起することができる。それが指導技能の共有においてより詳細な議論を可能にしているのである。

　特に新人の指導者にとって，ゼミ・自主研において先輩の指導者にメンターの役割を果たしてもらうことは大きな意味をもつ。悩みや不安を解消する貴重な場所であり，ベテランの指導者は豊富な経験をもとに，指導のノウハウの確認から伸び悩む生徒の問題解決，教室の運営ノウハウ，指導者としてのキャリア，個人的な悩みに至るまで，さまざまな相談に乗ることができる。新人指導者はゼミ・自主研での経験から一様に，「なぜもっと早く参加しなかったのか」と悔やむという。

　指導者がキャリアを積み，指導に熟達してくると，今度は事務局の方からゼミ・自主研を主催してほしいという要請がしばしばある。指導者は自身の指導経験から，指導技能や教室運営について，参加した指導者に知識や技能の伝達をおこなう。これまでゼミや自主研に参加するだけだった指導者が，それらを運営する側の立場になることについて最初に感じる戸惑いはどの指導者からも聞かれたが，先輩の指導者から学んだことを伝えたり，指導技能を共有する意義を理解したりして，はじめは手探りでもアドバイザーとしての務めを果たしていこうという考えに至った指導者が多かった。このように熟達した指導者は，これまで通りゼミや自主研に参加しながら，同時に自分でゼミを運営する立場になることは珍しくないのである。

　公文のコンサルティング職は，ゼミ・自主研の運営のために，会場を手配したりといった準備をおこなう。しかし指導者の自発性を重視し，実際の議論にはゼミ・自主研側から要請されなければ積極的に参加しない。それは次にみていく「小集団ゼミ」との違いでもある。

## (2)　公文によってコーディネートされる「小集団ゼミ」

　「小集団ゼミ」は2013年から始められた，比較的新しい取り組みである。それは公文の側によってコーディネートされる実践共同体であり，その学ぶコンテンツも公文の側によってつくられている。指導者の自発性に基づいて構築されるゼミ・自主研とは性質を異にするが，指導者の自律的な指導技能の獲得を目指していることに変わりはない。小集団ゼミの制度がつくられた背景には，従来の「講座」による学習よりも公文側と指導者側の双方向的な学習をより促進し，なおかつ現場実践とのつながり，すなわち小集団ゼミで学んだことを指導者の教室で実践することを重視する姿勢がある。公文がそれまで蓄積し

てきた指導技能，あるいはマニュアルに記載してある技能を，確実に指導者に身につけてもらいたいという意図があるのである。

　ゼミ・自主研と比較した小集団ゼミの特徴は，まず公文のコンサルティング職がその主たる担当者，実践共同体でいえば「コーディネーター」の役割を担うことである。そして同じコンテンツ，スライド資料であれば同じ資料を用いて説明をおこなう。これは学習する事項を標準化することに加え，後述するコンサルティング職同士の学び合いを活性化することにもつながる。

　小集団ゼミ1つあたりの指導者の参加人数は，5人から6人である。この「最大6人」という人数設定は，制度設計にあたって指導コンサルティング部が最も重視した点である。多すぎると発言しない（あるいは遠慮してできない）指導者も出てくるし，少なすぎると指導者同士の相互作用が生まれにくい。効率を重視すればもう少し多くすべきであるが，コンサルティング職1人あたりの人数を明確に設定した効果は，指導者同士の相互作用の促進という点で大きく出ているという。したがって，たとえまったく同じテーマを指導者30人で同時間に学ぶとしても，それに対して1人ではなく5,6人のコンサルティング職が対応し，5,6のゼミに分かれて学習する。現在は，3ヵ月に3回で1つのテーマを学ぶ体制になっている。

　小集団ゼミの会場は主に事務局である。小集団ゼミを実施するためのスペースを事務局内に設置し，普通の会場であれば2から3のゼミが同時に開催できるようになっている。多数の小さな会議室をもっている事務局であっても，1つ1つのゼミを別の会場で開催せず，大きな部屋に複数のゼミを同時に実施する方式をとっている。これは集団間の相互作用，「よそのゼミもがんばってるから私も」という指導者の意識を高めるねらいがある。そして指導コンサルティング部の重視した点として，常に小集団ゼミができる会場には，5,6人が議論できる机と椅子，パソコン，そして全員がみることができるディスプレイを事前に配備していることがある。全国どこの事務局でも共通の装備を調えることで，コンサルティング職の無用な手間を省き，すぐに学習を始められる環境をつくり出している。学習するコンテンツというソフト面に加え，ハード面でも標準化したことは，公文の小集団ゼミに対する意気込みを感じさせるとともに，実践共同体の活動において，指導者同士の相互作用に至る道筋を明確にする重要性をみて取ることができる。

　小集団ゼミに参加する指導者は，事務局内，エリア内から申請することによって参加できる。もちろんコンサルティング職によるガイドはあるが，基本

的に自発的参加による。5，6人のメンバーは公文によって割り振られる。そこにはベテランもいれば新人もいる。そこにおいてコンサルティング職のファシリテーションに基づいて学習活動がおこなわれ，指導者は自身の事例を発表したり，議論したりする。5，6人の人数設定からまったく発言せずに終わるということはないし，相互作用も活発におこなわれる。そこから新人指導者も聞きたいことが聞けるし，ベテラン指導者も新人のことをよく知ることで，新人の育成を積極的に引き受けるようになる。そして小集団ゼミの出会いを通じて，ゼミ・自主研に参加するきっかけをつかむこともしばしばあるという。

コンサルティング職自身の成長にとっても小集団ゼミは大きな影響を与えている。それ以前はコンサルティング職が自分でコンテンツを考え作成していたが，独自性が出せる反面，コンサルティング職同士の比較がしづらい環境であった。コンテンツを標準化したことで，同じ内容をどのように教えるかという比較がしやすくなった。ベテランと新人で小集団ゼミのファシリテーションがいかに異なるか，何を学べばいいのかが明確になったのである。コンサルティング職同士の学び合いが活性化し，新人もまずはベテランのゼミを見学することで，そのノウハウを効率よく学ぶことができるようになった。そして事務局の境界を越えて，エリア内で複数の事務局が合同で学んだり，エリアの境界を越えて，全国レベルでのベストプラクティスの発表と共有をしたりといった，重層的な実践共同体も構築されている。

小集団ゼミの特徴は，標準化されたコンテンツを相互作用を重視した少人数の実践共同体によって学習するというものであるが，指導者の自発的に構築されるゼミ・自主研と比較すると，同じ実践共同体でも性格の異なるものであるということがわかるであろう。公文の実践共同体による指導者の指導技能学習の特徴は，このように性質の異なる実践共同体を併存させ，かつ相互作用させるというシステムが備わっていることにある。そしてそれは次に説明する2つの実践共同体をあわせることで，より学習が促進されるのである。

### (3) 熟達した指導者による「メンターゼミ」

公文は指導者になってキャリアの短い人たちをサポートする制度をいくつかもっているが，その1つが，先輩の指導者が開設1年目の指導者のメンターとして相談に乗る「インストラクターアドバイザー」制度である。このメンター役を務めている指導者や，ゼミの運営に携わる指導者を集める，「メンターゼミ」というイベントがある。このイベントの特徴は，参加する指導者が

指導技能のみならず教室運営でも高い成果を上げている指導者に限られるという点である。熟達者向けの実践共同体（学習のコミュニティ）である。

メンターゼミは，長年技能と経営成果の向上にあたってきた高度に熟達したベテラン指導者と事務局が中心となって不定期に開催される。高度に熟達したベテラン指導者はその地域のみならず，エリアレベル，全国レベルでも知名度の高い人が多い。そのような指導者に会って話を聞くことができる機会は，ある程度熟達したメンターを務めるような指導者にとっても貴重である。

指導者がメンターゼミに参加する動機は主に3つ考えられる。1つは企業における選抜型研修への参加のインセンティブと共通する（伊丹・加護野，2003）。メンターゼミに参加できるのは指導技能に熟達し，教室運営において成果を出した指導者である。つまりメンターゼミに参加できることは自身の指導技能や教室運営の成果が認められたということを意味する。したがって指導者の中にはメンターゼミに参加することを到達点の1つにしている人もいる。2つめは高度に熟達したベテラン指導者の存在である。指導者にとってよいロールモデルであり，会って話を聞くことができる機会は，指導技能や教室運営にとってプラスであるだけでなく，それ自体が強い参加のインセンティブになりうる。そして3つめは，指導者の熟達度合いに応じた他の熟達した指導者と交流できることである。指導技能に熟達していくと，指導者の中にはもっと高いレベルの実践共同体で自分をさらに高めたいと考える指導者も出てくる。しかし特に都市部以外の地域では教室の数も多くはないため，そのような機会を得るのは容易ではない。メンターゼミはある程度熟達した指導者を集める実践共同体であるため，そのような出会いや交流を簡単に得ることができる。それは新たな刺激や知識・技能を得られる実践共同体であることはもちろん，そこから指導者同士のネットワークが拡大し，ゼミ・自主研や小集団ゼミでの学習活動につながっていくのである。

筆者の参加したメンターゼミでは，エリア内の熟達した指導者200名ほどが集まった。始まる前から近くに座っている指導者同士の対話は盛り上がっている。最初のあいさつのあと，まず最近の活動の成果と取り組みについて，成果をあげている指導者の事例を発表してもらう場面があった。発表者は事前に依頼されており，そこで発表すること自体が名誉なことになる。発表内容に対して高度に熟達したベテラン指導者から直接寸評がなされ，発表者の努力と工夫をたたえ，参加者全員で拍手する。それがいくつかつづいた後，発表内容についてグループ討議が20分ほどおこなわれた。近くに座っている指導者同士

で机を合わせ，自身の事例や経験をもとに議論する。指導者の配置は近くの事務局の人で固まらないように配置されており，ここで指導者同士のネットワークの形成が図られる。高度に熟達したベテラン指導者が「指導者の意識の変革」といった議論のトピックを提示しており，活発な議論に影響していた。討議の結果は何人かの指導者が報告した。メンターゼミのレベルの高さを実感し，それに伴う刺激を得たと報告する指導者もいた。

　次に公文が作成した新しい指導ツールの説明がおこなわれ，グループ内でそれについての評価と議論がおこなわれた。参加した指導者が先んじて最新版の指導ツールにふれ，その使い心地や感想をいいあうとともに，すぐにツールのねらい，すなわち学習者の現状を目標に応じて細かく把握するという考え方の転換と定着を目指すものであるという意見を共有していた。メンターゼミには，参加した指導者を担当するコンサルティング職も同時に参加していた。コンサルティング職は指導者の後ろに椅子を置いて座り，指導者の意見を熱心に聞き取っていた。コンサルティング職は，担当する指導者のネットワーク構築，刺激を与えて成長させるという明確なねらいをもっており，それを支援するように声をかける。同時に公文はメンターの指導者を起点にして，新しいツールの感触を確かめ，指導者全体への普及を図っていた。

　そのあと春の体験キャンペーンの成果報告とその結果についての議論をおこなった。指導者の熟達レベルが高いので議論にはまったく無駄がなく，すぐに問題の核心について議論を進めることができる。また目標とする成果レベルも非常に高く，一般的な課題よりもその高い成果を実現するために必要なことは何か，という点で焦点が絞られており，周囲の指導者からアドバイスを受けたり，発表後にベテラン指導者から講評を与えられたりしていた。発表者の中には，教室が少なく仲間も少ないが，自分の住む地域ではこのような話は聞けない，この場に参加していること自体が大きな意義がある，メンターゼミに参加できたこと，ベテラン指導者に会えたことが大きな励みになったと涙ぐみながら報告する人もいた。

　最後の質疑応答の時間では，ベテラン指導者がゼミ・自主研の運営についてアドバイスをしていた。問題は非常に具体的で，それに対してベテラン指導者は，地域レベルでの公文の長期的な発展という視点から，適切なアドバイスを次々とおこなっていた。指導者を励ましながら，同時にコンサルティング職の役割を明示し，一丸となって努力する重要性を指摘していた。

　メンターゼミは公文の中でも熟達した指導者を対象にした実践共同体であ

る。それは指導者にとっては到達点の１つであるとともに目標であり，参加する熟達した指導者にとっては高いレベルで特に必要とされる知識・技能・ノウハウを，議論し相互作用することで手に入れられる実践共同体である。同時に熟達した指導者とのネットワークづくりをおこなうこともでき，それはさらなるゼミ・自主研，小集団ゼミでの学びを促進する。不定期開催ではあっても重要な実践共同体であることがわかる。

### (4) 全国レベルの「指導者研究大会」

　公文指導者研究大会（以下「指導者研究大会」）は年に１回，大きな会場に全国から指導者を集めて研究成果を発表・共有する，公文で最も規模の大きい実践共同体である。

　筆者の参加した指導者研究大会では，まず指導方法を発表する分科会が開催されていた。教科別・目的別に分かれ，ゼミ・自主研で研究に取り組んできた有効な指導方法について，指導者によって発表される。高い成果をあげた指導方法で，審査を通過したものしか発表できないので，ここでの発表は指導者にとって，自身の取り組みが認められたという意義をもつ。ベテラン指導者の中には運営するゼミ・自主研での目標をこの大会に据え，若手指導者に発表をさせることで能力の伸張と自信をもたせようとしている指導者もいた。

　観察した発表では，国語教材の指導方法と学習者の指導方法についての発表がおこなわれていたが，教材のどこで生徒が躓きやすく，それを乗り越えさせるのにどのような方法が有効なのか，具体的な教材の問題を例にあげ，そのポイントに対して既存の方法をどのように用いるのかについて説明がおこなわれていた。前述の通り指導者は教材の共通した知識をもっているので，どれだけ文脈特殊的な発表をしても理解することができる。指導者は指導方法について熱心に聞き入り，メモをとっていた。

　別の会場では，ゼミ・自主研の運営について，指導者同士がお互いにフィードバックしあうことで指導技能の伸張を図る活動が報告されていた。チームで新人を育てる試みや，生徒の能力を測る尺度，生徒への声かけの方法，ベテランの新人指導のエピソードなどが紹介されていた。またベテラン指導者の中には創業者の公文公（くもんとおる）会長の言葉を引用する人もいた。公文公会長の薫陶を直接受けたことのあるベテラン指導者のエピソードは，若手の指導者にとって貴重なものである。

　さらに別の会場では，指導キャリアの短い指導者を集め，新人の時期を乗り

越えた先輩指導者が，その体験談を発表するという分科会があった。発表者は教室開設に至る経緯，教室開設初期に直面する家庭との両立といった具体的な問題や悩みを克服する方法を，自身の経験談を交えて説明していた。スタッフとの協働のあり方やその育成，講座での先輩の姿に刺激を受け，講座での学習を通じて指導技能を高めた経験，そこからゼミ・自主研に参加し得意な分野を伸ばすことができた経験などが語られた。そのあとで近くに座っている指導者同士が交流する時間が設けられていた。同じようなキャリアの短い指導者同士のコミュニケーションは悩みも共有できる。そこでも新人指導者は先輩の体験談に熱心に耳を傾けていた。教室開設まもない新人指導者は，同期以外の指導者とネットワークをつくる機会があまりないので，このような場を設ける意義は大きい。そしてここからゼミ・自主研活動の存在を知り，参加していくことが多いという。

　そのあと大きな会場で，参加した指導者が一堂に会する全体会が開催された。全体会では公文からこれまでの公文の歩みと今後の戦略が説明され，キャリアの長い指導者への表彰がおこなわれていた。ベテラン社員の表彰は指導者にとって目標となるものであり，ベテラン指導者の受賞スピーチに対して熱心に聞き入っていた。そしてそのあとの懇親会でも，指導者同士のネットワークづくりがおこなわれるという。

　指導者研究大会はすべての指導者が参加できる実践共同体である。目的に応じた指導方法の発表の場であり，またそれを共有できる場でもある。多様な指導者を一堂に集めることで，多様な考え方に触れる機会を得ることができる。加えて指導者研究大会は，地区，エリア，ゼミ・自主研の境界を越えたネットワーク構築を促進する実践共同体でもある。開催頻度は年に1回でも，このネットワーク構築によって，新たなゼミ・自主研に参加する機会を得，地区内・エリア内での学習はさらに促進されるのである。

## 5　考　察

### (1)　実践共同体の類型と学習スタイル

　事例中の公文の実践共同体を，特性を示す次元に沿って分類してみると，規模，開催頻度や学習活動内容によって異なっていた。それは表7-2のようになる。

特徴的な分類としてはまず開催頻度があげられる。実践共同体における学習が定期的に頻繁におこなわれるか，あるいはイベント的に長いスパンでおこなわれるかという次元であり，ゼミ・自主研や小集団ゼミは頻繁に集まって学習する定期型，メンターゼミと指導者研究大会は年に1回程度開催されるイベント型に分類される。次に学習活動の目的にかんする次元である。いずれの実践共同体も学習と熟達を主たる目的にはしているが，ゼミ・自主研と小集団ゼミがある程度決まったメンバーで指導方法を議論し熟達することを主な活動目的にしている熟達型であるのに対し，メンターゼミと指導者研究大会は学習もさることながら，人的交流の促進が重要な目的である交流型であった。このように考えると，本研究での4つのタイプの実践共同体は，定期・熟達型と，イベント・交流型という，大きく2つのタイプに分類できる。

その上で学習スタイルについてみてみると，定期・熟達型に分類されるゼミ・自主研と小集団ゼミにおいては，熟達学習に基づいた指導技能の向上という形で学習がおこなわれていた。ゼミ・自主研と小集団ゼミは新人指導者や初心者に対する敷居が低く，そこで自身の教室の事例を発表し議論することによって，共同体への参加を深めることができる。やがて熟達した指導者は自身が主催するゼミ・自主研の運営を通じて，後進を指導し，熟達した指導者としてのアイデンティティを構築する。また頻繁な活動という特性をいかした循環

表7-2 | 公文における4つの実践共同体

| | ゼミ・自主研 | 小集団ゼミ | メンターゼミ | 指導者研究大会 |
|---|---|---|---|---|
| 主な学習活動目的 | 指導者同士の議論・相談，事例発表 | 指導者同士の議論，新人への助言 | 熟達した指導者同士の議論・交流 | 研究発表と観覧，他の指導者との交流 |
| 規模 | 小（20〜30人） | 小（5,6人） | 中（200人程度） | 大（3000人程度） |
| 寿命 | 長い（期限なし） | 短い（3ヵ月） | 一時的 | 期限はない |
| 活動頻度 | 頻繁（週1〜月1回） | 頻繁（月1回） | 年1回程度 | 年1回 |
| 同質性 | 同質的 | 同質的 | 異質的 | 異質的 |
| 境界横断 | 境界内 | 境界内 | 境界横断的 | 境界横断的 |
| 自発性 | 自発的 | 意図的 | 自発的 | 意図的 |
| 制度化 | 自由 | 制度化 | 自由 | 制度化 |
| 結びつき | 水平的 | 水平的 | 垂直的 | 垂直的 |
| 学習スタイル | 熟達学習<br>循環的学習<br>複眼的学習 | 熟達学習<br>循環的学習 | 越境学習<br>複眼的学習 | 越境学習<br>複眼的学習 |

## 図7-2 | 公文における4つの実践共同体の分類

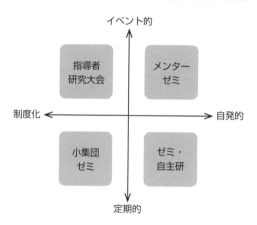

的学習も促進される。学んだことを自身の教室で実践し、その結果をまた実践共同体にもち込んで議論するという学習は、ゼミ・自主研の強みであるといえる。そして複眼的学習も自主研・小集団ゼミと自身の教室での手法、およびマニュアルとの比較による形でおこなわれていた。

他方でイベント・交流型に分類されるメンターゼミと指導者研究大会においては、それ自体が不定期、あるいは長期スパンで実施されるため、熟達学習は起こりにくい。またスパンが長期にわたるため頻繁な循環的学習は起こりにくい。その代わりメンターゼミと指導者研究大会においては多様な人的交流による越境学習が可能になる。メンターゼミでは高業績をあげている高いレベルの指導者とのネットワークが一気に構築されるし、指導者研究大会では指導方法に関心のある指導者、新人だけの交流会といった幅広いネットワークづくりがおこなわれ、そこから知識や技能を得ていた。そしてそれらへの参加は多様な視点（新人からベテランまで、熟達した指導者から初心者まで）から自身と技能を比較することで差異から学ぶ複眼的学習を促進することになる。

このように実践共同体は、熟達学習と循環的学習を主たる学習スタイルにし、定期的な学習活動を通じて熟達していく定期・熟達型と、越境学習を主たる学習スタイルにするイベント・交流型という、2つのタイプに分類されることがわかる。そして定期・熟達型の実践共同体と比較して、イベント・交流型の実践共同体は技能や知識を深め創造するという点については効果的ではないということがいえる。その代わりイベント・交流型は越境学習によって知識・技能を得るとともに、知識の潜在的な総量を高め、新たな実践共同体の形成や

参加につながる環境を生み出すことができる。

そして複眼的学習はどちらのタイプの実践共同体でも生起していた。複眼的学習を①多様な知識や視点を獲得し，②比較によって差異をみいだし学習する，と２つに分割するなら，①はイベント・交流型が，②は定期・熟達型が効果的に学習を進めることができるといえる。そして両者に多重所属することで，お互いを補完し，複眼的学習をより促進することにつながる。このように２つのタイプの実践共同体は相補的に４つの学習を促進する関係にあるといえる。

### (2) 重層型実践共同体間の相互作用

次に実践共同体間の相互作用について考察する。今回事例としてみてきた公文指導者の実践共同体は重層的構造を成している。公文の事例のように実践共同体が並列ではなく，重層的構造を成していることは，学習にどのような効果があるのだろうか。実践共同体の多重所属による学習面でのメリットとして，複眼的学習・循環的学習による高次学習ができること，実践共同体間のネットワークを構築できることがあげられる。それに加えて今回の事例から，重層性という概念に２つの意味があることが示唆されている。すなわち学会でいえば全国大会と地方部会の関係のような，複数の実践共同体を包摂するような重層性と，小学校・中学校・高等学校のような熟達度に応じた重層性があるということである。そして今回の公文の事例は，その二重の重層性を構造内に含んでいることが特徴である。つまり指導者の視点からは，参加するゼミ・自主研と，自身が主催するゼミ・自主研，その熟達者が集うメンターゼミという熟達度による重層的構造と，それらを包摂する指導者研究大会という構造である。

この「二重の重層性」構造により，学習者は熟達度に応じた実践共同体の「住み替え」が可能になる。今回の事例では，熟達した後は参加する立場から自身で主催する立場へ，そしてその熟達者同士で議論・刺激しあうメンターゼミへの参加，という具合に，上位の実践共同体に同時に所属することで，自身の熟達度に合ったさらなる熟達と，それを動機づけることができる。それと同時に，誰でも参加でき多くの人数と交流できる包括的な実践共同体である指導者研究大会があることで，境界横断的なネットワークの構築と学習が可能になる。実践共同体の「二重の重層性」構造は，熟達度に合った共同体の住み替えと，共同体の境界を越えた学習を促進する機能を有しているものであるといえる。

## おわりに

　本章では，実践共同体の構築が学習にどのような影響をもたらすかについて，公文の事例をもとに考察を深めてきた。実践共同体における4つのスタイルの学習は，定期・熟達型とイベント・交流型という，2つのタイプの実践共同体に参加することにより達成されること，そして熟達度と包摂性という二重の重層性に基づく重層型構造が熟達とネットワークの構築を促進することを明らかにした。特に実践共同体ごとの特性や学習活動によって，定期・熟達型とイベント・交流型という2つの実践共同体の形態を導出したこと，実践共同体の形態と学習スタイルを関連づけたこと，実践共同体の重層的構造の意義を提起していることの意義は小さくないといえる。

# 第8章 介護施設における「学習療法」普及の実践共同体[1]

## はじめに

本章では，実践共同体の構築とそこにおける学習活動が組織に与える影響について，介護施設における「学習療法」導入の事例をもとに考察する。実践共同体による学習活動については，Wenger et al.（2002）や Brown and Duguid（1991）をはじめとする研究によって，その学習効果について指摘されているが，実践共同体間の関係性，およびそれがもたらす影響については，研究は進んでいない。本章では，実践共同体の活動が公式組織およびその成員にどのような影響を与えるのか，また実践共同体間の相互作用がどのような境界横断をもたらすのかについて，実践共同体の特性を踏まえながら明らかにしていく。

## 1 介護施設における人材育成

高齢化社会の進展によって介護を必要とする高齢者が増加し，それに伴い介護に携わる人材の不足が問題になっている（迫田ほか，2008; 西久保，2015）ことは論を俟たない。従来介護は家族の問題であったが（迫田ほか，2008），介護福祉サービスの普及に伴い，介護人材の重要性およびニーズは高まっている。しかし介護業界の人材不足・多忙状態は恒常化しており（迫田ほか，2008; 西久保，2015），介護リスクは企業や地域社会全体を巻き込んだ問題となっている（戸谷・吉永，2007; 西久保，2015）。

2000年から施行された介護保険制度に伴い，高齢者は介護施設[2]を「選ぶ」

---

1 本章は，松本（2012c, 2013c, 2014b, 2014c, 2018a, 2018b）に加筆修正したものである。詳細についてはそちらを参照。
2 本章において「介護施設」は，介護サービスに携わる特別養護老人ホーム（指定介護老人福祉施設），老人保健施設，デイサービス施設等の施設を指す。一番ケ瀬（2000），戸谷・吉永（2007）などを参照。

ことができるようになり，施設側には市場原理に基づきよりよいサービスを目指して施設をマネジメントするという考え方が求められるようになった（戸谷・吉永，2007）。あわせてスタッフに対しても適正な人事労務管理が求められるようにもなったのである（西村，2000；戸谷・吉永，2007）。適正なマネジメントがおこなわれないことは，スタッフの離職（吉田輝美，2014），施設利用者に対する虐待などの不適切なケアがおこなわれる要因にもなる（Beaulieu, 2001；吉田，2016）。キャリアアップの制度の導入も重要な課題である（労働政策研究・研修機構，2017）。

　介護施設の人材不足の原因について，馬場（2015）は人材獲得を阻害する3つの障壁という形で説明している。すなわち介護報酬の引き下げに伴う賃金抑制（制度の壁），労働環境の劣悪さと育成制度の不備（職場の壁），若年層の敬遠（年齢の壁）があるという。迫田ほか（2008）も同様に，介護施設の人材不足には介護報酬制度に加えて，現場の仕事イメージに対するミスマッチがあるとしている。そして介護施設を組織論的にマネジメントする重要性も高まっているとする研究もある。たとえば呉（2015）はリーダーシップやチームワークが介護施設における職務満足やサービスの質に影響を与えることを実証している。また吉田輝美（2014）は介護サービスを感情労働（Hochschild, 1983）とみなし，そのマネジメントには介護従事者のストレス軽減の支援が重要であるとしている。

　そして介護施設には人材育成についての制度やシステムが整っていないという指摘もある。西村（2000）は介護施設での人材育成においては，施設外の研修に頼りすぎていることと，OJTがシステマティックにおこなわれていないことを指摘している。また馬場（2015）は，過度のマニュアル化はホスピタリティを阻害するなどの逆機能がある一方で，若年層にとっては放任型の育成方法はデメリットが大きいとして，導入的なマニュアルの整備が求められるとしている。

　以上のように介護施設においては，現場のマネジメントに加えて，現場における人材育成が重要であるといえる。本書における人材育成の立場では，介護施設におけるOJTや知識共有，学習の促進においても，実践共同体の構築およびそこにおける学習が有効であると考える。そして本章における事例は，介護施設におけるある療法を実践共同体を構築して協調学習する実践が，学習の促進だけでなくチームワークの構築といった副次的効果を生み出していること，非規範的な視点から実践共同体の「二次的意義」をみいだしていったこ

と,そして実践共同体の重層的な構造が多方向の境界横断と野火的活動の拡大を生起させていることを示している。本章の事例を通じて,実践共同体の構築とマネジメントに対して,多くの示唆を得ることができるであろう。

## 2 調査方法

### (1) 調査対象

本調査では実践共同体が組織にもたらす波及的な影響について明らかにするため,定性的方法により収集したデータに基づく事例研究をおこなった。本調査では後に説明する「学習療法」に取り組む介護施設を調査対象にし,その普及を推進する「くもん学習療法センター」(以下「学習療法センター」)に対しての調査,および学習療法についての事例報告イベントの観察調査から得られたデータをもとに,事例を構築している。事例研究はYin (1994) の方法に基づく単一事例研究であるが,1つの介護施設による事例ではなく,複数の介護施設の調査に基づく事例であり,その意味で複数事例の比較(調査の中で出てきた学習療法を導入していない施設,導入したがうまく普及していない他の施設を含む)も若干おこなわれている。事例の選定理由は,Yin (1994) の示す単独事例の3つの条件にいずれも合致すること,および介護施設では学習療法を施設に導入するため,またその技能を理解・向上させるための実践共同体を形成していたからである。その実践共同体はWenger et al. (2002) の実践共同体の定義に合致しているため,調査対象として適当であると考えた。

### (2) インタビュー調査

インタビュー調査は2段階に分けて実施された。介護施設へのインタビューに先だって,まず学習療法センターに対し,学習療法の誕生の経緯,普及の歴史的経緯,学習療法センターの役割,および介護施設の現状について,3名の職員に2時間弱のインタビューを実施した。そしてそのデータをもとに介護施設へのインタビューを実施した。

介護施設へのインタビュー調査は,7つの介護施設(特別養護老人ホーム2件,介護老人福祉施設2件,デイサービス3件)に所属する,計26名の職員に対して実施された。年齢は20代から60代,役職も管理職から現場の介護職員に至るまでさまざまである。各インタビュー時間は1時間から2時間で

ある。介護施設の選定は学習療法センターに依頼し，長期間にわたって活動を継続し，普及に成功している施設を紹介してもらった。インタビュー方法は事前のガイドラインに従いながら質問し，具体的なポイントについては深く追求する半構造化インタビュー（May, 2001）である。インタビューデータはICレコーダーによって録音し，後日筆者によって文書化された。

### (3) 観察調査

学習療法に取り組む介護施設によって組織される「学習療法研究会」は，年に数回，介護施設の事例発表の全国大会「学習療法シンポジウム」を開催している。今回情報収集のため，「学習療法シンポジウム in 神戸」（2012年1月22日，於神戸国際展示場），および「学習療法シンポジウム in 横浜」（2012年5月20日，於パシフィコ横浜），「学習療法シンポジウム in 仙台」（2013年5月12日，於仙台国際センター），「学習療法シンポジウム in 福岡」（2014年5月11日，於福岡国際センター）の4回の全国大会，および愛媛県で開催された「第5回愛媛学習療法・脳の健康教室研究会」（2012年2月17日，於八幡浜市民スポーツセンター）において観察調査を実施し，他施設の現状についてデータ収集をおこなった。

これらの調査方法により収集したデータをもとに，事例を構成している。

## 3 事例：介護施設における学習療法導入による組織活性化

### (1) 学習療法とは

学習療法は，音読や簡単な計算によって脳機能を活性化することで，認知症の予防や改善につなげる非薬物療法である（川島ほか，2007）。学習療法センターによって学習療法用の教材が開発されており，介護施設のスタッフはそのやり方を学び，学習療法センターの認定する「学習療法実践士」の資格を取得することで実践できる[3]。通常は学習療法実践士のスタッフ1人に対し，施設の利用者1人あるいは2人で，学習療法実践士の指導のもとに，認知症の状況に合わせて設定された課題に取り組む。時間は1回あたり20分程度，週3回程度実施することが推奨されており，学習結果のフィードバックやコミュニ

---

3 詳細は学習療法センターのウェブサイトを参照。

ケーションも重要である。その成果は認知機能を測定する前頭葉機能検査（FAB）や認知機能検査（MMSE）という検査の数値変化によって確認できる。医学的効果が立証されるに伴い（Kawashima et al., 2004, 2005; Uchida and Kawashima, 2008），介護施設においても導入の取り組みが進み，各施設でその成果がみられるようになってきている。

今回事例として取り上げる学習療法を導入した施設では，その理解と実践のために実践共同体を形成し，技能向上に寄与していた。そして実践共同体活動の推進に伴い，学習療法以外の介護スキルの向上や，他の介護施設との交流，組織全体の活性化という，副次的な効果を生んでいる施設が多く出てきている。以下その内容について説明する。

### (2) 学習療法導入と実践共同体

学習療法の介護施設への導入は簡単ではない。その一番の理由は，介護職員が日々の介護業務に忙殺されており，時間を割くのが困難なことである。時間的余裕が少ないことが，日々のルーティン業務の態勢を崩したくないという抵抗感につながる。もう1つは，学習療法自体が生まれて日が浅く，その効果を説明されても受け入れづらいということもある。

そのような状況で導入に成功した施設には，まずトップの強い意思があり，その方針を施設全体で共有しているという特徴がある。調査した施設いずれも，定期的に方針を確認する機会を設けており，学習療法を実施しない職員への理解も求めるという役割も果たす。それに加えて学習療法の理解と技能向上のために，実践共同体を形成しており，その活動の活性化が導入の成功に大きな影響を及ぼしていた。実践共同体は多くの施設で月に一度，学習療法の実践の様子を報告・共有するという「月次検討会」の形で形成されている。その中で導入に積極的な職員が中心となって，実施報告の他に，学習療法センターのスタッフによる講習会を開いたり，職員の実施状況を映像に記録し，それを全員でみてスキルを評価したりするという活動をおこなう。最初は運営に苦労することもあるが，意見が出なくて困るということはあまりないという。

この実践共同体には多様な立場の職員が集まる。介護施設では施設利用者の状態によってフロアが分けられ，それに応じて職員が配置されていたり，1つの社会福祉法人が複数の形態の施設（特別養護老人ホーム，介護老人保健施設，デイサービスなど）を運営したりしているため，それらの人々が1つの話題で議論する機会は多くはない。加えて施設利用者の介護度によって介護業務

（たとえば入浴作業）にも大きな違いが出てくるため，1つの話題で議論することも簡単ではないという。しかし学習療法は介護度にかかわらず基本的にやり方が同じなので，月次検討会は多様な業態や部署，新人スタッフから施設トップ（施設長）までが一堂に会し，多様な立場の職員が意見を出し合うことができる。この経験は職員にとっては新鮮に感じられるという。実践共同体はローカルに孤立した専門家を結びつける価値をもつとされているが（Wenger et al., 2002），学習療法を理解する活動がそれを果たしているといえる。そしてまずここで第1の境界横断，すなわち施設内部署・業態の組織横断的実践が起こる。これによって，施設全体での学習療法の導入に向けた現場での工夫が促進される。

そして導入当初はその効果に懐疑的だった職員も，利用者の変化によって学習療法の実践に前向きになっていく。ただ学習療法は必ず効果が発揮されるという性質のものではない上，職員も変化に気づけなかったり，逆に成果としてFABやMMSE検査の数値の変化を追求しすぎたりすることもあるという。そのような場合でも実践共同体の議論の中で，小さな変化を指摘したり，長期的な視点で取り組むよう指導したりすることで，動機づけを維持していくという。

### (3) 実践共同体の学習活動活性化のための工夫

職員の多忙に加えて学習療法導入がうまくいかない原因の2つめに，実践共同体（ここでいう月次検討会）が活性化しないというものがある。導入に積極的なスタッフが月次検討会を開催して議論しようとしても，他のスタッフの発言が少なく，学習活動自体，そして学習療法の実践においても停滞することが多い。他方で導入に成功，継続している施設では，月次検討会を活性化させる施策を考案，工夫している。

まず1つに，実践の記録を増やす取り組みである。介護施設ではスタッフが日報を記録し，それをもとに月次検討会で議論する。しかし多忙から日報の記録も字数が少ない，あるいは抽象的（「今日は忙しかった」など）であることが多い。日報の質は月次検討会の発言の質・量に大きく関わるため，ある施設では日報のフォーマットを変更し，スペースを増やしたり問いを具体的にしたりすることで記述を増やしている。また学習療法に取り組む利用者専用の記録フォームを作成し，細かく記録することで情報共有を促進する取り組みもおこなわれていた。その記録をもとに議論することで，初心者でも発言が容易にな

り，議論が活性化するという。

もう1つは地位や立場をフラット化することである。新人や勤続年数の短いスタッフは発言することに気後れすることもあるという。しかし活性化している月次検討会では，施設長から新人スタッフまでが同じ目線で議論できている。それは実践共同体の非公式性からくる「仕事から距離を置く」ことができることで，スタッフが学習療法の熟達度という異なる序列に基づいてフラット化しているからである。もちろんそこには施設長や管理責任者といった上位者の寛容，さらにいえばスタッフの自律性を促すゆるやかなリーダーシップが存在している。

### (4) 職員の学習療法の技能の向上

職員は実践共同体で学習療法の技能を向上させていくが，やがて学習療法の本来の目的である脳機能の活性化に加えて，利用者とのコミュニケーションを重視した実施の重要性を，現場での実践によって理解していく。学習療法センターの設計する学習療法の教材は，利用者の昔の記憶を引き出すような工夫がされており，それによって利用者との会話が促進される。介護職員と利用者との間には世代間格差が存在し，会話が難しいという問題を抱えていることが多いが，教材のトピックを会話のきっかけにすることができる。利用者自身の情報を引き出し，深く理解するとともに，信頼を得ることにつながるのである。そして利用者の情報（出身地や昔の趣味など）は実践共同体で共有され，ある職員が用いた話題を他の職員が用いて会話をすることもあるという。ここにおいてスタッフは，実践共同体の中で学習療法の意義が認知症の予防改善だけではなく，利用者とのコミュニケーションにもあることを学ぶのである。

そこから学習療法の実施が利用者にとってやりやすい「環境づくり」にも目が向けられる。学習療法はともすれば先生と生徒の立場になりやすいというが，対等な立場での実施が求められる。職員同士の相互観察によって，利用者とのコミュニケーションが活発になる状況をつくり出せるようになることが，熟達の大きなポイントであるという。

### (5) 職員の介護技能の向上

今回の事例で最も特徴的な発見事実は，学習療法の実践が，それ以外の介護技能の向上に資しているという点である。

① 観察力，気づき力の向上

　学習療法の実施においては，利用者の小さな変化も見落とさないようにすることが重要であるが，それ以前に，1人の利用者に集中して向き合う機会は，多忙な現場の中では貴重な時間であるということがある。学習療法により職員には，より利用者個人にフォーカスした視点が得られる。それは素早い対応や日常会話につながる。観察力の向上が形になって表れるのが日報である。以前は短い記述や，職員目線での記述が多かった日報が，学習療法の実施によって，利用者目線での記述が増えるという。

　それを向上させるのが，実践共同体における学習活動の中での，熟達者による視点の提供とガイドである。具体的には利用者の小さな変化を見逃さず指摘することがあげられる。月次検討会において熟達者が，初心者にはわかりづらい変化を指摘する。問題を解く時間に加えて，利用者が計算に取りかかる時間が早くなったり，鉛筆を手にする時間が早くなったりといった微細な変化を気づかせたり，問題行動の減少といったデータと結びつけたりするガイドをすることで，初心者にとっての実践を変化に結びつけると同時に，利用者の微細な変化を常にみつけ出す視点の提供をおこなっていた。このような学習活動により，スタッフは学習療法の技能とともに，変化の兆しを見逃さない気づきの視点を獲得していたのである。

② コミュニケーションの活性化と利用者との関係構築

　先述の通り学習療法はコミュニケーションを重視した実施が重要であるが，それは学習療法以外の日常のコミュニケーションにもよい効果をもたらす。特に熟達の浅い職員が「会話ができはじめた」とその効果を口にしていた。学習療法時に得た情報を用いて会話する他，観察力の向上で会話のきっかけを探せるようになる。特に重要なのが「ほめる」行為である。学習療法時には作業達成時にほめる言葉をかけることが重要であるが，そのことによって日常の場面でも利用者にほめる言葉をかけやすくなるという。それは利用者に自己効力感をもたらし，それまで後ろ向きだった他の活動にも取り組む姿勢をみせることがあるという。

　コミュニケーションの活性化は，スタッフと利用者との間の関係性を変化させる。介護施設の中には，あまりの業務の多忙さから，利用者1人1人を個人として認識できず，「利用者さま」と一括りにしてしまう人もあったという。しかし学習療法実施時は，利用者個人と集中して向き合うことができる。

加えて前述の利用者情報の獲得・共有によって，利用者個人を認識しやすくなる。両者の違いは自明であり，スタッフは利用者との関係構築がやりやすくなるという。

### ③ 協働技能の向上

先述の通り，学習療法を介護施設で実施するには，多忙な時間の一部を学習療法の時間に割かなくてはならない。そのためには現場での工夫が必要である。しかし逆にそのことが現場での効率化した動きにつながったり，職員同士の互恵的な行為を促進したりする。具体的には，業務プロセスの見直しにより入浴業務を効率化し移動の時間を減らしたり，学習療法に取り組む職員の仕事を他の職員が請け負ったりといった活動を現場が自主的に提案・実行することで，学習療法の時間を確保するという。また職員同士のコミュニケーションも円滑になるという。コミュニケーションの苦手な職員が声を掛け合うようになったり，職員同士の仕事ぶりを評価するようになったりといった事象は，学習療法の実践がきっかけで起きるという。

このような実践の結果，学習療法の実施を進めるため，施設全体の業務のあり方を抜本的に見直した施設もあった。これまではあいている時間などとれるはずがないと思っていたスタッフも，「利用者とのコミュニケーションの時間を確保する」という視点をもつことで，今まで当然だと思っていた余分な作業や非効率な作業時間の使い方をみなおすことができたという。実践共同体の非規範的な視点がもたらした変革といえる。

### ④ 介護理念の追求

このように介護技能の熟達がみられた結果，職員の中には介護の理念を追求するという行動につながった者もいた。「やさしさをもった介護」「思いやりのある介護」といった抽象的な理念が掲げられていることが多いが，その意味を追求する機会は限られている。しかし学習療法を通じて利用者と向き合うことで，「やさしさ」「思いやり」といった言葉の意味を，学習療法の活動を通して考えることが増えたという。それは利用者に深く関わる時間をもてることと，その活動を実践共同体で共有し議論できることが大きいという。これも実践共同体のもたらす非規範的な視点がそのきっかけを与えているといえよう。

このことは活動理論の枠組み（Engeström, 1987）で考えれば，熟達によって対象が移行したととらえることができる。学習療法の熟達から利用者とのコ

ミュニケーションへと移行し，介護理念の追求に至る対象の移行が，学習動機を引き出している（松本，2018a）。

⑤ ITツールによるサービスの工夫

実践共同体における学習活動では，学習したことを実践に結びつけることが重要であるが，実践を活性化する上でITツールを積極的に活用している施設もみられた。学習療法のツール自体はすでに開発されているが，導入に成功している施設の中には，独自の工夫によって学習活動や成果を促進していた施設もみられた。

ある施設はタブレット端末を用いて，回想的なコミュニケーションを活性化していた。学習療法の実践により回想的なコミュニケーションの重要性に気づき，知人のプログラマーと共同で，昔の写真を取り込んで個人史アルバムをつくり上げるというものである。利用者も操作できるようにつくられており，教材と併せて用いることで，より深いコミュニケーションを実現していた。またある施設では学習療法の実践の様子や感想などを動画として記録し，スタッフ内で共有することで，情報交換に役立てていた。どちらもスタッフの自発的な実践から生まれた活動である。

これらの実践の特徴はそのオープン性である。利用者を巻き込んだ実践を記録し，スタッフ内で共有できることに加え，利用者の家族への成果発表につなげることを意識していた。タブレット端末でつくられた利用者の個人史は家族であっても知らないことが多く，動画記録・編集によってつくられた映像は施設での利用者の姿をわかりやすく伝えることができ，どちらも利用者の家族にとっては驚きをもって迎えられる。このことは施設－利用者－家族という三者の関係を構築することにつながり，スタッフにとっては実践および学習意欲と自発性の向上につながるのである。

⑹ 施設間交流の促進

学習療法が導入されるまで，介護施設同士の交流は活発ではなかった。特に現場レベルの職員が学びあうという活動はおこなわれてこなかった。それは介護施設の業態の違いや多様な職種に起因するものである。しかし先述の通り学習療法は基本的にそのような違いに左右されることは少ない。加えて学習療法は施設間で学びあうことで，その技能を業界内に広めてきた。それは多くの境界横断的な学習と交流の機会を生み，やがて施設間・地域間・都道府県にまた

がる境界横断的な実践共同体を形成するに至っている。

① 施設間での境界横断による学びあい

　草創期に学習療法を導入した施設では，先行事例が少なかったため，学習療法の「発祥の地」である介護施設を見学することで，技能を学び，また導入の「カンフル剤」にしてきた。職員は見学に行けることをモティベーションの源泉にし，刺激を受けて帰ってくる。帰路のバスの中で議論をすることも多いという。しかし学習療法を見学に行くのだが，実際には見学するところは学習療法だけにとどまらず，多くの場合，介護業務全般に対して学んで帰ることになる。見学先との会話でも学習療法のことよりも，施設の優れた点の要因について質問することが多いという。他方で自分たちの施設が見学されることもあり，それは施設全体にとって良い刺激になるのである。

　施設間交流は職員のアイデンティティの構築にもよい影響を与える。見学を重ねていくにしたがって，当初は相手のよいところをみつけていた職員が，次第に自分たちの施設のよいところに気づいていくという。「勝った負けた」を議論しながら，自分たちの仕事のよいところを比較によってみつけ出し，自信にしていくという。

　また施設見学の際，職員には施設が全員名刺を作ってもたせている。多くの職員は名刺交換をするのはそのときが初めてである。それは職員に自立心と自覚をもたらし，仕事ぶりも大きく変わるという。

　調査した地域では，学習療法に熟達した若手の職員が施設をこえて集まり，さらに学習療法を深く理解するプロジェクト活動を実施していた。若手職員が自発的に，実施の困難な利用者の事例をもち寄って議論したり，地域研究会の予定を立案したりするという。大きな研究会の運営を任せられることで，職員は施設のリーダーとして大きく成長する。その成長に同期入所の職員が刺激を受けて競いあうという，好循環の状況が形成されていた。

② 施設参加型の実践共同体による地域間での境界横断

　調査した施設の地域では，介護施設を対象にした地域単位・都道府県単位での研究会が実施されている。学習療法実施の事例を報告したり，地域を巻き込んで学習療法への理解を深めるシンポジウムを開催したりする。それ自体もよい学習の場になっているが，それに加えて研究会が重視しているのは施設間の職員同士の交流である。懇親会では施設や業態の垣根を越え，施設運営や介護

技能，個人的な悩みに至るまで，多様な話題で交流が図られる。そこから新しい見学活動が起こったり，職員同士の交流イベントが企画されたりしている。また他県からの参加もあり，研究会が他県でも形成されたりする。研究会が施設間交流を促進する大きな実践共同体となり，重層的構造をつくり出すことで，より多くの交流が促進されているのである。

③ 「学習療法シンポジウム」による都道府県単位の境界横断

「学習療法実践研究シンポジウム」（以下，「学習療法シンポジウム」）は，学習療法を導入した施設，導入を検討している施設，および学習療法に関心のある人々が一堂に会する，年に1度の頻度でおこなわれる大規模なイベントである。一般参加も可能で，学習療法のドキュメンタリー映画の上映や，地域コミュニティ向けの実践プログラム（「脳の健康教室」）の紹介などがおこなわれるが，ここでは介護施設向けのプログラムについて説明する。

学習療法シンポジウムでは前半はいくつかの分科会に分かれて事例発表がおこなわれる。分科会のテーマは学習療法の導入事例，普及事例，職場の協働促進，地域活動等である。各施設ごとに事例発表がおこなわれたあとは，テーブルごとに情報交換会がおこなわれる。導入の程度こそあれ，学習療法の知識が境界物象となって，すぐに情報交換がおこなわれる。後半は全体会として，地域ごとの活動などの発表がおこなわれる。シンポジウムが開催される地域の活動が紹介されることも多い。

学習療法シンポジウムでは事例学習に加えて，介護施設同士のネットワーキングがおこなわれる。そこから新しい見学活動や，施設間・地域間の研究会が開催されていく。そして近年の特徴は，都道府県単位で研究会が形成されている点である。野火的活動（Engeström, 2008）の典型例といえるが，それは学習療法シンポジウムでの他の都道府県の事例をみて，それが飛び火するように結成されている。学習療法シンポジウムは実践共同体を包括するような上位の実践共同体ということができ，都道府県レベルでの境界横断を促進しているのである。

(7) **実践共同体による学習動機の向上・発展**

実践共同体による境界横断は，スタッフの中での学習動機の向上・発展を導く。施設内のみの学習活動と異なり，施設を出て見学したり，施設を代表して発表したりするという境界横断を伴う実践は，スタッフにとって学習意欲の変

化・発展をもたらす。

　学習療法の学習における境界横断的学習は，さまざまな形でおこなわれている。まず施設内の実践共同体（月次検討会）での学習自体が，特別養護老人ホーム・介護老人福祉施設・デイサービスといった介護業態の境界を横断する形でおこなわれている。同じ法人の中でも普段会う機会のないスタッフ同士が，学習療法という領域によって一堂に会することができるのである。そして階層を超えた相互作用（これも境界横断といえる）によって，スタッフは関係志向の学習動機を得ることにつながる（市川，2001）。

　次に施設の境界を越える形での相互見学活動による学習である。学習療法があるから施設見学も実施しやすいとインタビューしたスタッフは口をそろえる。そして見学活動は学習療法にとどまらず，決まって介護技能全般に及ぶという。

　そこから地域レベルでの学習療法の研究会が開催され，施設の壁を越えた上位レベルの実践共同体が形成される。そこでは学習療法の事例発表がおこなわれ，そのあとの懇親会においては異なる施設のスタッフ同士のネットワークが形成され，ここでも介護技能やスタッフとしてのキャリアについて議論や相談が実施される。翻ってこのような地域レベルでの研究会は，施設内での学習活動，および相互の見学活動を促進する。学習動機でいえば施設間の競争意識（自尊動機）と関係動機が高められる。

　そして地域の壁を越えた全国レベルでの実践共同体，「学習療法シンポジウム」も形成される。全国から集まったスタッフの前で事例発表をおこなうとともに，地域や都道府県の境界を超えたネットワークづくりがなされる。そして地域レベルと同様にこの全国レベルでの実践共同体は，地域レベル，施設レベルでの実践共同体の活動を活性化するのである。このように学習療法の実践共同体は施設間での学びあいという水平レベルでの結びつきに加えて，地域，全国という垂直レベルでも結びつく，重層的構造をなしているのである。インタビューしたスタッフの中でも施設の学習活動を主導するリーダー格のスタッフはしばしば「学習療法よりも今は介護活動自体に興味がある」という趣旨のことを発言していた。実践共同体において学習療法に熟達し，境界横断的な結びつきを深めた結果，自施設の介護理念について理解しようとしたり，介護技能の将来について新しいアイディアを提唱したり，学習療法の理念自体を深める学習をしたり，学習療法の普及に向けた提言をおこなったり，介護スタッフのキャリアデザインを促進するマネジメントをしたりといった，たんなる学習療

法の熟達よりもさらに上位の学習目標を設定し実践していた。Leont'ev（1981）でいえば対象の変化によって，「実際に有効な動機」へと発展しているといえる。実践当初からこのようなことを考えていたわけではないことを考えると，熟達の進展にあわせて学習意欲も発展しているということができよう。

## 4 考察

前節まで，学習療法導入についての事例を紹介した。本節ではそれをもとに考察を加える。

### (1) 非規範的視点の獲得につながる実践共同体の実践

まず非規範的視点の獲得につながる，実践共同体における実践がどのようにおこなわれていたかについて検討する。まず事例中の具体的な実践とそれ以前に存在する問題，および得られた非規範的視点について整理した。具体的な実践については Wenger（1998）における3つの実践カテゴリ，すなわち「相互従事（mutual engagement）」「共同事業（joint enterprise）」「共有されたレパートリー（shared repertoire）」によって分類している。相互従事は，実践共同体を形づくる相互の関わりあいや調整行為であり，多様な成員や複雑な相互関係をまとめ上げる中で成員は自身の居場所とアイデンティティを確立し，協働が促進される。共同事業は，実践共同体において成員の相互の協働によって維持構築される，目標をもった活動であり，実践共同体の目標が形成・実行される。共有されたレパートリーは実践共同体が共同事業の中で生み出して実践の一部になり，またさらなる実践を生み出す共有された資源のセットであり，実践共同体において生み出され，また学ばれる知識や技能を含む。3つの実践には表8-1中のような指標が含まれている[4]。

Wenger（1998）の3つの実践およびその指標に即して整理すると，表8-1のようにまとめられる。

ここから非規範的視点の獲得を導く実践が十分に行われていることがわかる。学習療法の熟達に加え，Brown and Duguid（1991）の指摘するように，これまで介護施設において当然のものとして受け止められた考え方ややり方に起因する，利用者の情報不足や協働の阻害，縦割り意識といった問題について，

---

4　Wenger（1998），pp.125-126.

表8-1 | 事例中の実践と非規範的視点の獲得

| 実践 | 実践共同体の指標 | 事例中行われていた実践 | 学習前の問題 | 獲得された非規範的な視点 |
|---|---|---|---|---|
| 相互従事（協働の促進） | 持続的相互関係 | 学習療法を続けるための相互協力・協働 | 縦割り意識と阻害された協働 | 協働の促進が学習療法に不可欠 |
| | 仕事内容の共有 | 利用者情報の共有，研究会・シンポジウムでの事例発表 | 進まない情報共有 | 利用者とのコミュニケーションも重要 |
| | 情報の速さ・変革の普及 | 利用者情報獲得，個人識別，相互協力と効率化 | 利用者の情報不足 | 利用者情報が得られれば仕事も楽になる，まだまだ効率化できる |
| | 前置きない相互作用 | 境界物象としての学習療法の知識，フラット化，研究会・シンポジウムでの事例発表 | 他部署との交流のなさ | 異なる部署・施設とも話しやすくなる |
| 共同事業（目標形成・実行） | 議論の段取り | 日報の工夫，フラット化，データや映像の検討 | 新人や初心者の気後れ | 新人や初心者でも議論に加われる |
| | 記述の重なり | 利用者情報の共有，介護理念の追求 | 進まない情報共有 | 利用者情報の獲得と利用が重要 |
| | 相互理解 | 地位のフラット化，利用者情報の獲得，有能感 | 利用者の情報不足，上下の相互作用不足 | 利用者とのコミュニケーションも重要，フラットなコミュニケーション |
| | アイデンティティの相互定義 | 職員同士の理解，利用者とのコミュニケーション，他施設見学，リーダーシップ意識，研究会，シンポジウム参加 | 越境的実践のなさ | 利用者とのコミュニケーションも重要，他施設との交流が自覚を促す |
| | 行為の評価能力 | 熟達者のガイド，コミュニケーションの意義発見 | 学習療法の理解の不足，成果の実感不足 | 認知症の予防改善だけが意義ではない，成果を実感する指標 |
| 共有されたレパートリー（知識や技能の蓄積） | 特殊なツール・人工物・現場の知識 | 日報の工夫，利用者個人の理解 | 与えられたツールを使うだけ | ツールの工夫が学習療法習得に重要 |
| | 知識・物語などを知っていること | 利用者情報の共有，介護理念の追求 | 学習療法の理解，介護理念の理解の不足 | 利用者とのコミュニケーションも重要 |
| | コミュニケーション・工夫の容易さ | 地位のフラット化，現場への適用，境界物象としての知識，他施設とのコミュニケーション，悩み相談 | 知識共有の不足，実践への適用の不足 | 得られた知識を現場にどんどん適用して検証していく |
| | メンバーシップ表示 | 職員同士の理解，名刺作成，施設を代表する振る舞い，若手による交流 | 他施設との交流のなさ，情報の不足 | 他施設との交流が自覚を促す |
| | 共有された談話 | 利用者情報の獲得，介護自体の技能の獲得，悩み相談 | 井の中の蛙的な意識 | 同じ悩みや意識をもっていることを確認 |

実践共同体における実践から導かれた，利用者情報の有用性や階層や業態を超えた相互作用の必要性といった非規範的視点が，その解決に寄与していた。

### (2) 実践共同体のもたらす組織活性化の影響

本章での介護施設における学習療法導入の事例は，実践共同体のもたらす非規範的な視点（Brown and Duguid, 1991）が組織活性化に寄与することを明らかにしている。しかしそれだけでは組織を活性化するには至らないこともある。現に介護施設の職員は，日々介護現場での実践を通じた視点と知識を獲得しているはずだからである。

1つは，実践共同体における実践がその視点や知識を駆動させることが考えられる。Wenger et al.（2002）の二重編み組織においては，公式組織と実践共同体が学習のループを生み出すとしているが，それは今回の事例にあてはめれば，実践共同体でもたらされる視点や知識を，公式組織における学習療法活動に適用し，経験や知識を得る。そしてそれを実践共同体にもち帰り共有・議論することで，同時にその視点や知識が「正当化」されると考えられる。Lave and Wenger（1991）の主張するように，実践共同体における学習や知識が関係的なものであるなら，それへの参加を深めることは，そこで得られた非規範的な視点や知識を交渉的に正当化するプロセスを含んでいるといえよう。

もう1つは実践共同体での活動は裏を返せば，その非公式性から，公式組織およびそこでの実践から「距離をとる」ことである。それは経験と内省の経験学習サイクルを駆動させることにつながる。日々の業務に忙殺される職員にとって，そこから距離をとる形になる学習療法の時間は，内省に適した機会を与える。職員は学習療法の実践によって，通常の介護業務でも観察力が身についたといっているが，それは実践共同体のもたらす「距離をとる」ことが，内省を促進した結果であるといえよう。

### (3) 実践共同体における「二次的意義」の獲得

今回の事例で特徴的な点は，学習療法の実践共同体において学習が進むにつれて，スタッフが学習療法の意義を認知症の予防改善だけではなく，利用者とのコミュニケーションにもあることを発見している点である。認知症の予防改善は（非薬物的な手段では）学習療法でしかなしえないことであるのに対し，利用者とのコミュニケーションは学習療法以外でも達成できる。しかし調査した多くの施設では，両者は同等の意義をもっていると感じていた。この点をど

う解釈すればよいのであろうか.

　この問題を考えるにあたり，「一次的意義」「二次的意義」という言葉を用いて考えてみる．「一次的意義」は実践共同体のおこなう実践の「当初の意義」であり，本来の目的に近いものである．一次的意義は実践にあたっては自明である，あるいは他者によって説明されるため，「知る」ための苦労はない．しかしそれゆえに，それを深く理解するのは難しいこともあり，Leont'ev（1981）でいえば「理解されているだけの動機」につながることも考えられる．それに対して「二次的意義」は，実践共同体のおこなう実践の「参加者が実践によって学習した，あるいは意味づけた意義」である．参加者にとっては実践によってみいだすことが求められるため，気がつかない場合もあるが，学習によってみいだした場合は，参加者を「実際に有効な動機」につなげることができる．今回の事例でいえば，学習療法の一次的意義は「認知症の予防改善」であり，二次的意義は「利用者とのコミュニケーション」である．そして実践共同体において真に重要な課題は，参加者の実践と非規範的な視点によって，二次的意義を学習することであるといえる．もちろん二次的意義に絶対的な正解はなく，参加者の実践によって相互構成的に構築される意義である．またこれはたんなる知識共有や技能獲得ではなく，パースペクティブ変容（Mejirow, 1991）を伴う高次学習の1つの形である．

　そしてその二次的意義の獲得を促進する要因の1つが，境界横断であると考えられる．今回二次的意義を獲得した施設（のインタビュイー）はいずれも施設間・地域間・都道府県レベルで境界横断的実践に携わっている．境界横断の意義がまた1つ明らかにされているといえる．

### (4) 実践共同体の形態・構造・学習スタイルと学習意欲の発展

　今回の事例でみられる実践共同体の形態と構造は，介護施設内において短期的スパンで学習活動をおこなう熟達型の実践共同体・相互見学活動による施設間の水平的なつながりを生み出す実践共同体，年に1回学習活動の発表とネットワーク構築をおこなう包摂型の実践共同体，そして中期的なスパンで地域の中で学習活動をおこなう両者の中間型の実践共同体，という4つの形態が重層的な構造を形成しているといえる．この重層的構造と，それに基づく境界横断的学習は，学習意欲の学習・発展という点でも，前章で示した実践共同体の学習スタイルを通じて影響を与えている．

　介護施設同士の見学による学習は，自身の学習活動や技能を客観視し，一般

表8-2 | 事例における境界横断と実践共同体の類型

| 越境レベル | 施設内（業態間） | 施設間 | 地域間 | 都道府県間 |
|---|---|---|---|---|
| 実践共同体 | 月次検討会 | 施設見学会 | 事例研究会 | 学習療法シンポジウム |
| 相互作用 | 高い | 中程度 | 中程度 | 低い |
| 越境範囲 | 狭い | 狭い | 広い | 広い |
| 頻度 | 高い（月1回） | 中程度（年3, 4回） | 低い（年1, 2回） | 低い（年1回） |
| 類型 | 熟達型 | 熟達型 | 交流型 | 交流型 |

的なやり方と自身の創意工夫を比較して学ぶ複眼的学習を促進する。見学活動によって他の施設から学ぶだけでなく，自施設のやり方を確認することもできるからである。また施設の代表として見学に行くことで，介護スタッフとしてのアイデンティティも強化される。さらに地域レベルでの実践共同体による学びはそれらを促進するとともに，地域でのネットワークづくりを促進し，新たな相互見学活動を生み出す。そして全国レベルの学習療法シンポジウムもまた，地域レベルでの実践共同体の活動を促進し，ネットワークを構築するのである。

　重層的構造の相互作用は，相互の境界横断を促進し，それが学習意欲の発展を促す。学習意欲研究との関連では，有機的統合理論（Reeve, Deci and Ryan, 2004）の同一化・統合段階では実践共同体における熟達者のガイド，および重層的構造におけるネットワークが必要である。市川（2001）の学習意欲の二要因理論では，関係志向は学習の重要性も功利性も理解が進んでいない段階ととらえられているが，協調学習や活動理論のように，共同体内の他者を学習意欲の学習を促進する存在ととらえるべきであろう。Engeström（1987）の主張するように，活動は集団的性格をもち，個人の実際に有効な動機が集団レベルで生じていることが重要だからである。

　そして学習療法の普及・継続に成功している介護施設では，上位レベルの実践共同体での発表を奨励する，また利用者の家族との交流会を開催することで，学習意欲の発展につなげていた。熟達型の実践共同体での活発な学習活動とそれらが並行し相互作用することで，理解されているだけの動機から実際に有効な動機への発展は促されるのである。

　そして学習療法の普及・継続に成功している介護施設では，上位レベルの実践共同体での発表を奨励すること，また利用者の家族との交流会を開催するこ

とで，学習意欲の発展につなげていた。熟達型の実践共同体での活発な学習活動とそれらが並行し相互作用することで，学習意欲の発展はなされるということができる。

(5) **包摂的な上位の実践共同体構築の意義**

　前章と同じく，本章の事例もまた，実践共同体の重層的構造がみられた。学習療法に取り組む介護施設のスタッフは，業態間・施設間・地域間・都道府県間の境界横断を繰り返しながら，現場実践との循環的学習，および複眼的学習をおこない，高次学習を達成していたといえる。そして都道府県レベル，全国レベルの実践共同体の意味も小さくないものがある。頻度からして実践共同体といえないという意見もあるが，前章と同じくこれも実践共同体の概念に含めるべきである。それは包摂的な上位の実践共同体は下位の実践共同体の境界横断とそれに伴う学習，およびネットワークの形成を促進するからである。今回の事例ではさらに，都道府県単位での研究会の構築促進という，野火的活動の典型例がみられた。熟達を促進する実践共同体との重層的構造は，両者の長所を引き出しあうものであるといえるのである。

　次に境界横断を促進する実践共同体のマネジメントについて考察する。境界横断と実践共同体の関係からいえることは，包摂的な実践共同体を構築することは，参加する人々の境界横断とともに，下位の（包摂される）実践共同体間の境界横断をも促進するということである。地域間の事例研究会に参加したスタッフが相互見学や若手同士の交流イベントのきっかけをつくったり，学習療法シンポジウムの参加がきっかけで，地域間の事例研究会が発足したりする。それは実践共同体同士の継続的な境界横断と学習を促進する。

　成員に及ぼす影響としては，まず複数の非規範的視点を獲得するということである。職員達は現場での実践によって非規範的視点を獲得するが，見学会や事例研究会への参加によって，規範－非規範に加え，他施設－自施設，他職員－自身といった複眼的な視点による学習（複眼的学習）を促進する。それは境界横断により自身を異なる場所に置くことによって得やすいものである。あわせて成員のアイデンティティの構築も促進される。職員は自施設において学習療法に熟達し，技能や知識に自信をもったりと「熟達志向的」にアイデンティティを構築するが，他方で他施設等に境界横断することで，自分は他者と同じ（あるいは異なる）といった「関係志向的」にもアイデンティティを構築する。若手職員が施設のリーダーの自覚をもったという事例は，たんに学習療法

に熟達しただけでなく，施設の代表として接することが影響している。

そして境界横断という観点からは，施設内と地域間・都道府県間の実践共同体は学習活動が異なっていた。施設内（業態間）・施設間の実践共同体は，境界横断の程度は低い（施設内限定）ものの，高頻度に濃密な相互作用を通じて知識や技能を高めていく，成員の熟達を重視した「熟達型」の実践共同体といえる。それに対して地域間・都道府県間の実践共同体は，頻度は低いものの多くの成員の境界横断と交流を促進する，「交流型」の実践共同体といえる。実践共同体の重層的構造は，この特性の異なる2つの種類の実践共同体を組みあわせた構造であり，それが両方の学習活動を両立させる，効果的な構造であるといえるのである。

## おわりに

本章では介護施設における「学習療法」導入の事例を通して，実践共同体が学習をどのように促進するかについて考えてきた。前章の公文の事例よりも施設内・施設間・都道府県レベル，全国レベルと実践共同体が重層的に構築されることが，境界横断と学びあいを促進していた。その重層的構造がコントロールされつつも，全国レベルでの野火的な学習活動に発展していることがわかった。

# 終章 考察と理論的・実践的含意の提示

## はじめに

　第Ⅰ部の文献レビューにつづいて，第Ⅱ部では，4つの事例研究をおこなってきた。本章ではそれらを踏まえて考察をおこなう。

　まず最初に事例研究で得られた発見事実を整理する。その上で実践共同体について考察を加え，理論的・実践的含意を提示する。

## 1 | 事例研究の発見事実の整理

　前章までおこなわれた4つの事例研究について，得られた発見事実を整理してみよう。

　第5章では「自治体マイスター制度」における実践共同体の事例を取り上げて議論した。技能者の地位向上，技能尊重の機運醸成などを目的に，自治体内の技能者，高度な熟練技能者を認定する「自治体マイスター制度」は数多くの自治体が設置しているが，当初の目的，特に技能伝承の促進を達成している自治体では，技能者の実践共同体を形成していた。高度熟練技能者を中核とした実践共同体ではその高度な技能が伝達されていたが，その促進要因としてあげられるのは，技能を伝えたいという高度熟練技能者の強い思いと技能への自負，参加する技能者の仲間とつながる喜びであった。そして成功している実践共同体に共通するのは，コーディネーターあるいはコア・メンバーとしての自治体職員の努力であった。実践共同体の発展段階の「潜在」段階でとどまる自治体が多い中で，実践共同体の参加を促すため，マイスターの選定や環境整備，「結託」を促進する工夫などを細かくおこなっていた。従来の実践共同体のコーディネーターやコア・メンバーと異なる，スタッフワークの重要性が指摘された。

第6章では陶磁器産地の実践共同体について，複数の産地の事例を取り上げて議論した。陶磁器産地においては多くの窯元・作家が作陶をおこなっているが，産地には「○○焼らしさ」のような産地独自の作風（デザイン・パラダイム）がある。産地に埋め込まれた多くのデザイン資源があり，窯元・作家はそれらを「写し」によって取り入れることで「○○焼らしさ」を産地内に形成していた。そして個人作業が多い作家であっても，産地内では多くの実践共同体，および学習を主目的にしない副次的な共同体が形成されていた。（技能形成を目的とする）実践共同体においては，地域の高度熟練技能者を中核に，あるいは設備の充実した窯元を中心に形成され，そこからグループ展などの実践が生み出されていた。他方（学習を主目的にしない）副次的な共同体は，人的交流や親睦などの目的で多数形成されていたが，副次的共同体がそれらの役割を担うことで，逆に実践共同体を学習のための実践に集中させていたことがわかった。また別の産地では道具や技術の普及に伴って実践共同体は「変容」段階に入り消失してしまったようにみえたが，別の形で復活していた。変容段階での実践共同体は「共同体の死」を意味するのではなく，その記憶をもった技能者と技能を欲する学習者が結びつくことで「再活性化」することがわかった。このように実践共同体の成熟と再活性化という問題意識を提示した。そして陶磁器産地の実践共同体は産地という地域コミュニティの中に埋め込まれており，実践共同体（あるいは副次的共同体）同士の境界横断は，その中で促進されていることがわかった。

　第7章では教育サービス企業の実践共同体について，公文の事例を取り上げて議論した。公文の指導者はそれぞれの教室という実践共同体を形成しながら，同時に自主研という指導者同士の実践共同体を形成し，指導技能を共有・創造していた。キャリアの浅い指導者はベテラン指導者との出会いと自主研における実践を通じ，指導技能を獲得し，それを教室にもち帰って試行するという循環的学習をおこなっていた。同時に教室指導や教室経営に対する考え方を変容し，動機を発展させることもできた。また公文の実践共同体は，公文が主導する小集団ゼミにおいて確実な指導をするとともに，熟達した指導者が集まるメンターゼミ，全国レベルの指導者研究大会という，上位の包摂的な実践共同体を形成していた。それが指導者に高い目標を与え，指導技能の向上や開発といった新たな実践につながり，幅広い人的ネットワークの形成と自主研への参加を促進するという効果を生み出していた。複眼的学習は上位の包摂型の実践共同体だけではなく，熟達レベルに応じた熟達型の重層的実践共同体によっ

ても促進されていたことがわかった。

　第8章では介護組織の実践共同体について，学習療法センターが提唱する「学習療法」の普及事例を取り上げて議論した。学習療法の導入には困難が伴うが，成功している施設では介護施設内に実践共同体が構築され，その習得を促進していた。月次研究会という形で構築される実践共同体では，施設の業態という境界を越えた水平的な交流，および階層をフラット化した垂直的交流が促進され，熟達者の適切なガイドと，新人の参加を促進する工夫によって，学習療法の技能が構築されるという循環的学習がおこなわれていた。同時にスタッフ間の協働技能も向上させていた。また学習者は学習療法に，利用者とのコミュニケーションの促進やQOLの向上，介護理念の追求といった「二次的意義」をみいだすという形で，これまでのパースペクティブを大きく変容する学習をしていたことがわかった。そして学習を促進するのは施設同士の見学から始まり，地域レベル，都道府県レベル，そして全国レベルといった重層的な実践共同体への参加と境界横断であった。他の実践共同体に対する境界横断的な参加と交流を通じて，さらなる動機の発展，そして自身の施設や自分自身を客観視する複眼的学習がおこなわれていた。

## 2　事例研究からの考察

　発見事実を整理したところで，文献レビューと事例研究の結果から考察する。議論のポイントは，(1)実践共同体概念の拡張：2種類の実践共同体，(2)実践共同体の学習スタイル，(3)実践共同体で実現する成果・学習成果，(4)実践共同体のマネジメント，(5)事例分類からの示唆，(6)副次的な共同体と地域コミュニティの役割，(7)実践共同体と境界横断（越境），(8)実践共同体における「二次的意義」の生成，(9)実践共同体の重層的構造，(10)実践共同体の「居心地の良さ」への注目，である。

### (1)　実践共同体概念の拡張：2種類の実践共同体

　まずは第Ⅰ部で提示した実践共同体の分析モデルに従って，実践共同体の特性・次元，学習方法，運用，成果について検討する。まず実践共同体の特性・次元について，分析モデルであげた特性はすべての事例における実践共同体にみることはできたが，分析次元からみると，その性質は一定ではなかった。そして4つの事例からいえることは，実践共同体は大きく2つのタイプに分け

ることができ，それぞれに特性の強弱がみられるということである。実践共同体の次元のうち，弁別性の高い次元は規模と活動頻度である。その他の次元はどちらのタイプにも含まれると考えられる。ここから本事例の実践共同体は，比較的小規模で活動頻度の高いものと，比較的規模が大きく活動頻度が低いものに大別することができる。

以降の議論では，比較的小規模で活動頻度の高い実践共同体を「熟達型」，比較的規模が大きく活動頻度が低い実践共同体を「交流型」と呼ぶ。その上で両者の違いを実践共同体の分類次元，ここでは規模，活動頻度，同質性，非公式性，包摂性，親近感，コミュニティ感情，境界横断性を用いて分類してみると（自発性などの大きな違いがない次元は省略する），表9-1のようになる。

比較的小規模で活動頻度の高い，「熟達型」の実践共同体は，正統的周辺参加による成員の熟達，高密度な相互作用による知識の共有・創造ができる。また共有されたレパートリーによって暗黙知を扱うことも得意とする。「交流型」に対して比較的に同質的で，小規模ゆえに包摂性（実践共同体同士を結びつけ

表9-1 | 実践共同体の2つのタイプ

| | 実践共同体のタイプ | |
|---|---|---|
| | 熟達型 | 交流型 |
| 規模 | 小・中規模 | 中・大規模 |
| 活動頻度 | 高い（頻繁に集まる） | 低い（頻繁ではない） |
| 同質性 | 同質的 | 異質的 |
| 非公式性 | 高い | 低い |
| 包摂性 | 低い | 高い |
| 親近感 | 高い | 中程度 |
| コミュニティ感情 | 高い（役割感覚，コミュニティ感覚，コミュニティ認識） | 中程度（コミュニティ感覚，コミュニティ認識） |
| 境界横断性 | 中程度 | 高い |
| 学習スタイル | 熟達学習，循環的学習，複眼的学習（規範―非規範的比較） | 越境学習，複眼的学習（多様な視点からの比較） |
| 主な成果 | 熟達，知識の創造，暗黙知の活用，メンバーの高密度な相互作用の中で価値観・パースペクティブの変容，アイデンティティ構築 | 知識の共有，人的ネットワーク構築，価値観・パースペクティブの変容 |
| 事例 | 陶磁器産地の陶友会，公文（自主研，小集団ゼミ），介護施設（月次検討会） | 自治体マイスター制度，公文（メンターゼミ，指導者研究大会），介護施設（事例発表会，シンポジウム） |

る程度）は低いものの非公式性も高く，高い親近感（居場所感）が得られる。コミュニティ感情としては自分の役割があるという役割感覚があり，メンバーに対するコミュニティ感覚もあるが，交流型に対して熟達型のコミュニティ感覚は「信頼感のある強い繋がりをもつ仲間と一緒にいるわれわれ感覚」ということができる。境界横断はおこなわれるが規模は小さい。学習スタイルは熟達的学習，循環的学習，複眼的学習である。主な成果としてはメンバーの熟達，知識創造，暗黙知の活用といった低次学習に加えて，価値観・パースペクティブの変容やアイデンティティ構築といった成果がみられる。事例の中では陶磁器産地における仲間での実践共同体，公文における自主研や小集団ゼミ，介護施設内における月次検討会などがこのタイプの実践共同体である。

　他方で比較的規模が大きく活動頻度は低い「交流型」の実践共同体の特徴は境界横断である。その規模の大きさから幅広い人々との相互作用が可能であり，そこから知識や情報の共有もできる。同質性は低く多様な人々と交流できる。非公式性はその規模ゆえに高くなく，親近感も中程度であるのに対し，多くの実践共同体を結びつける包摂性の高さが特徴である。コミュニティ感覚は熟達型に対して，「多くの人々が同じ理念や目的のために働いているというわれわれ感覚」である。学習スタイルは越境学習，複眼的学習である。主な成果は知識の共有，人的ネットワークの構築という低次学習に加えて，多様な観点から自らを客観視する複眼的学習による，価値観・パースペクティブの変容といった高次学習も導くことになる。事例の中では自治体マイスター制度による実践共同体，公文におけるメンターゼミや指導者研究大会，介護施設における学習療法の施設間・地域間の事例発表会，学習療法シンポジウムなどがこのタイプの実践共同体である。

　既存研究はこの異なるタイプの実践共同体を区別してこなかった。しかし本書ではこの2つの実践共同体を別個のタイプとして扱うことを提唱する。その理由は第1に，実践共同体の概念を拡張することができるからである。既存研究では実践共同体はどちらかのタイプのみを扱っており，「交流型」の実践共同体研究では「熟達型」を，「熟達型」の実践共同体は「交流型」を，実践共同体とみなしていないと考えられる。しかし2つのタイプの実践共同体は，お互いの弱点を補い合う，補完関係にある。比較的小規模で活動頻度の高い「熟達型」の実践共同体は濃密な相互作用ができる反面，人的ネットワークを拡大する力は弱い。それは実践共同体のメンバーが固定化し，領域や実践の硬直化を招くからである。他方で比較的規模が大きく活動頻度が低い「交流型」の実

践共同体は，大規模な境界横断と人的ネットワークの拡大をもたらすが，その規模ゆえに頻繁に集まることはできず，また濃密な相互作用は難しい。最良の解決方法は，公文と介護施設の事例にみられるように，2つのタイプの実践共同体を併存させ相互補完させることである。こうすることで2つのタイプの実践共同体によって重層型構造を構築することができるからである。

以上のように実践共同体は熟達型・交流型の2つのタイプがあり，両者は補完関係にある。それを踏まえて実践共同体概念を広く拡張することを提唱したい。

### (2) 実践共同体の学習スタイル

次に実践共同体における学習スタイルである。実践共同体においては学習を促進する4つの学習スタイルがあることがわかった。

もう一度文献レビューによって提唱した，実践共同体の4つの学習スタイルについて整理してみよう。まず1つめは「熟達学習」である。これは正統的周辺参加の枠組みに基づいて，実践共同体内での成員の相互作用によって知識・技能を共有・創造する学習スタイルである。古参者からの知識・技能の獲得および創造がその主な学習スタイルであり，学習のレベルでは低次学習が中心となる。2つめは「越境学習」である。これは実践共同体での学習活動をベースにしながら，外部の共同体やその成員にアプローチし，そこで構築されるネットワークでの相互作用を通じて技能や知識を獲得・共有・創造する学習スタイルである。学習のレベルでは低次学習が中心となる。3つめは「循環的学習」である。これは所属する企業・組織と実践共同体の間で実践と考察の循環を構築することで高次学習を実現する学習スタイルである。多重成員性に基づいて公式組織の一員として職務を遂行し，新しい問題に直面すると新しい解決方法や知識を考え出す，その経験や知識を実践共同体にもち込んで議論し，一般化あるいは文書化し，問題解決に対する支援を得て，また公式組織にそれをもち込み，現実の問題に適用するという学習スタイルである。そして4つめの「複眼的学習」は実践共同体に所属することで，非規範的な視点を得て，多様で客観的な視点から自己の技能・知識をみて，規範的な知識との比較によって高次学習を実現する学習スタイルである。

この4つの学習スタイルを踏まえて今回の事例をみると，2つのタイプの実践共同体において得意とする学習スタイルが異なることがわかる。「熟達型」の実践共同体においては，小規模で頻繁かつ濃密な相互作用を基盤にした，熟

達学習が主な学習スタイルになる。越境学習はおこなえないわけではないが基本的に小規模である。またそこで得られた学習結果や知識，問題意識を企業・組織にもち帰って実践・確認・検証し，新たに得られた知識や問題意識を実践共同体に環流させて議論する，という循環的学習も得意とする。そして企業・組織における規範的視点からの知識，技能，および意味，パースペクティブと，実践共同体における非規範的視点から得られる知識，技能および意味，パースペクティブを比較することで学習する複眼的学習も用いられる。

それに対して「交流型」の実践共同体においては，大規模で多くの人々との交流的な相互作用を基盤にした，越境学習が主な学習スタイルになる。人的ネットワークを構築し，そこから新たな知識や情報を共有することが中心の学びが進められる一方で，熟達学習や循環的学習は頻度の少なさから難しい。そして複眼的学習は，境界横断を進めた結果得られる，多様な視点からの比較による学習というスタイルになり，同じ複眼的学習でも「熟達型」の実践共同体でおこなわれるものとは少し異なる。

そして4つの学習スタイルをバランス良く用いることが，実践共同体における学習を促進する上で最も効果的であることはいうまでもない。そのために必要なのもやはり，2つのタイプの実践共同体の補完関係を構築することなのである。

### (3) 実践共同体で実現する成果・学習成果

次に実践共同体における成果について，4つの事例における成果項目を整理すると，自治体マイスター制度の事例では技能の向上による製品の質の向上および新製品の開発，陶磁器産地の事例では作陶技能の向上による陶磁器製品の質の向上と創造的な製品の開発，公文の事例は指導技能の向上による生徒の進捗度向上などの学習成果，介護施設の事例では学習療法の技能向上による利用者の認知症の進行抑止・改善である。本項で議論することは，まずいずれの事例の成果も，実践共同体の学習の促進がもたらしているものであるということである。実践→成果ではなく，実践→学習→成果という流れである。分析モデルに学習方法およびその達成の結果としての成果と考えることで，実践共同体の学習をより具体的に考えることができ，今後の実証研究にも役立てることができるであろう。もう1つは成果の区分にかんするもので，イノベーションや新製品開発などの外的成果に加え，モティベーションの向上や協働技能の向上，キャリア確立，アイデンティティ構築といった内的成果を区分して扱うこ

とが重要である。

　次に実践共同体で得られる学習成果について詳しくみてみよう。実践共同体は低次学習と高次学習を両方達成することができるというのが文献レビューから得られた本書の主張であった。そして4つの事例研究から，この主張は妥当であることが裏づけられたと考えられる。

　まず低次学習であるが，先ほどまでの議論でもふれているように，熟達型と交流型では低次学習の中でも得意とする学習内容が異なると考えられる。熟達型はまさに正統的周辺参加に基づいて観察や模倣による知識・技能の獲得，および濃密な相互作用による知識の創造が促進される。それに対して交流型は人的ネットワークの拡大による潜在的知識量の増大，および知識共有が促進される。これも同じように相互補完関係にあり，どちらか一方ではなく2つのタイプの実践共同体を使い分ける，多重に所属する，あるいは組み合わせることが最も学習を促進すると考えられる。

　他方で高次学習であるが，意味変容やパースペクティブ変容をもたらす高次学習はどちらのタイプの実践共同体でも促進されると考えられる。熟達型は異なる意味やパースペクティブにふれ，それを実践を通して確認することで変容をもたらす。陶磁器産地ではその産地の「○○焼らしさ」を通して自身の作風を確立しているし，公文では自主研の実践を通して先輩の価値観にふれ，指導者としてのキャリアを意味づけていった。また介護施設では学習療法の実践を通して，学習療法の意味を形成し，また介護自体のパースペクティブを変容させていた。濃密な相互作用に基づいた循環的学習・複眼的学習がそれを可能にしている。

　それに対して交流型は，異なる意味やパースペクティブにふれる越境の機会を格段に多くもたらす。自治体マイスターの実践共同体では，普段会えない多くの同業者・技能者と交流する機会を得ることができた。公文のメンターゼミではレベルの高い指導者，指導者研究大会では全国の指導者と交流できる。介護施設の事例では自身の施設以外の介護士と交流する機会を，学習療法を通して得ることができる。多くの学習者同士の境界横断的交流が意味変容の機会をもたらし，新しいパースペクティブにふれる機会をもたらすのである。

　しかし低次・高次学習を最大限に促進する方法は，どちらかではなく，2つのタイプの実践共同体の相互補完関係を構築することである。熟達型の濃密な相互作用に対して，多様な価値観やパースペクティブにふれる機会をもたらすことで，循環的学習・複眼的学習はより効果的になる。他方で交流型における

多くの交流機会も，多様な価値観・パースペクティブにふれるだけではその変容は起こりづらい。交流型の実践共同体でふれた多様な価値観・パースペクティブを現場で実践する，あるいは熟達型の実践共同体で議論することで，高次学習も起こりやすくなるであろう。低次学習も同様に，2つのタイプの実践共同体の相互補完をうまく構築することで効果的になると考えられる。

低次学習・高次学習を促進する要因として4つの事例に共通するのは，まず実践共同体で得た知識や技能を，すぐに実践する環境が整っていることである。それは循環的学習を促進することを意味する。それに加えて学習者同士の交流を促進する境界物象の存在もあげられる。製造機械と材料（自治体マイスター制度），作品と材料（陶磁器産地），指導データ（公文），学習療法の道具（介護施設）があるおかげで，初めての出会いでもすぐに相互作用が生まれる。そして後述するように，実践共同体同士の結びつきと多重所属は，学習をより促進するのである。

### (4) 実践共同体のマネジメント

次に実践共同体のマネジメントについてである。ここではスタッフワークと境界横断的ブローカリングの重要性，制度化と自律的運用のバランス，の3点をあげたい。

1点目は実践共同体のスタッフワークの重要性である。Wenger et al.（2002）は，実践共同体を中心になって運営するコーディネーターとコア・メンバーの概念を提唱している。前掲のWenger et al.（2002）の図1-5からもコーディネーターはコア・メンバーの中心になるリーダーが想定され，Wenger et al.（2002）はコーディネーターの役割として，領域内の重要な問題の特定，イベントの企画推進，メンバーを結びつける，成長の促進，公式組織との関係づくり，実践の構築，貢献の評価をあげ，コーディネーターに求められるものとして，時間，公私の空間への注力，人脈づくりの能力，一定の専門知識をあげている。確かに4つの事例をみてみるとコア・メンバーやコーディネーターの存在は確認できるが，4つの事例に共通するのは，コーディネーターの役割を果たしている人は必ずしも学習者および教授者ではなかったということである。自治体マイスターの事例では自治体職員が実践共同体の構築と維持の役割を担い，マイスターや学習者は講習会等に参加するだけであった。陶磁器産地では作陶技能を学ぶ実践共同体は最初は作陶機械（機械ろくろ）がある大きな窯元がその役割を担っていた。そして公文と介護施設の事例では，公文社員や学習療法セ

ンターのスタッフが実践共同体の構築と維持，相互連結に重要な役割を果たしていた。コーディネーターと思考リーダー（専門知識を実践共同体に提供する人）を分けるという形ですでに Wenger et al.（2002）で指摘されているともいえるが，今回の事例から，実践共同体を構築・維持するスタッフワークの重要性が指摘される。スタッフという用語を用いるのは，次項とも関連するが，必ずしも実践共同体のコーディネート作業は，学習者が担い合うだけということはないということである。もちろん陶磁器産地の事例にあるように，少人数でなおかつ時間の自由度が高ければ，メンバーが自主的に集まるだけで学習は起きる。しかし多くの場合メンバー数はある程度の大きさになり，時間の自由度はそれほど高くない。公文や介護施設の事例からは，実践共同体の環境づくりをスタッフワークとして学習者以外が担うことで，学習活動が飛躍的に促進されることを示している。実践共同体に当初からコーディネーター以外のスタッフの役割を設定することが有効であるといえる。この点は企業外に実践共同体を構築する際，特に有効といえる。

　2点目は実践共同体における境界横断的ブローカリングの重要性である。自治体マイスター制度では，成功している制度では自治体職員が積極的にマイスター候補の選考に携わり，認定後の活動に積極的なマイスターを増やすことで，実践共同体の実践を活性化させていた。公文の事例では，悩みや問題を抱える指導者に対して，適切な自主研を推薦し，参加を促すとともに，メンターゼミや指導者研究大会といった大きな交流型実践共同体への参加を支援していた。そして介護施設の事例では学習療法センターのスタッフが学習療法の知識や技能の伝達を支援するとともに，見学活動の活性化や地域レベル・都道府県レベルでの研究会の開催の支援など，水平レベル・垂直レベルでの実践共同体の構築・参加に主体的な役割を果たしていた。実践共同体における学習を促進し成果につなげるためには，常に実践共同体にブローカー，すなわち実践共同体において人や知識の境界横断を促進する人を特定し，境界横断的ブローカリングを促進することが重要である。

　その際，スタッフであれ学習者の担いあいであれ，実践共同体のメンバーを増やすブローカリングの実践において，コーディネーターやスタッフに必要な要因として，実践共同体における正統性の付与をあげておきたい。実践の支援だけではなくブローカリングの促進には，それ相応の正統性が不可欠である。周辺的参加への正統性は Lave and Wenger（1991）からすでに議論されていることであるが，それと同様にコーディネーターやスタッフの正統性も議論する

必要がある。なぜなら今回の事例では自治体職員や公文社員，学習療法センタースタッフなどその地位や立場から正統性が付与されているが，自律性の高い実践共同体では，雑用を一番下の立場の参加者が担わされる場合もあるだろう。そのような場合には仕事を分担し，コーディネート作業はスタッフが，ブローカリングはコア・メンバーが担うといった工夫が必要となる。また実践共同体内でスタッフに正統性を付与することも考える必要があるだろう。

　実践共同体のマネジメントについての3点目は，制度化と自律的運用のバランスである。これは実践共同体の分析次元にもあげられるが，今回の事例からは，制度化は必ずしも自律的運用を妨げるだけではなく，むしろ制度の枠をはめることで，実践共同体の活動が活性化することがみてとれる。今回の4つの事例は程度の違いこそあれ，いずれもなんらかの形で制度化されている。それが最も進んでいるのは公文の事例であり，公文により指導者の学習が最大限促進されるよう，実践共同体の活動を促進する仕組みが見事に構築されている。しかし公文は学習者の自律的学習を阻害してはいない。公文は「学習を促進する自律性」とそうではない自律性を区別し，前者を高める工夫をしているのである。また介護施設の事例では「月次検討会」という制度にすることで，実践共同体の活動時間を確保する努力を引き出すことに成功しているし，自治体マイスター制度では技能講習会といった制度によって機会を設けることでしか，所属する企業の了解を得て技能者を集めることはできないであろう。そして陶磁器産地の事例では，以前用いられていた「陶友会」という制度を「借りてくる」ことによって，実践場所やメンバーおよび教授者の確保を円滑にすることができている。制度化には企業による吸収といった意味あいだけでなくさまざまな形態があるといえる。それらを実践共同体の資源としてうまく利用することが，自律的な運営と学習活動の促進を可能にする。翻って，企業側による制度化も，その点を踏まえる必要があるであろう。

　最後に，4つの事例に共通するのは，内的であれ外的であれ，実践共同体のマネジメントは，なんらかの成果を促進するのに有効であったということを確認しておきたい。実践共同体は決してマネジメントできないものではなく，その成果を追求するにおいて，自発的であれコーディネーターのリーダーシップであれ，組織的マネジメントの知見が十分応用できるものである。

## (5) 事例分類からの示唆

　次に，第Ⅱ部の冒頭に提示した，4つの事例の分類からみてみよう（図Ⅱ

-1，表Ⅱ-2）。今回の4つの事例は，まず実践共同体の構造が単層的か重層的かという軸，そしてその構築が制度化されているか，創発性が高いか低いかという軸の2軸による分類があった（ここでは分類Aと呼ぶ）。もう1つはKlein et al.（2005）によるもので，1つめの分類軸「層別－平等」は熟達者と初心者の間に階層が生じているか，明確な階層がない状態かという軸，もう1つの分類軸「共有－育成」は知識共有が重要な存在意義か，共同体のメンバーで知識を養成する環境を提示することを重要視するかという2軸による分類（分類Bと呼ぶ）であった。それぞれの分類について考察してみよう（図9-1）。

まず分類A，単層的－重層的，制度化－創発的の2軸による分類についてである。1つめに，単層的な実践共同体よりも，重層的な実践共同体の方が学習促進の効果は高いということがいえよう。のちに示すように，実践共同体の重層的構造は，下位の実践共同体同士の境界横断を促進し，越境学習と複眼的学習を促進する。しかし重層的構造のメリットは，水平方向の境界横断だけではなく，垂直方向の境界横断をも促進するからである。公文の事例でいえば，水平方向の境界横断は指導者同士，地域間の境界横断であるのに対し，垂直方向の境界横断はメンターゼミのように熟達度に応じた境界横断である。介護施設の事例でいえば，水平方向の境界横断は施設内・施設間・地域間の境界横断であるのに対し，垂直方向の境界横断は，実践のレベルの高さに応じた境界横断である。熟達度や実践のレベルに応じた垂直的境界横断がやりやすい構造なのが重層的構造なのである。2つめに，今回の事例では，創発的な方が制度化された実践共同体よりも学習が促進される，というわけでもなかったということである。自治体マイスター制度や公文の事例は，緻密につくり上げた実践共同体の制度が，成員の学習を促進していた。制度化されることは実践共同体の学

**図9-1** | 事例研究の分類（再掲）

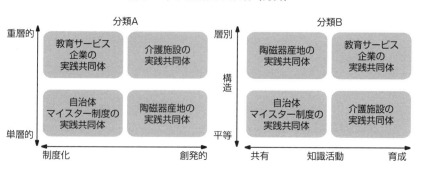

習を一律に阻害するわけではなく，その自律性を確保するマネジメントに依存するということがいえる。

次にもう1つの分類B，Klein et al.（2005）による層別 - 平等，共有 - 育成の2軸による分類についてである。まず層別，つまり熟達者と初心者の間に階層がある場合とない場合では，本書の事例でいえば，階層のある実践共同体にはメリットとデメリットがあり，デメリットを抑制するマネジメントが求められるということがある。階層があるということは初心者は熟達者に指導を受けられる環境にあるということである。しかし陶磁器産地のように，熟達者が初心者の相互作用を阻害してしまうこともあるかもしれない。そこで今回の事例では，階層がある状況をうまく利用する手段が示唆されていた。陶磁器産地では実践共同体と副次的共同体の役割分担をして実践をつかい分けるという方法がとられていたし，公文の事例の場合は熟達者をロールモデルとして，指導者の学習に目標をもたせる形で促進していた。階層がない場合は相互作用も境界横断も起きやすいといえるが，さらなる先の目標や対象にどのように移行させるかというマネジメントが求められる。2つめに，知識活動の共有の場合よりも，育成の方がより高いレベルでの相互作用を求められるということはわかる。4つの学習スタイルでいえば，熟達学習が必要なため，実践共同体のタイプでいえば，熟達型の実践共同体を構築する必要があることはいえるであろう。

もう1つ，分類Aと分類Bとの間で比較をおこなうなら，分類Bで育成に分類される2事例は，いずれも重層的な実践共同体を構築している。熟達型に加えて交流型の実践共同体を組み合わせた重層的構造の構築が，育成においては重要であるということも示唆されているといえよう。

### (6) 副次的な共同体と地域コミュニティの役割

次に考察したい点は，実践共同体における学習を支援する「副次的共同体」と「地域コミュニティ」の役割についてである。

まずは地域コミュニティの役割についてである。4つの事例に共通するのは，実践共同体を取り巻く地域コミュニティとのつながりであった。自治体マイスター制度と陶磁器産地は，地域コミュニティに埋め込まれた形で実践共同体が構築されていたし，公文の指導者の実践共同体と介護施設は実践共同体の重層的構造を構築しながらも，双方とも地域との交流も進めていた。たとえ企業内の実践共同体であっても，大きな実践の布置の視点からすれば，包摂的な

コミュニティの一部と考えられる。MacIver（1924）のコミュニティとアソシエーションの併置はこの点を強調している。しかし地域コミュニティはうまく利用すれば成員の境界横断を促進するが，のちにふれる包摂的な実践共同体ほどには，実践共同体内外の境界横断を促進することはない。ましてやその中の実践共同体がなければ，地域コミュニティは学習活動や知識共有を促進しない。その上で本書は，地域コミュニティを「実践共同体を包摂するコミュニティ」であるとし，その中の実践共同体の学習活動を促進するためにその力をうまく活用することを提唱したい。介護施設の地域レベルの事例発表会や，自治体マイスター制度の「匠塾」の事例のように，地域コミュニティを実践共同体の境界横断的ブローカリングを促進するように利用することで，実践共同体ではより学習が促進される。

　次に副次的な共同体の形成とその併用による役割分担についてである。学習と交流は相補的におこなわれることはわかっていても，両者を区分することは目的の明確化と集中化につながる。そのことで有効な示唆をもたらすのが陶磁器産地の事例である。陶磁器の窯元や作家にとって，陶磁器の技能を学ぶことは，陶磁器職人・作家になること，およびその産地で生きていくことと不可分である。MacIver（1924）の分類でいえば，陶磁器職人・作家は，所属する窯元・作家というアソシエーションに所属しながら，同時に産地というコミュニティに包摂されているということができる。技能の学習は達成されるものの，コミュニティとの関係が悪化するといった事態は避けるべきである。そこで事例中の職人・作家たちは，作陶技能の向上を目指す実践共同体と，親睦や人間関係の構築・維持を目指す共同体（学習目的ではないので実践共同体ではない）とを明確に区分し，参加や所属のあり方も変えていたことがわかった。Wenger（1998）の参加と所属のモードの考え方に基づき，参加と所属のあり方をコントロールし，実践共同体と副次的共同体を「使い分ける」有効性が示唆されているといえよう。それによって実践共同体における学習活動を純化することもできるが，他方で副次的な共同体への参加や所属の意義も理解する必要がある。その意味で副次的共同体は交流型の変種といえるのかもしれない。

　包摂的な地域コミュニティの考え方と，副次的共同体の考え方は両立する。双方をうまく利用することで，実践共同体における熟達学習，および越境学習はより効果的になると考えられるのである。

### (7) 実践共同体と境界横断（越境）

次に実践共同体における境界横断について考察する。経営学の実践共同体の諸研究，および活動理論・拡張的学習論（Engeström, 1987, 2016 など）は，企業，組織および実践共同体の境界を横断することが学習を促進すること，そして実践共同体は境界横断（越境）を促進することができることを明らかにしている。そして4つの事例研究から，それは確認されたといえる。自治体マイスター制度は参加者に個々の企業の境界，業界の境界，専門の境界を横断させたし，陶磁器産地においては個々の窯元・作家，地域の境界を横断させた。公文の指導者の事例は個々の教室，地域の境界，熟達レベルの境界，そして都道府県レベルの境界横断を実現したし，介護施設においては施設内の部署，業態の境界，施設間・地域間・都道府県レベルの境界横断を促進していた。それは越境学習と複眼的学習のメカニズムに基づく学習を促進させている。

4つの事例からわかることは，とてもシンプルであるが，境界横断（越境）は「境界を越える」だけではなく，「元の場所（境界内）に戻ってくる」ことを含む，往復的・循環的な行為であるということである。当たり前のことであるが，実践共同体の研究を通じてそれははっきりする。企業・組織から実践共同体に境界横断したとしても，すぐ企業・組織に戻ってくるのである。境界横断（越境）という言葉からあえて「戻ってくる」と表現したが，実際は越境してももとの所属がなくなるわけではない，多重所属の状態なのである。そしてこの自明の事象を確認するのは，境界横断（越境）は横断して終わりではなく，そこで学び取ったことを企業・組織や実践共同体にもち帰り，そこで複眼的に検討することも含めて学習であるということを主張せんがためである。越境は戻ってくることと一体のものであることを確認し，境界横断の際は「もとの企業・組織に何をもち帰るのか」を考えることが有効である。そしてマネジメントの観点においては，実践共同体において，もとの企業・組織から越境を促進する実践と，もとの企業・組織に戻ろうとする実践の両者のバランスをとることが肝要であるといえる。

もう1つわかるのは，境界横断を促進するには，熟達型・交流型の2つのタイプの実践共同体による重層的構造を構築することである。この点については後述する。

## (8) 実践共同体における「二次的意義」の生成

　今回の事例研究で特徴的であったのは，各事例とも実践共同体への参加と実践を通じて，当初の目的や意義とは異なる意義を発見している点である。自治体マイスター制度では当初は参加者は技能向上や問題解決を目的に集まり，その後同じ職種の技能者が集まって相互作用する楽しみや意義をみいだしていた。陶磁器産地の作家は技能や創造性の向上を目的に実践共同体を形成しながら，やがてグループ展の開催や展覧会の出品を通じて，協調して質を高める重要性や，顧客を含めた評価者との相互交流の重要性を認識していた。公文の指導者は参加当初は問題や悩みの解決を中心にしていたが，やがて自身が他者の問題を解決したり育成したりし，教育方法の研究や地域貢献など，指導者としてのありようまで考えるようになった。そして介護施設の事例では，スタッフは学習療法の習得と効果の向上を目的に学習する中で，やがて利用者とのコミュニケーションにも大きな意義があることをみいだし，そこから後進の育成や家族との交流活動，介護理念の追求などへと関心を移していった。このような当初の目的や意義とは異なる意義の発見が，実践共同体の成功において重要であると考えられる。このような意義を「二次的意義」と呼ぶことにする。そして当初の目的や意義を「一次的意義」と呼ぶとすれば，実践共同体への参加と実践は，最初は一次的意義のために始められるが，それにとどまらず，メンバーの実践によって参加を深めていく中で，二次的意義を発見することが求められるといえる。もちろん一次的意義と二次的意義に重要度の差はなく，メンバーのとらえ方も異なる。二次的意義を発見することで，一次的意義の重要性を理解することもある。二次的意義の発見は，実践共同体およびそのマネジメントにとって，カギとなる点であるということがいえる。

　二次的意義は実践共同体研究の中でもふれられている。Wenger（1998）は実践や所属を通じた意味とアイデンティティを生成することを実践共同体における学習のデザインとしているし，Wenger et al.（2002）は実践共同体構築の7原則の最も重要なものとして，価値に焦点をあてること，その価値はコア・メンバーによって提唱することもできるし，参加者によってみいだすこともでき，そのバランスを取ることが重要であると指摘している。本書の主張は，二次的意義は実践共同体全体でまとまって発見・規定してもよいが，個人のとらえ方は多様であってもよいということと，二次的意義の発見・規定は企業，組織および実践共同体の境界横断によって促進されることである。

Engeström (1987) は対象の移行という形でそれを表現しているし，Leont'ev (1981) は動機の発展という形で二次的意義の発見・規定の意義を強調しているといえる。二次的意義の発見によって動機は「理解されているだけの動機」から「実際に有効な動機」に転化するという，欲求の対象化が起こると考えられる。

　二次的意義の発見に有効なのは境界横断である。他の企業・組織や実践共同体との相互作用によってその契機は生まれる。その意味では二次的意義の発見は複眼的学習の1つの目的である。しかし境界横断はあくまで二次的意義の発見の端緒に過ぎない。あくまで個々のメンバー，および実践共同体による実践を通じた「腑に落ちる」理解が，二次的意義の理解には重要である。このように考えれば二次的意義には熟達学習，および循環的学習のプロセスも求められる。そして二次的意義の発見・規定を促進するマネジメントも重要であろう。コーディネーターのリーダーシップはその1つの方策である。

### (9) 実践共同体の重層的構造

　本書で考察したいもう1つの問題は，実践共同体の重層的構造にかんするものである。事例研究の前におこなった事例の分類にもあるように，4つの事例は単層 - 重層の分析軸によって2つに分けられる。すなわち自治体マイスター制度の事例と陶磁器産地の事例は，実践共同体が単独あるいは水平的に結びついている事例ととらえることができる。それに対して公文と介護施設の事例は，実践共同体が水平的に結びつくのみならず，その上位に包摂的な実践共同体があるという，重層的構造を形成している。公文の事例ではメンターゼミが熟達した指導者の実践共同体として，指導者研究大会が全国レベルの実践共同体として，下位の実践共同体を包摂する関係にある。また介護施設の事例では施設内の実践共同体が業態間の境界横断的相互作用を実現し，施設間での学びあいが地域ごとの包摂的実践共同体を構築した。そして全国レベルの学習療法シンポジウムが地域を越えた結びつきを促進するという重層的構造を構築している。

　これらの事例から明らかなのは，包摂的な上位の実践共同体は，実践共同体間の境界横断と人々の人的ネットワーク拡大を促進するということである。多くの研究が示すように，実践共同体は二重編み組織の中では組織間の境界横断を促進するし，企業外に構築されることで企業間の境界横断を促進する。そしてそれは越境的な学習を促進することにつながる。しかし「実践共同体同士の境界横断」という議論はこれまで不足していたと考えられる。実践共同体が外

部との結びつきを失うことは，Wenger et al.（2002）の指摘する実践共同体のマイナス面につながる大きな影響要因になる。それを防ぐ手段の1つはブローカリング，すなわち人を通じた境界横断であった。Engeström（1987）の指摘するように，活動システム（としての実践共同体）間の相互作用は矛盾を生み出し，そこから新たな実践と学習が生まれると考えられる。そして実践共同体間の相互作用，すなわち「実践共同体の境界横断」を促進するには，上位の実践共同体を構築して境界横断を促進することが一番有効だと考えられるのである。

　おそらく実践共同体間の境界横断は，実践共同体のネットワーキングとしてとらえられてきた。Wenger et al.（2002）のグローバルな分散型実践共同体の考え方は，コーディネーターの実践共同体を構築することでネットワーキングを図るというものであるが，これも最終的にはコーディネーターの実践共同体をグローバルな実践共同体のコア・メンバーとして，上位の実践共同体の実践を生み出すことが目標である。それはたんなるコーディネーターのネットワーキングやブローカリングよりも優れている。その理由は今回の事例の重層的構造をみればみえてくる。まず1つめに，ブローカーやコーディネーターだけでなく，成員全体が相互作用する機会が提供されるということである。それは当然成員の高次学習につながる循環的学習と複眼的学習を直接促進し，パースペクティブの変容やアイデンティティの構築を促す。そしてもとの実践共同体に戻ったあとで新たな実践や学習が生まれるのである。2つめに成員個々の成長が促された結果，新たなコア・メンバーやリーダーが出てくるという創発性である。公文の事例では境界横断的な学習が促進された結果，実践共同体を引き継いだり，後輩のために新たな実践共同体を構築するという，実践共同体の世代継承性につながっていった。また介護施設の事例では，もともと普通の介護士だった人が，他施設の見学や都道府県レベルの事例発表会と交流によって，施設を担うリーダーシップを発揮するようになっていったり，介護の理念を追求するようになったりした。実践共同体の発展段階の後半における課題の1つが，新たなコア・メンバーの育成であったが，それは上位の実践共同体での相互作用が促進要因になると考えられるのである。そして3つめが，熟達度に応じた実践共同体の「棲み分け」による学習の促進である。上位の実践共同体は境界横断を促進するだけではなく，成員にさらなる高度な実践を求める。熟達してきた学習者にとっては，もともと所属している実践共同体の学習では物足りなくなることも生じる。スポーツでいえば自分を高めるレベルの練習相手が

いなくなるようなものである。そんな学習者を他者の育成だけで実践共同体に留めることは難しいであろう。しかし上位の包摂的な実践共同体は、そんな熟達途上の学習者にさらなる成長を促すことができる。公文の事例では熟達した指導者のための実践共同体が構築され、地域の実践共同体では得られない刺激や学習が得られ、さらなる熟達の動機づけになっていた。また指導者研究大会で実践してきた指導方法を発表することも、熟達の動機づけになっていた。介護施設の事例では、地域レベル・都道府県レベル・全国レベルの実践共同体で事例発表をすることが、学習者を強く動機づけていた。それは動機の向上だけでなく、別のレベルへと発展させること両方を含んでいる。水平的結びつきだけでなく垂直的結びつきが重要である理由はここにもあるのである。

だからこそたんなる実践共同体同士のネットワーキングではなく、交流型の存在が必要なのである。コーディネーターやブローカーだけでなく、成員全体を境界横断させる機会を提供する交流型を実践共同体と位置づけることで、重層型構造を構築することが可能になる。それぞれの役割を限定し、また補完関係にすることが最良である。

### (10) 実践共同体の「居心地の良さ」への注目

最後に考察するのは、実践共同体の「居心地の良さ」についてである。この点はわざわざ議論することはないと考える人もいるかもしれない。しかしその考え方を変えるのも本書の重要な主張であると考える。第Ⅰ部において、実践共同体における特性に親近感、包摂性・コミュニティ感情・空間性を追加することを提唱した。そして4つの事例から、これらの特性は実践共同体の構築、および学習を促進していることがわかった。自治体マイスターの事例ではローカルに孤立していた技能者が結びついたり、学習者や社会とつながったりすることが技能学習および教授を促進していたし、陶磁器産地では地域のつながりと教えあいが技能向上を促進していた。公文の指導者の事例ではゼミ・自主研が新人を育て、育った指導者がまた後輩を指導するという好循環が生まれていたし、介護施設の事例では、施設や地域を越えたつながりが「学習療法」の習得を促進していた。

この点は実は、実践共同体はなぜ「コミュニティ」なのかという問題と結びついている。Gee（2005）の批判にもあるように、共同体という言葉が招く混乱というものは確かにあり、Gee（2005）は代わりに「共感空間」という言葉を使うことを提唱している。「集団」や「チーム」「インフォーマル・グルー

プ」「ネットワーク」よりもなぜ「共同体」がふさわしいのか。その答えは，実践共同体が「学習のためのコミュニティ」として，そこにおける「居心地の良さ」，それが与える親近感や安心感，コミュニティ感情といったものを，より重視しているからであると考える。特に経営学における実践共同体研究は，外的成果へのつながりの重視と知識マネジメントのパースペクティブに則るあまり，実践共同体を知識共有・交換・創造の道具，装置として扱いすぎている。そこには機能があるだけである。このような道具や装置として考えると，実践共同体は「共同体」でなくてよいであろう。しかし主要4研究はいずれも，成員は実践共同体に参加・所属することで，その居心地の良さや親近感・安心を得て，そこから動機づけられていることを指摘している。Lave and Wenger（1991）は実践共同体の参加者にとって参加の価値の意味とは，共同体の一部になることそのものであるとしているし，Brown and Duguid（1991）はOrr（1990, 1996）の研究を引用しながら，実践共同体の居心地の良さとそこでの武勇伝を語ることが知識共有・創造のインセンティブになっていることを指摘している。Wenger（1998）は相互従事・共同事業・共有されたレパートリーといった実践が共同体を形成し，アイデンティティの構築は共同体の一部になることであると指摘している。そしてWenger et al.（2002）は事例の中で実践共同体の居心地の良さを「アイデンティティの拠り所」と表現しているし，実践共同体の7原則の中で「公と私それぞれのコミュニティ空間を作る」「親近感と刺激を組み合わせる」といった点をあげている。これらの点を看過してはいけない。

　そして今回の4つの事例からは，学習者はその利便性や効率性を享受するためだけに実践共同体に所属・参加しているわけではないことは明らかである。自治体マイスターの技能者は，同じ技能者としてわかりあえる感覚に喜びを覚えていたし，陶磁器産地の作家たちは同じ志をもった仲間と創造性を高めることを楽しんでいた。公文の新人指導者たちは先輩からのアドバイスに感激し，やがて後進を育てる役割を引き受けていた。そして介護施設のスタッフたちは学習療法の学びを通して，介護の悩みを解決し，同じスタッフ同士のつながりを感じていた。たとえきっかけが問題や悩みの解決，知識や技能の獲得・共有・創造にあったとしても，実践共同体に参加することで，仲間がいることの安心感，理解しあえること，悩みや問題を共有することの喜び，お互い学びあい成長し合える充実感と熟達感といったポジティブな感情を感じていた。それが学習動機を向上・発展させることにつながっていた。これが実践共同体が

「共同体」である理由である。もちろん他の形態による知識共有等を否定するわけではない。しかし本書では，コミュニティ研究やサードプレイス研究を検討し，それらがもたらす親近感や安心があることを指摘した上で，実践共同体はむしろ参加・所属することそのものがもたらすプラスの感情を積極的に生み出し，もって学習動機の向上と相互作用の促進にいかすべきであると考える。モティベーション向上や信頼関係の醸成，互恵性の向上，キャリア支援といった成果を念頭に，積極的なマネジメントを実行することである。親近感や安心感が何もしなくても生まれるわけではない。実践共同体が「学習のためのコミュニティ」であること，そこにマネジメントが必要な理由はこの点にある。

　もう1つは境界横断にかんすることである。先に境界横断は境界を横断するだけでなく，「元の場所に戻ってくる」ことも含めると述べた。しかし戻ってくる場所の居心地が良くなければ，そこにおける相互作用も起こらないであろう。逆説的であるが，境界横断を促進するには，元の場所である実践共同体の居心地の良さを保持・向上させる必要があるのである。それは所属する企業・組織も同様であるが，自発的に運営する非公式性のある実践共同体はより居心地の良さを形成しやすいであろう。

　「居心地の良さ」は実践共同体にとって実践と学習を促進する重要な資源であり，それを生み出すマネジメントについても検討する必要があるであろう。そう考えるとオンライン上の実践共同体はオンライン上の相互作用のみならず，現実世界での相互作用の機会を提供すべきであるし，そのような方向へのマネジメントも求められる。

## 3 | 理論的・実践的含意の提示

　前節までの考察を経て，本節では本書の理論的・実践的含意を提示する。

### (1) 理論的含意

　本書の研究における理論的含意は，5点にまとめることができる。
　まず第1に，実践共同体の概念的整理をおこなったことである。経営学における実践共同体研究は質量ともにまだまだ十分ではないが，その原因の1つに概念的に混乱が生じていることがある。本書では4つの主要研究の詳細な検討と，経営学における実践共同体研究，および関連する分野の研究をレビューし，実践共同体の構築可能性や公式組織との関係，要件や主要な目的等につい

て整理した。これにより経営学における，また他分野との学際的な研究の進展を期待することができるであろう。

　第2に実践共同体の分析モデルを提示したことである。特性，次元，機能，学習スタイル，マネジメント，成果からなる分析モデルは，経営学の研究をベースにしながら，主要な4つの研究と関連分野から主要な要素を取り入れている。特に強調したいのは，実践共同体は成員にとって知識・技能の獲得・共有や人的ネットワークの拡大といった低次学習のみならず，意味やパースペクティブの変容，アイデンティティ構築といった高次学習をも促進すると提唱している点である。それによって，成果もイノベーションや新製品開発といった外的成果のみならず，動機の発展やキャリア確立といった内的成果も分析に含むことができるであろう。そして実践共同体のマネジメント研究という有望な研究テーマを提示することができた。

　第3に学習スタイルについて複数の類型化をおこなったことである。正統的周辺参加に基づいた知識や技能の獲得を念頭に置いた熟達学習，および境界横断的ネットワークの拡大による潜在的知識量の増大を図る越境学習という低次学習を促進する2つの方法に加え，所属する組織との二重編み構造に基づいた仮説検証の循環による循環的学習，組織と実践共同体，あるいは複数の実践共同体への多重所属を通じ，規範的・非規範的視点からの省察をおこなう複眼的学習という，高次学習を促進する2つの学習方法を提示した。これら4つの学習スタイルを検討することで，実践共同体の学習を深化させることにつながる。

　第4に実践共同体の概念的拡張と，2つのタイプの実践共同体の概念提示をおこなったことである。従来の比較的小規模で頻繁に集まって相互作用することで知識や技能を獲得・創造する「熟達型」の実践共同体に加えて，比較的大規模で頻繁には集まらないが，広範な知識共有と境界横断的ネットワークの拡大ができる「交流型」の実践共同体も実践共同体の概念に加えることで，実践共同体の機能を拡大し，より広い研究範囲を志向することができる。また，あわせて2つのタイプの実践共同体を相互補完的に考えることもできる。

　第5に実践共同体の重層的構造を提唱していることである。熟達型の実践共同体の水平的なつながりと相互作用を促進するための上位の包摂的な実践共同体（交流型が有効）を構築することで，下位の実践共同体間の相互作用を促進することができる。また水平的なつながりのみならず垂直的なつながりを生み出し，学習者の境界横断的な相互作用を促進し，実践共同体の多重所属や新た

な実践共同体の形成を促進することができる。あわせて熟達した成員にさらなる高いレベルの実践の機会を与えることもできるのである。水平的・垂直的繋がりを生み出す重層的構造の構築は，実践共同体の可能性をさらに引き出すことができるであろう。

### (2) 実践的含意

次に実践的含意である。これは大きなメッセージとしては「職場内外に実践共同体を構築して学習を促進すること」ということになるが，より具体的に考えてみると4点あげられる。

第1に「低次学習・高次学習両方を目的に設定すること」といえる。成員にとって実践共同体に参加・所属する目的は，知識や技能の獲得であるが，それだけに限定してしまうと大きな成果につながらないばかりか，積極的な実践を阻害する可能性すらある。参加や所属を通じて実践共同体の成員と相互作用し，たんなる知識獲得を越えた，意味やパースペクティブの変容，アイデンティティの獲得といった高次学習をも達成する（あるいはさせる）という目的を設定することで，その先にある成果をより実り多いものにできる。

第2に「多重所属と境界横断を促進すること」である。公式組織と実践共同体の両方に所属することで多重所属は達成されるが，複数の実践共同体に多重所属することで，循環的学習・複眼的学習といった学習方法がより一層有効になる。そのためには後述する重層的構造を構築することが一番であるが，個人のブローカリングやネットワーキングによってもそれを促進・支援することができる。あわせて積極的な境界横断を促進することも重要である。境界横断は低次学習だけではなく，高次学習を促進するためにも有効である。そのためのマネジメントを考えることも重要である。

第3に「実践共同体で連結し，重層的構造を構築すること」である。先述の通り，包摂的な上位の実践共同体は，下位の実践共同体間の境界横断と相互作用を促進する。しかし上位の実践共同体を構築する上では，下位の実践共同体同士の水平的なつながりが基盤となる。まずは実践共同体同士の合同学習などでつながりを深め，そこから上位の実践共同体のイベントへとつなげていくことが必要である。そこでの相互作用を実践共同体の行事に組み込むことで，より刺激的な実践につながるであろう。

第4に「成員に親近感や安心を提供し，『居心地の良さ』を生み出すこと」である。そのためにはできるだけオンライン上だけではなく，実際に会って相

互作用できる実践共同体を構築するか，その機会をつくる必要があるであろう。ただたんに知識を交換するだけの集まりは実践共同体ではない。居心地の良さがさらなる学習意欲の向上や発展へとつながるよう，その影響を無視すべきではない。そのための交流の機会を意識的に設けたり，学習と交流のバランスをとったり，あるいは交流の機会だけの副次的な共同体を構築したり，実践共同体を居場所と位置づける省察と議論の機会をつくったりするようなマネジメントは有効であろう。

## 4 提 言

理論的・実践的含意を提示したところで，最後により具体的な提言をおこなう。実践共同体による学習に興味のある多様な立場の方々へ提言する。

### (1) 組織における学習を促進したい企業

もちろん企業にはこれまでつづけてきた人材育成システムおよび諸施策はあるだろう。それらは今まで通り継続するとともに，学習を促進する「第3の場所」，実践共同体を社内外に構築することを勧める。まず学習対象となる知識や技能の分野については，特に最初はできるだけ成員の自主性を引き出すような選択が重要である。そこに加える形で，組織で学習を進めたいトピックを提示するとよい。たとえ組織の側で必要性を感じなくても，自発的な学習活動を根づかせることが重要である。

また，実践共同体による学習活動を組織的に支援することが重要である。まず時間的・場所的リソースの提供である。会議室などの社内施設の提供はもちろん，その活動のために業務時間内に時間を与えることができれば，実践共同体による学習は格段にやりやすくなる。加えて有効な学習や交流の促進のための金銭的支援があればより望ましい。

そしてもし活動が軌道に乗れば，その成果を発表するイベントの企画をおこなうとよいであろう。アウトプットの場を設けることで活動の方向性は定まるし，それによってさらに人を集めることもできる。複数の実践共同体が構築されていれば，合同でイベントをおこなうことで，境界横断を促進できる。毎年の恒例行事になれば，年間計画も立てやすくなるであろう。

学習促進には必要な支援をしつつ，過度な介入を控えることが重要である。実践共同体を社内に根づかせるために，長期的な視点で取り組んでほしい。

**(2) 実践共同体による学習を始めたい個人**

　知識や技能を深めたいが，一歩踏み出せない個人は，まず同じ関心をもった仲間を，社内外で募ることである。最初は4,5人でかまわない。そして同じ関心をもっていると確認できれば，すぐに第1回の活動を始めるべきである。細かな方向性や運営は活動の結果をみて徐々に定めればよい。ただし最初の活動の際には，実践共同体のわかりやすい名前を必ずつけておくことである。

　実践共同体のコーディネーターは自発的に担当する人がいれば最適であるが，いなければ互選で選出するとともに，共同運営するか，その役割を果たすのに十分なリソースをコーディネーターに与えるべきである。またその人の周りにスタッフワークを担当する人材をつけ，複数人で運営するとよいであろう。

　キックオフ的に数回活動したあとは，社内外から広く参加者を募る。その際に重要なのは，社内部署，企業間の境界を横断するように募集することである。事業所内のみならず，できれば活動の何回かは事業所をまたいだ活動が望ましい。そうすることで事業所ごとに実践共同体を構築しやすいからである。人数は多すぎるくらいでかまわない。すべてのメンバーが必ず出席できるわけではないし，自発的な活動を重視すればそのうちの何割かの出席で成立するようにしたい。

　企業をまたいだ実践共同体では，企業秘密の問題に気を配りながら，横断的なトピックを選定するよう心がけたい。もし1つの企業内で構成する場合は，社内施設を十二分に活用し，金銭的負担を最小限にしたい。もし同業他社の人材で構成される場合は，業界団体や組合組織の施設を利用できる可能性がある。新人および新加入する人には必ず発表等の機会を与えるとともに，学習を促進するような内部・外部の人材を招聘し，学習と議論を活性化する。そして活動の結果はウェブサイトやSNSなど，継続的に発信することを勧める。

　学習活動終了後に大事なことは2点である。1点めに必ず次の活動予定を決めることである。常に次の予定が決まっていることが，活動にリズムを生み出す。2点目に必ず人的交流の機会を設けることである。部署や企業の境界を越えた交流は，多くの学びをもたらすからである。「しっかり学習する場所」「しっかり交流する場所」両方をもち合わせ，かつ相互作用させることが重要である。

### (3) すでに実践共同体において学習しているが，活性化に苦労している個人

　実践共同体の障害の1つがいわゆる「マンネリ化」である。そうならないよう常に活性化および維持向上を心がけたい。

　まず社内の人材のみで運営している場合は，外部から人材を招聘する，あるいは企業の境界を越えた活動を志向することである。専門家でなくてもいつものメンバーとは異なる人材を入れるだけで刺激になるし，逆に外に出て行くきっかけにもなる。なおこれは，金銭的負担が少ない形で実行したい。企業横断的な実践共同体の場合は，もし同様の学習内容の他の実践共同体を発見した場合は，すぐに合同イベントを提案するべきである。境界横断は脱マンネリ化の最良の方法である。活動が恒例になれば，企業横断的な実践共同体に発展させることもできる。

　それと同時に運営面では，領域・共同体・実践の3つの点で不具合があるところを探すことが有効である。まず領域にかんしては，一度活動の意義について立ち止まって考えることも重要である。発足当初の活動目的にこだわる必要はない。その時点でメンバーが興味をもっているトピック，およびその学習に必要な方法について議論することが，実践共同体を脱停滞するよい機会になる。次に共同体については，人的結びつきを高めるような企画が有効である。学習と人的交流は相互に高めあう関係にある。その相互作用を考えるとともに，時々交流目的のみの活動を含むとよい。それらが実践共同体を学習のみならず，「居場所」にすることにつながる。そして実践では，学習した内容のアウトプットについて確認することが重要である。たんに成員が納得するだけの勉強会ではなく，その結果を外部に発信したり，電子書籍の自主出版など成果を何かの形でまとめたりすることを考えてみよう。

　活動が立ちゆかなくなった場合は一時的な休止を考えてもよい。その際は再始動の日を決めておくと再開しやすい。しばらく休止していても，その日が来れば昨日のことのように思えるはずである。もちろんその日までに，新しく始めるための準備をしておこう。

### (4) 地域の実践共同体に参加したい個人

　地域のつながりや交流を考える場合もまず数人で始める，コーディネーターを決める，何度か活動した後でさらに人を集める，といった基本的なことは組織内外の実践共同体の場合と変わりはない。地域の中で気をつけるべきこと

は，まず活動の負担を分散・最小化することである。そのためにはメンバーの活用可能な資源を棚卸しすることを勧める。マンションの集会室などの活用，メンバーの知り合いに助力を仰ぐなど，使えるものを活用することが，結果的に継続的な活動を可能にする。加えて活動のあとの交流会を恒例化し，それを常に同じ場所でおこなうことである。店のオーナーをメンバーに巻き込めれば最適である。場所は地域内の居酒屋やカフェ，スナック等どこでもよい。その場所をメンバーの居場所にするとともに，関心のある人が訪れる場所にすることで，継続的なメンバー募集にも役立てることができる。地域資源を最大限活用することが要諦となる。

### (5) 実践共同体による学習を始めたい大学生

大学生の場合は，大学施設を活用できることが最大のメリットとなる。まず自分の関心のあることを扱うサークルや各種団体を探すことから始めよう。もし幸運にもみつかれば，参加し彼らの一員になるよう実践を積み重ねていこう。そしてみあたらなかった場合は関心のある個人を探し，実践共同体を構築する。その場合まず場所を確保しよう。図書館や教室などの一時的な場所を活用しながら，活動を継続し，同好会や愛好会といった肩書きを手に入れ，より自由に大学内のリソースを活用できる体制を整えることが，継続的な活動の鍵となろう。

遊びを目的にしたものや，楽しいことを追求するサークルや各種団体ではなく，学習を目的とする実践共同体の運営の鍵は，その活動に携わることが大学生活においていかなる意義をもつのかを，大学生目線で議論することである。知識を深める意義のみならず，学習の結果どのような人物になるのか，将来にどう役立つのかをしっかり議論しておく。それが十分かつ継続的に議論できていれば，メンバー募集はその領域に少しでも関心をもつ人を集めるだけでよい。

運営において重視すべきことは，いかに外部とつながり，いかに外部資源を活用するかである。そのために使える人脈や大学内のリソースはすべて使う。自分たちの知識を深めるために専門家やOB/OGとつながれば，それがその実践共同体の価値の一部となる。そして近隣の他大学の同様の実践共同体と交流することも重要である。合同イベントなどが開催できれば，それも価値の一部になる。「大学で学ぶ以上のことが学べて，大学で会える以上の人と会える」，その境界横断性が実践共同体の強さだからである。

## おわりに

　本書では「学習のためのコミュニティ」である実践共同体について，文献レビューによってその概念的整理をおこなった。そこから低次・高次学習両方を促進することで成果につなげる学習と，そのための方法を提示し，それらを含む分析モデルを提示した。そして4つの事例研究から，熟達型・交流型の2つの実践共同体の類型を提示するとともに，それらをもとに上位の包摂的実践共同体を構築することで実践共同体間の相互作用を促進する，重層的構造の有効性を提示した。

　今後の研究としては，今回提示した分析モデルをもとに，さらなる実証研究を進めていくことである。低次学習・高次学習それぞれを促進する実践共同体の特性および運用方法について，より精緻な関連づけができればと考える。また，内的成果に着目した研究も必要である。人材育成やキャリア確立といった成果項目は今後有効であると考える。

　今後有効なトピックとしてあげられるのは，まず実践共同体成員の分散型リーダーシップである。実践共同体の成員にはそれぞれの実践が求められるが，それが実践共同体自体を構築し，成員の学習やアイデンティティ構築につながる。そのような実践をリーダーシップの文脈でとらえなおすことで，理論の浸透度は高まると考えられる。分散型リーダーシップの考え方に加え，サーバント・リーダーシップの研究は，成員の実践を深化させる原動力となると考える。もう1つは組織成員の互恵的行動をとらえなおすことである。実践共同体全体がその構築・維持のために役割を果たそうとする互恵性や利他性を発揮できれば，学習はより促進される。そのための要因について，たとえば組織市民行動の文脈からとらえ直すことも有効である。

　実践面ではより簡便で有効な実践共同体構築のための道具立てについて考えることは有効である。ラーニングバー（中原，2012）のような概念は，実践共同体を構築したいという人にとって簡便な枠組みを提示している。学習者にとって実践共同体構築におっくうさを感じてしまうのは好ましくない。Wenger et al.（2002）の提唱する実践共同体の5段階に加え，最低限の道具立てと実行リストのような，実践共同体の「スタートアップ・キット」のようなものを考えることは有効であると考える。

　そして実践共同体が学習の促進という目的を失わないまま，もっとカジュアルな存在になることは決して悪い方向性ではないと考える。濃密な実践が求め

られる実践共同体への入り口のような,「学習のサードプレイス」のような副次的な共同体を考えることも, 有益な議論につながる。あるいは大学におけるサークル活動のような共同体は, 学習は目的としていないが, 学生にとっては居心地が良く, 親近感や安心感を提供しアイデンティティの構築につながったり, 人間として大切なことを学んだりできるコミュニティでもある。このような実践共同体の境界外にあるコミュニティについて議論することも, 有益な示唆をもたらす可能性があると考える。

「学習の第3のオルタナティブ」としての実践共同体は, まだまだ議論と発展の余地がある。今後のさらなる研究が求められている。

# 参 考 文 献

Abercrombie, N., Hill, S. and Turner, B. S.(1994). *The Penguin dictionary of sociology* (3rd ed.). London: Penguin Books.(丸山哲央監訳・編集［2005］.『新版・新しい世紀の社会学中辞典』京都：ミネルヴァ書房）

Adams, E. C. and Freeman, C.(2000). Communities of practice: Bridging technology and knowledge assessment. *Journal of Knowledge Management, 4*(1), pp. 38-44.

Adkins, B. and Caldwell, D.(2004). Firm or subgroup culture: Where does fitting in matter most? *Journal of Organizational Behavior*, 25(8), pp. 969-978.

Agresti, W. W.(2003). Tailoring IT support to communities of practice. *IT Professional*, 5(6), pp. 24-28.

相引茂（1953）.『成人指導 社会人が楽しく有意義な学習をするにはどうすればよいか』東京：統計の友社。

赤尾勝己（1998）.『生涯学習の社会学』東京：玉川大学出版部。

Akkerman, S., Petter, C. and de Laat, M.(2008). Organising communities-of-practice: Facilitating emergence. *Journal of Workplace Learning*, 20(6), pp. 383-399.

Akoumianakis, D.(2009). Practice-oriented toolkits for virtual communities of practice. *Journal of Enterprise Information Management*, 22(3), pp. 317-345.

Almeida, P., Song, J. and Grant, R. M.(2002). Are firms superior to alliances and markets? An empirical test of cross-border knowledge building. *Organization Science*, 13(2), pp. 147-161.

Anand, N., Gardner, H. K. and Morris, T.(2007). Knowledge-based innovation: Emergence and embedding of new practice areas in management consulting firms. *Academy of Management Journal*, 50(2), pp. 406-428.

安藤史江（2001）.『組織学習と組織内地図』東京：白桃書房。

青地学（2005）.「実践報告 北九州マイスター匠塾の活動について」『技能と技術』2005年2月号，70-72 ページ。

青木隆明（2005）.「熟練技能の伝承とものづくり風土の改革(12) 職場の中の『あの人』を活かす東京ガスの『緊急保安マイスター』制度」『産業訓練』51, 18-25 ページ。

荒木淳子（2007）.「企業で働く個人の『キャリアの確立』を促す学習環境に関する研究―実践共同体への参加に着目して」『日本教育工学会論文誌』31(1), 15-27 ページ。

荒木淳子（2008a）.「職場を越境する社会人学習―キャリア確立を促す実践共同体のあり方に関する分析」『経営行動科学学会第11回年次大会発表論文集』, 111-118 ページ。

荒木淳子（2008b）.「職場を越境する社会人学習のための理論的基盤の検討―ワークプレイスラーニング研究の類型化と再考」『経営行動科学』21(2), 119-128 ページ。

荒木淳子（2009）.「企業で働く個人のキャリアの確立を促す実践共同体のあり方に関

する質的研究」『日本教育工学会論文誌』33(2), pp. 131-142.
Ardichvili, A., Maurer, M., Li, W., Wentling, T. and Reed, S. (2006). Cultural influences on knowledge sharing through online communities of practice. *Journal of Knowledge Management*, 10(1), pp. 94-107.
Argyris, C. and Schön, D. A. (1974). *Theory in practice: Increasing professional effectiveness*. San Francisco: Jossey-Bass.
Argyris, C. and Schön, D. A. (1978). *Organizational learning: A theory of action perspective*. Reading: Addison-Wesley.
Arthur, M. B. (1994). The boundaryless career: A new perspective for organizational inquiry. *Journal of Organizational Behavior*, 15(4), pp. 295-306.
Arthur, M. B., Claman, P. H. and DeFillippi, R. J. (1995). Intelligent enterprise, intelligent career. *Academy of Management Executive*, 9(4), pp. 7-20.
Arthur, M. B., Khapova, S. N. and Wilderom, C. P. M. (2005). Career success in a boundaryless career world. *Journal of Organizational Behavior*, 26(2), pp. 177-202.
Arthur, M. B. and Rousseau, D. M. (1996). *The boundaryless career*. New York: Oxford University Press.
Astin, A. W. (1985). *Achieving educational excellence*. San Francisco: Jossey-Bass.
馬場拓也 (2015). 『職場改革で実現する介護業界の人材獲得戦略』東京：幻冬舎メディアコンサルティング。
Barley, S. R. and Kunda, G. (2001). Bringing work back in. *Organization Science*, 12(1), pp. 76-95.
Bartol, K. M. and Srivastava, A. (2002). Encouraging knowledge sharing: The role of organizational reward systems. *Journal of Leadership and Organization Studies*, 9(1), pp. 64-76.
Bateson, G. (1972). *Steps to an ecology of mind*. New York: Ballantine Books.（佐藤良明訳［2000］.『精神の生態学（改訂第2版）』東京：新思索社）
Bathelt, H., Malmberg, A. and Maskell, P. (2004). Clusters and knowledge: Local buss, global pipelines and the process of knowledge creation. *Progress in Human Geography*, 28, pp. 31-56.
Bauman, Z. (2001). *Community: Seeking safety in an insecure world*. Cambridge: Polity.（奥井智之訳［2008］.『コミュニティ―安全と自由の戦場』東京：筑摩書房）
Beaulieu, E. M. (2001). *A guide for nursing home social workers*. New York: Springer.（硯川眞旬監訳［2007］.『介護福祉施設ソーシャルワーカー・ガイドブック』東京：中央法規出版）
Bechky, B. A. (2003). Sharing meaning across occupational communities: The transformation of understanding on a production floor. *Organization Science*, 14(3), pp. 312-330.
Bentley, C., Browman, G. P. and Poole, B. (2010). Conceptual and practical challenges

for implementing the communities of practice model on a national scale: A Canadian cancer control initiative. *BMC Health Services Research* ,*10*(3). https://doi.org/10.1186/1472-6963-10-3

Blanchot, M.（1983）. *La communauté inavouable*. Paris: Editions de minuit.（西谷修訳［1997］.『明かしえぬ共同体』東京：筑摩書房）

Bogenreider, I. and Nooteboom, B.（2004）. Learning groups: What types are there? A theoretical analysis and an empirical study in a consultancy firm. *Organization Studies*, *25*(2), pp. 287-313.

Bolam, R., Stoll, L. and Greenwood, A.（2007）. The involvement of support staff in professional learning communities. In L. Stoll and K. S. Louis（Eds.）, *Professional learning communities: Divergence, depth and dilemmas*. Berkshire: Open University Press, pp. 17-29.

Boland, R. J. and Tenkasi, R. V.（1995）. Perspective making and perspective taking in communities of Knowing. *Organization Science*, *6*(4), pp. 350-372.

Borzillo, S.（2009）. Top management sponsorship to guide communities of practice. *Journal of Knowledge Management*, *13*(3), pp. 60-72.

Borzillo, S. and Kaminska-Labbe, R.（2011）. Unravelling the dynamics of knowledge creation in communities of practice though complexity theory lenses. *Knowledge Management Research & Practice 9*, pp. 353-366.

Bosa, I. M.（2008）. Innovative doctors in Germany: Changes through communities of practice. *Journal of Health, Organization and Management* , *22*(5), pp. 465-479.

Boud, D. and Middleton, H.（2003）. Learning from others at work: Communities of practice and informal learning. *Journal of Workplace Learning*, *15*(5), pp. 194-202.

Braun, P.（2002）. Digital knowledge networks: Linking communities of practice with innovation. *Journal of Business Strategies*, *19*(1), pp. 43-54.

Braverman, H.（1974）. *Labor and monopoly capital*. New York: Monthly Review Press.（富沢賢治訳［1978］.『労働と独占資本』東京：岩波書店）

Brouwer, P., Brekelmans, M., Nieuwenhuis, L. and Simons, R.（2012）. Communities of practice in the school workplace. *Journal of Educational Administration*, *50*(3), pp. 346-364.

Brown, A. L. and Campione, J. C.（1990）. Communities of learning and thinking, or a context by any other name. *Human Development*, *21*, pp. 108-125.

Brown, J. S. and Duguid, P.（1991）. Organizational learning and communities-of-practice: Toward a unified view of working, learning, and innovation. *Organization Science*, *2*(1), pp. 40-57.

Brown, J. S. and Duguid, P.（2001）. Knowledge and organization: A social-practice perspective. *Organization Science*, *12*(2), pp. 198-213.

Buckley, P. J. and Carter, M. J.（2004）. A formal analysis of knowledge combination in multinational enterprises. *Journal of International Business Studies*, 35(5), pp. 371-384.

Cain, C. (1991). Personal stories: Identity acquisition and self-inderstanding in Alcoholics Anonymous. *Ethos*, 19(2), pp. 210-253.

Carlile, P. R. (2002). A pragmatic view of knowledge and boundaries: Boundary objects in new product development. *Organization Science*, 13(4), pp. 442-455.

Cell, E. (1984). *Learning to learn from experience*. Albany: State University of New York Press.

趙命来・向山雅夫 (2009). 「KUMON」大石芳裕編『日本企業のグローバル・マーケティング』東京：白桃書房, 13-39 ページ。

Cohen, A.P. (1985). *The symbolic construction of community*. London; New York: Routledge. (吉瀬雄一訳 [2005]. 『コミュニティは創られる』東京：八千代出版)

Cohen, D. and Prusak, L. (2001). *In good company: How social capital makes organizations work*. Boston: Harvard Business School Press. (沢崎冬日訳 [2003]. 『人と人との「つながり」に投資する企業―ソーシャル・キャピタルが信頼を生む』東京：ダイヤモンド社)

Contu, A. and Willmott, H. (2003). Re-embedding situatedness: The importance of power relations in learning theory. *Organization Science*, 14(3), pp. 283-296.

Cook, S. D. N. and Brown, J. S. (1999). Bridging epistemologies: The generative dance between organizational knowledge and organizational knowing. *Organization Science*, 10(4), pp. 381-400.

Corso, M., Giacobbe, A. and Martini, A. (2009). Designing and managing business communities of practice, *Journal of Knowledge Management*, 13(3), pp. 73-89.

Cox, A. (2005). What are communities of practice? A comparative review of four seminal works. *Journal of Information Science*, 31(6), pp. 527-54.

Cranton, P. (1992). *Working with adult learners*. Toronto: Wall & Emerson. (入江直子・豊田千代子・三輪建二訳 [2010]. 『おとなの学びを拓く―自己決定と意識変容をめざして』東京：鳳書房)

Cross, K. P. (1998). Why learning communities? Why now? *About Campus*, 3(3), pp. 4-11.

Crossan, M. M., Lane, H. W. and White, R. E. (1999). An organizational learning framework: From intuition to institution. *The Academy of Management Review*, 24(3), pp. 522-537.

Daft, R. L. and Weick, K. E. (1984). Toward a model of organizations as interpretation systems. *Academy of Management Review*, 9(2), pp. 284-295.

Daniels, C., Grove, D. and Mundt, E. (2006). Command and communities of practice. *Air & Space Power Journal*, 20(4), pp. 52-62.

Deetz, S. (1996). Describing differences in approaches to organization science: Rethinking burrell and morgan and their legacy. *Organization Science*, 7(2), pp. 191-207.

Delanty, G. (2003). *Community*. London: Routledge.（山之内靖・伊藤茂訳［2006］.『コミュニティーグローバル化と社会理論の変容』東京：NTT出版）

Dewey, J. (1933). *How we think*. Boston: D.C. Heath.

Dewey, J. (1938a). *Logic: The theory of inquiry*. New York: Henry Holt.（魚津郁夫訳「論理学―探究の理論」上山春平編［1968］.『世界の名著48』東京：中央公論社, 389-546ページ）

Dewey, J. (1938b). *Experience and education*. New York: Macmillan.（市村尚久訳［2004］.『経験と教育』東京：講談社）

Dewhurst, F. W. and Navarro, J. G. C. (2004). External communities of practice and relational capital. *The Learning Organization*, 11(4/5), pp. 322-331.

Dingsøyr, T. and Moe, N. B. (2008). The impact of employee participation on the use of an electronic process guide: A longitudinal case study. *IEEE Transactions on Software Engineering*, 34(2), pp. 212-225.

Dixon, N. M. (2000). *Common knowledge: How companies thrive by sharing what they know*. Boston: Harvard Business School Press.（梅本勝博・遠藤温・末永聡訳［2003］.『ナレッジ・マネジメント5つの方法―課題解決のための「知」の共有』東京：生産性出版）

土井利樹（1994）.「学習プログラム編成の理論」倉内史郎・土井利樹（編）『成人学習論と生涯学習計画』東京：亜紀書房, 51-83ページ。

Dougherty, D. (2001). Reimagining the differentiation and integration of work for sustained product innovation. *Organization Science*, 12(5), pp. 612-631.

Drucker, P. F. (1969). *The age of discontinuity*. New York: Harper & Row.（林雄二郎訳［1969］.『断絶の時代―きたるべき知識社会の構想』東京：ダイヤモンド社）

Dubé, L., Bourhis, A. and Jacob, R. (2005). The impact of structuring characteristics on the launching of virtual communities of practice. *Journal of Organizational Change Management*, 18(2), pp. 145-166.

Duncan, R. and Weiss, A. (1979). Organizational learning: Implications for organizational design. In E. M. Staw (Ed.), *Research in organizational behavior, Vol.1*. Greenwich. : JAI Press, pp. 75-123.

Easterby-Smith, M. (1997). Disciplines of organizational learning: Contributions and critiques. *Human Relations*, 50(9), pp. 1085-1113.

Edmondson, A. C. (2012). *Teaming: How organizations learn, innovate, and compete in the knowledge economy*. San Francisco: Jossey-Bass.（野津智子訳［2014］.『チームが機能するとはどういうことか―「学習力」と「実行力」を高める実践アプローチ』東京：英治出版）

Engeström, Y. (1987). *Learning by Expanding: An activity-theoretical approach to developmental research*. Helsinki: Orienta-Konsultit.（山住勝広・松下佳代・百合草禎

二・保坂裕子・庄井良信・手取義宏・高橋登訳［1999］．『拡張による学習―活動理論からのアプローチ』東京：新曜社）

Engeström, Y.（1996）. Development as breaking away and opening up: A challenge to Vygotsky and Piaget. *Swiss Journal of Psychology*, 55, pp. 126-132.

Engeström, Y.（2001）. Expansive learning at work: Toward an activity theoretical reconceptualization. *Journal of Education and Work*, 14（1）, pp. 133-156.

Engeström, Y.（2008）. *From teams to knots: Activity-theoretical studies of collaboration and learning at work*. New York: Cambridge University Press.（山住勝広・山住勝利・蓮見二郎訳［2013］．『ノットワークする活動理論―チームから結び目へ』東京：新曜社）

Engeström, Y.（2009）. Wildfire activities: New patterns of mobility and learning. *International Journal of Mobile and Blended Learning*, 1（2）, pp. 1-18.

Engeström, Y.（2016）. *Studies in expansive learning: Learning what is not yet there*. New York: Cambridge University Press.（山住勝広監訳，松本雄一・山口武志・吉澤剛・長津十・山住勝利・田原敬一郎訳［2018］．『拡張的学習の挑戦と可能性：いまだここにないものを学ぶ』東京：新曜社）

エンゲストローム，Y.（1999）．「拡張による学習―十年の後に」山住勝広・松下佳代・百合草禎二・保坂裕子・庄井良信・手取義宏・高橋登（訳）『拡張による学習―活動理論からのアプローチ』東京：新曜社，1-19ページ．

エンゲストローム，Y.（2008）．「拡張的学習の水平次元―医療における認知的形跡の編成」山住勝広・エンゲストローム，Y.（編）『ノットワーキング―結び合う人間活動の創造へ』東京：新曜社，107-147ページ．

Engeström, Y., Engeström, R. and Kärkkäinen, M.（1995）. Polycontextuality and boundary crossing in expert cognition: Learning and problem solving in complex work activities. *Learning and Instruction*, 5, pp. 319-336.

Engeström, Y. and Miettinen, R.（1999）. Introduction. In Y. Engeström, R. Miettinen and R. Punamäki（Eds.）, *Perspectives on activity theory*（pp. 1-16）. New York: Cambridge University Press.

Entwistle, N. J.（1988）. Motivation factors in students' approaches to learning. In R. R. Schmeck（Ed.）, *Learning strategies and learning styles*（pp.21-51）. New York: Plenum.

Erikson, E.H. and Erikson, J.M.（1997）. *The life cycle completed*. New York: W. W. Norton & Company.（村瀬孝雄・近藤邦夫訳［1977］『ライフサイクル，その完結』みすず書房）

Fahey, R., Vasconcelos, A. C. and Ellis, D.（2007）. The impact of rewards within communities of practice: A study of the SAP online global community. *Knowledge Management Research & Practice*, 5, pp. 186-198.

Fearon, C., McLaughlin, H. and Tan, Y. E.（2012）. Using student group work in higher education to emulate professional communities of practice. *Education + Training*, 54(2/3), pp. 114-125.

Federighi, P. (Ed.) (1998). *Glossary of adult learning in Europe*. Hamburg: European Association for the Education of Adults. (佐藤一子・三輪建二監訳 [2001].『国際生涯学習キーワード事典』東京：東洋館出版社)

Fenwick, T. (2008). Workplace learning: Emerging trends and new perspectives. In S. B. Merriam (Ed.), *Third update on adult learning theory* (pp. 17-26). San Francisco: Jossey-Bass. (金藤ふゆ子訳「職場における学習―新たな動向と観点」立田慶裕・岩崎久美子・金藤ふゆ子・荻野亮吾訳 [2010].『成人学習理論の新しい動向―脳や身体による学習からグローバリゼーションまで』東京：福村出版, 32-45 ページ)

Ferlie, E., Fitzgerald, L., Wood, M. and Hawkins, C. (2005). The nonspread of innovations: The mediating role of professionals. *The Academy of Management Journal*, 48 (1), pp. 117-134.

Field, J. (2005). *Social capital and lifelong learning*. Bristol: Policy Press. (矢野裕俊監訳，立田慶裕・赤尾勝己・中村浩子訳 [2011].『ソーシャルキャピタルと生涯学習』東京：東信堂)

Fiol, C. M. and Lyles, M. A. (1985). Organizational Learning. *Academy of Management Review*, 10(4), pp. 803-813.

Flavell, J. H. (1963). *The developmental psychology of Jean Piaget*. New York: Van Nostrand. (岸本弘・岸本紀子訳 [1969]『ピアジェ心理学入門（上）（下）』明治図書。)

Freire, P. (1970a). *Petagogy of the oppressed*. New York: Seabury Press. (三砂ちづる訳 [2011]『被抑圧者の教育学』亜紀書房)

Freire, P. (1970b). *Cultural action for freedom*. Harmondsworth: Penguin Books. (柿沼秀雄訳 [1984].『自由のための文化行動』東京：亜紀書房)

Freire, P. (1973). *Education for critical consciousness*. New York: Continuum.

Freire, P. (1985). *The politics of education: Culture, power, and liberation*. New York: Bergin & Garvey.

Freire, P. (1993). *Pedagogy in the city*. New York: Continuum.

Freire, P. (1994). *Pedagogy of hope: Reliving pedagogy of the oppressed*. New York: Continuum. (里見実訳 [2001].『希望の教育学』東京：太郎次郎社)

藤川佳則・小野譲司 (2013).「サービス・グローバリゼーション―脱コンテクスト化と再コンテクスト化による知識移転プロセス」『マーケティングジャーナル』33(3), 72-92 ページ。

船津衛・浅川達人 (2014).『現代コミュニティとは何か―「現代コミュニティの社会学」入門』東京：恒星社厚生閣。

不破和彦 (2002).「成人教育とシティズンシップ―その関連性と論点」不破和彦（編訳）『成人教育と市民社会―行動的シティズンシップの可能性』東京：青木書店，

9-35 ページ。

Gabelnick, F., MacGregor, J., Matthews, R. S. and Smith, B. L. (1990). *Learning communities: Creating connections among students, faculty, and disciplines*. San Francisco: Jossey-Bass.

Garavan, T. N., Carbery, R. and Murphy, E. (2007). Managing intentionally created communities of practice for knowledge sourcing across organisational boundaries : Insights on the role of the CoP manager. *The Learning Organization*, *14*(1), pp. 34-49.

Garvin, D. A. (1993). Building a learning organization. *Harvard Business Review*, Jul-Aug, pp. 78-91.（徳岡晃一郎訳［1993］.「実践段階に入った学習する組織」『ダイヤモンド・ハーバード・ビジネス・レビュー』Oct-Nov, 22-36 ページ）

Garvin, D. A. (2001). *Learning in action: A guide to putting the learning organization to work*. Boston: Harvard Business School Press.（沢崎冬日訳［2002］.『アクション・ラーニング』東京：ダイヤモンド社）

Gau, W. (2013). Public servants' workplace learning : A reflection on the concept of communities of practice. *Quality & Quantity*, *47*(3), pp. 1519-1530.

Gee, J. P. (2005). Semiotic social spaces and affinity spaces. In D. Barton and K. Tusting (Eds.), *Beyond communities of practice: Language, power and social context*. New York: Cambridge University Press, pp. 214-232.

Geiger, S. and Turley, D. (2005). Personal selling as a knowledge-based activity: Communities of practice in the sales force. *Irish Journal of Management*, *26*(1), pp. 61-70.

Gelpi, E. (1979). *A future for lifelong education*. Manchester: University of Manchester.（前平泰志訳［1983］.『生涯教育―抑圧と解放の弁証法』東京：東京創元社）

George, J. F., Iacono, S. and Kling, R. (1995). Learning in context: Extensively computerized work groups as communities-of-practice. *Accounting, Management & Infomation Technology*, *5*(3/4), pp. 185-202.

Gherardi, S. and Nicolini, D. (2000). The organizational learning of safety in communities of practice. *Journal of Management Inquiry*, *9*(1), pp. 7-18.

Gherardi, S. and Nicolini, D. (2002). Learning in a constellation of interconnected practices: Canon or dissonance? *Journal of Management Studies*, *39*(4), pp. 419-436.

Goldstein, B. E. and Butler, W. H. (2010). Expanding the scope and impact of collaborative planning: Combining multi-stakeholder collaboration and communities of practice in a learning network. *Journal of the American Planning Association*, *76*(2), pp. 238-249.

Gongla, P. and Rizzuto, C. R. (2001). Evolving communities of practice: IBM global services experience. *IBM Systems Journal*, *40*(4), pp. 842-862.

Goodman, P. S. and Darr, E. D. (1998). Computer-aided systems and communities:

Mechanisms for organizational learning in distributed environments. *Management Information Systems Quarterly, 22*(4), pp. 417-440.

Gramsci, A. (1988). Forgacs, D. (Ed.) *A Gramsci reader*. London: Lawrence and Wishart. (東京グラムシ研究会監修・訳 [1995]. 『グラムシ・リーダー』東京：御茶の水書房)

Hall, D. T. and Chandler, D. E. (2005). Psychological success: When the career is a calling. *Journal of Organizational Behavior, 26*(2), pp. 155-176.

Hamilton, E. (1992). *Adult education for community development*. New York: Greenwood Press. (田中雅文・笹井宏益・廣瀬隆人訳 [2003]. 『成人教育は社会を変える』東京：玉川大学出版部)

Handley, K., Sturdy, A., Fincham, R. and Clark, T. (2006). Within and beyond communities of practice: Making sense of learning through participation, identity and practice. *Journal of Management Studies, 43*(3), pp. 641-653.

Hanks, W. (1991). Foreword. In J. Lave and E. Wenger (Eds.), *Situated cognition: Legitimate peripheral participation*. Cambridge: Cambridge University Press, pp.13-24.

Hara, N. and Schwen, T. M. (2006). Communities of practice in workplaces: Learning as a naturally occurring event. *Performance Improvement Quarterly, 19*(2), pp. 93-114.

Hargreaves, A. (2007). Sustainable professional learning communities. In L. Stoll and K. S. Louis (Eds.), *Professional learning communities: Divergence, depth and dilemmas*. Berkshire: Open University Press, pp. 181-195.

Haridimos, T. (2002). Introduction: Knowledge-based perspectives on organizations: Situated knowledge, novelty, and communities of practice. *Management Learning, 33*(4), pp. 419-426.

Havighurst, R. J. (1953). *Human development and education*. New York: Longmans, Green & Co. (荘司雅子監訳 [1995]. 『人間の発達課題と教育』玉川大学出版部)

Hedberg, B. L. T. (1981). How organizations learn and unlearn. In P. C. Nystrom and W. H. Starbuck (Eds.), *Handbook of organizational design, Vol.1*. New York: Oxford University Press, pp. 3-27.

Hegel, G. W. F. (1807). *Phänomenologie des Geistes*. (樫山欽四郎訳 [1997]. 『精神現象学(上)(下)』東京：平凡社)

Hemmasi, M. and Csanda, C. M. (2009). The effectiveness of communities of practice: An empirical study. *Journal of Managerial Issues, 21*(2), pp. 262-280.

Hildreth, P., Kimble, C. and Wright, P. (2000). Communities of practice in the distributed international environment. *Journal of Knowledge Management, 4*(1), pp. 27-38.

Hillery, G. A. (1955). Definitions of community: Areas of agreement. *Rural Sociology, 20*, pp. 111-123.

Hilliard, A. T. and Newsome, E. (2013). Effective communication and creating professional learning communities is a valuable practice for superintendents. *Contemporary Issues In Education Research*, 6(4), pp. 353-364.

広井良典（2010）.「コミュニティとは何か」広井良典・小林正弥（編著）『コミュニティ―公共性・コモンズ・コミュニタリアニズム』東京：勁草書房, 11-32 ページ.

Hochschild, A. (1983). The managed heart: Commercialization of human feeling. Oakland: University of California Press.（石川准・室伏亜希訳［2000］.『管理される心―勘定が商品になるとき』京都：世界思想社）

Høeg, P. (1994). *Borderliners*. New York: Farrar, Straus and Giroux.（今井幹晴訳［2002］.『ボーダーライナーズ』東京：求龍堂）

Hord, S. M. (2008). Evolution of the professional learning community. *Journal of Staff Development*, 29(3), pp. 10-13.

Huberman, B. A. and Hogg, T. (1995). Communities of practice: Performance and evolution. *Computational and Mathematical Organization Theory*, 1(1). pp. 73-92.

Hutchins, R.（著）新井郁男（訳）（1979）.「ラーニング・ソサエティ」『現代のエスプリ』146, 22-33 ページ.

Iaquinto, B., Ison, R. and Faggian, R. (2011). Creating communities of practice: Scoping purposeful design. *Journal of Knowledge Management*, 15(1), pp. 4-21.

一番ヶ瀬康子（監修）日本介護福祉学会（編）（2000）.『新・介護福祉学とは何か』京都：ミネルヴァ書房.

市川伸一（2001）.『学ぶ意欲の心理学』東京：PHP 研究所.

Iedema, R., Meyerkort, S. and White, L. (2005). Emergent modes of work and communities of practice. *Health Services Management Research*, 18(1), pp. 13-24.

飯田優美（2014）.「生涯教育・学習論の登場と学習社会」前平泰志（監修）・渡邊洋子（編著）『生涯学習概論 知識基盤社会で学ぶ・学びを支える』京都：ミネルヴァ書房, 10-24 ページ.

池田秀男（1985）.「自己管理的学習論」新堀通也（編）『現代生涯教育の研究』東京：ぎょうせい, 15-30 ページ.

生駒佳也（2014）.「日本における生涯学習・社会教育の特質」前平泰志（監修）渡邊洋子（編著）『生涯学習概論―知識基盤社会で学ぶ・学びを支える』京都：ミネルヴァ書房, 27-40 ページ.

井上達彦（2017）.『模倣の経営学 実践プログラム版：模倣を創造に変えるイノベーションの王道』東京：日経 BP 社.

井上達彦・真木圭亮（2010）.「サービスエンカウンタを支えるビジネスシステム―公文教育研究会の事例」早稲田大学『早稲田商学』426, 175-221 ページ.

Irick, M. L. (2007). Managing tacit knowledge in organizations. *Journal of Knowledge Management Practice*, 8(3), pp. 1-7.

Ishiyama, N. (2016). Role of knowledge brokers in communities of practice in Japan. *Journal of Knowledge Management*, 20(6), pp. 1302-1317.

伊丹敬之・加護野忠男（2003）．『ゼミナール経営学入門（第3版）』東京：日本経済新聞社．

Iverson, J. O. and McPhee, R. D. (2002). Knowledge management in communities of practice : Being true to the communicative character of knowledge. *Management Communication Quarterly*, 16(2), pp. 259-266.

Jackson, D. and Temperley, J. (2007). From professional learning community to networked learning community. In L. Stoll and K. S. Louis, (Eds.), *Professional learning communities: Divergence, depth and dilemmas* (pp. 30-44). Berkshire: Open University Press.

Jarvis, P. (1992). *Paradoxes of learning: On becoming an individual in society*. San Francisco: Jossey-Bass.

Jarvis, P. (1993). *Adult education and the state: Towards a politics of adult education*. London: Routledge. （黒沢惟昭・永井健夫監訳［2001］．『国家・市民社会と成人教育―生涯学習の政治学に向けて』東京：明石書店）

Jeon, S., Young-Gul, K. and Koh, J. (2011). An integrative model for knowledge sharing in communities-of-practice. *Journal of Knowledge Management*, 15(2), pp. 251-269.

Johnson, H. (2007). Communities of practice andinternational development. *Progress in Development Studies*, 7(4), pp. 277-290.

Jørgensen, U. and Lauridsen, E. H. (2005). Environmental professional competences: The role of communities of practice and spaces for reflexive learning. *Greener Management International*, 49, pp. 57-67.

香川秀太（2008）．「『複数の文脈を横断する学習』への活動理論的アプローチ―学習転移論から文脈横断論への変移と差異」『心理学評論』51(4), 463-483ページ．

香川秀太（2011）．「実践知と形式知，単一状況と複数状況，分析と介入，そして質と量との越境的対話―状況論・活動理論における看護研究に着目して」『質的心理学フォーラム』3, 62-72ページ．

香川秀太・青山征彦（2015）．『越境する対話と学び―異質な人・組織・コミュニティをつなぐ』東京：新曜社．

加護野忠男（1988）．『組織認識論―企業における創造と革新の研究』東京：千倉書房．

加護野忠男（2007）．「取引の文化―地場産業の制度的叡智」『国民経済雑誌』196(1), 109-118ページ．

加護野忠男・松本雄一・喜田昌樹（2008）「スキルは『型』と『場』で形成される」日本ナレッジ・マネジメント学会（編）『「型」と「場」のマネジメント』東京：かんき出版, 31-64ページ．

亀井美弥子（2006）．「職場参加におけるアイデンティティ変容と学びの組織化の関係―新人の視点から見た学びの手がかりをめぐって」『発達心理学研究』17(1), 14-27ページ．

金井一頼（2003）．「クラスター理論の検討と再構成―経営学の視点から」石倉洋子・

藤田昌久・前田昇・金井一頼・山崎朗『日本の産業クラスター戦略——地域における競争優位の確立』東京：有斐閣，43-71 ページ．

金井壽宏（1999）．『経営組織』東京：日本経済新聞社．

金井壽宏・楠見孝（編）（2012）．『実践知——エキスパートの知性』東京：有斐閣．

金井壽宏・山内祐平・中原淳（2012）．「インタラクションデザインを通じて創造的な実践コミュニティを編み出す——起業者活動支援の場，学生の学習・教育の場，社会人の学習・相互刺激の場」『ヒューマンインターフェース学会誌』14(3)，169-177 ページ．

苅谷剛彦（2002）『知的複眼思考法——誰でも持っている創造力のスイッチ』東京：講談社．

Katoma, V. and Hendrix, D. (2014). Modeling contextual factors affecting online participation in communities of practice (Cops) in corporate entities. *International Journal of Business and Social Science*, 5(6), pp. 151-160.

川島隆太（監修）くもん学習療法センター・山崎律美（著）（2007）．『学習療法の秘密——認知症に挑む』東京：くもん出版．

Kawashima, R., Okita, K., Yamazaki, R., Tajima, N., Yoshida, H., Taira, M., Iwata, K., Sasaki, T., Maeyama, K., Usui, N. and Sugimoto, K. (2005). Reading aloud and arithmetic calculation improve frontal function of people with dementia. *Journals of Gerontology, Series A*, 60(3), pp. 380-384.

Kawashima, R., Taira, M., Okita, K., Inoue, K., Tajima, N., Yoshida, H., Sasaki, T., Sugiura, M, Watanabe, J. and Fukuda, H. (2004). A functional MRI study of simple arithmetic: A comparison between children and adults. *Cognitive Brain Research*, 18, pp. 225-238.

Kelly, L. (2004). Evaluation, research and communities of practice: Program evaluation in museums. *Archival Science*, 4, pp. 45-69.

Kerno, S. J. (2008). Tapping communities of practice: Enjoying the benefits and avoiding the pitfalls. *Mechanical Engineering*, 130(10), pp. 22-27.

喜田昌樹・松本雄一（2012）「陶磁器産業にみられる『場』の活用」日本ナレッジ・マネジメント学会（監修）森田松太郎（編著）『場のチカラ——プラスアルファの力を生み出す創造手法』東京：白桃書房，85-117 ページ．

Kimble, C. and Hildreth, P. (2005). Dualities, distributed communities of practice and knowledge management. *Journal of Knowledge Management*, 9(4), pp. 102-113

Kirkman, B. L., Rosen, B., Gibson, C. B., Tesluk, P. E. and McPherson, S. O. (2002). Five challenges to virtual team success: Lessons from Sabre, Inc. *The Academy of Management Executive*, 16(3), pp. 67-79.

岸磨貴子・久保田賢一・盛岡浩（2010）．「大学院生の研究プロジェクトへの十全的参加の軌跡」『日本教育工学会論文誌』33(3)，251-262 ページ．

北村智・脇本健弘・松河秀哉（2013）．「学術共同体ネットワークにおける参加者の中

心性変化と役割獲得」『日本教育工学会論文誌』37（Suppl. 号），129-132 ページ。

Klein, J. H., Connell, N. and Meyer, E.（2005）. Knowledge management research & practice. *Operational Research Society*, *3*, pp. 106-114.

Kline, P. and Saunders, B.（1993）. *Ten steps to a learning organization*. NC: Great Ocean Publishers.（今泉敦子訳［2002］.『こうすれば組織は変えられる！―「学習する組織」をつくる 10 ステップトレーニング』東京：フォレスト出版）

Knowles, M. S.（1980）. *The modern practice of adult education: From pedagogy to andragogy*. Cambridge: Adult Education.（堀薫夫・三輪建二訳［2002］.『成人教育の現代的実践―ペダゴジーからアンドラゴジーへ』東京：鳳書房）

Knowles, M. S., Holton III, E. F. and Swanson, R. A.（2005）. *The adult learner: The definitive classic in adult education and human resource development*（6th ed.）. Burlington: Elsevier Butterworth Heinemann.

Kohlhase, A., Kohlhase, M.（2006）. Communities of Practice in MKM: An Extensional Model. In Borwein, J. M., and Farmer, W. M.（eds.）*Mathematical Knowledge Management. MKM 2006*. Lecture Notes in Computer Science, 4108. Springer, Berlin, Heidelberg.
https://doi.org/10.1007/11812289_15

小池和男（1997）.『日本企業の人材形成―不確実性に対処するためのノウハウ』東京：中央公論社。

小池和男（1999）.『仕事の経済学（第 2 版）』東京：東洋経済新報社。

小池茂子（2014）.「生涯学習の学習課題・学習者」鈴木眞理・馬場祐次朗・薬袋秀樹（編著）『生涯学習概論』東京：樹村房，64-88 ページ。

Kolb, D. A.（1984）. *Experiential learning: Experience as the source of learning and development*. Upper Saddle River: Prentice Hall.

小宮山博仁（2004）.「市民社会と基礎学力」小宮山博仁・立田慶裕（編）『人生を変える生涯学習の力』東京：新評論，4-38 ページ。

Korczynski, M.（2003）. Communities of coping: Collective emotional labour in service work. *Organization*, *10*(1), pp. 55-79.

Kranendonk, R. P. and Kersten, P. H.（2007）. Midlife communities of practice: Experiences and alignment. *The American Behavioral Scientist;* *50*(7), pp. 946-957.

Kroes, M., Chmielarz, P., Chandler, L., Bergler, M. and Smith, B.（2011）. Beyond KOL management: Communities of practice as a new perspective on pharmaceutical market penetration. *Journal of Medical Marketing*, *11*(1), pp. 71-83.

Krugman, P.（1991）. *Geography and trade*. Leuven, Belgium and Cambridge: Leuven University Press and The MIT Press.（北村行伸・高橋亘・妹尾美起訳［1994］.『脱「国境」の経済学―産業立地と貿易の新理論』東京：東洋経済新報社）

Kuhn, T.（1962）. *The structure of scientific revolutions*. Chicago: University of Chicago Press.（中山茂訳［1971］.『科学革命の構造』東京：みすず書房）

Kunda, G., Barley, S. R. and Evans, J. (2002). Why do contractors contract? The experience of highly skilled technical professionals in a contingent labor market. *Industrial and Labor Relations Review*, 55(2), pp. 234-261.

倉内史郎（1983）.『社会教育の理論』東京：第一法規出版。

黒澤祐介（2010）.「ケア・コミュニティ・世代間交流」広井良典・小林正弥（編著）『コミュニティ—公共性・コモンズ・コミュニタリアニズム』東京：勁草書房，179-189 ページ。

Laufgraben, J. L. (2005). Learning communities. In M. L. Upcraft, J. N. Gardner and B. O. Barefoot (Eds.), *Challenging and supporting the first-year student*. San Francisco: Jossey-Bass, pp. 371-387.（杉谷祐美子訳［2007］.「ラーニング・コミュニティ」山田礼子監訳『初年次教育ハンドブック—学生を「成功」に導くために』東京：丸善，177-200 ページ）

Lave, J. and Wenger, E. (1991). *Situated cognition: Legitimate peripheral participation*. Cambridge: Cambridge University Press.（佐伯胖訳［1993］.『状況に埋め込まれた認知—正統的周辺参加』東京：産業図書）

Lee, G. K. and Cole, R. E. (2003). From a firm-based to a community-based model of knowledge creation: The case of the linux kernel development. *Organization Science*, 14(6), pp. 633-649.

Lengnick-Hall, M. L. and Lengnick-Hall, C. A. (2003). HR's role in building relationship networks. *The Academy of Management Executive*, 17(4), pp. 53-63.

Lengrand, P. (1975). *An introduction to lifelong education*. London: Croom Helm; Paris: UNESCO Press.（波多野完治訳［1976；1979］.『生涯教育入門 第一部・第二部』東京：全日本社会教育連合会）

Leont'ev, A. N. (1978). *Activity, consciousness, and personality*. Englewood Cliffs: Prentice-Hall.（西村学・黒田直実訳［1980］.『活動と意識と人格』東京：明治図書出版）

Leont'ev, A. N. (1981). *Problems of the development of the mind*. Moscow: Progress.（松野豊・西牟田久雄訳［1967］.『子どもの精神発達』東京：明治図書出版）

Lesser, E. and Everest, K. (2001). Using communities of practice to manage to intellectual capital. *Ivey business journal*, March/April, pp. 37-41.

Lesser, E. L. and Storck, J. (2001). Communities of practice and organizational performance. *IBM Systems Journal*, 40(4), pp. 831-841.

Levinson, D.J. (1978). *The seasons of man's life*. New York: Knopf.（南博訳［1992］『ライフサイクルの心理学（上）（下）』講談社）

Levinthal, D. A. and March, J. G. (1981). A model of adaptive organizational search. *Journal of Economic Behavior and Organization*, 2, pp. 307-333.

Levinthal, D. A. and March, J. G. (1993). The myopia of learning. *Strategic Management Journal*, 14, pp. 95-112.

Lewin, K. (1948). *Resolving social conflicts*. New York: Harper & Brothers. (末永俊郎訳 [1951].『社会的葛藤の解決』東京創元社)

Liedtka, J. (1999). Linking competitive advantage with communities of practice. *Journal of Management Inquiry*, 8(1), pp. 5-16.

Lindeman, E. C. (1926). *The meaning of adult education*. New York: New Republic. (堀薫夫訳 [1996].『成人教育の意味』東京：学文社)

Little, J. W. and Horn, I. S. (2007). 'Normalizing' problems of practice: Converting routine conversation into a resource for learning in professional communities. In L. Stoll and K. S. Louis (Eds.), *Professional learning communities: Divergence, depth and dilemmas*. Berkshire: Open University Press, pp. 79-92.

Love, P. E. D. (2009). Communities and champions of practice: Catalysts for learning and knowing. *Construction Innovation*, 9(4), pp. 365-371.

Loyarte, E. and Rivera, O. (2007). Communities of practice: A model for their cultivation. *Journal of Knowledge Management*, 11(3), pp. 67-77.

Mabery, M. J., Gibbs-Scharf, L. and Bara, D. (2013). Communities of practice foster collaboration across public health. *Journal of Knowledge Management*, 17(2), pp. 226-236.

MacIver, R. M. (1924). *Community: A sociological study: Being an attempt to set out the nature and fundamental laws of social life*. London: Macmillan. (中久郎・松本通晴監訳 [2009].『コミュニティ―社会学的研究：社会生活の性質と基本法則に関する一試論』京都：ミネルヴァ書房)

MacIver, R. M. and Page, C. M. (1949). *Society: An introductory analysis*. New York: Rinehart.

Macpherson, A. and Antonacopoulou, E. (2013). Translating strategy intopractice: The role of communities of practice. *Journal of Strategy and Management*, 6(3), pp. 265-285.

Maffesoli, M. (1988). *Le temps des tribus: Le déclin de l'individualisme dans les sociétés de masse*. Paris: Méridiens Klincksieck. (古田幸男訳 [1997].『小集団の時代―大衆社会における個人主義の衰退』東京：法政大学出版局)

Maffesoli, M. (1993). *La contemplation du monde: Figures du style communautaire*. Paris: B. Grasse. (菊地昌実訳 [1995].『現代世界を読む―スタイルとイメージの時代』東京：法政大学出版局)

Majewski, G., Usoro, A. and Khan, I. (2011). Knowledge sharing in immersive virtual communities of practice. *The Journal of Information and Knowledge Management Systems*, 41(1), pp. 41-62.

牧田明（2004）.「熟練技能の伝承とものづくり風土の改革(8) 職人的技能の継承を支える大日本印刷のマイスター制度」『産業訓練』50, 22-25 ページ。

Malone, D. (2002). Knowledge management: A model for organizational learning. *Inter-

*national Journal of Accounting Information Systems*, *3*, pp. 111-123.

March, J. G. and Olsen, J. P. (1976). *Ambiguity and choice in organizations*. Oslo: Universitetsforlaget. (遠田雄志・アリソン・ユング訳［1986］.『組織におけるあいまいさと決定』東京：有斐閣）

Marshall, A. (1920). *Principles of economics* (8th ed.). London: Macmillian and Company. (馬場啓之助訳［1966］.『マーシャル経済学原理Ⅱ』東京：東洋経済新報社）

Marshall, C. C., Shipman, F. M. and McCall, R. J. (1995). Making large-scale information resources serve communities of practice. *Journal of Management Information Systems*, *11*(4), pp. 65-86.

Marsick, V. J. and Watkins, K. E. (1990). *Informal and incidental learning in the workprace*. London: Routledge.

松原治郎（1976）.『コミュニティの理論と実践』東京：学習研究社.

松田雅央（2005）.「マイスター制度―ドイツ社会を支える職業教育システム」『日経研月報』322号, 49-59ページ.

松尾睦（2006）.『経験からの学習―プロフェッショナルへの成長プロセス』東京：同文舘出版.

松尾睦（2012）.『職場が生きる人が育つ「経験学習」入門』東京：ダイヤモンド社.

松本雄一（2003）.『組織と技能―技能伝承の組織論』東京：白桃書房.

松本雄一（2006）.「自治体マイスター制度の研究と今後の展望―北九州マイスター制度を中心に」『商経論集（北九州市立大学）』*41*(4), 45-60ページ.

松本雄一（2008）.「キャリア理論における能力形成の関連性―能力形成とキャリア理論との統合に向けての一考察（上）（下）」『商學論究（関西学院大学）』*56*(1), 71-103ページ；(2), 65-116ページ.

松本雄一（2009a）.「『自治体マイスター制度』における技能伝承についての研究―『実践共同体』概念をてがかりに」『日本労務学会誌』*11*(1), 48-61ページ.

松本雄一（2009b）.「陶磁器産地における作陶技能の形成―正統的周辺参加とのかかわりから」『経営行動科学学会第12回年次大会発表論文集』214-217ページ.

松本雄一（2010）.「陶磁器産地における実践共同体の形成と技能の学習」『日本認知科学会第28回大会発表論文集』657-662ページ.

松本雄一（2011a）.「自治体マイスター制度の展開―現状と展望についての考察」『商學論究（関西学院大学）』*59*(2), 85-109ページ.

松本雄一（2011b）.「教育サービス会社の人材育成と実践共同体の構築」『経営行動科学学会第14回年次大会発表論文集』, 442-447ページ.

松本雄一（2011c）.「製品デザイン・プロセスの組織的マネジメントの事例研究―デザイン・パラダイムの発展について」『ナレッジ・マネジメント研究年報』*10*, 33-47ページ.

松本雄一（2012a）.「実践共同体概念の考察―3つのモデルの差異と統合の可能性について」『商學論究（関西学院大学）』*60*(1/2), 163-202ページ.

松本雄一 (2018b).「実践共同体構築による学習促進の事例研究―非規範的視点と越境を中心に」『日本経営学会誌』第 41 号, 52-63 ページ.

松下圭一 (2003).『社会教育の終焉』東京:公人の友社。

May, T. (2001). *Social research* (3rd ed.). Buckingham: Open University Press.

Mayer, A. P., Grenier, R. S., Warhol, L. and Donaldson, M. (2013). Making a change: The role of external coaches in school-based communities of practice. *Human Resource Development Quarterly, 24*(3), pp. 337-363.

Mayo, P. (1998). *Gramsci, Freire, and adult education: Possibilities for transformative action*. New York: Zed Books.(里見実訳 [2014]『グラムシとフレイレ:対抗ヘゲモニー文化の形成と成人教育』太郎次郎社)

McDermott, R. (1999a). Why information technology inspired but cannot deliver knowledge management. *California Management Review, 41*(4), pp. 103-117.

McDermott, R. (1999b). Nurturing three dimensional communities of Practice: How to get the most out of human networks. *Knowledge Management Review, 2*(5), pp. 26-29.

McDermott, R. (1999c). Learning Across Teams: How to build communities of practice in team organizations. *Knowledge Management Review, 8*, pp. 32-36.

Mejirow, J. (1991). *Transformative dimensions of adult learning*. San Francisco: Jossey-Bass.(金澤睦・三輪建二訳 [2012].『おとなの学びと変容―変容的学習とは何か』東京:鳳書房)

美馬のゆり・山内祐平 (2005).『「未来の学び」をデザインする―空間・活動・共同体』東京:東京大学出版会。

Miner, A. S., Bassoff, P. and Moorman, C. (2001). Organizational improvisation and learning: A field study. *Administrative Science Quarterly, 46*(2), pp. 304-337.

Mitchell, C. and Sackney, L. (2007). Extending the learning community: A boarder perspective embedded in policy. In L. Stoll, and K. S. Louis (Eds.), *Professional learning communities: Divergence, depth and dilemmas* (pp. 30-44). Berkshire: Open University Press.

Mittendorff, K., Geijsel, F., Hoeve, A., de Laat, M. and Nieuwenhuis, L. (2006). Communities of practice as stimulating forces for collective learning. *Journal of Workplace Learning, 18*(5), pp. 298-312.

三宅麻未 (2017).「キャリア・コミュニティの活用方法―老年期のキャリア危機における課題発見の場として」『経営行動科学学会第 20 回年次大会発表論文集』69-77 ページ.

三宅麻未 (2018).「キャリア・コミュニティの概念, 機能, 構築についての考察」『関西学院商学研究(関西学院大学大学院商学研究科研究会)』74・75 合併号, 1-28 ページ.

文部科学省 (2006).『平成 18 年版 文部科学白書』東京:国立印刷局。

松本雄一 (2012b).「二重編み組織についての考察」『商學論究（関西学院大学）』(4), 73-100 ページ。

松本雄一 (2012c).「実践共同体と職場組織の相互作用についての研究―「学習療法」普及の事例をてがかりに」『日本認知科学会第 29 回大会発表論文集』593-601 ページ。

松本雄一 (2013a).「『学習する組織』と実践共同体」『商學論究（関西学院大学）』(2), 1-52 ページ。

松本雄一 (2013b)「実践共同体における学習と熟達化」『日本労働研究雑誌』639, 15-26 ページ。

松本雄一 (2013c).「実践共同体の学習活動が職場組織にもたらす影響についての研究―『学習療法』普及の事例から」『日本労務学会第 43 回全国大会研究報告論集』100-106 ページ。

松本雄一 (2014a).「活動理論・拡張的学習論と実践共同体」『商學論究（関西学院大学）』61(4), 253-281 ページ。

松本雄一 (2014b).「実践共同体の学習活動における動機づけの発展についての研究―『学習療法』実践の事例をてがかりに」『日本認知科学会第 31 回大会発表論文集』709-718 ページ。

松本雄一 (2014c).「学習意欲の変化・発展における実践共同体の影響」『経営行動科学学会第 17 回年次大会発表論文集』337-342 ページ。

松本雄一 (2015a).「実践共同体の形成と技能の学習―陶磁器産地における 2 事例をてがかりに」『ナレッジ・マネジメント研究』13, 1-17 ページ。

松本雄一 (2015b).「成人学習論と実践共同体」『商學論究（関西学院大学）』62(3), 37-100 ページ。

松本雄一 (2015c).「生涯学習論と実践共同体」『商學論究（関西学院大学）』62(4), 51-98 ページ。

松本雄一 (2015d).「実践共同体構築による学習についての事例研究」『組織科学』(1), 53-65 ページ。

松本雄一 (2015e).「ケース―株式会社公文教育研究会」上林憲雄・三輪卓己（編）『ケーススタディ 優良・成長企業の人事戦略』東京：税務経理協会, 233-262 ページ。

松本雄一 (2017a).「コミュニティ，サードプレイス，ラーニング・コミュニティと実践共同体」『商學論究（関西学院大学）』64(2), 323-391 ページ。

松本雄一 (2017b).「実践共同体概念についての一考察―E. Wenger の実践共同体論を読み解く」『商學論究（関西学院大学）』64(3), 347-409 ページ。

松本雄一 (2017c).「実践共同体を扱った先行研究の検討」『商學論究（関西学院大学）』65(1), 1-80 ページ。

松本雄一 (2018a).「実践共同体の『二次的意義』の探求―介護施設事例の活動理論分析をもとにして」『ナレッジ・マネジメント研究』第 16 号, 1-14 ページ。

Moodysson, J. (2008). Principles and practices of knowledge creation: On the organization of "buzz" and "pipelines" in life science communities. *Economic Geography*, *84* (4), pp. 449-469.

Moreno, A. (2001). Enhancing knowledge exchange through communities of practice at the Inter-American Development Bank. *Aslib Proceedings*, *53*(8), pp. 296-308.

Mulford, B. (2007). Building social capital in professional learning communities: Importance, challenges and a way forward. In L. Stoll and K. S. Louis (Eds.), *Professional learning communities: Divergence, depth and dilemmas* (pp. 166-180). Berkshire: Open University Press.

Muller, P. (2006). Reputation, trust and the dynamics of leadership in communities of practice. *Journal of Management and Governance, 10*, pp. 381-400.

Murugaiah, P., Azman, H., Thang, S. M. and Krish, P. (2012). Teacher learning via communities of practice: A Malaysian case study. *International Journal of Pedagogies and Learning*, *7*(2), pp. 162-174.

長岡智寿子（2014）．「生涯発達と成人期の学習」前平泰志（監修）・渡邊洋子（編著）『生涯学習概論―知識基盤社会で学ぶ・学びを支える』京都：ミネルヴァ書房，64-79ページ。

長山宗広（2012）．『日本的スピンオフ・ベンチャー創出論―新しい産業集積と実践コミュニティを事例とする実証研究』東京：同友館。

中原淳（2010）．『職場学習論―仕事の学びを科学する』東京：東京大学出版会。

中原淳（2011）．『知がめぐり，人がつながる場のデザイン―働く大人が学び続ける"ラーニングバー"というしくみ』東京：英治出版。

中原淳（2012）．「学習環境としての『職場』―経営研究と学習研究の交差する場所」『日本労働研究雑誌』*618*，35-45ページ。

中村八朗（1973）．『都市コミュニティの社会学』東京：有斐閣。

中西善信（2015）．「実践共同体の次元と類型化」『日本労務学会誌』*16*(1)，60-73ページ。

Nancy, J. (1999). *La communauté désœuvrée*. Paris: C. Bourgois. （西谷修・安原伸一朗訳［2001］．『無為の共同体―哲学を問い直す分有の思考』東京：以文社）

Nelson, A., Sabatier, R. and Nelson, W. (2006). Toward an understanding of global entrepreneurial knowledge management (EKM) practices: A preliminary investigation of EKM in France and the U.S.. *Journal of Applied Management and Entrepreneurship*, *11*(2), pp. 70-89.

Nicholls, M. G. and Cargill, B. J. (2008). Determining best practice production in an aluminium smelter involving sub-processes based substantially on tacit knowledge: An application of Communities of Practice. *Journal of the Operational Research Society*, *59*, pp.13-24.

西敏明（2004）．「技能伝承におけるマイスター制度の現状について―ものづくりと名

工の周辺より」『岡山商大社会総合研究所報』25, 81-89 ページ。

西井麻美（2014）．「生涯学習の方法・生涯学習の支援方法」鈴木眞理・馬場祐次朗・薬袋秀樹（編著）『生涯学習概論』東京：樹村房, 89-103 ページ。

西久保浩二（2015）．『介護クライシス―日本企業は人材喪失リスクにいかに備えるか』東京：旬報社。

西村和人（2000）．『介護施設の最新経営・労務管理のすべて―これで万全！』東京：日本法令。

西岡正子（2009）．「就職すると人はどのような学習をするのか」関口礼子・小池源吾・西岡正子・鈴木志元・堀薫夫『新しい時代の生涯学習 第2版』東京：有斐閣, 33-54 ページ。

Nistor, N., Baltes, B. and Schustek, M. (2012). Knowledge sharing and educational technology acceptance in online academic communities of practice. *Campus-Wide Information Systems*, 29(2), pp. 108-116.

野村恭彦（2004）．「ナレッジ・イノベーション―持続的な知識創造を支える組織と情報」『情報の科学と技術』54(10), pp. 500-506.

Nonaka, I. (1990). The knowledge-creating company. *Harvard Business Review*, Nov-Dec, pp. 96-104.

Nonaka, I. and Takeuchi, H. (1995). *The knowledge-creating company: How Japanese companies create the dynamics of innovation*. New York: Oxford University Press. （梅本勝博訳［2011］．『知識創造企業』東京：東洋経済新報社）

OECD (ed.) (1970). *Equal educational opportunity 1*. OECD. （森隆夫訳［1974］.『生涯教育政策 リカレント教育・代償教育政策』東京：ぎょうせい）

呉世雄（2015）．『介護老人福祉施設の経営成果と組織管理―福祉経営の時代における目指すべき経営と戦略』東京：御茶の水書房。

岡隆一郎（2003）．「解説 マイスター制度の新たな展開―幅広い専門能力を習得し，自ら企業経営を担える人材を育てる」『賃金実務』40, 38-41 ページ。

大河内瞳（2015）．「Professional learning community における教師の学び―タイの大学で教える日本語教師のケース・スタディ」『阪大日本語研究』27, 195-221 ページ。

Oldenburg, R. (1989). *The great good place: Cafés, coffee shops, bookstores, bars, hair salons and other hangouts at the heart of a community*. New York: Paragon House. （忠平美幸訳［2013］．『サードプレイス―コミュニティの核になる「とびきり居心地よい場所」』東京：みすず書房）

Orlikowski, W. J. (2002). Knowing in practice: Enacting a collective capability in distributed organizing. *Organization Science*, 13(3), pp. 249-273.

Orr, J. E. (1990). Sharing knowledge, celebrating identity: Community memory in a service culture. In D. Middleton and D. Edwards (Eds.), *Collective remembering*. London: Sage Publications, pp. 169-189.

Orr, J. E. (1996). *Talking about machines: An ethnography of a modern Job*. Ithaca: ILR

Press.

Park, R. E. and Burgess, E. W. (1921). *Introduction to the science of sociology*. Chicago: University of Chicago Press.

Parker, P., Arthur, M. B. and Inkson, K. K. (2004). Career communities: A preliminary exploration of member-defined career support structures. *Journal of Organizational Behavior*, 25(4), pp. 489-514.

Pastoors, P. (2007). Consultants: Love-hate relationships with communities of practice. *Learning Organization*, 14(1), pp. 21-33.

Pattinson, S. and Preece, D. (2014). Communities of practice, knowledge acquisition and innovation: A case study of science-based SMEs. *Journal of Knowledge Management*, 18(1), pp. 107-120.

Pawlowski, S. D. and Robey, D. (2004). Bridging user organizations: Knowledge brokering and the work of information technology professionals. *MIS Quarterly*, 28(4), pp. 645-672.

Pemberton, J., Mavin, S. and Stalker, B. (2007). Scratching beneath the surface of communities of (mal) practice. *Learning Organization*, 14(1), pp. 62-73.

Perlman, R. and Gurin, A. (1972). *Community organization and social planning*. New York: Wiley. (岡村重夫監訳 [1980].『コミュニティ・オーガニゼーションと社会計画』東京：全国社会福祉協議会)

Piore, M. J. and Sabel, C. F. (1984). *The second industrial divide*. New York: Basic Books. (山之内靖・永易浩一・石田あつみ訳 [1993].『第二の産業分水嶺』東京：筑摩書房)

Porter, M. E. (1998) *On competition*. Boston: Harvard University Press. (竹内弘高訳 [1999].『競争戦略論II』東京：ダイヤモンド社)

Powell, W. W., Koput, K. W. and Smith-Doerr, L. (1996). Interorganizational collaboration and the locus of innovation: Networks of learning in biotechnology. *Administrative Science Quarterly*, 41(1), pp. 116-145.

Raelin, J. A. (1997). A model of work-based learning. *Organization Science*, 8(6), pp. 563-578.

Ranmuthugala, G., Plumb, J. J., Cunningham, F. C., Georgiou, A., Westbrook, J. I. and Braithwaite, J. (2011). How and why are communities of practice established in the healthcare sector? A systematic review of the literature. *BMC Health Services Research*, 11(273), pp. 1-16.

Raz, A. E. (2007). Communities of practice or communities of coping? Employee compliance among CSRs in Israeli call centres. *The Learning Organization*, 14(4), pp. 375-387.

Reeve, J., Deci, E. L. and Ryan, R. M. (2004). Self-determination theory: A dialectical framework for understanding sociocultural influences on student motivation. In D.

M. McInerney & S. Van Etten (Eds.) *Big theories revisited*. Greenwich, : Information Age, pp. 31-60.

Retna, K. S. and Ng, P. T. (2011). Communities of practice: Dynamics and success factors leadership & organization. *Development Journal*, 32(1), pp. 41-59.

Roan, A. and Rooney, D. (2006). Shadowing experiences and the extension of communities of practice: A case study of women education managers. *Management Learning*, 37(4), pp. 433-454.

Roberts, J. (2006). Limits to communities of practice. *Journal of Management Studies*, 43(3), pp. 623-639.

Robichaud, D., Giroux, H. and Taylor, J. R. (2004). The metaconversation: The recursive property of language as a key to organizing. *The Academy of Management Review*, 29(4), pp. 617-634.

Rogers, J. (1971). *Adults learning*. Buckingham: Open University Press. (藤岡英雄監訳・徳島大学生涯学習研究会訳［1997］.『おとなを教える―講師・リーダー・プランナーのための成人教育入門』東京：学文社)

Ross, M. G. (1955). *Community organization: Theory and principles*. New York: Harper & Brothers. (岡村重夫訳［1968］.『コミュニティ・オーガニゼーション―理論・原則と実際』東京：全国社会福祉協議会)

労働政策研究・研修機構（編）(2017).『介護人材を活かす取組―キャリアアップと賃金』東京：労働政策研究・研修機構.

Ruikar, K., Koskela, L. and Sexton, M. (2009). Communities of practice in construction case study organisations: Questions and insights. *Construction Innovation*, 9(4), pp. 434-448.

佐伯胖（監修）・渡部信一（編）(2010).『「学び」の認知科学事典』大阪：大修館書店.

斎藤伊都夫（1975）.「社会教育の方法の原理」斎藤伊都夫・辻功（編著）『社会教育方法論』東京：第一法規出版, 37-67 ページ.

迫田朋子・川添哲也・竹内哲哉・平田知弘・戸沢冬樹・佐々木とく子（2008）.『「愛」なき国：介護の人材が逃げていく』東京：阪急コミュニケーションズ.

Salminen-Karlsson, M. (2014). Enabling virtual communities of practice: A case-study of Swedish-Indian collaboration in IT development. *The Electronic Journal Information Systems Evaluation*, 17(1), pp.60-70.

Sarirete, A., Chikh, A. and Noble, E. (2011). Building a community memory in communities of practice of e-learning: A knowledge engineering approach. *The Journal of Workplace Learning*, 23(7), pp. 456-467.

笹川孝一（2004）.「キャリアデザインの力」小宮山博仁・立田慶裕（編）『人生を変える生涯学習の力』東京：新評論, 263-291 ページ.

笹川孝一（2014）.『キャリアデザイン学のすすめ―仕事, コンピテンシー, 生涯学習社会』東京：法政大学出版局.

佐々木圭吾（1995）.「組織と熟練の相克に関する考察―組織的知識創造のパラドクス」『横浜市立大学論叢』46(2・3), 287-312 ページ。

Saxenian, A.（1994）*Regional advantage: Culture and competition in Silicon Valley and Route 128*. Cambridge: Harvard University Press.（大前研一訳［1995］.『現代の二都物語』東京：講談社）

Scardamalia, M.（2010）.「実践共同体，学習者共同体，そして知識構築共同体―その違いはどこに？」『教育心理学年報』49, 9-12 ページ。

Scarso, E. and Bolisani, E.（2008）. Communities of practice as structures for managing knowledge in networked corporations. *Journal of Manufacturing Technology Management*, 19(3), pp. 374-390.

Schein, E.H.（1978）, *Career dynamics: Matching individual and organizational needs*. Reading, Mass: Addison-Wesley.（二村敏子・三善勝代訳［1991］.『キャリア・ダイナミクス』東京：白桃書房）

Schenkel, A. and Teigland, R.（2008）. Improved organizational performance through communities of practice. *Journal of Knowledge Management*, 12(1), pp. 106-118.

Schepers, P. and van den Berg, P. T.（2007）. Social factors of work-environment creativity. *Journal of Business and Psychology*, 21(3), pp. 407-428.

Schiavone, F.（2012）. Resistance to industry technological change in communities of practice: The "ambivalent" case of radio amateurs. *Journal of Organizational Change Management*, 25(6), pp. 784-797.

Schön, D. A.（1983）. *The reflective practitioner: How professionals think in action*. New York: Basic Books.

Scott, S. V. and Walsham, G.（2005）. Reconceptualizing and managing reputation risk in the knowledge economy: Toward reputable action. *Organization Science*, 16(3), pp. 308-322.

関千里（2008）.「中小企業における人材開発システム―酒造業にみるコミュニティをベースとした育成の仕組み」『プロジェクト研究（早稲田大学）』3, 13-26 ページ。

関千里（2013）.「杜氏後継者の育成に関する考察」『日本労務学会第 43 回全国大会研究報告論集』107-114 ページ。

Senge, P. M.（1990）. *The fifth discipline: The art & practice of the learning organization*. New York: Doubleday/Currency.（枝廣淳子・小田理一郎・中小路佳代子訳［2011］.『学習する組織―システム思考で未来を創造する』東京：英治出版）

Senge, P. M., Cambron-McCabe, N., Lucas, T., Smith, B., Dutton, J. and Kleiner, A.（2012）. *Schools that learn: A fifth discipline fieldbook for educators, parents, and everyone who cares about education*. New York: Doubleday.（リヒテルズ直子訳［2014］.『学習する学校―子ども・教員・親・地域で未来の学びを創造する』東京：英治出版）

Senge, P. M., Kleiner, A., Rberts, C., Roth, G., Ross, R. and Smish, B.（1994）. *The*

*Fifth discipline fieldbook : Strategies and tools for building a learning organization.* New York: Crown Business. (柴田昌治・スコラ・コンサルト監訳, 牧野元三訳 [2003].『フィールドブック学習する組織「5つの能力」——企業変革をチームで進める最強ツール』東京：日本経済新聞社)

Senge, P. M., Kleiner, A., Rberts, C., Roth, G., Ross, R. and Smish, B.（1999）. *The dance of change: The challenges of sustaining momentum in learning organizations.* New York: Crown Business. (柴田昌治・スコラ・コンサルト監訳, 牧野元三訳 [2004].『フィールドブック学習する組織「10の変革課題」——なぜ全社改革は失敗するのか？』東京：日本経済新聞社)

Sennett, R.（1998）. *The corrosion of character: The personal consequences of work in the new capitalism.* New York: W. W. Norton. (斎藤秀正訳 [1999].『それでも新資本主義についていくか——アメリカ型経営と個人の衝突』東京：ダイヤモンド社)

Sfard, A.（1998）. On two metaphors for learning and the dangers of choosing just one. *Educational Research,* March, pp. 4-13.

Shapiro, N. S. and Levine, J. H.（1999）. *Creating learning communities: A practical guide to winning support, organizing for change, and implementing programs.* San Francisco: Jossey-Bass.

塩瀬隆之・中川信貴・川上浩司・片井修（2006）.「京都伝統産業の職人とプロダクトデザイナが参加する"実践共同体"におけるものづくりコミュニケーションデザイン」『経営情報学会誌』15(2), 77-93ページ.

Singh, P.（2011）. Oral assessment: Preparing learners for discourse in communities of practice. *Systematic Practice and Action Research,* 24, pp. 247-259.

Singh, V., Bains, D. and Vinnicombe, S.（2002）. Informal mentoring as an organisational resource. *Long Range Planning,* 35, pp. 389-405.

Smith, B. L., MacGregor, J., Matthews, R. S., and Gabelnick, F.（2004）. *Learning communities: Reforming undergraduate education.* San Francisco: Jossey-Bass.

Soja, E. W.（1996）. *Thirdspace: Journeys to Los Angeles and other real-and-imagined places.* Malden: Blackwell. (加藤政洋訳 [2005].『第三空間——ポストモダンの空間論的転回』東京：青土社)

Stewart, T. A.（1996）. Managing: Ideas & solutions. *Fortune,* July 08, p.99.

Stoll, L., Bolam, R. and Collarbone, P.（2002）. Leading for change: Building capacity for learning. In K. Leithwood and P. Hallinger（Eds.）, *Second international handbook of educational leadership and administration.* Dordrecht: Kluwer, pp. 41-73.

Stoll, L., Bolam, R., McMahon, A., Wallace, M. and Thomas, S.（2006）. Professional learning communities: A review of the literature. *Journal of Educational Change,* 7, pp. 221-258.

Stoll, L. and Louis, K. S.（2007）. Professional learning communities: Elaborating new approaches. In L. Stoll and K. S. Louis,（Eds.）, *Professional learning communities:*

*Divergence, depth and dilemmas*. Berkshire: Open University Press, pp. 1-13.

鈴木広（編）（1978）．『コミュニティ・モラールと社会移動の研究』京都：アカデミア出版会．

鈴木眞理（1994）．「成人学習論の課題」倉内史郎・土井利樹（編）『成人学習論と生涯学習計画』東京：亜紀書房，1-50 ページ．

鈴木眞理（2014）．「生涯学習社会の創造へ向けて」鈴木眞理・馬場裕次朗・薬袋秀樹（編著）『生涯学習概論』東京：樹村房，1-22 ページ．

鈴木竜太・忠津剛光・尾形真実哉・松本雄一（2012）．「新入社員の育成と課題」『経営行動科学』25(2)，141-170 ページ．

Swan, J., Scarbrough, H. and Robertson, M. (2002). The construction of 'communities of practice' in the management of innovation. *Management Learning*, 33(4), pp. 477-496.

Sztangret, I. (2014). The concept of communities of practice on the example of IT sector. *Organizacija*, 47(3), pp. 190-198.

高木光太郎（1992）．「『状況論的アプローチ』における学習概念の検討―正統的周辺参加（Legitimate Peripheral Participation）概念を中心として」『東京大学教育学部紀要』32，265-273 ページ．

高木光太郎（1996）．「実践の認知的所産」波多野誼余夫（編）『認知心理学 5 学習と発達』東京：東京大学出版会，37-58 ページ．

高橋信夫（1998）．「組織ルーチンと組織内エコロジー」『組織科学』32(2)，54-77 ページ．

高瀬武典（1991）．「組織学習と組織生態学」『組織科学』25(2)，58-66 ページ．

Tarmizi, H., de Vreede, G. and Zigurs, I. (2007). Leadership challenges in communities of practice: Supporting facilitators via design and technology. *International Journal of e-Collaboration*, 3(1), pp. 18-39.

田崎俊之（2009）．「伏見酒造業における酒造技術者の実践コミュニティ」『フォーラム現代社会学』8，105-119 ページ．

寺澤弘忠（2005）．『OJT の実際（第 2 版）』東京：日本経済新聞社．

寺澤弘忠・寺澤典子（2009）．『OJT の基本』京都：PHP 研究所．

Thanurjan, R. and Seneviratne, L. D. I. P. (2009). The role of knowledge management in post-disaster housing reconstruction. *Disaster Prevention and Management*, 18(1), pp. 66-77.

Thompson, M. (2005). Structural and epistemic parameters in communities of practice. *Organization Science*, 16(2), pp. 151-164.

常磐 - 布施美穂（2004）．「変容的学習」赤尾勝己（編）『生涯学習理論を学ぶ人のために』京都：世界思想社，87-114 ページ．

Tönnies, F. (1935). Gemeinschaft und gesellschaft: Grundbegriffe der reinen soziologie. Darmstadt: Wiss. Buchges.（杉之原寿一［1957］『ゲマインシャフトとゲゼル

シャフト―純粋社会学の基本概念』東京：岩波書店）

Tosey, P. (2006). The learning community: A strategic dimension of teaching and learning? In P. Jarvis (ed.), *The theory and practice of teaching* (2nd ed.) London: Routledge, pp. 169-187.（「学習コミュニティ―『教えること／学ぶこと』の方法論的な次元とは？」渡邊洋子・吉田正純監訳［2011］．『生涯学習支援の理論と実践「教えること」の現在』東京：明石書店，269-291ページ）

戸谷ますみ・吉永美佐子（編著）(2007).『新版・介護福祉運営論』東京：建帛社．

Tsang, E. W. K. (1997). Organizational learning and the learning organization: A dichotomy between descriptive and prescriptive research. *Human Relations*, 50(1), pp. 73-89.

Tsoukas, H. (2002). Introduction Knowledge-based perspectives on organizations: situated knowledge, novelty, and communities of practice. *Management Learning*, 33(4), pp. 419-426.

Turner, V. W. (1969). *The ritual process: Structure and anti-structure*. London: Routledge & K. Paul.（冨倉光雄訳［1996］．『儀礼の過程』東京：新思索社）

Turner, W., Bowker, G., Gasser, L. and Zacklad, M. (2006). Information infrastructures for distributed collective practices. *Computer Supported Cooperative Work*, 15, pp. 93-110.

Uchida, S. and Kawashima, R. (2008). Reading and solving arithmetic problems improve cognitive functions of normal aged people: A randomized controlled study. *Age*, 30(1), pp. 21-29.

Ulrike Schultze, U. and Leidner, D. E. (2002). Studying knowledge management in information systems research: Discourses and theoretical assumptions. *MIS Quarterly*, 26(3), pp. 213-242.

UNESCO (1972). *Learning to be: The world of education today and tomorrow*. Paris: UNESCO.（国立教育研究所内フォール報告書検討委員会訳［1975］．『未来の学習』東京：第一法規出版）

UNESCO (1996). *Learning: The treasure within*. Paris: UNESCO.（天城勲監訳［1997］．『学習―秘められた宝』東京：ぎょうせい）

Usoro, A., Sharratt, M. W., Tsui, E. and Shekhar, S. (2007). Trust as an antecedent to knowledge sharing in virtual communities of practice. *Knowledge Management Research & Practice*, 5, pp. 199-212.

van der Velden, M. (2004). From communities of practice to communities of resistance: Civil society and cognitive justice. *Development*, 47(1), pp. 73-80.

Van Kleef, J. and Werquin, P. (2013). PLAR in nursing: Implications of situated learning, communities of practice and consequential transition theories for recognition. *Journal of International Migration and Integration*. 14, pp. 651-669.

von Krogh, G. (2002). The communal resource and information systems. *Journal of

*Strategic Information Systems*, 11, pp. 85-107.
Vygotsky, L. S. (1978). *Mind in society: The development of higher psychological processes*. Cambridge: Harvard University Press. (柴田義松訳［1970］.『精神発達の理論』東京：明治図書)
Wasko, M. M. and Faraj, S. (2000). "It is what one does": Why people participate and help others in electronic communities of practice. *Journal of Strategic Information Systems*, 9, pp.155-173.
Wasko, M. M. and Faraj, S. (2005). Why should I share? Examining social capital and knowledge contribution in electronic networks of practice. *MIS Quarterly*, 29(1), pp. 35-57.
渡邊洋子（2002）.『生涯学習時代の成人教育学──学習者支援へのアドヴォカシー』東京：明石書店。
渡邊洋子（2014a）.「フォーマル／ノンフォーマル／インフォーマルな学び」前平泰志（監修）・渡邊洋子（編著）『生涯学習概論 知識基盤社会で学ぶ・学びを支える』京都：ミネルヴァ書房，99 ページ。
渡邊洋子（2014b）.「生涯学習の内容と学習課題」前平泰志（監修）・渡邊洋子（編著）『生涯学習概論 知識基盤社会で学ぶ・学びを支える』京都：ミネルヴァ書房，81-98 ページ。
Watkins, K. E. and Marsick, V. J. (1993). *Sculpting the learning organization*. San Francisco: Jossey-Bass. (神田良・岩崎尚人訳［1995］.『「学習する組織」をつくる』東京：日本能率協会マネジメントセンター)
Watland, K. H., Hallenbeck, S. M. and Kresse, W. J. (2008). Breaking bread and breaking boundaries: A case study on increasing organizational learning opportunities and fostering communities of practice through sharing meals in an academic program. *Performance Improvement Quarterly*, 20(3-4), pp. 167-184.
Wellman, B. (2001). Physical place and cyberplace: The rise of personalized networking. *International Journal of Urban and Regional Research*, 25(2), pp. 227-252.
Wenger, E. (1990). Toward a theory of cultural transparency: Elements of a discourse of the visible and the invisible. Doctoral dissertation, Information and Computer Science, University of California, Irvine.
Wenger, E. (1998). *Communities of practice: Learning, meaning, and identity*. Cambridge: Cambridge University Press.
Wenger, D. (2004). The collaborative construction of a management report in a municipal community of practice text and context, genre and learning. *Journal of Business and Technical Communication*, 18(4), pp. 411-451.
Wenger, E. (2000). Communities of practice: The structure of knowledge stewarding. In C. Despres and D. Chauvel (Eds.), *Knowledge horizons: The present and the promise of knowledge management*. Woburn: Butterworth-Heinemann, pp. 205-224.

Wenger, E. and Snyder, W. M. (2000). Communities of Practice: The organizational frontier. *Harvard Business Review*, (January/February), pp. 139-145.

Wenger, E., McDermott, R. and Snyder, W. M. (2002). *Cultivating communities of practice*. Boston: Harvard Business School Press. (野村恭彦監修，櫻井祐子訳［2002］.『コミュニティ・オブ・プラクティス―ナレッジ社会の新たな知識形態の実践』東京：翔泳社)

Westheimer, J. (2008). Learning among colleagues: Teacher community and the shared enterprise of education. In M. Cochran-Smith, S. Feiman-Nemser and D. J. Mclntyre (Eds.), *Handbook of research on teacher education: Enduring questions in changing contexts* (3rd ed.). New York: Routledge, pp. 756-783.

Wolf, P., Spath, S. and Haefliger, S. (2011). Participation in intra-firm communities of practice: A case study from the automotive industry. *Journal of Knowledge Management*, 15(1), pp. 22-39.

Womack, J. P., Jones, D. T. and Roos, D. (1990). The machine that changed the world: The story of lean production. New York: Harper. (沢田博訳［1990］.『リーン生産方式が，世界の自動車産業をこう変える。』東京：経済界)

山田幸三 (2013).『伝統産地の経営学―陶磁器産地の協働の仕組みと企業家活動』東京：有斐閣.

山田幸三・伊藤博之 (2008).「陶磁器産地の分業構造と競争の不文律―有田焼と京焼の産地比較を中心として」『組織科学』42(2), 89-99 ページ.

山田幸三・伊藤博之 (2013).「陶磁器産地の分業構造の変化と企業家活動―信楽焼産地の事例を中心として」『組織科学』46(3), 4-15 ページ.

山内祐平 (2003).「学校と専門家を結ぶ実践共同体のエスノグラフィー」『日本教育工学雑誌』26(4), 299-308 ページ.

山住勝広 (2008).「ネットワーキングからノットワーキングへ―活動理論の新しい世代」山住勝広・ユーリア・エンゲストローム（編）『ノットワーキング―結び合う人間活動の創造へ』東京：新曜社，1-57 ページ.

山住勝広 (2011).「文化・歴史的な活動としての学習―活動理論を基盤にした教育実践の探究」『文學論集（關西大學）』61(3), 85-108 ページ.

Yin, R. K. (1994). *Case study research* (2nd ed.). Thousand Oaks: Sage Publications. (近藤公彦訳［1996］.『ケース・スタディの方法 第 2 版』東京：千倉書房)

吉田正純 (2014).「生涯発達の学びを支える『教育方法』」前平泰志（監修）・渡邊洋子（編著）『生涯学習概論 知識基盤社会で学ぶ・学びを支える』京都：ミネルヴァ書房，100-114 ページ.

吉田輝美 (2014).『感情労働としての介護労働―介護サービス従事者の感情コントロール技術と精神的支援の方法』東京：旬報社.

吉田輝美 (2016).『介護施設で何が起きているのか―高齢者虐待をなくすために知っておきたい現場の真実』東京：ぎょうせい.

吉倉亮 (2004).「熟練技能の伝承とものづくり風土の改革(6) しなやかな『ものづくり力』を持つマイスターの養成―ダイキン工業の卓越技能伝承制度の展開」『産業訓練』50, 22-33 ページ。

Zárraga-Oberty, C. and De Sáa-Pérez, P. (2006). Work teams to favor knowledge management: Towards communities of practice. *European Business Review*, 18(1), pp. 60-76.

Zboralski, K. (2009). Antecedents of knowledge sharing in communities of practice. *Journal of Knowledge Management*, 13(3), pp. 90-101.

Zhang, W. and Watts, S. (2008). Online communities as communities of practice: A case study. *Journal of Knowledge Management*, 12(4), pp. 55-71.

# 索　引

―――― 事項索引 ――――

― あ行 ―

アイデンティティ（identity） ……… 27
アウトサイダー ……………………… 35
アクティブ・メンバー ……………… 35
アソシエーション …………………… 76
アンドラゴジー（andragogy） ……… 118
居心地の良さ ………………………… 263
維持・向上（stewardship） ………… 36
意識化 ………………………………… 120
依存感覚（dependency-feeling） …… 78
一次の意義 …………………… 241,260
意味の交渉 …………………………… 22
インストラクターアドバイザー …… 216
写し …………………………………… 187
　――の不文律 ……………………… 188
越境（境界横断：boundary crossing） … 109
　――学習（boundarycrossing learning） ‥ 146, 250,205

― か行 ―

外化（externalization） ……………… 121
階型論（logical categories） ………… 118
介護施設 ……………………………… 225
学習Ⅰ（learning I） ………………… 118
　――Ⅱ（learning II） ……………… 118
　――Ⅲ（learning III） …………… 118
　――資源（learning resources） …… 15
　――社会（learning society） …… 131
　――集団 …………………………… 63
　――する組織 ………………… 88,93,94
　――のミスマッチ ………………… 5
学習療法 ……………………………… 228
学習療法実践研究シンポジウム …… 236
学習療法センター …………………… 227
拡張的学習（learning by expanding） … 101
重なり（overlaps） …………………… 25
活動（activity） ……………………… 102
　――の三角形モデル ……………… 103
　――理論（cultural-historical activity theory） 101
窯元 …………………………………… 189
関係型（linking） …………………… 133
関心（interests） …………………… 76
企業マイスター制度 ………………… 158
北九州マイスター …………………… 170
規範的の仕事（canonical work） …… 18

規範的な視点 ………………………… 21
キャリア・コミュニティ（career community） 57
キャリア形成 ………………………… 57
境界（boundary） …………………… 25
　――横断（越境） ………… 44,56,109, 259
　――横断性（越境性） …………… 49
　――横断的ブローカリング ……… 254
　――実践（boundary practice） …… 25
　――物象（boundary object） …… 25
共感空間 ……………………………… 64
共同関心 ……………………………… 76
共同事業（joint enterprise） …… 23,24
共同体（community） ……………… 32
　――の記憶（community memory） … 17
共有されたレパートリー（shared repertoire） 23,24
共有ビジョン（shared vision） …… 93
偶発的学習（incidental learning） … 94
具象化 ………………………………… 22
経験学習（experiential learning） … 121
継続的学習（continuous learning） … 94
継続モデル …………………………… 130
月次検討会 …………………………… 229
結束型（bonding） ………………… 133
結託（coalescing） ………………… 36
コア・メンバー ……………………… 35
行為（action） ……………………… 102
高次学習 ……………………… 124,126,148
交渉可能性（negotiability） ……… 28
公文教育研究会 ……………………… 203
公文指導者研究大会 ………………… 219
神戸マイスター ……………………… 169
交流型 ………………………………… 248
コーディネーター ………………… 35,60
個性化 ………………………………… 77
コミュニティ ………………… 71,72,76,78
　――・ノルム ……………………… 78
　――・モラール …………………… 78

― さ行 ―

サードプレイス（the third place） … 71,80
作家 …………………………………… 189
参加 …………………………………… 22
産業集積 ……………………………… 185
自己マスタリー（personal mastery） … 93
システム思考 ………………………… 93
施設見学 ……………………………… 235
自治体マイスター制度 ……………… 157,159
実際に有効な動機（really effective motives） 103,114,241

実践（practice）……………………… 32
実践共同体（communities of practice）…… 1
　――育成の7原則 ………………… 34
　――育成の発展段階 ……………… 36
　――と公式組織の関係 …………… 41
　――の構成要素 …………………… 32
　――の重層的構造 ………………… 261
　――の定義 ………………………… 30
　――の分析モデル …………… 68,150
自発性・自律性 …………………… 50
社会化 ……………………………… 77
従事 ………………………………… 28
十全的参加（full participation）…… 13
重層型実践共同体 ………………… 223
重層的な実践共同体 ……………… 256
周辺（peripheries）………………… 25
　――メンバー ……………………… 35
熟達学習（mastery learning）…… 145,204,250
熟達型 ……………………………… 248
循環的学習（circular learning）…… 146,205,250
上位の実践共同体 ………………… 68
生涯学習論（life-long learning）…… 129
小集団ゼミ ………………………… 214
所属のモード（modes of belonging）…… 27
信頼関係の醸成 …………………… 62
心理的安全 ………………………… 82
垂直的発達 ………………………… 108
水平的発達 ………………………… 108
隙間に生じる実践共同体（interstitial communities of practice）………………… 14
スタッフワーク …………………… 253
整合 ………………………………… 28
省察（reflection）………………… 117
　――的学習（reflective learning）…… 122
　――的思考（reflective thought）…… 118
成熟（maturing）…………………… 36
成人学習論（adult learning）……… 116
正統的周辺参加（legitimate peripheral participation）………………………………… 12
ゼミ・自主研 ……………………… 213
ゼロ学習（zero learning）………… 118
潜在（potential）…………………… 36
相互作用性 ………………………… 52
相互従事（mutual engagement）…… 23
相互説明責任（mutual accountability）…… 24
操作（operation）………………… 102
想像 ………………………………… 28
ソーシャル・キャピタル ………… 133
組織学習（organizational learning）…… 3,89
組織のサポート …………………… 62

――た行――

第3の場所（the third place）……… 2

匠塾 …………………………… 170,174
多重成員性（multimembership）…… 15
脱変容 ……………………………… 200
地域コミュニティ ………………… 257
チーム学習（team learning）……… 93
知識の栄養士的視点（nutritionist view of knowledge）…………………………… 119
注視（coming of consciousness）…… 120
低次学習 …………………… 126,148
デザイン …………………………… 189
　――・パラダイム ……………… 187
同一化（identification）…………… 28
動機の発展 ………………………… 113
東京マイスター …………………… 168

――な行――

内化（internalization）……………… 121
ナレッジ・マネジメント（knowledge management）………………………………… 4
にいがた県央マイスター ………… 177
二次的意義 ………………… 241,260
二重編み組織（double-knit organization）…… 12,31
ノットワーキング（knotworking）…… 111
野火的活動（wildfire activities）…… 112

――は行――

パースペクティブ変容（perspective transformation）…………………………… 120
橋渡し型（bridging）……………… 133
非規範の仕事（noncanonical work）…… 18
非規範的な視点 …………………… 21
非公式性 …………………………… 50
必要課題 …………………………… 132
複眼的学習（multifaceted learning）…… 97,146,206,250
副次的共同体 ……………………… 257
不参加（non-participation）……… 28
布置（constellation）……………… 26
ブローカリング（brokering）……… 25
プロフェッショナル・ラーニング・コミュニティ（professional learning community）…… 72,85
フロント・エンド・モデル ……… 130
文化サークル（culture circle）…… 120
ペダゴジー（pedagogy）…………… 118
変容（transfer）…………………… 36
変容的学習（transformative learning）…… 120

――ま行――

マイスター交流会 ………………… 170
マイスター制度 …………………… 157
3つの輪モデル ……………………… 6
矛盾（contradictions）……… 105,114
メンターゼミ ……………………… 217

| メンタル・モデル（mental models） | 93 |
| メンバーシップとアクセス | 19 |
| モチーフ | 189 |
| モティベーション | 61 |
| 問題解決型教育（problem-posing education） | 120 |

― や行 ―

| 役割感覚（role-feeling） | 78 |
| 有機的統合理論 | 242 |
| 要求課題 | 132 |
| 様式 | 189 |
| 預金型教育（banking education） | 119 |

― ら行 ―

| ラーニング・コミュニティ（learning community） | 71,82 |
| リーダーシップ | 60 |
| 理解されているだけの動機（only understandable motives） | 103,114,241 |
| リカレント・モデル | 130 |
| 領域（domain） | 32 |
| 類似関心 | 76 |

― わ行 ―

| われわれ感覚（we-feeling） | 78 |

― 欧文・数字 ―

| FAB | 229 |
| MMSE | 229 |
| Off-JT（off-the-job training） | 2 |
| OJT（on-the-job training） | 2 |

# 人名索引

― あ行 ―

| 相引茂 | 116 |
| 青木隆明 | 159 |
| 青地学 | 159 |
| 青山征彦 | 101 |
| 赤尾勝己 | 130,131 |
| 浅川達人 | 78,147 |
| 荒木淳子 | 55-57,136,167,181,182,185 |
| 安藤史江 | 3,89,90,91 |
| 池田秀男 | 130,137 |
| 生駒佳也 | 131 |
| 伊丹敬之 | 105,148,149,217 |
| 市川伸一 | 82,147,237 |
| 伊藤博之 | 186,188,199,202 |
| 井上達彦 | 210,211 |
| エンゲストローム，Y. | 108-110,113 |
| 大河内瞳 | 85 |
| 岡隆一郎 | 158 |
| 小野譲司 | 207,210 |

― か行 ―

| 香川秀太 | 101,112,115 |
| 加護野忠男 | 91,93,105,121,148,149,174,186,187,205,206,217 |
| 片井修 | 181 |
| 金井壽宏 | 2,4,61,111,186 |
| 亀井美弥子 | 49 |
| 刈谷剛彦 | 206 |
| 川上浩司 | 181 |
| 川島隆太 | 228 |
| 岸磨貴子 | 56 |
| 喜田昌樹 | 187 |
| 楠見孝 | 2,4 |
| 久保田賢一 | 56 |
| 倉内史郎 | 132 |
| 呉世雄 | 226 |
| 小池和男 | 2,115,132 |
| 小池茂子 | 132,135,138 |
| 小宮山博仁 | 134,136 |

― さ行 ―

| 斎藤伊都夫 | 132,135 |
| 迫田朋子 | 225,226 |
| 笹川孝一 | 133,136 |
| 佐々木圭吾 | 4 |
| 塩瀬隆之 | 181,182 |
| 鈴木広 | 78 |
| 鈴木眞理 | 129,131,137 |

関千里·······186

― た行 ―

高木光太郎·······21,136
田崎俊之·······186
趙命来·······210
寺澤弘忠·······2
土井利樹·······132,136,137
戸谷ますみ·······225,226

― な行 ―

長岡智寿子·······130
中川信貴·······181
中西善信·······54
中原淳·······2,61,138,272
長山宗広·······186
西井麻美·······132
西岡正子·······133
西久保浩二·······225
西敏明·······159
西村和人·······226
野村恭彦·······51,54

― は行 ―

馬場拓也·······226
広井良典·······78
藤川佳則·······207,210
船津衛·······78,147
不破和彦·······134

― ま行 ―

真木圭亮·······210
牧田明·······159
松尾陸·······2
松下圭一·······131,135
松田雅央·······157
松本雄一·······3,42,45,46,50,52,55,57,59,60,63,65,68,75,85-87,91,92,126,127,130,136,185-188,234
三宅麻未·······57
向山雅夫·······210
盛岡浩·······56
文部科学省·······129,137

― や行 ―

山内祐平·······61,182
山住勝広·······105
山田幸三·······186-188,199,202
吉倉亮·······159
吉田輝美·······226
吉田正純·······133,135,138
吉永差佐子·······225,226
労働政策研究・研修機構·······226

― わ行 ―

渡邊洋子·······132,133,136,137

―――― 欧文 ――――

― A ―

Abercrombie, N.·······72
Adams, E. C.·······54
Adkins, B.·······58
Agresti, W. W.·······48
Akkerman, S.·······55
Almeida, P.·······53
Anand, N.·······54,58
Antonacopoulou, E.·······52,58,60
Ardichvili, A.·······57
Argyris, C.·······3,43,90,91,124,148,149,205
Arthur, M. B.·······55,57
Astin, A. W.·······83
Azman, H.·······53

― B ―

Bains, D.·······48
Baltes, B.·······61
Bara, D.·······52
Barley, S. R·······52,55,56
Bartol, K. M.·······61
Bassoff, P.·······56
Bateson, G.·······118,206
Bathelt, H.·······54,55
Bauman, Z.·······74,79,147
Beaulieu, E. M.·······226
Bechky, B. A.·······56,59,68
Bentley, C.·······55,58
Bergler, M.·······49
Blanchot, M.·······74,79,147
Bogenreider, I.·······48,49,56,63,64,66
Bolam, R.·······86,87
Boland, R. J.·······57
Bolisani, E.·······59
Borzillo, S.·······54,56,60,63
Bosa, I. M.·······53,59,68
Boud, D.·······49,50,52,55
Bourhis, A.·······60
Braun, P.·······58,62
Braverman, H.·······105
Browman, G. P.·······55
Brown, J. S.·······11-13,16-21,31,37,39-45,47,49-52,54-58,96,105,126,138,141,144,146,205,225,238,240,264
Buckley, P. J.·······54,57,66

Burgess, E. W. ·················74,78,147

— C —

Cain, C. ·················134
Caldwell, D. ·················58
Carbery, R. ·················62
Cargill, B. J. ·················54
Carlile, P. R. ·················56
Carter, M. J. ·················54,57,66
Cell, E. ·················122-124,126
Chandler, D. E. ·················57
Chandler, L. ·················49
Chikh, A. ·················54
Chmielarz, P. ·················49
Claman, P. H. ·················55
Clark, T. ·················57
Cohen, A. P. ·················74,79,147
Cohen, D. ·················205
Collarbone, P. ·················87
Connell, N. ·················49
Contu, A. ·················51,56
Cook, S. D. N. ·················54,56
Corso, M. ·················55,61
Cox, A. ·················48,63,66,68
Cranton, P. ·················117,124,126
Cross, K. P. ·················82
Crossan, M. M. ·················49,55
Csanda, C. M. ·················60,62

— D —

Daft, R. L. ·················17,20
Daniels, C. ·················55,58
Darr, E. D. ·················55
de Laat, M. ·················54,55
De Sáa-Pérez, P. ·················51,60,62
de Vreede, G. ·················60
Deci, E. L. ·················242
DeFillippi, R. J. ·················55
Delanty, G. ·················73-75,79,147
Dewey, J. ·················117,121,124
Dewhurst, F. W. ·················55,56,59
Dingsoyr, T. ·················56
Donaldson, M. ·················62
Dougherty, D. ·················55,58
Drucker, P. F. ·················131
Dubè, L. ·················60,61,63
Duguid, P. ·················11-13,16-21,31,37,39-45,47,49-52,54-58,96,105,126,138,141,144,146,205,225,238,240,264
Duncan, R. ·················91

— E —

Easterby-Smith, M. ·················89

Edomondson, A. C. ·················82
Engeström, R. ·················109
Engeström, Y. ····101-115,137,149,200,233,236 259,261
Erikson, E. H. ·················136
Erikson, J. M. ·················136
Evans, J. ·················52
Everest, K. ·················52,55

— F —

Faggian, R. ·················49
Faraj, S. ·················54,61
Fearon, C. ·················55,60
Federighi, P. ·················129
Fenwick, T. ·················116
Ferlie, E. ·················58
Field, J. ·················133,136,137
Fincham, R. ·················57
Fiol, C. M. ·················3,205
Fitzgerald, L. ·················58
Flavell, J. H. ·················121
Freeman, C. ·················54
Freire, P. ····119,120,123,124,126-128,131,138

— G —

Gabelnick, F. ·················82,83
Garavan, T. N. ·················62
Gardner, H. K. ·················54
Garvin, D. A. ·················92,94,96,97
Gau, W. ·················52,53,55,56
Gee, J. P. ·················48,64,66,263
Geiger, S. ·················52,54,59
Geijsel, I. ·················54
Gelpi, E. ·················135,137,138
George, J. F. ·················56
Gherardi, S. ·················52,57,58,66
Giacobbe, A. ·················55
Gibbs-Scharf, L. ·················52
Giroux, H. ·················58
Gongla, P. ·················59
Goodman, P. S. ·················55
Gramsci, A. ·················119,124,128
Grant, R. M. ·················53
Greenwood, A. ·················87
Grenier, R. S. ·················62
Grove, D. ·················55

— H —

Haefliger, S. ·················55
Hall, D. T. ·················57
Hallenbeck, S. M. ·················50
Hamilton, E. ·················134,137,138
Handley, K. ·················57,64

Hanks, W. 21,43
Hara, N. 50,55,62
Havighurst, R. J. 136
Hawkins, C. 58
Hedberg, B. L. T 90
Hemmasi, M. 60,62
Hendrix, D. 61
Hildreth, P. 52,56,58,79
Hill, S. 72
Hillery, G. A. 73,75
Hilliard, A. 87
Hochschild, A. 226
Høeg, P. 108
Hoeve, A. 54
Hogg, T. 49,52,56,60
Hord, S. M. 86
Huberman, B. A. 49,52,56,60
Hutchins, R. 131,136,137,149

— I —

Iacono, S. 56
Iaquinto, B. 49,63
Iedema, R. 52,54,56
Inkson, K. K. 57
Irick, M. L. 54,57
Ishiyama, N. 57
Ison, R. 49
Iverson, J. O. 59,66

— J —

Jackson, D. 87
Jacob, R. 60
Jarvis, P. 121-124,126,134,137
Jeon, S. 50,54,61
Johnson, H. 48,55
Jones, D. T. 111
Jorgensen, U. 50,55,56,58

— K —

Kaminska-Labbe, R. 54,56,60
Kärkkäinen, M. 109
Katoma, V. 61
Kawashima, R. 229
Kelly, L. 49
Kerno, S. J. 51
Kersten, P. H. 54
Khan, I. 54
Khapova, S. N. 57
Kimble, C. 52,56,58
Klein, J. H. 49,54,154,155,256,257
Kline, P. 92,95,96,98
Kling, R. 56
Knowles, M. S. 117,118,123,124,126,127

Koh, J. 50
Kolb, D. A. 121,123,126
Koput, K. W. 58
Korczynski, M. 56
Koskela, L. 49
Kranendonk, R. P. 54
Kresse, W. J. 50
Krish, P. 53
Kroes, M. 49
Krugman, P. 186
Kuhn, T. 93,187
Kunda, G. 52,54-56,59

— L —

Lane, H. W. 49
Laufgraben, J. L. 83
Lauridsen, E. H. 50,55,56,58
Lave, J. 5,11-17,21,31,37,39-45,47,50-52,83,
96,112-114,126,127,134-137,141,145,185,
187,201,204,240,254,264
Lengnick-Hall, C. A. 58
Lengnick-Hall, M. L. 58
Lengrand, P. 130,135
Leont'ev, A. N. 102,103,107,238
Lesser, E. 52,54,55
Levine, J. H. 83,84
Levinson, D. J. 130,136
Levinthal, D. A. 90
Lewin, K. 121
Li, W. 57
Liedtka, J. 58
Lindeman, E. C. 117,126,128
Louis, K. S. 87
Love, P. E. D. 60,66,68
Loyarte, E. 52,59
Lyles, M. A. 3,205

— M —

Mabery, M. J. 52,58
MacGregor, J. 82,83
MacIver, R. M. 74,77,78,147,202,258
Macpherson, A. 52,58,60
Maffesoli, M. 74,75,79,,147
Majewski, G. 54
Malmberg, A. 54
Malone, D. 51
March, J. G. 90,92
Marshall, A. 185,186
Marshall, C. C. 54
Marsick, V. J. 92,94,96
Martini, A. 55
Maskell, P. 54
Matthews, R. S. 82,83

Maurer, M. 57
Mavin, S. 64
May, T. 155,189,207,228
Mayer, A. P. 62
McCall, R. J. 54
McDermott, R. 4,11,30,52,54,60,61,63
McLaughlin, H. 55,60
McMahon, A. 86
McPhee, R. D. 59,66
Mejirow, J. 120,124,149,241
Meyer, E. 49
Meyerkort, S. 52
Middleton, H. 49,50,52,55
Miettinen, R. 112,115
Miner, A. S. 56,59
Mitchell, C. 87
Mittendorff, K. 54,55,61
Moe, N. B. 56
Moorman, C. 56
Moreno, A. 60,63
Morris, T. 54
Mulford, B. 87
Muller, P. 60
Mundt, E. 55
Murphy, E. 62
Murugaiah, P. 53,55,58

― N ―

Nancy, J. 79
Navarro, J. G. C. 55,56,59
Nelson, A. 53,62
Nelson, W. 53
Newsome, E. 87
Ng, P. T. 54,60
Nicholls, M. G. 54
Nicolini, D. 52,57,58,66
Nieuwenhuis, L. 54
Nistor, N. 61
Noble, E. 54
Nonaka, I. 4,54,91,96,205
Nooteboom, B. 48,49,56,63,64,66

― O ―

OECD 130,137
Oldenburg, R. 2,50,80-82,127,147
Olsen, J. P. 92
Orlikowski, W. J. 52,55,58,79
Orr, J. E. 17,18,127,264

― P ―

Page, C. M. 78,147
Park, R. E. 74,78,147
Parker, P. 57,67

Pastoors, P. 50,51,54,60,63
Pattinson, S. 51,54,55,58,61
Pawlowski, S. D. 56
Pemberton, J. 64
Petter, C. 55
Piore, M. J. 186
Prusak, L. 205
Poole, B. 55
Porter, M. E. 186
Powell, W. W. 58
Preece, D. 51,54,55,58,61

― R ―

Raelin, J. A. 54
Ranmuthugala, G. 59
Raz, A. E. 56,57
Reed, S. 57
Reeve, J. 242
Retna, K. S. 54,60
Rivera, O. 52,59
Rizzuto, C. R. 59
Roan, A. 57
Roberts, J. 62,65
Robertson, M. 56
Robey, D. 56
Robichaud, D. 58
Rogers, J. 123,127,128
Rooney, D. 57
Roos, D. 111
Ruikar, K. 49,57
Ryan, R. M. 242

― S ―

Sabatier, R. 53
Sabel, C. F. 186
Sackney, L. 87
Salminen-Karlsson, M. 56
Sarirete, A. 54
Saunders, B. 92,95,96,98
Saxenian, A. 186
Scarbrough, H. 56
Scardamalia, M. 48,51
Scarso, E. 59
Schein, E. H. 5,136
Schenkel, A. 55,61
Schepers, P. 57
Schiavone, F. 53,57
Schön, D. A. 3,43,90,91,94,124,148,149,205
Schustek, M. 61
Schwen, T. M. 50,55,62
Scott, S. V. 56,59
Seneviratne, L. D. I. P. 54
Senge, P. M. 85,86,89-94,96,97,149

Sennett, R. ············· 74,79,147
Sexton, M. ············· 49
Shapiro, N. S. ············· 83,84
Sharratt, M. W. ············· 62
Shekhar, S. ············· 62
Shipman, F. M. ············· 54
Singh, P. ············· 52,55,60
Singh, V. ············· 48,54,58
Smith, B. ············· 49
Smith, B. L. ············· 82
Smith-Doerr, L. ············· 58
Snyder, W. M. ············· 4,11,30,50,61,62
Soja, E. W. ············· 75,79,147
Song, J. ············· 53
Spath, S. ············· 55
Srivastava, A. ············· 61
Stalker, B. ············· 64
Stewart, T. A. ············· 57
Stoll, L. ············· 86,87
Storck, J. ············· 54,55
Sturdy, A. ············· 57
Swan, J. ············· 56,58
Sztangret, I. ············· 60

— T —

Takeuchi, H. ············· 4,54,91,96,205
Tan, Y. E. ············· 55,60
Tarmizi, H. ············· 60
Taylor, J. R. ············· 58
Teigland, R. ············· 55,61
Temperley, J. ············· 87
Tenkasi, R. V. ············· 57
Thang, S. M. ············· 53
Thanurjan, R. ············· 54
Thomas, S. ············· 86
Thompson, M. ············· 51,52,54,56,61
Tönnies, F. ············· 74,147
Tosey, P. ············· 84
Tsang, E. W. K. ············· 89
Tsoukas, H. ············· 54
Tsui, E. ············· 62
Turley, D. ············· 52,54,59
Turner, B. S. ············· 72
Turner, V. W. ············· 74,147

— U —

Uchida, S. ············· 229
UNESCO ············· 131
Usoro, A. ············· 54,62

— V —

van den Berg, P. T. ············· 57
van der Velden, M. ············· 64
Van Kleef, J. ············· 50
Vinnicombe, S. ············· 48
von Krogh, G. ············· 51,54,61
Vygotsky, L. S. ············· 104,107

— W —

Wallace, M. ············· 86
Walsham, G. ············· 56,59
Warhol, L. ············· 62
Wasco, M. M. ············· 61,54
Watkins, K. E. ············· 92,94,96
Watland, K. H. ············· 50
Watts, S. ············· 53,58
Wegner, D. ············· 52,60
Weick, K. E. ············· 17,20
Weiss, A. ············· 91
Wenger, E. ······ 4,5,7,11-17,21-37,39-52,54,56,
  57,59-64,66,67,69,77,79,80,82,83,86,96-
  99,112-115,120,126-128,134-136,138,141,
  145,146,159,167,180-182,185,187,193,196,
  199-202,204,205,207,225,227,230,238,240,
  253,254,258,260,262,264,272
Wentling, T. ············· 57
Werquin, P. ············· 50
Westheimer, J. ············· 86
White, L. ············· 52
White, R. E. ············· 49
Wilderom, C. P. M. ············· 57
Willmott, H. ············· 51,56
Wolf, P. ············· 55,61
Womack, J. P. ············· 111
Wood, M. ············· 58
Wright, P. ············· 52

— Y —

Yin, R. K. ············· 154,189,206,207,227
Young-Gul, K. ············· 50

— Z —

Zarraga-Oberty, C. ············· 51,60,62
Zboralski, K. ············· 52,60,61,63
Zhang, W. ············· 53,58
Zigurs, I. ············· 60

▰著者略歴

松本　雄一 ［まつもと　ゆういち］

1973年　愛媛県に生まれる
1995年　愛媛大学法文学部経済学科卒業
2002年　神戸大学大学院経営学研究科博士後期課程修了
　　　　博士（経営学）取得
　　　　北九州市立大学経済学部経営情報学科助教授，関西学院大学商学部
　　　　准教授を経て，現職
現　在　関西学院大学商学部教授
専門分野　経営組織論，人的資源管理論
著　　書　『組織と技能―技能伝承の組織論』2003年，白桃書房
　　　　　『実践知 エキスパートの知性』2012年，有斐閣（共著）
　　　　　『1からの経営学（第2版）』2012年，碩学舎（共著）
　　　　　『コミュニケーションの認知心理学』2013年，ナカニシヤ出版（共著）
　　　　　『ケーススタディ 優良・成長企業の人事戦略』2015年，税務経理協会
　　　　　（共著）　　　　　　　　　　　　　　　　　　　　　　　　　など

▰実践共同体の学習　（じっせんきょうどうたい　がくしゅう）　〈検印省略〉

▰発行日――2019年2月6日　初 版 発 行
　　　　　2024年4月6日　第2刷発行

▰著　者――松本雄一（まつもとゆういち）

▰発行者――大矢栄一郎

▰発行所――株式会社　白桃書房（はくとうしょぼう）
　　　　　〒101-0021　東京都千代田区外神田5-1-15
　　　　　☎03-3836-4781　📠03-3836-9370　振替00100-4-20192
　　　　　https://www.hakutou.co.jp/

▰印刷・製本――藤原印刷

Ⓒ Yuichi Matsumoto 2019　Printed in Japan　ISBN 978-4-561-26716-4 C3034

本書のコピー，スキャン，デジタル化等の無断複製は著作権法上での例外を除き禁じられています。本書を代行業者等の第三者に依頼してスキャンやデジタル化することは，たとえ個人や家庭内の利用であっても著作権法上認められておりません。

JCOPY　〈出版者著作権管理機構　委託出版物〉
本書の無断複製は著作権法上での例外を除き禁じられています。複製される場合は，そのつど事前に，出版者著作権管理機構（電話03-5244-5088, FAX03-5244-5089, e-mail : info@jcopy.or.jp）の許諾を得てください。

落丁本・乱丁本はおとりかえいたします。